張大可
韓兆琦 等 注譯

# 新譯資治通鑑

（二十五）

唐紀一—七

三民書局 印行

國家圖書館出版品預行編目資料

新譯資治通鑑(二十五) / 張大可,韓兆琦等注譯.－－初版一刷.－－臺北市: 三民, 2017
冊; 公分.－－(古籍今注新譯叢書)
ISBN 978-957-14-6244-8 (平裝)
1.資治通鑑 2.注釋

610.23 105022866

© 新譯資治通鑑(二十五)

| | |
|---|---|
| 注譯者 | 張大可 韓兆琦等 |
| 責任編輯 | 陳榮華 |
| 美術設計 | 李唯綸 |
| 發行人 | 劉振強 |
| 著作財產權人 | 三民書局股份有限公司 |
| 發行所 | 三民書局股份有限公司 |
| | 地址 臺北市復興北路386號 |
| | 電話 (02)25006600 |
| | 郵撥帳號 0009998-5 |
| 門市部 | (復北店) 臺北市復興北路386號 |
| | (重南店) 臺北市重慶南路一段61號 |
| 出版日期 | 初版一刷 2017年1月 |
| 編號 | S 034270 |

行政院新聞局登記證局版臺業字第〇二〇〇號



ISBN 978-957-14-6244-8 (平裝)

http://www.sanmin.com.tw 三民網路書店

# 新譯資治通鑑 目次

## 第二十五冊

# 卷第一百八十五

## 唐紀一

起著雍攝提格（戊寅　西元六一八年）正月，盡七月，不滿一年。

**【題　解】**本卷記事起西元六一八年正月，迄七月，共七個月史事。當唐高祖武德元年。本卷詳細記載了宇文化及背叛隋朝，弒殺隋煬帝的過程。這一事件，直接導致了隋朝的滅亡。三月十一日，隋煬帝被弒，五月十四日，李淵即皇帝位，建立唐朝。五月二十四日隋東都越王楊侗即皇帝位，改元皇泰，史稱楊侗為皇泰主。宇文化及北上欲返東都，李密遭到夾擊，皇泰主利用這一形勢招安李密，冊封李密為魏國公。李密率眾阻擊宇文化及，取得大勝，將入朝皇泰主。此時，東都發生內訌，王世充誅殺元文都，專擅大權，阻擋了李密入朝，形勢一朝突變，隋朝徹底滅亡不可逆轉。蕭梁後裔蕭銑乘勢而起，割據了荊襄以及交州，在長江中游又興起了一個政權，佔有今兩湖及兩廣地區。西北割據政權，河西李軌、隴右薛舉、陝北梁師都，加固割據活動，薛舉與唐室交戰，取得一時勝利。

高祖神堯大聖光孝皇帝❶上之上

武德元年（戊寅　西元六一八年）

春，正月丁未朔❷，隋恭帝詔唐王劍履上殿❸，贊拜不名❹。

唐王既克長安❺，以書諭諸郡縣，於是東自商洛❻，南盡巴、蜀❼，郡縣長吏及盜賊渠帥、氐、羌❽酋長爭遣子弟入見請降。有司復書，日以百數。

王世充❾既得東都❿兵，進擊李密⓫於洛北⓬，敗之，遂屯鞏⓭北。辛酉⓮，世充命諸軍各造浮橋度洛擊密，橋先成者先進，前後不一。虎賁郎將⓯王辯⓰破密外柵⓱，密營中驚擾，將潰。世充不知，鳴角⓲收眾，密因帥敢死士乘之，世充大敗，爭橋溺死者萬餘人。王辯死，世充僅自免⓳，洛北諸軍皆潰。世充不敢入東都，北趣⓴河陽㉑。是夜，疾風寒雨，軍士涉水沾濕，道路凍死者又以萬數。世充獨與數千人至河陽，自繫獄請罪㉒。越王侗㉓遣使赦之，召還東都，賜金帛、美女以安其意。世充收合亡散，復[1]得萬餘人，屯含嘉城㉔，不敢復出。

密乘勝進據金墉城㉕，修其門堞㉖、廬舍而居之，鉦鼓㉗之聲，聞於東都。未幾㉘，擁兵三十餘[2]萬，陳於北邙㉙，南逼上春門㉚。乙丑㉛，金紫光祿大夫㉜段達㉝、民部尚書㉞韋津㉟出兵拒之。達望見密兵盛，懼而先還，密縱兵乘㊱之，軍遂潰，韋津死。於是偃師㊲、柏谷㊳及河陽都尉㊴獨孤武都㊵、檢校㊶河內㊷郡丞㊸柳燮㊹、職方郎㊺柳續㊻等各舉所部降於密。竇建德㊼、朱粲㊽、孟海公㊾、徐圓朗㊿等並遣使奉表勸進，密官屬裴仁基51等亦上表請正位號52。密曰：「東都未平，不可議此。」

戊辰53，唐王以世子建成54為左元帥55，秦公世民56為右元帥，督諸軍十餘萬人救東都。○東都乏食，太府卿57元文都58等募守城不食公糧者進59散官60二品，於是商賈執象61而朝者不可勝數。

【章旨】以上為第一段，寫李密兵圍東都大敗王世充。

【注釋】❶高祖神堯大聖光孝皇帝　即唐代開國皇帝李淵（西元五六六—六三五年），字叔德，隴西成紀（今甘肅秦安西北）人，一說隴西狄道（今甘肅臨洮）人，自云西涼太祖李暠七世孫，淵父虎自武川（今內蒙古武川縣西南）徙家長安。西元六一八—六二六年在位。❷丁未朔　一月一日。❸劍履上殿　據《隋書·禮儀志》，開皇十二年（西元五九二年）始制朝會應登殿坐者，須解佩劍和脫履。恭帝優禮唐王，故詔其升殿時可以帶劍著履。履，鞋。❹贊拜不名　臣子朝拜君王時，則曰某官某。不名，不需稱名。這亦是一種崇高的禮遇。❺唐王既克長安　據上卷，李淵於恭帝義寧元年（西元六一七年）十一月九日攻克長安。至是，淵據京師已五十三日。克，攻下。長安，隋、唐國都，在今陝西西安。❻商洛　縣名，縣治在今陝西商州東南商洛鎮西北。武德二年（西元六一九年）移治今商洛鎮。❼巴蜀　郡名，巴郡治所在今重慶市，蜀郡治所在今四川成都。❽氐羌　中國古代民族名，主要分布在今陝、甘、青、川一帶。❾王世充　（？—西元六二一年）隋末割據者，字行滿，祖籍西域。傳見《隋書》卷八十五、《舊唐書》卷五十四、《新唐書》卷八十五。❿東都　洛陽（今河南洛陽）。⓫李密　（西元五八二—六一八年）隋末瓦崗起義軍領袖，字玄邃，一字法主。傳見《隋書》卷七十、《舊唐書》卷五十三、《新唐書》卷八十四。⓬洛北　洛水（今洛河）之北。⓭鞏　縣名，縣治在今河南鞏縣東鞏縣老城。⓮辛酉　正月十五日。⓯虎賁郎將　武官名，掌宿衛事。中央十二衛，各置大將軍一人統領，每衛設護軍四人，為大將軍副貳，正四品，隋煬帝大業三年（西元六〇七年）改稱為虎賁郎將。⓰王辯　（西元五六二—六一八年）字警略，馮翊蒲城（今陝西蒲城）人，少習兵書，善騎射，累官大都督、車騎將軍、鷹揚郎將、虎賁郎將。傳見《隋書》卷六十四。⑰柵　柵欄。軍營外部構築的防禦工事。⑱角　晝角。以竹木或皮革製成，似今軍號，故又稱號角。與鼓結合，曰鼓角。用以報時、警眾，或發號施令。⑲僅自免　僅能自己脫身免難。因王辯死戰，王世充才得以脫逃。⑳趣　通「趨」。快步急行。㉑河陽　縣名，縣治在今河南孟州南。㉒自繫獄請罪　自縛入獄請求治罪。㉓越王侗　（？—西元六一九年）隋煬帝孫，大業二年（西元六〇六年），封越王。煬帝死，即位於東都，改元皇泰，史稱「皇泰主」。在位十一月，為王世充所弒，王世充諡為恭皇帝。傳見《隋書》卷五十九。㉔含嘉城　隋倉城名，遺址在今洛陽市區東北。㉕金墉城　城名，三國魏明帝時築，今稱故址為阿斗城，遺址在今洛陽東北十五公里，位於漢、魏洛陽故城西北隅。㉖堞　又稱女牆，城上的矮牆。㉗鉦鼓　古代行軍時用的鉦和鼓兩種樂器。後人言兵事，常以鉦鼓並稱。㉘未幾　不久。㉙陳於北邙　陳，「陣」的本字。邙山東段，即北邙山，在今河南洛陽北。㉚上春門　即隋洛陽城（今河南洛陽）東城最北門。㉛乙丑　正月十九日。㉜金紫光祿大夫　官名，漢制光祿大夫帶銀印青綬，魏晉以後，有特加金印紫綬者，稱金紫光祿大夫。始置掌顧問應對，後為加官或褒贈之官。㉝段達　（？—西元六二一年）隋朝大臣，武威姑臧（今甘肅武威）人，累官左驍衛大將軍、開府儀同三司、納言。在周襲爵襄垣縣公，隋末封陳國公。後媚事王世充，唐平東都，達坐誅。傳見《北史》卷七十九、《隋書》卷八十五。㉞民部尚書　官名，即戶部尚書，尚書省六部長官之一，掌全國土地、戶籍、賦稅、財政收支等事。㉟韋津　（？—西元六一八年）隋大臣，京兆杜陵（今陝西長安東北）人。事跡見《隋書》卷四十七。㊱乘　追逐。㊲偃師　縣名，縣治在今河南偃師東。㊳柏谷　古塢名，又名鉤鎖塢，在今河南偃師東南洛河南岸。㊴都尉　官名，地位略低於將軍的武官。㊵獨孤武都　（？—西元六一八年）兩《唐書・竇琮傳》作「獨孤武」。隋室外戚，姑母為隋文帝皇后。武都潛謀投唐，事覺，為王世充殺害。傳見《北史》卷六十一。㊶檢校　代理官稱。㊷河內　郡名，治所在今河南沁陽。㊸郡丞　官名，郡守佐官，掌兵馬。㊹柳燮　隋地方官，河東解縣（今山西運城西南解州鎮）人，降李密後，復說密投唐。仕唐至都官郎中。㊺職方郎　官名，隸兵部，掌管地圖與四方職貢。㊻柳續　隋官出身，河東解縣人，降唐後，擢儀曹郎中。事跡略見《新唐書》卷八十四等篇。㊼竇建德　（西元五七三—六二一年）隋末河北地區義軍領袖，清河漳南（今山東武城東北）人，西元六一八年於樂壽建立國號為夏的地方政權。後為李世民所敗，俘至長安被殺。傳見《舊唐書》卷五十四、《新唐書》卷八十五。㊽朱粲　（？—西元六二一年）隋末起事於豫南地區。傳見《舊唐書》卷五十三、《新唐書》卷八十七。㊾孟海公　（？—西元六二一年）隋末曹州義軍領袖。事跡見《舊唐書》卷五十四、《新唐書》卷八十五。㊿徐圓朗　（？—西元六二三年）隋叛將。傳見《舊唐書》卷五十五、《新唐書》卷八十六。(51)裴仁基　（？—西元六二一年）隋叛將。傳見《隋書》卷七十。52請正位號　勸請即位稱帝。53戊辰　正月二十二日。54世子建成　（西元五八九—六二六年）李淵長子。世子，天子、諸侯的嫡長子。55元帥　唐代戰時最高統帥，多以皇子、親王充任。56秦公世民　（西元五九九—六四九年）李淵次子。時封秦國公。後稱帝，史稱唐太宗，西元六二六—六四九年在位。57太府卿　太府寺長官，掌庫藏出納、貿易商稅等事務。58元文都　（？—西元六二〇年）隋末大臣。傳見《隋書》卷七十一。59進　加官；晉職。60散官　表示官員階品但無職事的官號。61象　象牙製作的朝笏之略稱。

【校　記】1復　原無此字。據章鈺校，十二行本、乙十一行本、孔天胤本皆有此字，今據補。2餘　原無此字。據章鈺校，十二行本、乙十一行本、孔天胤本皆有此字，今據補。

【語　譯】高祖神堯大聖光孝皇帝上之上

武德元年（戊寅　西元六一八年）

春，正月初一日丁未，隋恭帝下詔令唐王可以佩劍穿鞋上殿，行贊拜禮儀時不用報上名字。

唐王李淵攻克長安之後，利用書信勸諭各郡縣，於是東面從商洛縣，南面到整個巴、蜀，郡縣的官長屬吏以及盜賊首領、氐族、羌族的部落酋長爭相派遣子弟入朝覲見，請求歸順。主事的官員回覆書信，每日有數百封。

王世充得到東都的兵馬後，在洛水北岸進攻李密，打敗了他，於是屯駐鞏縣北面。正月十五日辛酉，王世充命令各部隊分頭建造浮橋渡過洛水攻打李密，先建好浮橋的部隊先進攻，各部的行動前後不一。虎賁郎將王辯攻破李密的外圍柵欄，李密軍營中驚恐慌亂，即將崩潰。王世充不知道這一情況，吹號角收兵，李密乘機率領敢死隊反攻，王世充大敗，部眾爭橋過河，溺死的有一萬餘人。王辯死去，王世充僅使自己逃脫，洛水北岸的各部隊全部崩潰。王世充不敢進入東都，北赴河陽。這天夜裡，風疾雨寒，士兵們涉水過河，身上全被打溼，一路上凍死的又以萬數。王世充只與數千人到達河陽，自己拘禁下獄向越王請罪。越王楊侗派遣使臣赦免了他，召他返回東都，賞賜金帛、美女來安撫其心。王世充收攏逃散的士兵，又得到一萬餘人，駐紮在含嘉城，不敢再次出戰。

李密乘勝進軍佔領了金墉城，修繕城門城牆堞口和城內的房屋，駐紮了下來，鉦鼓之聲，東都的人都可聽到。不久，李密擁有士兵三十多萬，列陣北邙山，向南逼近東都上春門。正月十九日乙丑，隋金紫光祿大夫段達、民部尚書韋津出兵抗擊。段達望見李密兵力強盛，害怕而先行撤回，李密縱兵乘勢反攻，隋軍便崩潰了，韋津戰死。於是偃師、柏谷及河陽都尉獨孤武都、檢校河內郡丞柳燮、職方郎柳續等都各率所部投降李密。竇建德、朱粲、孟海公、徐圓朗等都派使節上表勸說李密稱帝，李密的下屬裴仁基等也上表請登基稱帝。李密說：「東都沒有平定，不能討論這件事。」

正月二十二日戊辰，唐王李淵任命世子李建成為左元帥，任命秦公李世民為右元帥，督率各軍十餘萬人援救東都。〇東都缺乏糧食，太府卿元文都等招募守城而不吃公糧的人加封二品散官，於是商人為官執笏進宮朝見的人多得不可勝數。

二月己卯❶，唐王遣太常卿❷鄭元璹❸將兵出商洛，徇❹南陽❺，左領軍府❻司馬安陸馬元規❼徇安陸❽及荊、襄❾。

李密遣房彥藻❿、鄭頲⓫等東出黎陽⓬，分道招慰州縣。以梁郡⓭太守楊汪⓮為上柱國⓯、宋州總管⓰，又以手書與之曰：「昔在雍丘⓱，曾相追捕，射鉤斬袂⓲，不敢庶幾⓳。」汪遣使往來通意，密亦羈縻⓴待之。彥藻以書招竇建德，使來見密。建德復書，卑辭厚禮，託以羅藝㉑南侵，請捍禦北垂㉒。彥藻還，至衛州㉓，賊帥王德仁㉔邀殺之。德仁有眾數萬，據林慮山㉕，四出抄掠，為數州之患。

【章　旨】以上為第二段，寫唐王李淵出兵南陽，李密招撫東方未遂。

【注　釋】❶己卯　二月初四日。❷太常卿　官名，太常寺長官，掌祭祀禮樂之事。❸鄭元璹　（？—西元六四六年）字德芳，隋沛國公鄭譯之子。隋大業末任文城郡守，李淵起兵攻拔其城，俘鄭元璹釋之，授太常卿。傳見《舊唐書》卷六十二、《新唐書》卷一百。❹徇　攻取。❺南陽　郡名，隋煬帝改鄧州為南陽郡，治所在今河南鄧州。❻左領軍府　禁軍官署名，隋禁軍置有左、右領軍府，各掌十二軍籍帳、差科、辭訟等事。不置將軍，以長史、司馬等綜理軍府事。❼馬元規　（？—西元六一八年）安陸（今湖北安陸）人，初從李淵征伐，曾持節下南陽得兵萬餘，後無謀敗死。事跡見《舊唐書》卷一百八十七上、《新唐書》卷一百九十一〈呂子臧傳〉。❽安陸　縣名，縣治在今湖北安陸。❾荊襄　荊州（治所在今湖北江陵）和襄陽郡（治所在今湖北襄樊）的略稱。❿房彥藻　（？—西元六一八年）隋末瓦崗軍將領。事跡見《隋書》卷七十、《舊唐書》卷五十三、《新唐書》卷八十四〈李密傳〉。⓫鄭頲　（？—西元六二一年）瓦崗軍將領。事跡見兩《唐書·李密傳》、《新唐書》卷八十五〈王世充傳〉等。⓬黎陽　縣名，縣治在今河南浚縣東北。⓭梁郡　郡名，煬帝改宋州置，治所在今河南商丘。⓮楊汪　（？—西元六二一年）王世充親信。事跡見《舊唐書》卷五十四、《新唐書》卷八十五〈王世充傳〉。⓯上柱國　勳官號，隋置，以酬功勳。隋大業三年（西元六〇七年）罷。唐高祖武德七年（西元六二四年）置為十二轉勳官。⓰總管　官名，掌一州的軍政。⓱雍丘　縣名，縣治在今河南杞縣。⓲射鉤斬袂　春秋時，管仲曾射中齊桓公衣帶鉤，但桓公不念舊惡，用以為相；晉寺人披曾斬斷晉文公的衣袖，但文公不怨。袂，衣袖。⓳不敢庶幾　意謂不敢說與齊桓、管仲之事差不多。語含自謙之意。李密表白自己絕不加害於過去的仇人楊汪。⓴羈縻　謂籠絡使不生異心。㉑羅藝　（？—西元六二七年）隋末割據者，字子延，襄州襄陽（今湖北襄樊）人，降唐後，封燕王，賜姓李。貞觀初，因叛唐被誅。傳見《舊唐書》卷五十六、《新唐書》卷九十二。㉒北垂　北邊。垂，同「陲」。即邊陲。㉓衛州　郡名，治所在今河南淇縣東。㉔王德仁　（？—西元六二一年）隋末義軍首領，據林慮山（在今河南林州西），活動於魏郡（治今河北臨漳西南）、上黨郡（治今山西長治）一帶。後降唐復反，附王世充，兵敗為李世民誅殺。事跡散見《新唐書》卷八十五〈王世充傳〉等處。㉕林慮山　山名，又稱隆慮山。在今河南林州境內。

【語　譯】二月初四日己卯，唐王李淵派太常卿鄭元璹率兵從商洛出發，攻佔南陽，派左領軍府司馬安陸人馬元規攻佔安陸及荊、襄地區。

李密派遣房彥藻、鄭頲等向東從黎陽出發，分路招撫各州縣。任命梁郡太守楊汪為上柱國、宋州總管，又把親筆書信送給他，說：「過去在雍丘時，你曾追捕我，管仲射中齊桓公帶鉤而後來被任命為國相，寺人披斬斷晉文公衣袖而文公不怨的事，我不敢說與他們相比差不多。」楊汪派使者來來往往表達想法，李密也籠絡著他。房彥藻寫信招撫竇建德，讓他來見李密。竇建德回信，言辭謙卑，禮品豐厚，藉口羅藝南侵，請求捍衛北方邊境。房彥藻返回，到達衛州，賊寇首領王德仁攔截殺死了他。王德仁有兵數萬人，佔據林慮山，四出搶掠，成為幾個州的禍患。

三月己酉❶，以齊公元吉❷為鎮北將軍、太原道行軍元帥❸、都督十五郡❹諸軍事，聽以便宜從事❺。

隋煬帝❻至江都❼，荒淫益甚，宮中為百餘房，各盛供張❽，實以美人，日令一房為主人。江都郡丞趙元楷❾掌供酒饌，帝與蕭后❿及幸姬⓫歷就宴飲，酒卮⓬不離口，從姬千餘人亦常醉。然帝見天下危亂，意亦擾擾⓭不自安，退朝則幅巾⓮短衣，策杖⓯步遊，偏歷臺館，非夜不止，汲汲⓰顧景⓱，唯恐不足。

帝自曉占候卜相⓲，好為吳語⓳，常夜置酒，仰視天文⓴，謂蕭后曰：「外間大有人圖儂㉑。然儂不失為長城公㉒，卿㉓不失為沈后㉔，且共樂飲耳！」因引滿㉕沈醉。又嘗引鏡自照，顧謂蕭后曰：「好頭頸，誰當斫㉖之？」后驚問故，帝笑曰：「貴賤苦樂，更迭㉗為之，亦復何傷！」

帝見中原已亂，無心北歸，欲都丹陽㉘，保據江東㉙，命羣臣廷議之。內史侍郎㉚虞世基㉛等皆以為善，右候衛大將軍㉜李才極陳不可，請車駕還長安，與世基忿爭而出。門下錄事㉝衡水李桐客曰：「江東卑濕，土地險狹，內奉萬乘㉞，外給三軍，民不堪命，恐亦將[1]散亂耳。」御史㉟劾㊱桐客謗毀朝政，於是公卿皆阿意㊲言：「江東之民望幸㊳已久，陛下過江，撫而臨之，此大禹㊴之事也。」乃命治丹陽宮，將徙都之。

時江都糧盡，從駕驍果㊵多關中㊶人，久客思鄉里，見帝無西意，多謀叛歸。郎將㊷竇賢遂帥所部西走，帝遣騎追斬之，而亡者猶不止，帝患之。虎賁郎將扶風司馬德戡㊸素有寵於帝，帝使領驍果屯於東城。德戡與所善虎賁郎將元禮、直閤㊹裴虔通㊺謀曰：「今驍果人人欲亡，我欲言之，恐先事受誅，不言，於後事發，亦不免族滅，柰何？又聞關內淪沒，李孝常㊻以華陰叛，上囚其二弟，欲殺之。我輩家屬皆在西，能無此慮乎！」二人皆懼，曰：「然則計將安出？」德戡曰：「驍果若亡，不若與之俱去。」二人皆曰：「善！」因轉相招引，內史舍人㊼元敏㊽、虎牙郎將趙行樞、鷹揚郎將孟秉、符璽郎㊾李覆[2]、牛方裕、直長㊿許弘仁[51]、薛世良、城門郎[52]唐奉義、醫正[53]張愷、勳侍[54]楊士覽等皆與之同謀，日夜相結約，於廣座明論叛計，無所畏避。有宮人[55]白[56]蕭后曰：「外間人人欲反。」后曰：「任汝奏之。」宮人言於帝，帝大怒，以為非所宜言，斬之。其後宮人復白后，后曰：「天下事一朝至此，無可救者，何用言之，徒令帝憂耳！」自是無復言者。

趙行樞與將作少監[57]宇文智及[58]素厚，楊士覽，智及之甥也，二人以謀告智及，智及大喜。德戡等期以三月望日[59]結黨西遁，智及曰：「主上雖無道，威令尚行，卿等亡[60]去，正如竇賢取死耳。今天實喪隋，英雄並起，同心叛者已數萬人，因行大事，此帝王之業也。」德戡等然之[61]。行樞、薛世良請以智及兄右屯衛將軍[62]許公化及[63]為主。結約既定，乃告化及。化及性駑怯[64]，聞之，變色流汗，既而從之。

德戡使許弘仁、張愷入備身府[65]，告所識者云：「陛下聞驍果欲叛，多醞[66]毒酒，欲因享會[67]，盡鴆殺之，獨與南人留此。」驍果皆懼，轉相告語，反謀益急。

乙卯[68]，德戡悉召驍果軍吏，諭以所為，皆曰：「唯將軍命！」是日，風霾[69]

晝昏。晡[70]後，德戡盜御廏[71]馬，潛厲兵刃[72]。是夕，元禮、裴虔通直閤下，專主殿內，唐奉義主閉城門，與虔通相知[73]，諸門皆不下鍵[74]。至三更，德戡於東城集兵得數萬人，舉火與城外[75]相應。帝望見火，且聞外諠囂，問何事。虔通對曰：「草坊失火，外人共救之耳。」時內外隔絕，帝以為然。智及與孟秉於城外集千餘人，劫候衛虎賁[76]馮普樂布兵分守衢巷[77]。燕王倓[78]覺有變，夜，穿芳林門[79]側水竇[80]而入，至玄武門[81]，詭奏[82]曰：「臣猝[83]中風，命懸俄頃[84]，請得面辭。」裴虔通等不以聞[85]，執[86]囚之。

丙辰[87]，天未明，德戡授虔通兵，以代諸門衛士[88]。虔通自門將數百騎至成象殿，宿衛者[89]傳呼有賊，虔通乃還，閉諸門，獨開東門，驅殿內宿衛者令出，皆投仗[90]而走。右屯衛將軍[91]獨孤盛[92]謂虔通曰：「何物兵？形[3]勢太異[93]！」虔通曰：「事勢已然，不預[94]將軍事，將軍慎毋動！」盛大罵曰：「老賊，是何物語[95]！」不及被甲，與左右十餘人拒戰，為亂兵所殺。盛，楷[96]之弟也。千牛[97]獨孤開遠[98]帥殿內兵數百人詣玄覽門，叩閤[99]請曰：「兵仗尚全，猶堪破賊。陛下若出臨戰，人情自定，不然，禍今至矣！」竟無應者，軍士稍[100]散。賊執開遠，義而釋之。先是，帝選驍健官奴[101]數百人置玄武門，謂之給使[102]，以備非常，待遇優厚，至以宮人賜之。司宮[103]魏氏為帝所信，化及等結之使為內應。是日，魏氏矯詔悉聽給使出外，倉猝之際[4]無一人在者。

德戡等引兵自玄武門入，帝聞亂，易服逃於西閤。虔通與元禮進兵排左閤[104]，魏氏啟[105]之，遂入永巷[106]，問：「陛下安在？」有美人[107]出，指之。校尉[108]令狐行達拔刀直進，帝映窗扉[109]謂行達曰：「汝欲殺我邪？」對曰：「臣不敢，但欲奉陛下西還耳！」因扶帝下閣。虔通，本帝為晉王時親信左右也，帝見之，謂曰：「卿非我故人[110]乎？何恨而反？」對曰：「臣不敢反，但將士思歸，欲奉陛下還京師耳！」帝曰：「朕方欲歸，正為上江[111]米船未至，今與汝歸耳！」虔通因勒兵[112]守之。

至旦[113]，孟秉以甲騎[114]迎化及，化及戰栗不能言，人有來謁[115]之者，但俛[116]首據鞍稱罪過。化及至城門[117]，德戡迎謁，引入朝堂，號為丞相[118]。裴虔通謂帝曰：「百官悉在朝堂，陛下須親出慰勞。」進其從騎[119]，逼帝乘之。帝嫌其鞍勒弊[120]，更易新者，乃乘之。虔通執轡[121]挾刀出宮門，賊徒喜譟動地。化及揚言曰：「何用持此物出，亟還與手[122]！」帝問：「世基何在？」賊黨馬文舉曰：「已梟首[123]矣！」於是引帝還至寢殿[124]，虔通、德戡等拔白刃[125]侍立。帝歎曰：「我何罪至此？」文舉曰：「陛下違棄宗廟[126]，巡遊不息，外勤征討，內極奢淫，使丁壯[127]盡於矢刃，女弱填於溝壑[128]，四民[129]喪業，盜賊蠭起，專任佞諛[130]，飾非拒諫[131]，何謂無罪！」帝曰：「我實負百姓，至於爾輩[132]，榮祿兼極，何乃如是[133]！今日之事，孰[134]為首邪？」德戡曰：「溥[135]天同怨，何止一人！」化及又使封德彝[136]數帝罪，帝曰：「卿乃士人[137]，何為亦爾？」德彝赧然[138]而退。帝愛子趙王杲[139]年十二，在帝側，號慟不已[140]，虔通斬之，血濺御服。賊欲弒帝，帝曰：「天子死自有法，何得加以鋒刃！取鴆酒[141]來！」文舉等不許，使令狐行達頓帝令坐。帝自解練巾[142]授行達，縊[143]殺之。初，帝自知必及於難，常以罌[144]貯毒藥自隨，謂所幸諸姬曰：「若賊至，汝曹[145]當先飲之，然後我飲。」及亂，顧索藥，左右皆逃散，竟不能得。蕭后與宮人撤漆牀板為小棺，與趙王杲同殯[146]於西院流珠堂。

帝每巡幸，常以蜀王秀[147]自隨，囚於驍果營。化及弒帝，欲奉秀立之。眾議不可，乃殺秀及其七男。又殺齊王暕[148]及其二子并燕王倓[149]，隋氏宗室外戚，無少長皆死。唯秦王浩[150]素與智及往來，且以計全之。齊王暕素失愛於帝，恆相猜忌，帝聞亂，顧[151]蕭后曰：「得非阿孩邪？」化及使人就第[152]誅暕，暕謂帝使收[153]之，曰：「詔使[154]且緩兒，兒不負國家！」賊曳[155]至街中，斬之。暕竟不知殺者為誰，父子至死不相明。又殺內史侍郎虞世基、御史大夫裴蘊[156]、左翊衛大將軍[157]來護兒[158]、祕書監袁充[159]、右翊衛將軍宇文協[160]、千牛宇文皛[161]、梁公蕭鉅[162]等及其子。鉅，琮[163]之弟子也。

難將作，江陽長[164]張惠紹馳告裴蘊，與[165]惠紹謀矯詔[166]發郭下兵收化及等，扣門援帝。議定，遣報虞世基。世基疑告反者不實，抑而不許。須臾，難作，蘊歎曰：「謀及播郎[167]，竟誤人事！」虞世基宗人[168]伋謂世基子符璽郎熙[169]曰：「事勢已然，吾將濟[170]卿南度，同死何益！」熙曰：「棄父背君，求生何地！感尊之懷，自此決[171]矣！」世基弟世南[172]抱世基號泣請以身[5]代，化及不許。黃門侍郎[173]裴矩[174]知必將有亂，雖廝役[175]皆厚遇之，又建策為驍果娶婦[176]。及亂作，賊皆曰：「非裴黃門之罪。」既而化及至，矩迎拜馬首，故得免。化及以蘇威[177]不預朝政，亦免之。威名位素重，往參化及。化及集眾而見之，曲加殊禮。百官悉詣朝堂賀，給事郎[178]許善心[179]獨不至。許弘仁[180]馳告之曰：「天子已崩[181]，宇文將軍攝政，闔朝文武咸集，天道人事[182]自有代終，何預於叔而低回[183]若此！」善心怒，不肯行。弘仁反走[184]上馬，泣而去。化及遣人就家擒至朝堂，既而[185]釋之。善心不舞蹈[186]而出，化及怒曰：「此人大負氣[187]！」復命擒還殺之。其母范氏年九十二，撫柩[188]

不哭，曰：「能死國難，吾有子矣！」因臥不食，十餘日而卒。唐王之入關也，張季珣[189]之弟仲琰[190]為上洛令，帥吏民拒守，部下殺之以降。宇文化及之亂，仲琰弟琮為千牛左右[191]，化及殺之，兄弟三人皆死國難，時人愧之。

化及自稱大丞相，總百揆[192]。以皇后令[193]立秦王浩為帝，居別宮，令發詔畫敕書而已，仍以兵監守之。化及以弟智及為左僕射，士及[194]為內史令[195]，裴矩為右僕射。

乙卯[196]，徙秦公世民為趙公。

戊辰[197]，隋恭帝詔以十郡益唐國，仍以唐王為相國，總百揆，唐國置丞相以下官，又加九錫[198]。王謂僚屬曰：「此諂諛者所為耳。孤[199]秉大政而自加寵錫，可乎！必若循魏、晉之迹[200]，彼皆繁文偽飾，欺天罔人。考其實不及五霸[201]，而求名欲過三王[202]，此孤常所非笑，竊亦恥之。」或曰：「歷代所行，亦何可廢！」王曰：「堯、舜、湯、武[203]，各因其時，取與異道，皆推其至誠以應天順人[204]，未聞夏、商之末必效唐、虞之禪[205]也。若使少帝[206]有知[207]，必不肯為。若其無知，孤自尊而飾讓[208]，平生素心[209]所不為也。」但改丞相為相國府，其九錫殊禮，皆歸之有司[210]。

宇文化及以左武衛將軍[211]陳稜[212]為江都太守，綜領留事[213]。壬申[214]，令內外戒嚴，云欲還長安。皇后六宮[215]皆依舊式為御營，營前別立帳，化及視事[216]其中，仗衛部伍，皆擬乘輿[217]。奪江都人舟楫[218]，取彭城[219]水路西歸。以折衝郎將[220]沈光[221]驍勇，使將給使營於禁內[222]。行至顯福宮[223]，虎賁郎將麥孟才[224]、虎牙郎[225]錢傑與光謀曰：「吾儕[226]受先帝厚恩，今俛首事讎[227]，受其驅帥，何面目視息[228]世間哉！吾必欲殺之，死無所恨。」光泣曰：「是所望於將軍也。」孟才乃糾合恩舊[229]，帥所將數千人，期以晨起將發時襲化及。語洩[230]，化及夜與腹心[231]走出營外，留人告司馬德戡等，使討之。光聞營內諠，知事覺，即襲化及營，空無所獲，值內史侍郎元敏，數[232]而斬之。德戡引兵入圍之，殺光，其麾下[233]數百人皆鬭死，一無降者，孟才亦死。孟才，鐵杖[234]之子也。

武康沈法興[235]世為郡著姓[236]，宗族數千家。法興為吳興[237]太守，聞宇文化及弒逆，舉兵以討化及為名，比至烏程[238]，得精卒六萬，遂攻餘杭[239]、毗陵[240]、丹陽[241]，皆下之，據江表[242]十餘郡，自稱江南道大總管，承制[243]置百官。

陳國公竇抗[244]，唐王之妃兄也。煬帝使行長城於靈武[245]，聞唐王定關中，癸酉[246]，帥靈武、鹽川[247]等數郡來降。

【章　旨】以上為第三段，詳載隋宇文化及背叛，弒殺暴君隋煬帝的過程。

【注　釋】❶己酉　三月初四日。❷齊公元吉　（西元六〇三—六二六年）李淵第四子，時封齊國公。玄武門之變中，為李世民所殺。傳見《舊唐書》卷六十四、《新唐書》卷七十九。❸太原道行軍元帥　太原，郡名，治所在今山西太原。道，行軍路線。行軍元帥，為戰時某一方面軍的最高統帥。❹十五郡　太原等十五郡。❺便宜從事　不必請示上司，斟酌事勢所宜，自行裁奪處理。❻隋煬帝　（西元五六九—六一八年）隋二世皇帝楊廣。西元六〇四—六一八年在位。傳見《隋書》卷三、四。❼江都　郡名，治所在今江蘇揚州。煬帝下江南以江都為行都。❽供張　同「供帳」。即陳設帷帳等用物。❾趙元楷　天水西縣（今陝西勉縣西老城東南）人，歷事隋煬帝、唐高祖、唐太宗。太宗時為司農少卿，以能聚斂被人羞辱。事跡略見《新唐書》卷九十五〈竇靜傳〉等。❿蕭后　（?—西元六四八年）隋煬帝皇后，梁明帝蕭巋女。傳見《隋書》卷三十六。⓫幸姬　為君王所寵愛的姬妾。⓬卮　杯酒。⓭擾擾　紛亂貌。⓮幅巾　謂不加冠，僅用絹一幅束髮，古代男子的一種儒雅閒適的裝束。⓯策杖　策，扶；拄。杖，拐杖。⓰汲汲　心情急切的樣子。⓱顧景　觀景。⓲占候卜相　占候，根據天象的變化來預測吉凶。卜相，以占卜和觀相來預言禍福。⓳吳語　吳地（今江蘇）方言。⓴天文　日月星辰等天體現象的通稱。㉑儂　吳地方言自稱曰「儂」。㉒長城公　即陳後主陳叔寶（西元五五三—六〇四年）。西元五八二至五八九年在位。國破，為隋所俘，封長城公。㉓卿　古代君對臣、長輩對晚輩的稱謂，朋友夫婦也以「卿」為愛稱。㉔沈后　陳叔寶皇后沈氏。㉕引滿　舉飲滿杯的酒。㉖斫　本意為大鋤，引申為砍、斬、削。㉗更迭　交替；輪換。㉘丹陽　郡名，煬帝改蔣州為丹陽郡，治所在今江蘇南京。㉙江東　又稱「江左」，地區名，長江在蕪湖、南京間略呈南北流向，故古人習慣上稱自此以下的長江南岸地區為江東。㉚內史侍郎　官名，內史省長官內史令之副，掌詔書草擬等事。㉛虞世基　（?—西元六一八年）隋大臣，越州餘姚（今浙江餘姚）人。傳見《隋書》卷六十七。㉜右候衛大將軍　官名，隋十二衛大將軍之一，掌天子車駕出入、巡察營禁、烽候道路等事。㉝門下錄事　官名，門下省置有正八品錄事六人，掌文簿等事。㉞萬乘　周制，天子有兵車萬乘，諸侯千乘，故以萬乘代指天子。㉟御史　官名，隋御史臺屬官，治書侍御史、侍御史均掌糾察官員不法行為，殿中御史掌殿中禁衛。㊱劾　舉發他人罪狀。㊲阿意　曲意迎合。㊳望幸　盼望天子駕臨。㊴大禹　夏王朝的建立者，善治水。據《史記・夏本紀》：「或言禹會諸侯江南」，死後葬會稽（今浙江餘杭）。㊵驍果　驍勇果斷之士。此指宿衛府兵。㊶關中　地區名，相當於今陝西中部。舊說在東函谷關、西散關、南武關、北蕭關等四關之中。㊷郎將　武官名，大業三年（西元六〇七年），隋煬帝廣置四至五品的郎將，並分別以鷹揚、鷹擊、虎賁、虎牙、備身、折衝、果毅、雄武、武勇等為名號，掌領府兵及宿衛侍從等事。[43]司馬德戡 （？—西元六一八年）隋煬帝大業三年（西元六〇七年）為鷹揚郎將，遷武賁郎將，深受寵幸。從煬帝至江都，領左右備身驍果一萬人。傳見《隋書》卷八十五。[44]直閤 官名，隋煬帝置，正五品，掌左右監門，定員各六人。[45]裴虔通 初為煬帝所親信，任監門直閤，叛隋歸唐，授徐州總管等職，最終徙嶺表而死。傳見《隋書》卷八十五。[46]李孝常 （？—西元六二七年）京兆涇陽（今陝西涇陽）人，李淵入關，其時李孝常為華陰令，以永豐倉降。後因謀反被誅。[47]內史舍人 官名，正五品。隸內史省，為撰擬誥敕之專官。內史省，原為中書省，隋改稱內史省。[48]元敏 （？—西元六一八年）洛陽人。事跡見《隋書》卷六十三〈元壽傳〉。[49]符璽郎 官名，門下省符璽局長官，掌天子符璽印信。[50]直長 官名，殿內省尚食等六局長官，奉御的副職，掌天子衣食住行之事。[51]許弘仁 （？—西元六一九年）弒煬帝的主要參加者。其事略見《隋書》卷八十五〈宇文化及傳〉。[52]城門郎 官名，門下省城門局長官，掌京城、皇城、宮殿諸門開合、管鑰出納等事。[53]醫正 殿內省尚藥局屬官。[54]勳侍 官名，原稱「勳衛」，為左右衛所領三衛之一，煬帝大業三年（西元六〇七年）改稱「勳侍」，為三侍（親、勳、武）之一。[55]宮人 宮女。[56]白 稟告。[57]將作少監 官名，掌工程營建。[58]宇文智及 （？—西元六一九年）生性狂悖，為弒煬帝主謀之一。傳見《隋書》卷八十五。[59]期以三月望日 以三月十五日為約期。望日，陰曆十五日。[60]亡 逃亡。[61]然之 表示同意。[62]右屯衛將軍 官名，大業三年（西元六〇七年）煬帝改左右領軍為左右屯衛，置將軍，領羽林兵，掌侍衛。[63]許公化及 （？—西元六一九年）為弒煬帝主謀之一。傳見《隋書》卷八十五。《隋書》云：「行樞、薛良請以化及為主。」與《通鑑》文字略異。[64]駑怯 謂才能劣下性格怯懦。駑，劣馬。怯，懦弱膽小。[65]備身府 官署名，大業三年（西元六〇七年），煬帝以諸衛大將軍所領左右府為左右備身府，各置備身郎將一人。[66]醞釀 造。[67]享會 飲酒聚會。享，通「饗」。[68]乙卯 三月初十日。[69]風霾 因風中挾帶大量煙塵而造成的空氣渾濁。[70]晡 申時；黃昏。[71]御廄 帝王專用的馬廄。[72]潛厲兵刃 偷偷地磨兵器。潛，暗中。厲，同「礪」。磨刀石。兵，兵器。[73]相知 彼此告知。[74]鍵 門閂。[75]城外 指江都宮城外。[76]候衛虎賁 即左右候衛虎賁郎將，主晝夜巡察。[77]衢巷 大道與胡同；大街小巷。[78]燕王倓 （西元六〇三—六一八年）煬帝長子楊昭之次子。傳見《隋書》卷五十九。[79]芳林門 江都宮外城門。[80]水竇 水洞。[81]玄武門 江都宮城北門。[82]詭奏 編造假話奏報。[83]猝 突然。[84]俄頃 頃刻；一會兒。[85]不以聞 不把此事上報。[86]執 捉拿；逮捕。[87]丙辰 三月十一日。[88]諸門衛士 守宮城諸門的宿衛府兵。[89]宿衛者 指守衛宮禁的將士。[90]投仗 丟棄兵械。[01]右屯衛將軍 官名，掌領羽林衛士。[92]獨孤盛 （？—西元六一八年）隋將領。傳見《隋書》卷七十一。93何物兵二句 意謂什麼兵?形勢太異常了。94不預 無關;不牽涉。95何物語 什麼話。96楷 本姓李,改姓獨孤。為人謹厚,入唐後,為右衛將軍。出為益州總管,有惠政,蜀中父老稱頌。傳見《隋書》卷五十五。97千牛 官名,後魏始置,掌執千牛刀(即御刀),為君主貼身護衛。98獨孤開遠 文帝獨孤皇后姪。事跡見《隋書》卷七十九〈獨孤羅傳〉。99叩閤 敲打殿閤門。閤,「閣」的異體字。100稍 漸漸。101驍健官奴 驍勇體健的官府奴隸。102給使 取供人役使之意。唐諸州有閹人並送官,配內侍省及東宮坊內,亦名為給使。官奴與閹人均地位卑下,故均以「給使」為名。103司宮 官名,初由宦官任職,隋時則以宮中女官充當。104排左閤 推西閣門。105啓 開。106永巷 宮中深巷。此當指妃嬪住所。107美人 妃嬪的一種稱號。隋唐時後宮美人為正四品,在貴妃、昭儀、婕妤之下。108校尉 官名,隋左右衛府有步兵、越騎、射聲、屯騎、長水等校尉,均為衛府將軍下屬。109窗扉 窗門。110故人 舊友。此謂舊屬。111上江 長江夏口(今武漢市漢口)以上稱上江。112勒兵 部署和統領軍隊。113旦 天亮。此指三月十一日之旦。114甲騎 披鎧甲的騎士。115謁 進見。116俛 「俯」的異體字。117城門 指宮城門。118丞相 官名,朝廷的最高行政官,協助天子處理國家政務。119從騎 隨行坐騎。120鞍勒弊 馬鞍和勒(帶嚼口的馬絡頭)破舊。121轡 駕御牲口的韁繩。122亟還與手 趕快下毒手。胡注:「與手,魏、齊間人率有是言,言與之毒手而殺之也。」123梟首 斬首高懸以示眾。124寢殿 天子正殿、臥室。125白刃 利刃。126宗廟 帝王祭祀祖宗的處所。127丁壯 壯丁;壯年男子。128溝壑 溪谷,引申為野死之處。129四民 舊指士、農、工、商。130佞諛 善以巧言獻媚的人。131飾非拒諫 文飾過錯,拒絕批評意見。132爾輩 你們。133何乃如是 為什麼這樣。134孰 誰。135溥 通「普」。普遍。136封德彝 (西元五六八—六二七年)名倫,字德彝,觀州蓨縣(今河北景縣)人,降唐後,官至宰相。傳見《舊唐書》卷六十三、《新唐書》卷一百。137士人 士大夫;讀書人。138赧然 臉紅;難為情的樣子。139趙王杲 (西元六〇七—六一八年)小字季子,蕭嬪所生。傳見《隋書》卷五十九。140號慟不已 大聲哭叫不止。141鴆酒 毒酒。142練巾 白絹巾帶。143縊 吊死;勒死。144罌 小口大腹狀盛酒器。145汝曹 爾輩;你等。146殯 殮而未葬。147蜀王秀 (?—西元六一八年)隋文帝楊堅第四子。傳見《隋書》卷四十五。148齊王暕 (西元五八五—六一八年)小字阿孩,煬帝第二子,蕭后生。傳見《隋書》卷五十九。149燕王倓 (西元六〇三—六一八年)煬帝長子楊昭之子。傳見《隋書》卷五十九。150秦王浩 (?—西元六一八年)文帝第三子楊俊之子。傳見《隋書》卷四十五。151顧 視;回頭看。152第 府第;大住宅。153收 逮捕;拘押。154詔使 持詔命的差遣官。155曳 拖;牽引。156裴蘊 (?—西元六一八年)河東聞喜(今山西聞喜)人,歷洋、直、棣三州刺史,俱有能名。遷民部侍郎,擢授御史大夫,與裴矩、虞世基參掌機密。傳見《隋書》卷六十七。157左翊衛大將軍煬帝改左右衛為左右翊衛，其長官翊衛大將軍掌宮禁宿衛。158來護兒　（？—西元六一八年）隋大將，封榮國公。傳見《隋書》卷六十四。159袁充　（西元五四四—六一八年）陳郡陽夏（今河南太康）人，好道術，解占候，領太史令，遷內史舍人、祕書少監。以占候之術屢言天象，取媚煬帝。傳見《隋書》卷六十九。160宇文協　（？—西元六一八年）隋將，河南洛陽人。事跡見《隋書》卷五十〈宇文慶傳〉。161宇文皛　（？—西元六一八年）宇文協弟。事跡見《隋書》卷五十〈宇文慶傳〉。162蕭鉅　（？—西元六一八年）蕭皇后姪，襲封梁國公。163琮　蕭琮，後梁主。西元五八五—五八七年在位。傳見《隋書》卷七十九。164江陽長　江陽縣（縣治在今江蘇揚州）縣長。縣長，一縣之行政長官。秦漢時，萬戶以上縣置縣令，萬戶以下縣置縣長。歷代沿置。北齊、隋之縣分九等，亦設縣令、縣長。165與　胡注，「與」上應有「蘊」字。166矯詔　假託君命，發布詔令。167播郎　虞世基小字。168宗人　同宗族的人。169熙　（？—西元六一八年）虞世基次子。事跡見《隋書》卷六十七〈虞世基傳〉。170濟　幫助。171決　通「訣」。訣別。172世南　（西元五五八—六三八年）唐初大臣，封永興縣公。太宗稱其「德行」、「忠直」、「博學」、「文辭」、「書翰」為「五絕」。傳見《舊唐書》卷七十二、《新唐書》卷一百二。173黃門侍郎　官名，門下省長官侍中之副，掌機要，備皇帝顧問。174裴矩　（西元五四八—六二七年）河東聞喜人，曾官吏部尚書。煬帝時，參與營建東都，又配合煬帝西擴，撰《西域圖記》奏上，轉民部侍郎，遷黃門侍郎。傳見《隋書》卷六十七、《舊唐書》卷六十三、《新唐書》卷一百。175廝役　舊指服賤役的人。176婦　妻。177蘇威　（西元五三四—六二一年）京兆武功（今陝西眉縣）人，煬帝以威先朝舊臣，頗受委任，任太常卿，又為納言，與宇文述、裴矩、裴蘊、虞世基參掌朝政，時人號稱「五貴」。傳見《隋書》卷四十一。178給事郎　官名，門下省要員，侍從皇帝左右，掌獻納得失，駁正文書。179許善心　（西元五五八—六一八年）高陽北新城（今河北徐水縣）人，博學多識，大業間官禮部侍郎，曾自撰《方物志》，與崔祖濬合撰《靈異記》，又曾繼承父業，撰著《梁史》。傳見《隋書》卷五十八。180許弘仁　許善心的姪兒。181崩　舊謂天子死。182天道人事　自然法則和人間事情。183低回　流連盤桓難以割捨。回，通「徊」。184反走　倒退。185既而　不久。186舞蹈　臣子朝拜皇帝的禮儀。只有特殊恩寵才允許朝見不必舞蹈。187負氣　恃其意氣，不肯屈居人下。188柩　靈柩；已盛屍的棺材。189張季珣　（西元五九〇—六一七年）隋鷹擊郎將，大業末，守洛口倉城，瓦崗軍克城後，殺季珣。190仲琰　隋上洛縣（縣治在今陝西商州）縣令，被部下所殺。其弟琮，被宇文化及所殺。季珣兄弟事跡見《隋書》卷七十一〈張季珣傳〉。191千牛左右　官名，即千牛左右備身，掌執千牛刀宿衛侍從。192百揆　堯舜時官名，總理國政之官。這裡指各種政務。193令　皇后、太子之命謂之令。194士及　（？—西元六四二年）宇文化及弟，尚煬帝女南陽公主。傳見《舊唐書》卷六十三、《新唐書》卷一百，《隋書》卷八十〈南陽公主傳〉亦略述其事。195內史令　官名，內史省長官，職任為宰相，掌草擬詔敕等事。106乙卯　三月初十日。197戊辰　三月二十三日。198九錫　古帝王賜給有大功或有權勢的諸侯大臣的車馬、衣服等九種物品。後世權臣篡位之前，輒加九錫。199孤　侯王自稱。200魏晉之迹　指曹魏代漢、司馬晉代魏故事。201五霸　一般指春秋時先後稱霸的齊桓公、宋襄公、晉文公、秦穆公、楚莊王。一說指齊桓公、晉文公、楚莊王、吳王闔閭、越王句踐。202三王　夏禹、商湯、周文王。一說指夏禹、商湯和周代文王、武王。203堯舜湯武　我國古代早期的四位賢明君王。堯，陶唐氏，名放勳。舜，姚姓，有虞氏，名重華。湯，商朝的建立者。武，周武王姬發，西周王朝的建立者。204應天順人　順應天命人心。205唐虞之禪　唐堯禪讓虞舜。206少帝　即隋恭帝。207知　見識。208飾讓　偽裝成禮讓的樣子。209素心　本心。210有司　指主管官吏。因官吏各有專司，故稱。211左武衛將軍　官名。隋置左右武衛府，各設大將軍、將軍主其事，掌管宮廷警衛等。212陳稜　（？—西元六一九年）廬江襄安（今安徽無為西南襄安）人，煬帝時為武賁郎將、東萊留守。煬帝至江都，超拜右禦衛將軍。煬帝死後，宇文化及召為江都太守，後被杜伏威害死。傳見《隋書》卷六十四。213綜領留事　綜理滯留未了事宜。214壬申　三月二十七日。215六宮　皇后寢宮有六，故曰六宮。統指皇后妃嬪及其住處。216視事　辦公；處理政事。217乘輿　本指天子車馬，後用為皇帝代稱。218舟檝　泛指船隻。舟，船。檝，槳。219彭城　郡名，治所在今江蘇徐州。220折衝郎將　煬帝置。掌領驍果禁兵，隸屬左右備身府。221沈光　（西元五九一—六一八年）吳興（今福建浦城）人，從煬帝征遼東，驍勇異常，煬帝以為近侍，拜折衝郎將。傳見《隋書》卷六十四。222使將給使營於禁內　讓帶領給使（官奴）紮營在禁內，負責警衛。223顯福宮　煬帝置，在今江蘇揚州東北。224麥孟才　（？—西元六一八年）隋大將麥鐵杖嗣子。事跡見《隋書》卷六十四〈麥鐵杖傳〉。225虎牙郎　「郎」下當脫「將」字。虎牙郎將為虎賁郎將之副。226儕　同輩。227俛首事讎　低頭侍奉仇人。俛，「俯」的異體字。讎，「仇」的異體字。228視息　生存。229恩舊　與之有舊恩者。230洩　「泄」的異體字。231腹心　親信；心腹。232數　數說；列舉罪狀。233麾下　亦作「戲下」。猶言在主帥的旗麾之下，即部下。234鐵杖　麥鐵杖，始興（今廣東始興）人，累戰有功，封宿國公。傳見《隋書》卷六十四。235沈法興　（？—西元六二〇年）湖州武康（今浙江德清千秋鎮）人。江都亂起，割據江表十餘州，自恭帝義寧間至李淵武德間，歷時三年敗亡。傳見《舊唐書》卷五十六、《新唐書》卷八十七。236著姓　土著大姓。237吳興　郡名，治所在今浙江吳興南。238比至烏程　等到達烏程。烏程，縣名，縣治在今浙江湖州南下菰城。239餘杭　郡名，治所在今浙江杭州。240毗陵　郡名，郡治在今江蘇常州。241丹陽　郡名，郡治在今江蘇江寧。242江表　即江東地區。指長江以南地。以地在長江之外，故稱。243承制　秉承君王制命。244竇抗　（？—西元六二一年）李淵妻竇氏之從兄，襲爵陳國公。傳見《舊唐書》卷六十一、《新唐書》卷九十五。(245)靈武　郡名，治所在今寧夏靈武西南。(246)癸酉　三月二十八日。(247)鹽川　郡名，鹽州改置，治所在今陝西定邊。

【校記】[1]恐亦將　原作「亦恐終」。據章鈺校，十二行本、乙十一行本、孔天胤本皆作「恐亦將」，今從改。[2]李覆　原無此二字。據章鈺校，十二行本、乙十一行本、孔天胤本皆有此二字，張敦仁《通鑑刊本識誤》同，今據補。[3]形　原無此字。據章鈺校，十二行本、乙十一行本、孔天胤本皆有此字，張敦仁《通鑑刊本識誤》、張瑛《通鑑校勘記》同，今據補。[4]之際　原誤作「際制」。據章鈺校，十二行本、乙十一行本、孔天胤本皆作「之際」，張敦仁《通鑑刊本識誤》、張瑛《通鑑校勘記》同，今據校正。[5]以身　原無此二字。據章鈺校，十二行本、乙十一行本、孔天胤本皆有此二字，張敦仁《通鑑刊本識誤》同，今據補。

【語譯】三月初四日己酉，任命齊公李元吉為鎮北將軍、太原道行軍元帥、都督十五郡諸軍事，允許他根據情況自行決斷採取行動。

煬帝到達江都，更加荒淫，宮中建有一百多所臥房，各房大量布置帷帳等用物，讓美人住在裡面，每天讓其中一房為主人。江都郡丞趙元楷掌管供奉酒食，煬帝與蕭后及寵幸的美姬前往宴飲，酒杯不離口，隨從的美姬一千多人也經常喝醉。但煬帝見天下危急動亂，心裡也慌亂而不得安寧，退朝後就以絹束髮，身穿短衣，拿著手杖徒步漫遊，走遍每一處臺館，不到黑夜不停止，急切地想多看些風景，惟恐沒有看夠。

煬帝自己也懂得占候卜相，喜歡說吳地方言，經常夜裡擺下酒菜，仰觀天文，對蕭皇后說：「外面想害我的大有人在。但我就算不當皇帝也能像陳叔寶一樣當個長城公，你也能像陳叔寶的皇后沈皇后一樣當我的夫人，還是一起高高興興地喝酒吧！」於是倒酒滿杯喝得爛醉。又曾拿起鏡子照自己，回頭對蕭皇后說：「一副好頭頸，當是誰來砍掉它？」蕭皇后吃驚地詢問原故，煬帝笑著說：「貴賤苦樂，互為更替，又有什麼可傷心的！」

煬帝見中原已亂，無心北還都城，想建都丹陽，據守江東，命群臣在朝廷上商議此事。內史侍郎虞世基等都以為這個想法好，右候衛大將軍李才則極力說明不可建都丹陽，請煬帝車駕返回長安，他與虞世基忿怒地爭辯，氣得出去了。門下錄事衡水人李桐客說：「江東低窪潮溼，疆域險阻而狹窄，對外要供給三軍，百姓承受不了這些負擔，恐怕也將會逃散作亂啊。」御史彈劾李桐客謗毀朝政，於是公卿大臣都迎合煬帝的想法說：「江東百姓很久就盼望皇上駕臨了，陛下過長江，駕臨此地進行安撫，這是大禹當年做過的事情啊。」於是命令建造丹陽宮，準備遷都丹陽。

當時江都沒有糧食，隨從煬帝的驍果兵多是關中人，長期客居江南，思念故鄉，看到煬帝沒有西歸的意思，很多人謀劃叛逃返回關中。郎將竇賢於是率領部下西去，煬帝派騎兵追上斬殺了他，但逃亡的人仍然阻止不了，煬帝對此非常憂慮。虎賁郎將扶風人司馬德戡一向受煬帝寵幸，煬帝派他率領驍果兵屯駐東城。司馬德戡與關係親近的虎賁郎將元禮、直閤裴虔通商量說：「如今驍果兵人人都想逃亡，我想告訴皇上，怕在事前就被誅殺，不告訴皇上，日後事情發生了，也免不了滅族之罪，怎麼辦？又聽說關內淪陷，李孝常在華陰反叛，皇上囚禁了他的兩個弟弟，想要殺死他們。我們的家屬都在西方關中，能沒有這樣的憂慮嗎！」兩人都很害怕，說：「那麼又有什麼好計策呢？」司馬德戡說：「驍果兵如果逃亡，不如和他們一起離去。」二人都說：「好！」於是人們相互串連，內史舍人元敏、虎牙郎將趙行樞、鷹揚郎將孟秉、符璽郎李覆、牛方裕、直長許弘仁、薛世良、城門郎唐奉義、醫正張愷、勳侍楊士覽等人都與司馬德戡同謀，日夜聯繫相互約定，在眾人聚會的場合也公開討論叛逃的方法，無所畏懼迴避。有宮女告訴蕭皇后說：「外面人人都想造反。」蕭皇后說：「任隨你上奏此事。」宮女告訴煬帝，煬帝大怒，認為不是她該說的話，殺了宮女。其後別的宮女又告訴蕭皇后，蕭皇后說：「天下事一旦到了這種地步，無可挽救了，還用得著說嗎，說了只能讓皇帝擔憂罷了！」從此再也沒有人報告了。

趙行樞和將作少監宇文智及一向情深意厚，楊士覽又是宇文智及的外甥，二人把眾人謀劃叛逃的事告訴宇文智及，宇文智及非常高興。司馬德戡等人約定在三月十五日結夥西逃，宇文智及說：「皇上雖然無道，但他的威令還能施行，你們逃走，正如竇賢一樣是白找死路。如今上天確實要滅亡隋，英雄並起，一心要背叛的人已有數萬，乘此機會幹大事，這才是帝王的大業。」司馬德戡等人都贊同這個主意。趙行樞、薛世良請求讓宇文智及的哥哥右屯衛將軍許公宇文化及擔任幹大事的首領。大家約定之後，就告訴了宇文化及。宇文化及無能而又膽小，聽說這件事，嚇得臉色大變，流下了虛汗，但過後也就同意了。

司馬德戡派許弘仁、張愷進入左右備身府，告訴認識的人：「陛下聽說驍果兵想叛逃，釀了許多毒酒，想趁宴會喝酒之時，把驍果兵全都毒死，只讓自己與南方人留下來。」驍果兵都很害怕，相互轉告，更加迅速地謀反。

三月初十日乙卯，司馬德戡召集驍果兵的所有軍吏，宣告了自己的計畫，驍果軍吏們都說：「唯將軍之命是從！」這一天，颳起大風，塵土蔽日，白天都十分昏暗。下午五時後，司馬德戡偷出御廄中的馬匹，暗中磨礪兵器。這天晚上，元禮、裴虔通在宮內值班，負責煬帝寢殿的守衛，唐奉義負責關閉皇宮的城門，與裴虔通相互通氣，皇宮的各城門宮殿門都不插上門閂。到了三更，司馬德戡在東城集合士兵，得到數萬人，舉起火把與宮城外的軍隊相互呼應。煬帝看見火光，又聽到宮外一片嘈雜喧囂，問發生了什麼事。裴虔通回答說：「草坊失火，外面的人一起在救火。」當時皇宮內外消息隔絕，煬帝信以為真。宇文智及和孟秉在宮城之外集合了一千多人，劫持了候衛虎賁馮普樂，分兵把守大街小巷。燕王楊倓覺察有事變發生，夜裡，穿過芳林門旁的水洞進入皇宮，到了玄武門，謊報說：「臣突然中風，性命就在片刻之間，請求向皇上當面告辭。」裴虔通等人不為他通報，把他逮捕囚禁起來。

三月十一日丙辰，天未亮，司馬德戡給裴虔通派了一些士兵，用來代替各門的衛兵。裴虔通從宮門率數百騎兵來到成象殿，守衛宮殿的士兵遞相高喊有賊，裴虔通便退了回來，關閉了皇宮的各個城門，只開東門，驅趕殿內的衛兵，讓他們出去，衛兵們都扔下兵器逃走。右屯衛將軍獨孤盛對裴虔通說：「這些兵士是什麼人？形勢太不尋常了！」裴虔通說：「事勢已是如此，不關將軍的事，將軍小心不要亂動！」獨孤盛大罵說：「你這老賊，說什麼鬼話！」來不及披上盔甲，和身邊的十幾個衛兵進行抵抗，被亂兵殺死。獨孤盛，是獨孤楷的弟弟。千牛衛隊長獨孤開遠率領宮內衛兵數百人來到玄覽門，敲打煬帝的寢殿門，請求說：「兵器還完備，尚能打敗叛兵。陛下如果出來臨陣作戰，人心自會穩定下來，不然的話，大禍就要臨頭了！」竟然沒有人回應，所率軍士漸有離散。叛兵抓住獨孤開遠，後來認為他講義氣而釋放了他。在此之前，煬帝挑選驍勇強健的官家奴隸數百人部署在玄武門，稱為給使，用來防備非常事變，待遇優厚，甚至把宮女賞賜給他們。司宮魏氏被煬帝信任，宇文化及等串通他作為內應。這一天，魏氏謊稱皇帝詔令聽任給使全部外出，突發事變之時，給使沒有一個人在玄武門。

司馬德戡等人領兵從玄武門入宮，煬帝聽說發生了叛亂，換了衣服逃入西閣。裴虔通和元禮進兵推西閣門，魏氏把殿門打開了，於是叛兵進入永巷，問道：「陛下在哪裡？」有美人出來指著西閣。校尉令狐行達拔刀直衝向前，煬帝的身影映在窗扉上，對令狐行達說：「你想殺我嗎？」令狐行達回答：「臣不敢，只是想奉侍陛下西歸關中而已！」於是攙扶煬帝走下西閣。裴虔通本是煬帝當晉王時的身邊親信，煬帝看見他，對他說：「你不是我的老部下嗎？有什麼仇恨要來謀反？」裴虔通回答：「臣不敢反叛，只是將士思歸，想奉侍陛下返回京師罷了！」煬帝說：「朕正想西還長安，只是因為上江運米的船沒有到來，現在就和你們一起回去吧！」裴虔通於是部署士兵守著煬帝。

到了早晨，孟秉率領披甲騎兵迎接宇文化及，宇文化及嚇得渾身顫抖說不出話，有人來晉見他，他只是低頭靠著馬鞍自稱罪過。宇文化及來到皇宮城門，司馬德戡迎接晉見，帶他進入朝堂，稱為丞相。裴虔通對煬帝說：「百官全在朝堂了，陛下應親自出來慰勞。」拉過自己的隨行坐騎，逼煬帝坐上馬。煬帝嫌他的馬鞍和馬絡頭破舊，換了新的，這才坐上馬。裴虔通拉著馬韁，提刀走出宮門，叛兵躁動，歡聲震地。宇文化及大聲說：「何必把這東西拿出來，趕快回去下手！」煬帝問：「虞世基在哪裡？」叛兵同黨馬文舉說：「已砍頭示眾了！」於是拉著煬帝回到寢殿，裴虔通、司馬德戡等人拔出利刃站在煬帝身旁。煬帝歎氣說：「我有什麼罪過竟到了這一步？」馬文舉說：「陛下拋棄宗廟，巡遊不止，對外忙於發兵征討，對內極為奢侈荒淫，使得強壯男丁全都死於箭矢刀刃之下，婦女老弱死亡填於溝壑，士農工商四民喪失生業，盜賊蜂起，陛下專信重用佞諛小人，文過飾非，拒絕勸諫，怎麼說沒有罪！」煬帝說：「我確實有負於百姓，但對於你們這些人，榮華爵祿都達到極點，為何還這樣對我！今日之事，誰為首領呢？」司馬德戡說：「普天同怨，何止一人！」宇文化及又讓封德彝列數煬帝的罪過，煬帝說：「卿乃士人，為何也這樣？」封德彝深感慚愧，紅著臉退了下去。煬帝的愛子趙王楊杲十二歲，跟在煬帝身旁，號啕慟哭不止，裴虔通殺了他，鮮血濺到煬帝的御服上。叛兵想殺死煬帝，煬帝說：「天子死亡自有法度，怎能用利刃相加！取鴆酒來！」馬文舉等人不允許，讓令狐行達強按著煬帝坐下。煬帝自己解下練巾交給令狐行達，用練巾勒死了煬帝。當初，煬帝自知必遭禍難，經常自己隨身用小瓶裝著毒藥，對臨幸的妃姬說：「如果賊兵來了，你們應該先喝了毒藥，然後我再喝。」等到叛亂發生時，回頭找藥，身邊的人都逃散了，最終還是沒有找到。蕭皇后與宮女拆下漆製床板當作小棺材，把煬帝和趙王楊杲一起殯殮在西院的流珠堂。

煬帝每次巡幸，經常讓蜀王楊秀跟隨，把他囚禁在驍果營中。宇文化及殺死煬帝，想要尊奉楊秀為帝。大家商議認為不可，於是殺了楊秀和他的七個兒子。又殺了齊王楊暕和他的兩個兒子以及燕王楊倓，隋王朝的宗室外戚，不論年長年少全被殺死。只有秦王楊浩一向與宇文智及來往，智及用計保全了他。齊王楊暕一向不得煬帝寵愛，雙方一直相互猜忌。煬帝聽說叛亂，回過頭去對蕭皇后說：「莫非是阿孩楊暕叛亂？」宇文化及派人到楊暕府中殺死他，楊暕以為是煬帝派人來逮捕自己，說：「皇上的使節你暫且緩一步殺我，兒子我沒有對不起國家！」叛兵把他拖到街上，砍殺了他。楊暕最終也不知道殺他的人是誰，父子至死都沒有相互弄明白。又殺了內史侍郎虞世基、御史大夫裴蘊、左翊衛大將軍來護兒、祕書監袁充、右翊衛將軍宇文協、千牛宇文皛、梁公蕭鉅等，以及他們的兒子。蕭鉅，是蕭琮弟弟的兒子。

禍難即將發生時，江陽縣令張惠紹騎馬馳報裴蘊，裴蘊和張惠紹計劃矯稱皇帝詔令調動城外的部隊逮捕宇文化及等人，敲開宮門救援煬帝。商議已定，派人報告虞世基。虞世基懷疑揭發叛亂的消息未必真實，壓下這個計畫沒有同意。沒一會兒，禍難發生了，裴蘊歎氣說：「和虞播郎商議，竟誤了大事！」虞世基同宗族的人虞伋對虞世基的兒子符璽郎虞熙說：「事勢已經這樣，我要幫你南渡長江，一起死了有什麼好處！」虞熙說：「拋棄父親，背離君主，有什麼地方可以求得生存！感謝您的心意，我現在就和您訣別吧！」虞世基的弟弟虞世南抱著虞世基號哭，請求用自己代替虞世基去死，宇文化及不答應。黃門侍郎裴矩知道必將有一場叛亂，即使是奴僕也都厚待他們，又向煬帝建議給驍果士兵娶妻。等到叛亂爆發，叛兵們都說：「不是裴黃門的罪過。」等到宇文化及到來，裴矩迎拜馬前，所以得免於死。宇文化及認為蘇威不參與朝政，也免他不死。蘇威一向名尊位重，前往參見宇文化及。宇文化及召集眾人來見蘇威，曲身給予特殊的禮遇。百官全都來到宮內朝堂表示祝賀，只有給事郎許善心不到。許弘仁騎快馬前去告訴他說：「天子已經駕崩，宇文將軍攝理政事，滿朝文武全都會集一起。天道人間之事自有替代終結之時，這與叔叔你有什麼相干而如此徘徊猶豫！」許善心大怒，不肯啟行。許弘仁倒退著走出屋上馬，哭泣而去。宇文化及派人到許善心家裡把他抓到朝堂，不久又釋放了他。許善心不做舞蹈朝拜禮儀就出來了，宇文化及大怒，說：「此人太自負了！」又下令抓回來殺了他。許善心的母親范氏年紀九十二，撫著棺材不哭，說：「能死於國難，我有了個好兒子！」於是臥床絕食，十多天後死去。唐王李淵在進入關中時，張季珣的弟弟張仲琰任上洛縣令，率吏民守城抵抗，部下殺了他投降唐王。宇文化及作亂時，張仲琰的弟弟張琮擔任千牛左右備身，宇文化及殺了他，兄弟三人都死於國難，這讓當時的人都感到慚愧。

宇文化及自稱大丞相，總掌國家各項政務。以皇后的名義下令立秦王楊浩為帝，居住在別宮，讓他在發布詔書時畫押簽字而已，仍然用兵士監管看守著他。宇文化及任命弟弟宇文智及為左僕射，弟弟宇文士及為內史令，裴矩為右僕射。

三月初十日乙卯，徙任秦公李世民為趙公。

三月二十三日戊辰，隋恭帝下詔為唐國再增加十個郡的領地，仍以唐王李淵為相國，總掌各項政務，唐國設置丞相以下官職，又給予唐王九錫的尊崇。唐王對下屬們說：「這是諂媚阿諛之人幹的事。我執掌國家大政而自加優寵的九錫，可以嗎！一定要仿效魏、晉禪代的做法，他們都是在用繁瑣的文詞和虛偽的掩飾，欺騙上天，誣罔人民。考察他們的實情，趕不上春秋五霸，而追求名譽卻想超過堯舜禹三代聖王，這是我經常所嘲笑的，內心也以為這是可恥的。」有人說：「禪讓是歷代都施行的制度，哪裡可以廢除！」唐王說：「堯、舜、湯、武，各自根據其當時的情況，獲得帝位和禪讓帝位都有不同的原則，但都是推其至誠之心以回應天意和順從人心，從未聽說夏、商末期一定要取法唐、虞的禪讓。如果少帝有見識，一定不肯這樣做。如果少帝沒有見識，我是自我尊崇而虛偽推讓，按我本心是不會這樣做的。」於是只改丞相為相國府，而對封賜的九錫大禮，都歸還主管部門。

宇文化及任命左武衛將軍陳稜為江都太守，總管留守之事。三月二十七日壬申，下令城內城外戒嚴，說是想返回長安。皇后及六宮都按原來的制度作為御營，在營前另立帷帳，宇文化及在裡面處理政事，他的儀仗警衛，都和皇帝的規格相似。他們奪取江都人的船隻，取道彭城走水路西返長安。因為折衝郎將沈光驍勇，派他率領給使在宮禁內紮營。走到顯福宮，虎賁郎將麥孟才、虎牙郎錢傑與沈光謀劃說：「吾輩受先帝厚恩，現在俯首奉事仇人，受他的驅使，還有什麼面目活在人世間啊！我一定要殺了他，即使死了也無所怨恨。」沈光哭著說：「這正是所期望於將軍的。」麥孟才就招集有恩情的舊交，率領自己所管轄的數千人，約定在早晨將要出發時襲擊宇文化及。計謀洩露，宇文化及在夜裡與心腹逃到營外，留人報告司馬德戡等，讓他們討伐麥孟才等人。沈光聽到營內喧譁，知道事情已被發覺，當即襲擊宇文化及的營帳，空無所獲，遇到內史侍郎元敏，列舉其罪行而殺了他。司馬德戡帶兵進入營內包圍沈光，殺死沈光，他的部下數百人全部戰死，沒有一個投降，麥孟才也戰死了。麥孟才，是麥鐵杖的兒子。

武康人沈法興世代為本郡的望宗大姓，同宗族的人有數千家。沈法興任吳興太守，聽說宇文化及弒帝叛逆，以討伐宇文化及為名起兵。等到達烏程，已有精兵六萬，於是攻打餘杭、毗陵、丹陽，都攻了下來，佔據江南十餘郡，自稱江南道大總管，按皇帝的制命設置文武百官。

陳國公竇抗，是唐王李淵妃嬪的哥哥。隋煬帝派他在靈武巡視長城，聽說唐王李淵平定關中，三月二十八日癸酉，率領靈武、鹽川等幾個郡前來歸降。

夏，四月，稽胡❶寇富平❷，將軍王師仁擊破之。又五萬餘人寇宜春❸，相國府諸議參軍❹竇軌❺將兵討之，戰於黃欽山❻。稽胡乘高縱火，官軍小卻❼。軌斬其部將十四人，拔隊中小校代之，勒兵復戰。軌自將數百騎居軍後，令之曰：「聞鼓聲有不進者，自後斬之！」既而鼓之，將士爭先赴敵，稽胡射之不能止，遂大破之，虜男女二萬口。

世子建成等至東都，軍於芳華苑❽。東都閉門不出，遣人招諭，不應。李密出軍爭之，小戰，各引去。城中多欲為內應者，趙公世民曰：「吾新定關中，根本未固，懸軍遠來[1]，雖得東都，不能守也。」遂不受。戊寅❾，引軍還。世民曰：「城中見吾退，必來追躡。」乃設三伏❿於三王陵⓫以待之。段達⓬果將萬餘人追之，遇伏而敗。世民逐北⓭，抵其城下，斬四千餘級。遂置新安、宜陽⓮二郡，使行軍總管史萬寶⓯、盛彥師⓰將兵[2]鎮宜陽，呂紹宗⓱、任瓌⓲將兵鎮新安而還。

初，五原⓳通守⓴櫟陽張長遜㉑以中原大亂，舉郡附突厥，突厥以為割利特勒㉒。郝瑗㉓說㉔薛舉㉕與梁師都㉖及突厥連兵以取長安，舉從之。時啟民可汗㉗之子咄苾㉘號莫賀咄設㉙，建牙㉚直五原之北。舉遣使與莫賀咄設謀入寇，莫賀咄設許之。唐王使都水監㉛宇文歆㉜賂莫賀咄設，且為陳利害，止其出兵。又說莫賀咄設遣張長遜入朝，以五原之地歸之中國，莫賀咄設並從之。己卯㉝，武都、宕渠㉞、五原等郡皆降，王即以長遜為五原太守。長遜又詐為詔書與莫賀咄設，示知其謀。莫賀咄設乃拒舉、師都等，不納其使。

戊戌㉟，世子建成等還長安。

東都號令不出四門，人無固志。朝議郎㊱段世弘等謀應西師㊲，會㊳西師已還，乃遣人招李密，期以己亥㊴夜納之。事覺，越王命王世充討誅之。密聞城中已定，乃還。

【章　旨】以上為第四段，寫唐王李淵遣世子李建成兵進東都，不勝而還。

【注　釋】❶稽胡　民族名，又稱山胡、步落稽，源於匈奴。南北朝時，分布於今山西、陝北山谷間。❷富平　縣名，縣治在今陝西富平東北。❸宜春　當為「宜君」之誤。宜君縣治在今陝西宜君西南。❹諮議參軍　官名，為諸王、丞相、將軍府幕僚，以備諸王等諮詢計議。❺竇軌　（？—西元六三〇年）李淵起兵，竇軌招募千餘人歸附，從平京師，為大丞相諮議參軍。貞觀中授右衛大將軍，出為洛州都督。傳見《舊唐書》卷六十一、《新唐書》卷九十五。❻黃欽山　又作黃嵚山。在今陝西銅川市西北。❼卻　退；退卻。❽芳華苑　即東都西苑。又名會通苑、東都苑、上林苑、神都苑。故址在今洛陽澗西工業區西苑路。❾戊寅　四月初四月。❿三伏　謂三面或三路埋伏。⓫三王陵　周景王、悼王、定王（或言敬王）葬此得名。陵冢高大，氣勢壯觀，俗稱「三山」。在今洛陽西南郊三山村附近。⓬段達　（？—西元六二一年）武威姑臧（今甘肅武威）人，身長八尺，善弓馬。煬帝時為左驍衛大將軍。傳見《隋書》卷八十五。⓭逐北　追擊敗軍。北，敗軍。⓮新安宜陽　郡名，新安郡治所在今河南新安，宜陽郡治所在今河南宜陽西。⓯史萬寶　唐初功臣，封原國公。於隋末號稱「長安大俠」，疑為昭武九姓胡居京師者。李淵起兵，萬寶率先響應。兩《唐書》無傳。⓰盛彥師　（？—西元六二三年）唐初大將，封葛國公。

傳見《舊唐書》卷六十九、《新唐書》卷九十四。⑰呂紹宗　鄆州東平（今山東東平東）人，官至右拾遺。事跡見《舊唐書》卷一百五十四〈呂元膺傳〉。⑱任瓌　（？—西元六二九年）唐初功臣，封管國公。傳見《舊唐書》卷五十七、《新唐書》卷九十。⑲五原　郡名，治所在內蒙古五原西南黃河北岸。⑳通守　官名，煬帝置。佐理郡務，職位略低於太守。㉑張長遜　（？—西元六三七年）唐初大將，封息國公。傳見《舊唐書》卷五十七、《新唐書》卷八十八。㉒特勒　應為特勤。突厥語可汗子弟官銜曰「特勤」；或為王子稱號。㉓郝瑗　隋金城（今甘肅蘭州）令，後被薛舉引為謀主。㉔說　遊說。㉕薛舉　（？—西元六一八年）蘭州金城（今甘肅蘭州西北）人，善射，隋末割據隴西，稱帝於蘭州，武德初年病死。傳見《舊唐書》卷五十五、《新唐書》卷八十六。㉖梁師都　（？—西元六二八年）夏州朔方（今內蒙古杭錦旗西北）人，隋末割據夏州一帶，貞觀間才被從父弟梁洛仁殺死，前後割據十二年。傳見《舊唐書》卷五十六、《新唐書》卷八十七。㉗啓民可汗　（？—西元六○九年）東突厥可汗，姓阿史那，名染干。降隋後被冊為意利珍豆啓民可汗。㉘咄苾　（？—西元六三四年）啓民少子，即後來的頡利可汗。㉙設　又譯「察」或「殺」，突厥、回紇典兵者官銜。㉚建牙　武臣出鎮稱「建牙」。牙，牙旗，旗竿上飾以象牙，建於軍門。㉛都水監　官名，掌川澤、渠堰等水利事務。㉜宇文歆　唐初大臣。事跡散見《舊唐書》卷七十六、《新唐書》卷七十九〈李元吉傳〉等。㉝己卯　四月初五日。㉞武都宕渠　郡名，武都郡治所在今甘肅武都東南，宕渠郡在今四川渠縣。㉟戊戌　四月二十四日。㊱朝議郎　隋文帝開皇六年（西元五八六年）吏部置，為文散官，正六品。㊲西師　指李建成等所統軍旅。㊳會　適逢。㊴己亥　四月二十五日。

【校　記】①懸軍遠來　原無此四字。據章鈺校，十二行本、乙十一行本、孔天胤本皆有此四字，張敦仁《通鑑刊本識誤》、張瑛《通鑑校勘記》同，今據補。②將兵　原無此二字。據章鈺校，十二行本、乙十一行本、孔天胤本皆有此二字，今據補。

【語　譯】夏，四月，稽胡人進犯富平，將軍王師仁擊敗稽胡。又有五萬多稽胡人進犯宜春，相國府諮議參軍竇軌率兵討伐，在黃欽山交戰。稽胡人乘地勢高縱火，官軍稍稍退卻。竇軌斬殺部將十四人，選拔隊中的低級軍官代替他們，整頓軍隊再次交戰。竇軌自己率領數百名騎兵在大軍之後，命令他們說：「聽到鼓聲後如果有不前進的，就從後面斬殺他們！」然後擊鼓進軍，將士爭先衝向敵人，稽胡人用箭射他們，也不能阻止，於是大敗稽胡，俘虜男女兩萬人。

唐王世子李建成等到達東都，駐軍在芳華苑。東都關閉城門，不肯出兵，派人宣諭招撫，也不回應。李密出兵爭奪芳華苑，小戰一場，各自引軍離去。東都城中很多人想當內應，趙公李世民說：「我軍剛剛平定關中，基礎沒有穩固，孤軍遠來，即使得到東都，也不能守住。」於是沒有接受為內應的要求。四月初四日戊寅，率軍返回。李世民說：「城中見我撤退，一定前來追蹤。」就在三王陵布下三支伏兵等待追兵。段達果然率領一萬多人追來，遇到伏兵後敗退。李世民追逐敗兵，到達東都城下，斬首四千餘級。於是設置新安、宜陽二郡，派行軍總管史萬寶、盛彥師率兵鎮守宜陽，派呂紹宗、任瓌率兵鎮守新安，其他部隊則返回。

起初，五原通守櫟陽人張長遜因中原大亂，率全郡歸附突厥，突厥讓他做割利特勒。郝瑗勸說薛舉和梁師都及突厥合兵攻取長安，薛舉聽從了這一建議。當時突厥啟民可汗之子咄苾，稱號為莫賀咄設，正處於五原之北建立牙帳。薛舉派使者與莫賀咄設謀劃入寇內地，莫賀咄設答應了他。唐王派都水監宇文歆賄賂莫賀咄設，並且說明利害關係，阻止他出兵。又勸說莫賀咄設派遣張長遜進京朝見，把五原地區歸還中國，莫賀咄設都聽從了。四月初五日己卯，武都、宕渠、五原等郡都向唐王投降，唐王就任命張長遜為五原太守。張長遜又假傳詔書送給莫賀咄設，表示已經知道他們的計謀。莫賀咄設便拒絕了薛舉、梁師都等人，不再接納他們的使者。

四月二十四日戊戌，世子李建成等返回長安。

東都越王的命令傳達不到四門之外，人們沒有堅守的想法。朝議郎段世弘等人謀劃接應西方唐王的軍隊，正好此時唐王的軍隊已經西還，他們就派人聯繫李密，約定在四月二十五日己亥的夜裡接應李密部隊進城。事情被發覺，越王命令王世充擊殺段世弘。李密聽說東都城中已經平定，於是退軍。

宇文化及擁眾十餘萬，據有六宮，自奉養一如煬帝。每於帳中南面❶坐，人有白事❷者，嘿然❸不對，下牙❹，方取啟狀與唐奉義、牛方裕、薛世良、張愷等參決之❺。以少主浩付尚書省❻，令衛士十餘人守之，遣令史❼取其畫敕❽，百官不復朝參❾。至彭城，水路不通，復奪民車牛得二千兩❿，並載宮人珍寶，其戈甲戎器，悉令軍士負之，道遠疲劇，軍士始怨。司馬德戡竊謂趙行樞曰：「君大謬誤我！當今撥亂，必藉英賢，化及庸暗⓫，羣小⓬在側，事將必敗，若之何⓭？」行樞曰：「在我等耳，廢之何難！」初，化及既得政，賜司馬德戡爵溫國公，加光祿大夫⓮，以其專統驍果，心忌之。後數日，化及署⓯諸將分部士卒，以德戡為禮部尚書⓰，外示美遷，實奪其兵柄。德戡由是憤怨，所獲賞賜，皆以賂智及。智及為之言，乃使之將後軍萬餘人以從。於是德戡、行樞與諸將李本⓱、尹正卿⓲、宇文導師⓳等謀，以後軍襲殺化及，更立德戡為主。遣人詣孟海公，結為外助，遷延未發，待海公報。許弘仁、張愷知之，以告化及，化及遣宇文士及陽⓴為遊獵，至後軍。德戡不知事露，出營迎謁，因執之。化及讓㉑之曰：「與公㉒戮力㉓共定海內㉔，出於萬死。今始事成，方願共守富貴，公又何反也？」德戡曰：「本殺昏主，苦其淫虐。推立足下，而又甚之。逼於物情㉕，不得[1]已也。」化及縊殺之，并殺其支黨十餘人。孟海公畏化及之彊，帥眾具牛酒㉖迎之。李密據鞏洛㉗以拒化及，化及不得西，引兵向東郡㉘，東郡通守王軌㉙以城降之。

辛丑㉚，李密將井陘王君廓㉛帥眾來降。君廓本羣盜，有眾數千人，與賊帥韋寶、鄧豹合軍虞鄉㉜，唐王與李密俱遣使招之。寶、豹欲從唐王，君廓偽與之同，乘其無備，襲擊，破之，奪其輜重㉝，奔李密，密不禮之，復來降，拜上柱國，假河內太守㉞。

【章旨】以上為第五段，寫叛軍宇文化及內部不穩，西還東都受阻。

【注釋】❶南面　帝王之位南向，故稱居帝座者為「南面之尊」。❷白事　稟告事情。❸嘿然　不言貌。嘿，同「默」。❹下牙　離開牙帳。❺方取啓狀與唐奉義句　啓狀，報告文書。唐奉義等均為宇文化及心腹左右。參決，共同審議決定。❻尚書省　中央最高行政機構，掌政令推行。❼令史　官名，臺省均有此官，職位低下的辦事人員。此處令史當為門下省屬官。❽畫敕　在敕書簽字，表示同意照發。❾朝參　指臣下參拜天子。❿兩　同「輛」。⓫庸暗　庸昧；平庸不明。⓬羣小　眾小人。⓭若之何　奈何；如何是好。⓮光祿大夫　官名，隋正二品加官及褒贈之官。⓯署　部署或任命暫代官職。⓰禮部尚書　官名，尚書省禮部長官，掌禮儀、祭享、貢舉之政。⓱李本　隋將，謀襲宇文化及的主要人員之一。⓲尹正卿　隋官，河間（今河北河間）人，為時俊才，名顯於世。⓳宇文導師　隋將。李本、尹正卿、宇文導師等人事跡散見《隋書》卷八十五〈司馬德戡傳〉等。⓴陽　通「佯」。假裝。㉑讓　責備。㉒公　對尊長或平輩敬稱。㉓戮力　努力；勉力。㉔海內　四海之內；天下。㉕逼於物情　迫於公眾情緒。㉖牛酒　牛和酒，用作賞賜、慰勞、饋贈的物品。㉗鞏洛　鞏縣（今河南鞏縣東南）和洛口倉城（在鞏縣境）；或言洛水至鞏縣入黃河，故稱鞏洛。㉘東郡　郡名，治所在今河南滑縣舊滑縣城。㉙王軌　隋官，京兆霸城（今陝西西安東北）人。事跡散見《隋書》卷五十四〈王長述傳〉、卷八十五〈宇文士及傳〉、《舊唐書》卷五十四、《新唐書》卷八十五〈竇建德傳〉。㉚辛丑　四月二十七日。㉛王君廓　唐大將，封彭國公，井陘（今河北井陘西北）人。傳見《舊唐書》卷六十、《新唐書》卷九十二。㉜虞鄉　縣名，縣治在今山西運城西南解州鎮。㉝輜重　軍用物資如器械、糧草、營帳、服裝等的統稱。㉞假河內太守　代理河內郡（治所在今河南沁陽）長官。

【校　記】①得　據章鈺校，十二行本、乙十一行本、孔天胤本皆作「獲」。

【語　譯】宇文化及擁兵十餘萬，把煬帝的六宮據為己有，對自己的奉養完全同煬帝一樣。常在營帳中面朝南坐著，有人來稟告事務，沉默不作回答。退出營帳後，才拿著那些奏狀文書給唐奉義、牛方裕、薛世良、張愷等人議定處理。他把少主楊浩交給尚書省，命令衛士十餘人監守，派令史拿取少主畫押簽字的奏狀文書，文武百官不需再依例朝拜參見。到了彭城，水路不通，又搶奪百姓的牛和車得到二千輛，都用來載著宮女珍寶，而戈甲兵器，都讓軍士背著，路途遙遠，極為疲勞，軍士們開始抱怨。司馬德戡私下對趙行樞說：「你當初主意荒謬，誤我不淺！當今撥正亂局，必須借助精英賢才，宇文化及昏庸愚昧，一群小人在他身邊，事情必敗，怎麼辦？」趙行樞說：「事權在我們手中，廢了他有什麼困難！」起初，宇文化及掌握朝政後，賜給司馬德戡溫國公爵位，加封光祿大夫，因為他專門統率驍果軍，宇文化及對他心存猜忌。過後數日，宇文化及重新部署諸將，另行分配士卒，任命司馬德戡為禮部尚書，表面遷升美官，實際上奪了他的兵權。司馬德戡由此氣憤怨恨，得到的賞賜，全都用來賄賂宇文智及。宇文智及為他說情，宇文化及才讓他率領後軍一萬餘人跟著。此時司馬德戡、趙行樞與部下諸將李本、尹正卿、宇文導師等人謀劃，準備利用後軍襲擊殺掉宇文化及，另立司馬德戡為首領。他們派人去見孟海公，約定作為外援。但整個行動一直拖著沒有實施，等待孟海公的回音。許弘仁、張愷知道了這個陰謀，報告宇文化及，宇文化及派宇文士及佯裝外出遊獵，來到後軍。司馬德戡不知道事情暴露，出營迎見，宇文士及趁機逮捕了司馬德戡。宇文化及責備他說：「我與公一起努力，共同平定海內，冒了極大風險，現在大事剛剛成功，正想與公共守富貴，公為何又造反呢？」司馬德戡說：「本來殺死昏君，是苦於他的淫虐。我們推立足下為首，可你的淫虐更加厲害。迫於眾人的情緒，不得不這樣。」宇文化及勒死了司馬德戡，同時殺死他的黨羽十餘人。孟海公畏懼宇文化及勢力強大，率部下殺牛備酒迎接他。李密佔據鞏洛來抵抗宇文化及，宇文化及不能西進，率軍轉向東郡，東郡通守王軌舉城投降宇文化及。

四月二十七日辛丑，李密部將井陘人王君廓率其部下前來投降。王君廓原本是盜賊，有隊伍數千人，與賊軍首領韋寶、鄧豹在虞鄉合併了軍隊，唐王李淵和李密都派遣使者招撫他們。韋寶、鄧豹想投靠唐王，王君廓假裝與他們想法相同，乘其不備，襲擊並打敗二人，奪了他們的輜重，投奔李密，李密卻並不加以禮遇，所以又來投降唐王，被任為上柱國，暫代河內太守。

蕭銑❶即皇帝位，置百官，準梁室故事。諡其從父琮為孝靖皇帝，祖巖❷為河間忠烈王，父璿❸為文憲王，封董景珍等功臣七人❹皆為王。遣宋王楊道生擊南郡❺，下之。徙都江陵，修復園廟❻。引岑文本❼為中書侍郎，使典文翰❽，委以機密。又使魯王張繡徇嶺南❾，隋將張鎮周❿、王仁壽等拒之。既而聞煬帝遇弒，皆降於銑。欽州⓫刺史甯長真⓬亦以鬱林⓭、始安⓮之地附於銑。漢陽⓯太守馮盎⓰以蒼梧⓱、高涼⓲、珠崖⓳、番禺⓴之地附於林士弘㉑。銑、士弘各遣人招交趾㉒太守丘和㉓，和不從。銑遣甯長真帥嶺南[1]兵自海道攻和，和欲出迎之，司法書佐㉔高士廉㉕說和曰：「長真兵數雖多，懸軍遠至，不能持久，城中勝兵足以當之，柰何望風受制於人！」和從之。以士廉為軍司馬㉖，將水陸諸軍逆擊㉗，破之，長真僅以身免，盡俘其眾。既而有驍果自江都至，得煬帝凶問㉘，亦以郡附於銑。士廉，勱㉙之子也。

始安郡丞李襲志㉚，遷哲之孫也。隋末，散家財，募士得三千人，以保郡城。蕭銑、林士弘、曹武徹㉛迭㉜來攻之，皆不克。聞煬帝遇弒，帥吏民臨㉝三日。或說襲志曰：「公中州㉞貴族，久臨鄙郡㉟，華夷悅服。今隋室無主，海內鼎沸，以公威惠，號令嶺表，尉佗㊱之業可坐致也。」襲志怒曰：「吾世繼忠貞，今江都雖覆，宗社㊲尚存，尉佗狂僭㊳，何足慕也！」欲斬說者，眾乃不敢言。堅守二年，外無聲援，城陷，為銑所虜。銑以為工部尚書㊴，檢校㊵桂州總管。於是東自九江㊶，西抵三峽㊷，南盡交趾，北距漢川㊸，銑皆有之，勝兵四十餘萬。

【章旨】以上為第六段，寫蕭銑割據長江中游地區，荊襄以南，達於嶺南。

【注釋】❶蕭銑 （西元五八三—六二一年）後梁宣帝曾孫，義寧二年（西元六一八年）稱帝，遷都江陵，割據長江中游等地。後兵敗降唐被殺。傳見《舊唐書》卷五十六、《新唐書》卷八十七。❷祖巖 蕭銑之祖蕭巖，後梁安平王。開皇初降陳，陳亡，隋文帝誅之。❸璿 事跡不詳。❹董景珍等功臣七人 據兩《唐書・蕭銑傳》，功臣七人為董景珍、雷世猛、鄭文秀、許玄徹、萬瓚、張繡、楊道生。❺南郡 郡名，治所在今湖北江陵。❻園廟 園陵寢廟；帝王陵廟及其陵旁廟寢。❼岑文本（西元五九五—六四五年）降唐後官至中書令。傳見《舊唐書》卷七十、《新唐書》卷一百二。❽典文翰 掌公文信札的撰寫。❾嶺南 地區名，即嶺表、嶺外。泛指五嶺以南。❿張鎮周 《隋書》為張鎮州。隋朝請大夫，曾同陳稜率師至流求（今臺灣）。事跡見《隋書》卷三〈煬帝紀〉上。⓫欽州 州名，治所在今廣西欽州東北欽江西北岸。⓬甯長真 隋末唐初南平僚族首領，世襲欽州刺史。事跡見《新唐書》卷二百二十二下。⓭鬱林 郡名，治所在今廣西桂平東南鬱江南岸。⓮始安 郡名，治所在今廣西桂林。⓯漢陽 郡名，治所在今甘肅禮縣西南。⓰馮盎 （？—西元六四六年）嶺南越族首領，隋末唐初大將。傳見《舊唐書》卷一百九、《新唐書》卷一百十。⓱蒼梧 郡名，治所在今廣東封開南。⓲高涼 郡名，治所在今廣東陽江縣西。⑲珠崖　郡名，治所在今海南瓊山區東南。⑳番禺　縣名，治所在今廣州。㉑林士弘　（？—西元六二二年）饒州鄱陽（今江西鄱陽）人，隋末佔據北起九江、南至番禺之地，曾稱帝，國號楚。唐高祖武德間去世。傳見《舊唐書》卷五十六、《新唐書》卷八十七。㉒交趾　郡名，治所在今越南河內。㉓丘和　（西元五五二—六二七年）河南洛陽人，隋大業末，海南官吏侵害百姓，因為丘和為官淳厚善良，又有黃門侍郎裴矩推薦，煬帝遂拜丘和為交趾太守。卒年八十六，贈荊州總管，陪葬獻陵。傳見《舊唐書》卷五十九、《新唐書》卷九十。㉔司法書佐　官名，郡守佐吏，掌刑法。㉕高士廉　（西元五七六—六四七年）長孫皇后舅父，相太宗。傳見《舊唐書》卷六十五、《新唐書》卷九十五。㉖軍司馬　官名，位次將軍，掌綜理軍府事務，並參與軍機大事。㉗逆擊　迎擊。㉘凶問　噩耗。㉙勱　即高勱，北齊清河王高岳之子。七歲襲爵，後歷北周、隋，皆顯官。傳見《北史》卷五十一、《隋書》卷五十五。㉚李襲志　金州安康（今陝西安康）人，祖遷哲，北周信州總管，封安康郡公。襲志久任桂州（今廣西桂林），凡二十八載。傳見《舊唐書》卷五十九、《新唐書》卷九十一。㉛曹武徹　隋末桂陽（今湖南郴州）義軍首領。㉜迭　輪番；更迭。㉝臨　哭弔死者。㉞中州　中原。㉟鄙郡　邊遠之郡。㊱尉佗　即南越王趙佗（？—西元前一三七年）。以佗原為南海尉，故名。秦末，趙佗兼併桂林、南海、象三郡，建立南越國。㊲宗社　宗廟社稷。用以指國家。㊳狂僭　狂妄僭越不守本分。㊴工部尚書　官名，尚書省工部長官，掌工程、工匠、屯田、水利、交通等政令。㊵檢校　本指代理官職，後演變為加銜。㊶九江　郡名，治所在今江西九江市。㊷三峽　地名，長江三峽簡稱。㊸漢川　漢水以南地。

【校　記】①嶺南　此二字下原有「之」字。據章鈺校，十二行本、乙十一行本、孔天胤本皆無「之」字，今從改。

【語　譯】蕭銑即皇帝位，設置文武百官，依據梁朝的舊制。給他的叔父蕭琮加諡號為孝靖皇帝，給他的祖父蕭巖加諡號為河間忠烈王，給他的父親蕭璿加諡號為文憲王，封董景珍等功臣七人都為王。派宋王楊道生攻打南郡，攻了下來。遷都江陵，修復園林寢廟。任命岑文本為中書侍郎，讓他掌管公文信札，機密之事也委託他參與辦理。又派魯王張繡進攻嶺南地區，隋朝在嶺南的將領張鎮周、王仁壽等人加以抵抗。不久聽說煬帝被殺，就都投降了蕭銑。欽州刺史甯長真也以鬱林、始安等地歸附蕭銑。漢陽太守馮盎以蒼梧、高涼、珠崖、番禺等地歸附林士弘。蕭銑、林士弘各自派人招撫交趾太守丘和，丘和沒有答應。蕭銑派甯長真率領嶺南兵從海路進攻丘和，丘和想要出城迎接，司法書佐高士廉勸說丘和：「甯長真兵數雖多，孤軍深入而遠道來攻，不能持久，城中的兵力足以抵擋他，為何望風而降，受制於人！」丘和聽從這個建議。任命高士廉為軍司馬，率領水陸諸軍迎擊，擊敗了甯長真的軍隊，甯長真只是自己逃脫了，他的隊伍全都被俘獲。之後有驍果軍中人從江都到達，丘和獲悉煬帝被害的消息，也以其郡歸附蕭銑。高士廉，是高勱的兒子。

始安郡丞李襲志，是李遷哲的孫子。隋朝末年，散發家財，招募士兵，得到三千人，用來保衛郡城。蕭銑、林士弘、曹武徹相繼前來攻城，都不能攻克。聽說煬帝遇害，率領吏民為煬帝哭喪三天。有人勸說李襲志說：「您是中原的貴族，長期在這邊遠小郡做官，無論是華人還是夷民，都心悅誠服。如今隋室沒了皇帝，海內鼎沸，以您的威嚴和恩惠，在嶺南地區發號施令，當年尉佗稱王的事業，可以坐著就得到成功。」李襲志發怒，說：「我世世代代承續著忠貞之德，如今江都雖然傾覆，但隋朝的宗廟社稷還在，尉佗是狂妄僭越之人，哪裡值得羨慕！」想斬勸說之人，眾人於是不敢再提此事。他堅守郡城二年，外無聲援，後來郡城被攻陷，他被蕭銑俘虜。蕭銑任命他為工部尚書，兼檢校桂州總管。到這時，東自九江，西至三峽，南方包括整個交趾，北方直到漢川，都被蕭銑佔有，擁有強兵四十餘萬。

煬帝凶問至長安，唐王哭之慟❶，曰：「吾北面❷事人，失道❸不能救，敢❹忘哀乎！」

五月，山南❺撫慰使❻馬元規擊朱粲於冠軍❼，破之。

王德仁既殺房彥藻，李密遣徐世勣❽討之。德仁兵敗，甲寅❾，與武安通守袁子幹❿皆來降。詔以德仁為鄴郡⓫太守。

戊午[12]，隋恭帝禪位于唐，遜居代邸[13]。甲子[14]，唐王即皇帝位于太極殿[15]，遣刑部尚書[16]蕭造[17]告天於南郊，大赦，改元[18]。罷郡，置州[19]，以太守為刺史。推五運[20]為土德，色尚黃[21]。

隋煬帝凶問至東都，戊辰[22]，留守[23]官奉越王即皇帝位，大赦，改元皇泰。是日[1]於朝堂宣旨，以時鍾金革[24]，公私皆即日大祥[25]。追諡[26]大行[27]曰明皇帝，廟號[28]世祖，追尊元德太子[29]曰成皇帝，廟號世宗，尊母劉良娣[30]為皇太后。以段達為納言[31]、陳國公[32]，王世充為納言、鄭國公，元文都為內史令、魯國公，皇甫無逸[33]為兵部尚書、杞國公。又以盧楚[34]為內史令，郭文懿[35]為內史侍郎[36]，趙長文[37]為黃門侍郎，共掌朝政，時人號「七貴」。皇泰主眉目如畫，溫厚仁愛，風格儼然[38]。

辛未[39]，突厥始畢可汗[40]遣骨咄祿特勒來，宴之於太極殿，奏九部樂[41]。時中國人避亂者多入突厥，突厥彊盛，東自契丹[42]、室韋[43]，西盡吐谷渾[44]、高昌[45]諸國，皆臣之，控弦百餘萬。帝以初起資其兵馬，前後餉遺，不可勝紀。突厥恃功驕倨，每遣使者至長安，多暴橫，帝優容之。

壬申[46]，命裴寂、劉文靜[47]等修定律令[48]。置國子、太學、四門生[49]，合三百餘員，郡縣學亦各置生員(50)。

六月甲戌朔(51)，以趙公世民為尚書令(52)，黃臺公瑗(53)為刑部侍郎(54)，相國府長史(55)裴寂為右僕射(56)、知政事(57)，司馬(58)劉文靜為納言，司錄(59)竇威(60)為內史令，李綱(61)為禮部尚書、參掌選事(62)，掾(63)殷開山(64)為吏部侍郎(65)，屬趙慈景(66)為兵部侍郎，韋義節(67)為禮部侍郎，主簿陳叔達(68)、博陵崔民幹(69)並為黃門侍郎，唐儉(70)為內史侍郎，錄事參軍裴晞(71)為尚書右[2]丞(72)。以隋民部尚書蕭瑀(73)為內史令，禮部尚書竇璡(74)為戶部尚書，蔣公屈突通(75)為兵部尚書，長安令獨孤懷恩(76)為工部尚書。瑗，上之從子。懷恩，舅子也。

上待裴寂特厚，羣臣無與為比，賞賜服玩，不可勝紀。命尚書奉御(77)日以御膳賜寂，視朝必引與同坐，入閤則延之臥內。言無不從，稱為裴監(78)而不名。委蕭瑀以庶政(79)，事無大小，無不關掌。瑀亦孜孜盡力，繩違舉過(80)，人皆憚之，毀之者眾，終不自理。上嘗有敕而內史不時(81)宣行，上責其遲，瑀對曰：「大業之世，內史宣敕，或前後相違，有司不知所從，其易在前，其難在後，臣在省日久，備見(82)其事。今王業經始(83)，事繫安危，遠方有疑，恐失機會，故臣每受一敕必勘審(84)，使與前敕不違，始敢宣行，稽緩之愆(85)，實由於此。」上曰：「卿用心如是，吾復何憂！」

初，帝遣馬元規慰撫山南，南陽郡丞[86]河東呂子臧[87]獨據郡不從。元規遣使數輩諭之，皆為子臧所殺。及煬帝遇弒，子臧發喪成禮，然後請降。拜鄧州[88]刺史，封南[89]郡公。

廢大業律令[90]，頒新格[91]。

上每視事，自稱名，引貴臣同榻[92]而坐。劉文靜諫曰：「昔王導[93]有言：『若太陽俯同[94]萬物，使羣生[95]何以仰照！』今貴賤失位[96]，非常久之道。」上曰：「昔漢光武與嚴子陵共寢[97]，子陵加足於帝腹。今諸公皆名德舊齒[98]，平生親友，宿昔[99]之歡，何可忘也，公勿以為嫌[100]！」

戊寅[101]，隋安陽令呂珉[102]以相州[103]來降，以為相州刺史。

己卯[104]，祔四親廟主[105]。追尊皇高祖瀛州府君[106]曰宣簡公，皇曾祖司空[107]曰懿王，皇祖景王曰景皇帝[108]，廟號太祖，祖妣[109]曰景烈皇后，皇考[110]元王曰元皇帝[111]，廟號世祖，妣[112]獨孤氏曰元貞皇后，追諡[113]妃竇氏曰穆皇后。每歲祀昊天上帝[114]、皇地祇[115]、神州地祇[116]，以景帝配[117]，感生帝[118]、明堂[119]，以元帝配。

庚辰[120]，立世子建成為皇太子，趙公世民為秦王，齊公元吉為齊王，宗室黃瓜公白駒(121)為平原王，蜀公孝基(122)為永安王，柱國道玄(123)為淮陽王，長平公叔良(124)為長平王，鄭公神通(125)為永康王，安吉公神符(126)為襄邑王，柱國德良(127)為新興王，上柱國博乂(128)為隴西王，上柱國奉慈(129)為勃海王。孝基、叔良、神符、德良，帝之從父弟。博乂、奉慈，弟子(130)。道玄，從父兄子也。

癸未(131)，薛舉寇涇州(132)。以秦王世民為元帥，將八總管兵以拒之。

遣太僕卿(133)宇文明達招慰山東(134)，以永安王孝基為陝州(135)總管。時天下未定，凡邊要之州，皆置總管府，以統數州之兵。

乙酉(136)，奉隋帝為酅國公。詔曰：「近世以來，時運遷革，前代親族，莫不誅夷(137)。興亡之效(138)，豈伊人力(139)！其隋蔡王智積(140)等子孫，並付所司，量才選用。」

【章旨】以上為第七段，寫李淵稱帝，建立唐王朝，遣使四出招撫，關東多有降附，唐室一派興旺氣象。

【注釋】❶慟　極度哀痛。❷北面　古代帝王面朝南坐，臣子朝見時面北，故謂稱臣於人為「北面」或北面事人。❸失道　無道；違背做人道德。這是唐王表面上的自責之辭。❹敢　不敢、豈敢的省詞。❺山南　地區名、道名，此山南當指伏牛山以南豫、鄂交界地區。❻撫慰使　差遣官名，朝廷為安撫某處而臨時遣派的官員。❼冠軍　縣名，縣治在今河南鄧州西北。❽徐世勣　（西元五九四—六六九年）即李世勣或李勣。投唐後歷事唐初三帝，封英國公，兼將相之任。傳見《舊唐書》卷六十七、《新唐書》卷九十三。❾甲寅　五月十日。❿袁子幹　降唐後授洛州（今河北永年東南）總管，不久為竇建德所俘。

⓫鄴郡　郡名，治所在今河南安陽。⓬戊午　五月十四日。⓭遜居代邸　退居代王府邸。⓮甲子　五月二十日。⓯太極殿　隋大興殿改名。西京宮城正殿，朔望視朝之所。⓰刑部尚書　官名，尚書省刑部長官，掌刑法。⓱蕭造　唐初大臣，原隋馮翊太守，李淵入關，封造梁郡公。⓲改元　改元武德。⓳罷郡二句　大業三年（西元六〇七年）改州為郡，至是復舊。⓴五運　謂水、火、木、金、土五種物質德性相生相剋周而復始的循環變化。隋為「火德」，「火生土」，故唐為「土德」。㉑色尚黃　以黃色為貴。黃色與土德相應。㉒戊辰　五月二十四日。㉓留守　官名，自隋唐始置，天子離京時指定大臣留守京城，得便宜行事，稱京城留守。陪京和行都亦常以地方行政官兼任留守。㉔以時鍾金革　以時當戰亂。鍾，當；值。金革，兵革。㉕大祥　又稱「除靈」，父母喪二週年祭禮。㉖諡　封建時代在人死後按其生前事跡評定的以示褒貶的稱號。㉗大行　古代稱初死的皇帝。此指煬帝。㉘廟號　皇帝死後，於太廟立室奉祀，特立名號，如某祖某宗等，謂之廟號。㉙元德太子　（？—西元六〇六年）名昭，煬帝長子，楊侗生父。傳見《隋書》卷五十九。㉚劉良娣　又稱小劉良娣，元德太子妃，侗生母。㉛納言　官名，門下省長官（宰相），掌出納王命等事。㉜國公　五等爵中最高一級。㉝皇甫無逸　隋末唐初大臣，唐封滑國公。傳見《隋書》卷七十一、《舊唐書》卷六十二、《新唐書》卷九十一。㉞盧楚　（？—西元六一九年）隋大臣，封涿郡公。傳見《隋書》卷七十一。㉟郭文懿　（？—西元六一九年）隋末大臣。事跡見《隋書》卷八十五〈段達傳〉等。㊱內史侍郎　官名，內史令佐官。㊲趙長文　（？—西元六一九年）隋末大臣，為王世充所殺。事略見《隋書》卷五十九〈越王侗傳〉。㊳儼然　莊嚴貌。㊴辛未　五月二十七日。㊵始畢可汗　（？—西元六一九年）東突厥可汗。姓名為阿史那咄吉世。西元六〇九—六一九年在位。㊶九部樂　本隋樂九部，唐因隋制，用九部之樂。據《隋書·音樂志》：大業中，煬帝定〈清樂〉、〈西涼〉、〈龜茲〉、〈天竺〉、〈康國〉、〈疏勒〉、〈安國〉、〈高麗〉、〈禮畢〉，以為九部。㊷契丹　中國古代民族名，源於東胡。北魏以後游牧於今遼河上游一帶。㊸室韋　中國古代民族名，北魏以後分布於今嫩江流域及黑龍江南北岸地區。㊹吐谷渾　中國古代民族名和政權名，本為鮮卑的一支，西晉末西遷今青海、甘肅後與羌人融合形成。其政權後被吐蕃所滅。㊺高昌　政權名，在今新疆吐魯番。㊻壬申　五月二十八日。㊼裴寂劉文靜　裴寂（西元五七〇—六三二年）、劉文靜（西元五六八—六一九年），皆為唐創業功臣，相高祖。傳見《舊唐書》卷五十七、《新唐書》卷八十八。㊽律令　法令。㊾國子太學四門生　國子生，由三品以上官子孫充；太學生，五品以上官子孫充；四門生，七品以上官子充。㊿生員　唐代國學及郡、縣學有學生員額限制的規定，故稱這些學校的學生為生員。以後又稱秀才、諸生。(51)甲戌朔　六月初一日。(52)尚書令　尚書省最高長官，掌全國政令推行。(53)瑗　即李瑗，李淵從父兄子，封黃臺縣公。傳見《舊唐書》卷六十、《新唐書》卷七十八。(54)刑部侍郎　刑部尚

書之副。(55)相國府長史　官名，丞相佐官，綜理丞相府事。(56)右僕射　官名，尚書省長官之一。職位低於尚書令，但亦為宰相。(57)知政事　主持政務。(58)司馬　官名，州、鎮皆有司馬之職。此處司馬為大將軍府司馬，佐大將軍掌理府事。《新唐書》卷八十八〈劉文靜傳〉云：「唐公乃開大將軍府，以文靜為司馬。」(59)司錄　官名，威為丞相府司錄參軍，掌朝章國典制定等事。(60)竇威　（?—西元六一八年）唐初大臣、外戚。傳見《舊唐書》卷六十一、《新唐書》卷九十五。(61)李綱　（西元五四七—六三一年）傳見《舊唐書》卷六十二、《新唐書》卷九十九。據本傳，李淵平定京師後，任李綱為丞相府司錄參軍，領選舉。李淵即位，李綱任禮部尚書兼太子詹事。(62)參掌選事　主持科舉選官。(63)掾　屬官通稱。此當指丞相府掾。(64)殷開山　（?—西元六二二年）李淵起兵之初，殷開山為大將軍掾，遷丞相府掾，由此擢升吏部侍郎。後兵敗被罷免，不久出任陝東道行臺兵部尚書，遷吏部。傳見《舊唐書》卷五十八、《新唐書》卷九十。(65)吏部侍郎　吏部尚書之副，掌官員銓選。(66)趙慈景　（?—西元六一八年）李淵婿，尚長廣公主。事跡見《新唐書》卷八十三〈諸帝公主傳〉。(67)韋義節　唐初大臣，京兆杜陵（今陝西長安東）人，封襄城郡公。(68)陳叔達　（?—西元六三五年）陳宣帝第十六子，入唐官至宰相。傳見《舊唐書》卷六十一、《新唐書》卷一百。(69)崔民幹　後避太宗諱，名幹，字道貞，博陵（今河北蠡縣）人，封博陵郡公。(70)唐儉　（西元五七九—六五六年）唐開國功臣，封莒國公。傳見《舊唐書》卷五十八、《新唐書》卷八十九。(71)裴晞　（?—西元六二一年）官至深州刺史，為州人所殺。(72)尚書右丞　尚書省都省長官之一，掌尚書省機關事務。(73)蕭瑀　（西元五七四—六四七年）後梁明帝子，隋末官內史侍郎，李淵入京師，被任命為民部尚書。傳見《舊唐書》卷六十三、《新唐書》卷一百一。(74)竇璡　（?—西元六三三年）唐初大臣，封鄧國公。傳見《舊唐書》卷六十一、《新唐書》卷九十五。(75)屈突通　（西元五五七—六二八年）隋末唐初大臣，封蔣國公。屈突，複姓，源出庫莫奚族。傳見《舊唐書》卷五十九、《新唐書》卷八十九。(76)獨孤懷恩　（西元五八五—六二〇年）隋唐外戚，後謀反被誅。傳見《舊唐書》卷一百八十三、《新唐書》卷二百六。(77)尚書奉御　「尚書」當為「尚食」。殿中省尚食局長官，掌天子之常饌。(78)裴監　裴寂原為隋晉陽宮副監。(79)庶政　各種行政事務。(80)繩違舉過　糾正錯誤，檢舉過失。(81)不時　拖延；不按時。(82)備見　完全看到。(83)王業經始　謂李唐王朝剛剛開始。(84)勘審　推究詳查。(85)稽緩之愆　稽緩，遲延。愆，過失。(86)郡丞　郡太守之副，掌兵馬。(87)呂子臧　（?—西元六一八年）蒲州河東（今山西永濟蒲州鎮）人，降唐後封南陽郡公。傳見《舊唐書》卷一百八十七、《新唐書》卷一百九十一。(88)鄧州　州名，治所在今河南鄧州。(89)南　據《舊唐書．呂子臧傳》，「南」下有「陽」字。(90)大業律令　大業三年（西元六〇七年）所頒法令。(91)格　為唐代法律，即律令格式的表現形式之一。為百官辦事規則的規定。(92)榻　床。(93)王導　（西元二七六—三三九年）東晉元帝時為丞相，率南遷士族聯合江南士族，穩定東晉政權，為一代重臣。傳見《晉書》卷六十五。[94]俯同　低就混同。[95]羣生　眾生。泛指一切生物。[96]失位　錯位；失去舊有地位。[97]昔漢光武與嚴子陵共寢　事見《後漢書．嚴光傳》。[98]名德舊齒　名德，謂有名望德行。舊齒，謂長久相處。[99]宿昔　又作「夙昔」。從前；舊日。[100]嫌　疑；嫌疑。[101]戊寅　六月初五日。[102]呂珉　（?—西元六一九年）珉後為竇建德所殺。[103]相州　州名，治所在今河南安陽。[104]己卯　六月六日。[105]祔四親廟主　祔，祭。四親，指高祖、曾祖、祖、父。廟主，太廟木主。[106]瀛州府君　指李淵的高祖李熙。[107]司空　指李淵的曾祖李天錫。[108]景皇帝　李淵祖父李虎。[109]祖妣　已故祖母之稱。[110]考　亡父之稱。[111]元皇帝　李淵之父李昞。[112]妣　亡母之稱。[113]追謚　追加謚號。[114]昊天上帝　天帝。昊，天之泛稱。[115]皇地祇　亦稱「皇祇」，即地神。[116]神州地祇　神州（中國）地神。[117]配　祭祀時配享。[118]感生帝　迷信說法，帝王先祖皆感太微五帝（即赤、黃、白、黑、青五帝）之精氣以生；赤熛怒由赤帝派生；含樞紐由黃帝派生；白招拒由白帝派生；汁光紀由黑帝派生；靈威仰由青帝派生。故赤熛怒等為感生帝。唐以土德王，祀含樞紐為感生帝。[119]明堂　天子宣明政教舉行祭祀等大典的地方。又，墓前祭臺亦稱明堂。[120]庚辰　六月初七日。[121]白駒　李白駒，唐宗室。初封黃瓜縣公。疑李白駒即李瓊，瓊封平原王。事跡見《舊唐書》卷六十四、《新唐書》卷七十上。[122]孝基　李孝基（?—西元六一九年），李淵從父弟。[123]道玄　李道玄（西元六〇四—六二二年），李淵從父兄子。[124]叔良　李叔良（?—西元六二一年），李淵從父弟。[125]神通　（?—西元六三〇年）李淵從父弟。初封永康王，不久改封淮安王，官至左武衛大將軍、開府儀同三司。[126]神符　李神符（西元五七九—六五一年），李神通弟。官至宗正卿、開府儀同三司。[127]德良　李德良（?—西元六三七年），李叔良弟。李孝基、道玄、叔良、神通、神符、德良傳見《舊唐書》卷六十、《新唐書》卷七十八。[128]博乂　李博乂（?—西元六七一年），李淵兄湛之子。[129]奉慈　李奉慈，李博乂弟。博乂、奉慈傳見《舊唐書》卷六十、《新唐書》卷七十八。[130]弟子　「弟」字誤，應作「兄」。[131]癸未　六月十日。[132]涇州　州名，治所在今甘肅涇川縣北涇河北岸。[133]太僕卿　官名，即太僕寺卿，掌馬政。[134]山東　地區名，崤山以東地區。[135]陜州　州名，治所在今河南陜縣。[136]乙酉　六月十二日。[137]莫不誅夷　沒有不遭殺戮的。[138]效　徵驗；實現。[139]豈伊人力　豈是人力所致。[140]智積　楊智積（?—西元六一六年），隋文帝姪。傳見《隋書》卷四十四。

【校　記】[1]日　原作「時」。據章鈺校，十二行本、乙十一行本、孔天胤本皆作「日」，今據改。[2]右　原作「左」。據章鈺校，十二行本、乙十一行本、孔天胤本皆作「右」，張敦仁《通鑑刊本識誤》同，今據改。

【語　譯】隋煬帝被害的消息傳到長安，唐王李淵悲慟痛哭，說：「我面向北稱臣，奉事皇上，皇上失道，我不能救他，還敢忘記致哀嗎！」

五月，山南撫慰使馬元規在冠軍縣攻打朱粲，打敗了他。

王德仁殺死房彥藻之後，李密派徐世勣討伐王德仁。王德仁兵敗，五月初十日甲寅，與武安通守官袁子幹前來向唐王投降。唐王下詔任命王德仁為鄴郡太守。

五月十四日戊午，隋恭帝禪讓皇位給唐王，退出皇宮住到代邸。二十日甲子，唐王在太極殿即皇帝位，派刑部尚書蕭造在南郊祭天，大赦天下，改年號為武德。廢除郡一級區劃，設置為州，把太守改為刺史。按五德終始的順序推算，唐朝屬於土德，顏色崇尚黃色。

隋煬帝被害的消息傳到東都，五月二十四日戊辰，隋朝的東都留守官員擁戴越王楊侗即皇帝位，大赦天下，改年號為皇泰。這天在朝堂宣布詔旨，因為時值戰亂，公家私人都在當天奉行守喪的大祥之禮。為剛剛死去的皇帝追加諡號為明皇帝，廟號稱世祖，追尊元德太子為成皇帝，廟號為世宗，尊奉其母劉良娣為皇太后。任命段達為納言、陳國公，王世充為納言、鄭國公，元文都為內史令、魯國公，皇甫無逸為兵部尚書、杞國公。又任命盧楚為內史令，郭文懿為內史侍郎，趙長文為黃門侍郎，一起掌握朝政，當時人號稱「七貴」。皇泰主楊侗眉目如畫，溫厚仁愛，儀容風度莊嚴穩重。

五月二十七日辛未，突厥始畢可汗派骨咄祿特勒來朝，在太極殿設宴，演奏了〈清商〉、〈西涼〉、〈扶南〉、〈高麗〉等九部樂。當時中原民眾為了躲避戰亂，很多人進入突厥地區，突厥強盛起來，東自契丹、室韋，向西包括吐谷渾、高昌等國，全都臣服突厥，可以拉弓作戰的士兵有一百多萬。唐高祖因為自己起兵初期曾經借助過突厥的兵馬，所以前後贈送突厥的物品，多得無法都記下來。突厥仗恃有功而傲慢無禮，每次派遣使者來長安，多有強暴橫行之事，但唐高祖都寬容了他們。

五月二十八日壬申，唐高祖命裴寂、劉文靜等人修訂審定法律條令。設置國子學、太學、四門生，共三百多人，各郡縣學校也各自設置生員。

六月初一日甲戌，任命趙公李世民為尚書令，黃臺公李瑗為刑部侍郎，相國府長史裴寂為右僕射，主持政事，司馬劉文靜為納言，司錄竇威為內史令，李綱為禮部尚書，參掌選事，掾殷開山為吏部侍郎，屬員趙慈景為兵部侍郎，韋義節為禮部侍郎，主簿陳叔達、博陵人崔民幹都為黃門侍郎，唐儉為內史侍郎，錄事參軍裴晞為尚書右丞。任命隋民部尚書蕭瑀為內史令，禮部尚書竇璡為戶部尚書，蔣公屈突通為兵部尚書，長安令獨孤懷恩為工部尚書。李瑗，是皇帝的姪子。獨孤懷恩，是皇帝舅舅的兒子。

高祖對待裴寂特別優厚，群臣中沒有人能和他相比，賞賜的服飾和玩賞物品多得無法都記下來。又命尚書奉御每天把皇帝的膳食賞賜給裴寂，上朝時一定讓裴寂和自己同坐，回到寢宮就把裴寂請到臥室。裴寂說的，高祖沒有不聽從的，稱裴寂為「裴監」，不稱他的名字。高祖把各種政務託付給蕭瑀，事情無論大小，全都由蕭瑀掌握。蕭瑀也孜孜不倦盡心盡力，糾正錯誤，檢舉過失，人們都懼怕他，很多人詆毀他，他始終不去自我辯解。高祖曾有詔書而內史沒有及時宣布，高祖責備內史遲緩，蕭瑀回答說：「大業年間，內史宣布皇帝的詔書，有時前後自相矛盾，主管官員不知所從，就把易行的命令放在前面，難行的命令放在後面，臣子我在內史省時間長久，全都見過這些事。如今陛下的王業剛開始經營，事情關係到朝廷的安危，遠方的人們還有疑慮，恐怕失去機會，所以臣子我每接受一個詔令，必定仔細核對審察，讓它與前面發布的詔令不相矛盾，才敢宣布施行。遲緩之過，實是由於這個原因。」高祖說：「你的用意是這樣，我還有什麼憂慮！」

當初，高祖派馬元規慰撫山南地區，南陽郡丞河東人呂子臧據守郡城不肯歸隨。馬元規派出幾個使臣勸諭，都被呂子臧所殺。等到煬帝被害，呂子臧為之發喪，盡行臣子之禮，然後請求投降。高祖任命他為鄧州刺史，封南郡公。

廢除大業年間的法律條令，頒布新的法律條文。

高祖每次上朝處理政務，都自稱名字，請位高權重的臣子同坐一榻。劉文靜勸諫說：「過去王導有一句話：『如果太陽俯身與萬物一樣，那麼眾生又靠什麼在上面照耀它們呢！』如今貴賤失去正常的位置，這不是國家長久之道。」高祖說：「過去漢光武帝與嚴子陵一起睡覺，嚴子陵把腳壓到漢光武帝的肚子上。如今諸位公卿都是有名望德行的老朋友，平生親密友愛，往日的歡情，怎能忘懷，您不要有所疑慮！」

六月初五日戊寅，隋安陽令呂珉以相州前來降唐，任命呂珉為相州刺史。

六月初六日己卯，祭祀四代祖先於宗廟。追尊皇上的高祖瀛州府君為宣簡公，追尊皇上的曾祖司空為懿王，追尊皇上的祖父景王為景皇帝，廟號為太祖，祖母為景烈皇后，追尊皇上的父親元王為元皇帝，廟號為世祖，母親獨孤氏為元貞皇后，追謚皇妃竇氏為穆皇后。每年祭祀昊天上帝、皇地祇、神州地祇，以景皇帝配享，祭祀感生帝含樞紐、明堂，以元皇帝配享。

六月初七日庚辰，冊立世子李建成為皇太子，趙公李世民為秦王，齊公李元吉為齊王，宗室黃瓜公李白駒為平原王，蜀公李孝基為永安王，柱國李道玄為淮陽王，長平公李叔良為長平王，鄭公李神通為永康王，安吉公李神符為襄邑王，柱國李德良為新興王，上柱國李博乂為隴西王，上柱國李奉慈為勃海王。李孝基、李叔良、李神符、李德良，都是高祖的堂弟。李博乂、李奉慈，是高祖弟弟的兒子。李道玄，是高祖堂兄的兒子。

六月初十日癸未，薛舉侵擾涇州。任命秦王李世民為元帥，率八總管的軍隊來抵禦他。派遣太僕卿宇文明達招撫慰問山東地區，任命永安王李孝基為陝州總管。當時天下尚未完全平定，凡是邊遠重要的州，都設置總管府，用來統率幾個州的軍隊。

六月十二日乙酉，尊奉隋恭帝為酅國公。高祖的詔書說：「近世以來，國家的運數不斷變換，前朝的皇室宗族，無不被殺戮消滅。朝代興亡更替的實現，豈是人力所致！隋朝的蔡王楊智積等王室子孫，都交付有關官署，根據他們的才能選拔任用。」

東都聞宇文化及西來，上下震懼。有蓋琮❶者，上疏❷請說李密與之合勢拒化及。元文都謂盧楚等曰：「今讎恥未雪，而兵力不足，若赦密罪使擊化及，兩賊自鬬，吾徐承其弊[3]。化及既破，密兵亦疲，又其將士利[4]吾官賞，易可離間，并密亦可擒也。」楚等皆以為然，即以琮為通直散騎常侍[5]，齎[6]敕書賜密。

丙申[7]，隋信都[8]郡丞東萊麴稜[9]來降，拜冀州刺史。

丁酉[10]〔1〕，萬年縣[11]法曹[12]武城孫伏伽[13]上表[14]，以為：「隋以惡聞其過[15]亡天下。陛下龍飛晉陽[16]，遠近響應，未朞年[17]而登帝位，徒知得之之易，不知隋失之之不難也。臣謂宜易其覆轍[18]，務盡下情。凡人君言動，不可不慎。竊見[19]陛下今日即位，而明日有獻鷂雛[20]者。此乃少年之事，豈聖主所須哉！又，百戲散樂[21]，亡國淫聲[22]。近太常[23]於民間借婦女裙襦[24]五百餘襲[25]以充妓衣，擬五月五日玄武門遊戲，此亦非所以為子孫法也。凡如此類，悉宜廢罷。善惡之習，朝夕漸染，易以移人[26]。皇太子、諸王參僚左右，宜謹擇其人，其有門風不能雍睦[27]，為人素無行義[28]，專好奢靡，以聲色[29]遊獵為事者，皆不可使之親近也。自古及今，骨肉乖離[30]，以至敗國亡家，未有不因左右離間而然也。願陛下慎之。」上省表大悅，下詔褒稱[31]，擢為治書侍御史[32]，賜帛[33]三百匹[34]，仍頒示遠近。

辛丑[35]，內史令延安靖公竇威薨[36]。以將作大匠[37]竇抗兼納言[38]，黃門侍郎陳叔達判納言。

宇文化及留輜重於滑臺(39)，以王軌為刑部尚書，使守之，引兵北趣黎陽(40)。李密將徐世勣據黎陽，畏其軍鋒，以兵西保倉城(41)。化及度河，保黎陽，分兵圍世勣。密帥步騎二萬，壁於清淇(42)，與世勣以烽火相應，深溝高壘(43)，不與化及戰。化及每攻倉城，密輒(44)引兵以掎(45)其後。密與化及隔水(46)而語，密數之曰：「卿本匈奴皁隸破野頭(47)耳，父兄子弟並受隋恩，富貴累世，舉朝莫二。主上失德，不能死諫，反行弒逆，欲規(48)篡奪。不追諸葛瞻(49)之忠誠，乃為霍禹(50)之惡逆，天地所不容，將欲何之(51)！若速來歸我，尚可得全後嗣。」化及默然，俯視良久，瞋目(52)大言曰：「與爾(53)論相殺事，何須作書語(54)邪！」密謂從者曰：「化及庸愚如此，忽欲圖為帝王，吾當折杖驅之(55)耳！」化及盛修攻具(56)，以逼倉城，世勣於城外掘深溝以固守，化及阻塹(57)，不得至城下。世勣於塹中為地道，出兵擊之，化及大敗，焚其攻具。

時密與東都相持日久，又東拒化及，常畏東都議(58)其後。見蓋琮至，大喜，遂上表乞降，請討滅化及以贖罪，送所獲凶黨[2]雄武郎將(59)于洪建(60)，遣元帥府記室參軍(61)李儉、上開府(62)徐師譽等入見。皇泰主命戮洪建於左掖門(63)外，如斛斯政之法(64)。元文都等以密降為誠實，盛飾賓館於宣仁門(65)東。皇泰主引見儉等，以儉為司農卿(66)，師譽為尚書右丞，使具導從(67)，列鐃吹(68)。還館，玉帛酒饌，中使(69)相望。冊拜密太尉(70)、尚書令、東南道大行臺(71)行軍元帥、魏國公，令先平化及，然後入朝輔政。以徐世勣為右武候大將軍。仍下詔稱密忠款(72)，且曰：「其用兵機略，一稟(73)魏公節度。」

元文都等[3]喜於和解，謂天下可定，於上東門(74)置酒作樂，自段達已下皆起舞。王世充作色謂起居侍郎(75)崔長文曰：「朝廷官爵，乃以與賊，其志欲何為邪！」文都等亦疑世充欲以城應化及，由是有隙。然猶外相彌縫(76)，陽為親善(77)。

秋，七月，皇泰王遣大理卿(78)張權、鴻臚卿(79)崔善福賜李密書曰：「今日以前，咸共刷蕩(80)，使至以後，彼此通懷(81)。七政(82)之重，佇公匡弼(83)，九伐(84)之利，委公指揮。」權等既至，密北面拜受詔書。既無西慮，悉以精兵東擊化及。密知化及軍糧且盡，因偽與和。化及大喜，恣其兵食(85)，冀密饋之(86)。會密下有人獲罪，亡抵化及，具言其情。化及大怒，其食又盡，乃度永濟渠(87)，與密戰于童山(88)之下，自辰達酉(89)。密為流矢(90)所中，墮馬悶絕(91)，左右奔散，追兵且至，唯秦叔寶獨捍衛之，密由是獲免。叔寶復收兵與之力戰，化及乃退。化及入汲郡(92)求軍糧，又遣使拷掠東郡吏民以責米粟。王軌等不堪其弊(93)，遣通事舍人(94)許敬宗(95)詣密請降。密〔4〕以軌為滑州(96)總管，以敬宗為元帥府記室(97)，與魏徵(98)共掌文翰(99)。敬宗，善心之子也。房公蘇威在東郡，隨眾降密。密以其隋氏大臣，虛心禮之。威見密，初不言(100)帝室艱危，唯再三舞蹈(101)，稱「不圖(102)今日復覩聖明！」時人鄙之(103)。化及聞王軌叛，大懼，自汲郡引兵欲取以北諸郡，其將陳智略(104)帥嶺南驍果萬餘人，樊文超帥江淮排攢(105)，張童兒(106)帥江東驍果數千人，皆降於密。文超，子蓋(107)之子也。化及猶有眾二萬，北趣魏縣(108)。密知其無能為，西還鞏洛，留徐世勣以備之。

【章旨】以上為第八段，寫李密降隋皇泰主，大破宇文化及於河南。

【注釋】❶蓋琮　事跡略見《隋書》卷五十九〈越王侗傳〉。❷疏　奏章。❸徐承其弊　慢慢利用其疲困。❹利　貪圖。❺通直散騎常侍　官名，隸門下省，掌「部從朝直」，即陪從天子，侍奉規諷，並備顧問應對。❻齎　帶。❼丙申　六月二十三日。❽信都　隋郡名，入唐時為冀州，治所在今河北冀州。❾麴稜　事跡略見《新唐書》卷八十五〈竇建德傳〉。❿丁酉　六月二十四日。⓫萬年縣　縣名，與長安縣同治都城（今西安）中，轄都城東部。⓬法曹　官名，州縣司法官。⓭孫伏伽（？—西元六五八年）隋時以小史累勞補萬年縣法曹，入唐，封樂安縣男，遷大理少卿。傳見《舊唐書》卷七十五、《新唐書》卷一百三。⓮表　章奏的一種。⓯惡聞其過　討厭有人批評他的過錯。⓰龍飛晉陽　龍飛，比喻天子即位。晉陽，縣名，縣治在今山西太原西南古城營西古城。此言李淵從晉陽龍飛。⓱朞年　一整年。⓲覆轍　猶言覆車，比喻失敗的教訓。⓳竊見　個人認為。⓴鷂雛　鷂，鷹科，俗稱鷂子。雛，幼禽。㉑百戲散樂　古代雜技樂舞的總稱。百戲純為娛樂，散樂不屬於正樂。㉒淫聲　靡靡之音。㉓太常　官署名，即太常寺，主持祭祀禮樂事。㉔裙襦　裙子和短衣。㉕襲　全套衣物。㉖移人　改變人品性和行為。㉗雍睦　和睦。㉘行義　品行、道義。㉙聲色　樂舞女色。㉚乖離　分離；不合。㉛褒稱　嘉獎、稱美。㉜治書侍御史　官名，即後來的御史中丞，掌獄案審理、囚徒按覆、御史奏彈等事。㉝帛　泛指絲織物。㉞匹　織物四丈為匹。㉟辛丑　六月二十八日。㊱薨　唐代二品以上官死稱「薨」。㊲將作大匠　官名，將作監長官，從三品，掌土木工程營建等事。㊳兼納言　兼代納言之職。兼，與下文「判」，均為非正官之稱。㊴滑臺　古城名，即今河南滑縣東舊滑縣。㊵黎陽　縣名，縣治在今河南浚縣東。㊶倉城　即黎陽倉城。故址在今浚縣西南。㊷清淇　隋廢縣名，故縣縣治在今河南浚縣西。㊸高壘　高築堅固的營壘。㊹輒　猶「即」。㊺掎　拖住；牽制。㊻隔水　隔著淇水（今衛河支流）。㊼匈奴皁隸破野頭　據《隋書》卷六十一化及父宇文述本傳：本姓破野頭，役屬於鮮卑俟豆歸，遂從其主人姓為宇文氏。匈奴皁隸，即匈奴族出身的從事賤役的人。㊽規　效法。㊾諸葛瞻　（西元二二七—二六三年）諸葛亮子。鄧艾伐蜀，瞻與之戰於緜竹（今屬四川），兵敗而死。㊿霍禹　西漢大臣，宣帝時因謀反被族誅。51將欲何之　想往哪裡走，意謂走投無路。52瞋目　瞪大眼睛，表示憤怒。53爾　你。54書語　書本上話；字義上的爭論。55折杖驅之　折，折辱；挫折侮辱。杖，用棍拷打。驅，驅使或驅逐。56攻具　攻城器械，如雲梯之類。57阻塹　為塹（深溝）所阻。58議　圖謀。59雄武郎將　官名，掌統雄武府驍果。60于洪建　宇文化及親信。《隋書・李密傳》作「于洪達」。61記室參軍　官名，諸王府、元帥府皆置，掌書記並參議軍事。62上開府　官名，全稱為上開府儀同三司，隋從三品文散官。63左掖門　東都皇城南面三門之一。64如斛斯政之法　據《隋書・斛斯政傳》：斛斯政就刑時，被縛於柱，公卿百僚並親擊射，臠割其肉，多有生食其肉者。食後之餘烹煮，餘骨焚而揚之。斛斯，複姓。源出高車斛斯（唐稱斛薛）部。65宣仁門　東都城東門。66司農卿　官名，司農寺長官，掌倉儲、農林園苑、管理等事務。67導從　謂前導與後從之人。68鐃吹　軍樂，即鐃歌——樂府〈鼓吹曲〉的一部。用於激勵士氣和宴享功臣。69中使　帝王宮廷中派出的使者，由宦官擔任。70太尉　官名，隋唐時為加官，地位崇高，但無實權。71大行臺　在大行政區代表中央的機構稱行臺，若任職的人權位特重，則稱大行臺。72忠款　忠誠。73稟　承受；接受。74上東門　東都城東面三門之一。75起居侍郎　官名，皇泰帝始置，掌記錄天子起居之事。76外相彌縫　表面上在彌合破裂。77陽為親善　佯裝友好。78大理卿　官名，大理寺長官，中央最高法官。79鴻臚卿　官名，鴻臚寺長官，掌外事接待、少數民族事務及凶喪之儀。80咸共刷蕩　全部洗雪，既往不咎。81通懷　胸懷相通。82七政　《尚書・舜典》：「在璿璣玉衡，以齊七政。」七政，指日、月、五星（水、火、木、金、土）。這裡借喻朝廷的機要大事。83佇公匡弼　待公（謂李密）匡正輔佐。84九伐　據《周禮・夏官・大司馬》，天子針對諸侯九種違命行為，實行九種不同的制裁辦法，謂之「九伐」。85恣其兵食　任憑他的軍士食用軍糧。86冀密饋之　希望李密接濟他軍糧。冀，希望。饋，贈送。87永濟渠　大業四年（西元六〇八年），煬帝調發軍民百餘萬，引沁水南達黃河，北通涿郡，全長二千餘里，是謂永濟渠。(88)童山　山名，又名同山。在今河南浚縣西南。(89)自辰達酉　從早晨到黃昏。辰，七時至九時。酉，十七時至十九時。(90)流矢　亂箭。(91)悶絕　昏死。(92)汲郡　郡名，治所在今河南淇縣東。(93)弊　弊端。引申為禍害、騷擾。(94)通事舍人　官名，隸中書省，掌朝見引納、承旨勞問等事。(95)許敬宗　（西元五九二—六七二年）唐初大臣，相高宗。著述甚多，有文集八十卷。傳見《舊唐書》卷八十二、《新唐書》卷二百十三上。(96)滑州　州名，治所在今河南滑縣東舊滑縣。(97)記室　官名，諸王、三公、大將軍、元帥府屬官。亦用為祕書代稱。(98)魏徵　（西元五八〇—六四三年）唐初傑出的政治家，相太宗。傳見《舊唐書》卷七十一、《新唐書》卷九十七。(99)文翰　文章、公文信札。(100)初不言　從不說。初，從來；根本。(101)舞蹈　臣子朝拜天子時一種儀節。(102)不圖　未曾料到。(103)時人鄙之　同時代的人瞧不起他。(104)陳智略　事跡見《隋書・王充傳》。(105)排矟　矛類兵器。此謂排矟手。(106)張童兒　《隋書・李密傳》作「張童仁」。張童兒與陳智略等後來又降於王世充。(107)子蓋　樊子蓋，隋大將。傳見《隋書》卷六十三。(108)魏縣　縣名，縣治在今河北大名西南。

【校　記】[1]丁酉　原無此二字。據章鈺校，十二行本、乙十一行本、孔天胤本皆有此二字，張敦仁《通鑑刊本識誤》、張瑛《通鑑校勘記》同，今據補。[2]凶黨　原無此二字。據章鈺校，十二行本、乙十一行本、孔天胤本皆有此二字，張敦仁《通鑑刊本識誤》、張瑛《通鑑校勘記》同，今據補。[3]等　原無此字。據章鈺校，十二行本、乙十一行本、孔天胤本皆有此字，今據補。[4]密　原無此字。據章鈺校，十二行本、乙十一行本、孔天胤本皆有此字，張敦仁《通鑑刊本識誤》、張瑛《通鑑校勘記》同，今據補。

【語　譯】東都人聽說宇文化及西進，上下震驚恐慌。有個蓋琮，上奏章請求勸說李密，與李密聯兵抵禦宇文化及。元文都對盧楚等人說：「如今宇文化及弒君之仇未雪，而我們的兵力又不足，如果赦免李密之罪，讓他攻擊宇文化及，兩賊自相爭鬥，我們慢慢利用他們爭鬥後出現的疲困。宇文化及既可被打敗，李密的部隊也會疲憊，再者他們的將士貪圖我們賞賜的官職與錢財，容易被離間，包括李密也是可以活捉的。」盧楚等都認為說得對，立即任命蓋琮為通直散騎常侍，攜帶詔書賜給李密。

六月二十三日丙申，隋信都郡郡丞東萊人麴稜前來投降，任命為冀州刺史。

六月二十四日丁酉，萬年縣法曹武城人孫伏伽上表，認為：「隋朝因為討厭聽到他的過失而喪失了天下。陛下如龍一樣從晉陽起飛，遠近響應，不到一年就登上帝位，只知道得天下容易，不知道隋朝失天下也不難。臣認為應當改變隋朝傾覆的老路，務求全面瞭解下情。凡是人君的言談行動，不可不謹慎。臣看到陛下今天即位，明天就有人獻鷂雛。玩鷂雛是少年人的事，哪裡是聖明的君主所需要的呢！還有，雜技和散樂，是亡國的淫聲。最近太常寺在民間借了五百多套婦女的裙子短衣用作宮內歌伎的服裝，準備於五月五日在玄武門遊戲，這也不是可以作為子孫效法的事。諸如此類，全部應該廢止。善的和惡的習慣，朝夕逐漸薰染，容易改變人的品性。皇太子、諸王身邊的屬官，應該謹慎挑選人員，如有家風不能和睦，為人一向無行無義，專門喜歡奢侈淫靡，專事聲色遊獵的人，都不能讓他們與皇太子、諸王親近。從古到今，骨肉親人反目分離，以至於國破家亡，沒有不是因為身邊的人離間而使然的。望陛下小心謹慎。」皇上看了上表非常高興，下詔稱美，提升孫伏伽為治書侍御史，賜絲帛三百匹，並宣示遠近各處。

六月二十八日辛丑，內史令延安靖公竇威去世。任命將作大匠竇抗兼任納言，黃門侍郎陳叔達為判納言。

宇文化及把輜重留在滑臺，任命王軌為刑部尚書，讓他守護輜重，自己率軍北赴黎陽。李密的部將徐世勣佔據黎陽，畏懼宇文化及軍隊的勢頭，率軍西撤據守倉城。宇文化及渡過黃河，佔據黎陽，分兵包圍徐世勣。李密率領步兵、騎兵兩萬人，在清淇修築壁壘，用烽火與徐世勣相互呼應，深挖壕溝，加高營壘，不與宇文化及交戰。宇文化及每次進攻倉城，李密就率兵牽制他的後方。李密隔著淇水和宇文化及說話，李密列數宇文化及的罪行說：「你本來是匈奴從事賤役的破野頭而已，父兄子弟都受到隋朝的恩德，累世富貴，整個朝廷沒有第二家。主上失德，你不能以死相諫，反而謀反弒君，又想效法別人篡奪帝位。你不效法諸葛瞻的忠誠，卻做出霍禹那樣醜惡的叛逆行為。天地所不能容，你還想到什麼地方去！如果趕快來歸順我，還可得以保全你的後嗣。」宇文化及默然無語，低頭下視好久，瞪眼大聲說：「和你說打仗相互砍殺的事，哪裡用得著說書本上的話！」李密對隨從人員說：「宇文化及如此昏庸愚昧，忽然想圖謀當帝王，我當挫敗他，用棍子打他，驅逐他！」宇文化及大量製作攻城的用具，逼近倉城，徐世勣在城外挖了深溝加以固守，宇文化及被深溝阻擋，不能到達城下。徐世勣在壕溝裡挖地道，出兵攻打宇文化及，宇文化及大敗，徐世勣放火燒了宇文化及的攻城用具。

當時李密與東都對峙日子已久，又要在東方抵禦宇文化及，經常擔心東都算計他的後方。見到東都蓋琮到來，非常高興，於是上表要求歸降，請求攻滅宇文化及以贖罪，並送上他俘獲的暴徒雄武郎將于洪建，派元帥府記室參軍李儉、上開府徐師譽等人進入東都晉見。皇泰主楊侗下令在左掖門外處死于洪建，與以前處死斛斯政的方式一樣。元文都等人認為李密來降是真心誠意的，在宣仁門東面豪華地裝飾好賓館。皇泰主接見李儉等人，任命李儉為司農卿，徐師譽為尚書右丞，為他們配備了引導和隨從之人，還安排了鼓吹樂隊。回到賓館，賞賜美玉絲帛和酒食，宮中派出的使者相望於路。冊封李密為太尉、尚書令、東南道大行臺行軍元帥、魏國公，命他先平定宇文化及，然後入朝輔助國政。任命徐世勣為右武候大將軍。並下詔稱讚李密的忠誠，並且說：「凡是用兵及其謀略，全由魏公李密指揮。」

元文都等人為和李密和解而高興，認為天下可以平定了，在上東門設酒奏樂，從段達以下的官員都起身舞蹈。王世充變了臉色對起居侍郎崔長文說：「朝廷的官位爵號，竟然送給了叛賊，他心裡究竟想幹什麼！」元文都等人也懷疑王世充想以東都響應宇文化及，由此雙方有了仇隙。然而外表上還相互彌合，佯作親善。

秋，七月，皇泰主楊侗派大理卿張權、鴻臚卿崔善福賜給李密書信說：「今天以前的事情，全都一起忘記乾淨，使臣到了以後，彼此胸懷相通。朝廷各項重要政務，等待明公匡正輔弼，征伐各種叛逆的大事，委託給明公指揮。」張權等人到了李密處後，李密面朝北下拜接受了詔書。李密已經沒有來自西方的憂慮，就率全部精兵向東攻打宇文化及。李密知道宇文化及的軍糧即將吃盡，就假裝與宇文化及和談。宇文化及大為高興，讓其士兵隨意飽餐，希望李密會饋送軍糧。正好李密部下有人犯罪，逃到宇文化及軍中，詳細說明了李密的真實意圖。宇文化及大怒，此時軍中糧食又要吃盡了，便渡過永濟渠，在童山下與李密交戰，從早晨七八點打到傍晚六七點。李密被流箭射中，落馬昏迷不醒，身邊的人都逃跑四散，追兵就要到來，只有秦叔寶一人奮戰保護他，李密因此得以免去被俘。秦叔寶又收聚兵力與宇文化及力戰，宇文化及才撤軍。宇文化及進入汲郡尋找軍糧，又派使節拷打東郡的官吏百姓，向他們索取糧食。王軌等人不能忍受這種殘暴做法，派通事舍人許敬宗前往李密那裡請求投降。李密任命王軌為滑州總管，任命許敬宗為元帥府記室，和魏徵一同掌管公文信札。許敬宗，是許善心的兒子。房公蘇威在東郡，跟隨眾人投降李密。李密因為他是隋朝大臣，虛心地以禮相待。蘇威見到李密，一點也不談隋朝的艱難危險，只是再三地舞蹈，稱頌說「沒想到今天又見到聖明之主！」當時的人都鄙視他。宇文化及聽說王軌叛變，大為驚恐，從汲郡率軍準備奪取汲郡以北各郡，他的部將陳智略率領一萬多名嶺南驍果兵，樊文超率領江淮排穳兵，張童兒率領數千名江東驍果兵，全部投降了李密。樊文超，是樊子蓋的兒子。宇文化及還有部眾二萬人，北赴魏縣。李密知道宇文化及不能再有什麼作為，就向西回歸鞏洛，留下徐世勣來防備宇文化及。

乙巳❶，宣州❷刺史周超擊朱粲，敗之。

丁未❸，梁師都寇靈州❹，驃騎將軍❺藺興粲擊破之。

突厥闕可汗❻遣使內附。初，闕可汗附於李軌❼，隋西戎使者❽曹瓊據甘州❾誘之，乃更附瓊，與之拒軌，為軌所敗，竄於達斗拔谷❿，與吐谷渾相表裏⓫，至是內附，厚加撫慰[1]。尋為李軌所滅。

薛舉進逼高墌⓬，遊兵至于豳、岐⓭，秦王世民深溝高壘不與戰。會世民得瘧疾，委軍事於長史⓮、納言劉文靜、司馬殷開山，且戒之曰：「薛舉懸軍深入，食少兵疲，若來挑戰，慎勿應也。俟⓯吾疾愈，為君等破之。」開山退，謂文靜曰：「王慮公不能辨，故有此言耳。且賊聞王有疾，必輕我，宜曜武以威之。」乃陳於高墌西南，恃眾而不設備⑯。舉潛師掩其後，壬子⑰，戰於淺水原⑱，八總管⑲皆敗，士卒死者什五六，大將軍慕容羅睺⑳、李安遠㉑、劉弘基㉒皆沒㉓。世民引兵還長安，舉遂拔高墌，收唐兵死者為京觀㉔。文靜等皆坐除名㉕。

乙卯㉖，榆林㉗賊帥郭子和㉘遣使來降，以為靈州總管。

【章旨】以上為第九段，寫陝北割據者梁師都、河西割據者李軌、隴右割據者薛舉的活動。

【注釋】❶乙巳 七月二日。❷宣州 當為「宜州」。治所在今湖北宜昌西北。❸丁未 七月四日。❹靈州 州名，治所在今寧夏靈武西南。❺驃騎將軍 官名，李淵改鷹揚郎將為軍頭，不久，改軍頭為驃騎將軍，掌領驃騎將軍府。❻闕可汗 即闕度設。西突厥處羅可汗弟，大業七年（西元六一一年）隨處羅內附，次年，煬帝將其部萬餘口安置於會寧郡（治今甘肅靖遠東北）。義寧元年（西元六一七年），自稱可汗。❼李軌 （？—西元六一九年）涼州姑臧（今甘肅武威）人，隋末割據河西一帶。傳見《舊唐書》卷五十五、《新唐書》卷八十六。❽西戎使者 官名，煬帝置。❾甘州 州名，治所在今甘肅張掖。❿達斗拔谷 一作大斗拔谷、大斗谷。即今甘肅民樂東南甘、青交界處扁都口隘路。⓫相表裏 相為表裡；相需而成。⓬高墌 古城名，在今陝西長武西北。⓭豳岐 二州名，豳州治所在今陝西彬縣，岐州治所在今陝西鳳翔。⓮長史 官名，劉文靜以納言（宰相）充秦王（西討元帥）行軍長史。⓯俟 等待。⓰恃眾而不設備 憑藉人多而不構築防禦工事。⓱壬子 七月九日。⓲淺水原 高原名，在今陝西長武境。⓳八總管 指西討元帥李世民所統八位行軍總管。⓴慕容羅睺 唐初大將。事跡見兩《唐書‧薛舉傳》。㉑李安遠 （？—西元六三三年）唐開國功臣，封廣德郡公。傳見《舊唐書》卷五十七、《新唐書》卷八十八。㉒劉弘基 （西元五八二—六五〇年）唐開國功臣，封夔國公。傳見《舊唐書》卷五十八、《新唐書》卷九十。㉓沒 陷沒；被俘。㉔京觀 收斂屍積高為冢，以誇耀武功，謂京觀。京，立絕高曰京。㉕坐除名 因罪除去官籍。㉖乙卯 七月十二日。㉗榆林 郡名，治所在今內蒙古準噶爾旗東北十二連城。㉘郭子和 （？—西元六六四年）同州蒲城（今陝西蒲城）人，初起兵自號永樂王。武德間平劉黑闥有功，拜右武衛將軍，賜姓李，封夷國公。傳見《舊唐書》卷五十六、《新唐書》卷九十二。

【校記】①厚加撫慰　原無此四字。據章鈺校，十二行本、乙十一行本、孔天胤本皆有此四字，張瑛《通鑑校勘記》同，今據補。

【語譯】七月初二日乙巳，宣州刺史周超攻打朱粲，打敗了他。

七月初四日丁未，梁師都侵犯靈州，驃騎將軍藺興粲擊敗了他。

突厥闕可汗派遣使節表示歸附朝廷。當初，闕可汗歸附李軌，隋西戎使者曹瓊佔據甘州引誘闕可汗，闕可汗就又歸附曹瓊，與曹瓊一起抵禦李軌，被李軌打敗，逃竄到達斗拔谷，和吐谷渾互為表裡，到此時才歸附朝廷，朝廷厚加撫慰。不久被李軌消滅。

薛舉進逼高墌，游擊部隊到達豳州、岐州一帶。秦王李世民深挖壕溝，加高城壘，不和薛舉交戰。適逢李世民得了瘧疾，把作戰事務委託給長史・納言劉文靜、司馬殷開山，並且告誡二人說：「薛舉孤軍深入，糧食不多，士卒疲憊，如果前來挑戰，千萬不要去應戰。等我病好，我為你們打敗他。」殷開山退下，對劉文靜說：「秦王擔心你不能指揮作戰，所以才有這樣的話。再說敵兵聽說秦王有病，必定輕視我軍，我們應該顯示武力來威懾敵人。」於是在高墌西南列陣，靠著人多不加防備。薛舉祕密進軍偷襲唐軍背後，七月初九日壬子，在淺水原交戰，八位總管都戰敗，士卒死去的有十分之五六，大將軍慕容羅睺、李安遠、劉弘基都被俘。李世民率軍返回長安，薛舉於是攻克高墌，收殮唐兵屍體築成京觀高臺。劉文靜等人都坐罪削除官籍。

七月十二日乙卯，榆林賊軍首領郭子和派使節前來投降，任命郭子和為靈州總管。

李密每戰勝，必①遣使告捷於皇泰王，隋人皆喜，王世充獨謂其麾下曰：「元文都輩，刀筆吏❶耳。吾觀其勢，必為李密所擒。且吾軍士屢與密戰，沒其父兄子弟，前後已多，一旦為之下，吾屬無類❷矣！」欲以激怒其眾。文都聞之，大懼，與盧楚等謀因❸世充入朝，伏甲❹誅之。段達性庸懦，恐其事不就❺，遣其壻張志以楚等謀告世充。戊午夜三鼓❻，世充勒兵襲含嘉門❼。元文都聞變，入奉皇泰主御乾陽殿❽，陳兵自衛，命諸將閉門拒守。將軍跋野綱❾將兵出，遇世充，下馬降之。將軍費曜、田闍❿戰於門外，不利。文都自將宿衛兵欲出玄武門以襲其後，長秋監⓫段瑜稱求門鑰不獲，稽留遂久。天且曙⓬，文都復欲引兵[2]出太陽門⓭逆戰，還至乾陽殿，世充已攻太陽門得入。皇甫無逸棄母及妻子，斫右掖門⓮，西奔長安。盧楚匿於太官署⓯，世充之黨擒之，至興教門⓰，見世充，世充令亂斬殺之。進攻紫微宮⓱門，皇泰主使人登紫微觀⓲，問「稱兵欲何為？」世充下馬謝曰：「元文都、盧楚等橫見規圖⓳，請殺文都，甘從刑典。」段達乃令將軍黃桃樹執送文都。文都顧謂皇泰主曰：「臣今朝死，陛下夕及矣！」皇泰主慟哭遣之。出興教門，亂斬如盧楚，并殺盧、元諸子。段達又以皇泰主命開門納世充，世充悉遣人代宿衛者，然後入見皇泰主於乾陽殿。皇泰主謂世充曰：「擅相誅殺，曾⓴不聞奏，豈為臣之道乎？公欲肆其彊力，敢及我邪！」世充拜伏流涕，謝曰：

「臣蒙先皇采拔，粉骨非報。文都等苞藏禍心，欲召李密以危社稷。疾臣違異[21]，深積猜嫌。臣迫於救死，不暇聞奏。若內懷不臧[22]，違負陛下，天地日月，實所照臨，使臣闔門殄滅[23]，無復遺類。」詞淚俱發。皇泰王以為誠，引令升殿，與語久之，因與俱入見皇太后[24]。世充被髮為誓，稱不敢有貳心[25]。乃以世充為左僕射、總督內外諸軍事[26]。比及日中[27]，捕獲趙長文、郭文懿，殺之。然後巡城，告諭以誅元、盧之意。世充自含嘉城移居尚書省，漸結黨援，恣行威福。用兄世惲[28]為內史令，入居禁中[29]，子弟咸典兵馬[30]，分政事為十頭，悉以其黨主之，勢震內外，莫不趨附[31]，皇泰王拱手而已[32]。

李密將入朝，至溫[33]，聞元文都等死，乃還金墉。

東都大饑[34]，私錢濫惡[35]，太半雜以錫鐶[36]，其細如線，米斛[37]直錢八九萬。

初，李密嘗受業於儒生徐文遠[38]。文遠為皇泰王國子祭酒[39]，自出樵采，為密軍所執。密令文遠南面坐，備弟子禮，北面拜之。文遠曰：「老夫既荷厚禮，敢不[40]盡言！未審將軍之志欲為伊、霍[41]以繼絕[42]扶傾乎？則老夫雖遲暮[43]，猶願盡力；若為莽、卓[44]，乘危邀利[45]，則無所用老夫矣！」密頓首[46]曰：「昨奉朝命，備位上公，冀竭庸虛，匡濟國難，此密之本志也。」文遠曰：「將軍名臣之子[47]，失塗㊽至此，若能不遠而復㊾，猶不失為忠義之臣。」及王世充殺元文都等，密復問計於文遠。文遠曰：「世充亦門人㊿也，其為人殘忍褊隘(51)，既乘此勢，必有異圖，將軍前計為不諧(52)矣。非破世充，不可入朝也。」密曰：「始謂先生儒者，不達時事(53)，今乃坐決大計，何其明也！」文遠，孝嗣(54)之玄孫也。

【章　旨】以上為第十段，寫隋皇泰主內訌，王世充殺元文都，阻斷李密入朝，隋大勢去矣。

【注　釋】❶刀筆吏　指辦理文書的小吏。❷吾屬無類　我輩無一幸免。❸因　借；利用。❹伏甲　埋伏甲士。❺不就　不能成功。❻戊午夜三鼓　七月十五日三更。三鼓，即三更，指夜間十二時左右。❼含嘉門　含嘉倉城（城址在今洛陽老城北）南門。❽乾陽殿　隋東都皇宮正殿。❾跋野綱　人名。跋野，複姓。跋野族出鐵勒族拔野古部落。❿田闍　《隋書・王充傳》作「田闍世」，當因避諱省「世」。⓫長秋監　官署名，大業三年（西元六〇七年）煬帝改內侍省為長秋監，置令一人，領掖庭等署。⓬曙　破曉的時候。⓭太陽門　東都宮城東門。⓮右掖門　東都皇城南面三門的右門。⓯太官署　在東都東城光祿寺。隸屬光祿寺，掌膳食供設。⓰興教門　東都宮城南面三門之左門，後改稱明德門。⓱紫微宮　即東都皇城北宮城。隋曰紫微宮，唐太宗改名洛陽宮，武則天稱其宮為太初宮。⓲紫微觀　紫微宮門闕。⓳橫見規圖　暴露陰謀。橫見，暴露。規圖，謀求；目的。⓴曾　怎；怎麼。㉑違異　違拗；不一致。㉒不臧　不善。㉓殄滅　滅絕。㉔皇太后　楊侗生母劉良娣。㉕貳心　背叛之心。㉖總督內外諸軍事　總領全國軍務。內外，京城和地方。㉗比及日中　待到中午。㉘世惲　王世惲。王世充僭位後，封王世惲為齊王。事跡見《隋書》卷八十五〈王充傳〉、《舊唐書》卷五十四、《新唐書》卷八十五〈王世充傳〉。㉙禁中　宮內。㉚咸典兵馬　皆掌管軍隊。㉛趨附　巴結逢迎。㉜拱手而已　謂大權旁落，只有斂手向人致敬的分。㉝溫　縣名，治所在今河南溫縣。㉞大饑　嚴重饑荒。㉟私錢濫惡　私鑄銅錢既多且薄惡。㊱太半雜以錫鐶　太半，多半。錫鐶，以錫為鐶，用來濫充銅錢。鐶，同「環」。圜形有孔謂之鐶。此指錢幣外郭。㊲斛　量器名，古代十斗為斛。㊳徐文遠　隋末唐初大儒，撰有《左傳音》等六十卷。傳見《舊唐書》卷一百八十九上、《新唐書》卷一百九十八。㊴國子祭酒　國子監長官，掌儒學訓導之政。㊵敢不　豈敢不；不敢不。㊶伊霍　商初大臣伊尹和西漢大臣霍光。二人皆以輔佐王室著稱。㊷繼絕　「繼絕世」之省稱，恢復已斷絕的饗祀。㊸遲暮　暮年；晚年。㊹莽卓　篡奪西漢政權的王莽（西元前四五—西元二三年）和專斷東漢末朝政的董卓。㊺邀利　取利。㊻頓首　磕頭。㊼名臣之子　李密父寬，自周及隋，位柱國、蒲山郡公，號為名將。㊽失塗　迷路；走錯道路。塗，通「途」。㊾復　回歸。㊿門人　門生；弟子。51褊隘　心胸狹隘。52不諧　不合。53不達時事　不通曉時勢世事。54孝嗣　徐孝嗣，南齊宰相。傳見《南齊書》卷四十四。

【校　記】1必　據章鈺校，十二行本、乙十一行本、孔天胤本皆作「輒」。2復欲引兵　據章鈺校，十二行本、乙十一行本、孔天胤本皆作「引兵復欲」。

【語　譯】李密每次作戰取勝，一定派遣使臣向皇泰主報捷，隋人都很高興，只有王世充對部下說：「元文都這些人，不過是刀筆吏。我看現在的形勢，肯定要被李密活捉。再說我的士卒屢次和李密交戰，打死他的軍士的父兄子弟，前前後後已經很多，一旦成為他的下屬，我們都活不成了！」想以此激怒他的部下。元文都聽到此事，非常恐懼，和盧楚等人謀劃，準備趁王世充進朝廷朝見皇泰主時，埋伏甲士殺死王世充。段達性格平庸懦弱，害怕此事不能成功，派他的女婿張志把盧楚等人的謀劃告訴了王世充。七月十五日戊午半夜三更時，王世充率兵襲擊含嘉門。元文都聽說兵變，進入內宮侍奉皇泰主駕臨乾陽殿，部署軍隊自衛，命令各將領關閉宮門防守抵禦。將軍跋野綱率兵出戰，遇上王世充，下馬投降王世充。將軍費曜、田闍在宮門外與王世充交戰，失利。元文都親自率宿衛禁兵打算出玄武門從後面襲擊王世充，長秋監段瑜聲稱找不到宮門的鑰匙，拖延了很長時間。天將破曉，元文都又想領兵出太陽門迎戰王世充，回到乾陽殿時，王世充已攻破太陽門進入宮內。皇甫無逸拋下母親和妻子兒女，砍開右掖門，向西逃往長安。盧楚藏在太官署，被王世充部下抓獲，帶到興教門，見到王世充，王世充下令亂刀砍死。又進攻紫微宮門，皇泰主派人登上紫微觀，問王世充「舉兵想幹什麼？」王世充下馬謝罪說：「元文都、盧楚等人害我的陰謀暴露，請求殺死元文都，則我甘願受罰。」段達便下令讓將軍黃桃樹逮捕元文都送交王世充。元文都回過頭來對皇泰主說：「臣今天早上死，陛下黃昏就要受害了！」皇泰主悲慟大哭，送他出去。元文都出了興教門，如同盧楚一樣，被亂刀砍死，王世充還把盧楚、元文都二人的兒子也全都殺死。段達又以皇泰主的命令打開宮門讓王世充進宮，王世充完全派自己的人替代了宿衛禁兵，然後進入乾陽殿覲見皇泰主。皇泰主對王世充說：「你們擅自相互誅殺，怎麼不來上奏，這難道是做臣的規矩嗎？你想炫耀武力，敢來殺我嗎！」王世充俯身下拜流淚，謝罪說：「臣蒙受先皇選拔，粉身碎骨也無以報答。元文都等人包藏禍心，想召來李密危害邦國社稷。他們疾恨我與他們意見不合，心中深積猜疑。臣迫於自救不死，以致來不及向皇上奏報。如果我心懷惡意，背叛陛下，天地日月都會照察明鑑，讓臣下全家滅絕，不再有一人遺留。」話語和淚水，一併湧出。皇泰主以為王世充心意真誠，令人帶他登上大殿，和他談了很久，然後與他一起進入後宮去見皇太后。王世充披頭散髮起誓，聲稱不敢有二心。於是任命王世充為左僕射、總督內外諸軍事。等到中午，抓獲趙長文、郭文懿，殺死了他們。然後巡視城內，說明誅殺元文都、盧楚的原因。王世充從含嘉城移居到尚書省，逐漸結黨相援，恣意橫行，作威作福。起用兄長王世惲為內史令，入居宮禁，自己的子弟都掌握兵權，把政事分為十類，全都派他的同黨把持，勢力震動宮廷內外，人們莫不爭相趨附，皇泰主拱手聽命而已。

李密將要進入東都朝見皇泰主，到達溫縣，聽說元文都等人已死，就返回了金墉城。

東都發生嚴重饑荒，私人鑄錢，數量多，品質差，大半都摻錫為環，幣環細如線，米一斛價錢八九萬錢。

當初，李密曾拜儒生徐文遠為師讀書學習。徐文遠擔任皇泰主的國子祭酒，自己出城打柴，被李密部下抓獲。李密讓徐文遠面朝南坐，自己盡弟子之禮，面朝北叩拜徐文遠。徐文遠說：「老夫既然受你厚禮，敢不有話直說！不知道將軍的志向是想做伊尹、霍光，繼絕救亡嗎？若是如此，則老夫雖然已到暮年，仍願盡力相助。如果要做王莽、董卓，利用國家危難，為自己謀利，則沒有什麼用老夫的地方了！」李密磕頭說：「最近奉朝廷之命，我位列上公，希望竭盡庸弱之力，拯救國家的危難，這是我李密的本來志願。」徐文遠說：「將軍是名臣之子，迷失了路途才到如此地步，如果能趁走得不太遠而及早回頭，仍然不失為忠義之臣。」等到王世充殺了元文都等人，李密又向徐文遠請教計策。徐文遠說：「王世充也是我的弟子，他為人殘忍而心胸狹隘，既然利用了國家有難的形勢，必然有非同尋常的圖謀，將軍以前的計畫與現在的局面已經不相適應了。除非打敗王世充，否則不能入朝。」李密說：「原先以為先生是儒生，不通時勢，如今卻能坐在帳中決定大計，是多麼明智啊！」徐文遠，是徐孝嗣的玄孫。

庚申❶，詔隋氏離宮遊幸之所並廢之。○戊辰❷，遣黃臺公瑗安撫山南。○己巳❸，以隋右武衛將軍皇甫無逸為刑部尚書。

隋河間郡丞王琮❹守郡城以拒羣盜，竇建德攻之，歲餘不下。聞煬帝凶問，帥吏士發喪，乘城者皆哭。建德遣使弔之，琮因使者請降，建德退舍❺具饌以待之。琮言及隋亡，俯伏流涕，建德亦為之泣。諸將曰：「琮久拒我軍，殺傷甚眾，力盡乃降，請烹❻之。」建德曰：「琮，忠臣也。吾方賞之以勸事君，柰何殺之！往在高雞泊為盜，容可妄殺人。今欲安百姓，定天下，豈得害忠良乎！」乃徇軍中曰：「先與王琮有怨敢妄動者，夷三族❼！」以琮為瀛州❽刺史。於是河北❾郡縣聞之，爭附於建德。

先是，建德陷景城❿，執戶曹⓫河東張玄素⓬，將殺之。縣民千餘人號泣，請代其死，曰：「戶曹清慎無比，大王殺之，何以勸善⓭！」建德乃釋之，以為治書侍御史⓮，固辭。及江都敗，復以為黃門侍郎⓯，玄素乃起。饒陽⓰令宋正本⓱，博學有才氣，說建德以定河北之策，建德引為謀主。建德定都樂壽⑱，命所居曰金城宮，備置百官。

【章　旨】以上為第十一段，寫竇建德割據河北。

【注　釋】❶庚申　七月十七日。❷戊辰　七月二十五日。❸己巳　十月二十六日。❹王琮　武德間曾官中書令。此處所載事跡見《舊唐書》卷五十四、《新唐書》卷八十五〈竇建德傳〉等。❺退舍　軍隊後退。❻烹　酷刑之一。以鼎鑊煮殺。❼夷三族　酷刑之一。三族，父母、兄弟、妻子；或父、母、妻族。❽瀛州　州名，治所在今河北河間。❾河北　地區名，泛指今河南、山東古黃河以北地區。❿景城　縣名，縣治在今河北滄州西景城。⓫戶曹　官名，縣掾之一，掌一縣的戶口籍帳等事。⓬張玄素　（？—西元六六四年）唐初大臣，貞觀中以諫諍聞名。傳見《舊唐書》卷七十五、《新唐書》卷一百三。⓭勸善　勉勵人學好向善。⓮治書侍御史　官名，御史大夫之副，掌監察和部分司法事務。⓯黃門侍郎　官名，門下省長官侍中之副，掌機要，備顧問。⓰饒陽　縣名，縣治在今河北饒陽東北。⓱宋正本　（？—西元六二〇年）降竇建德後拜納言（宰相），後建德信讒言殺之。事跡見《舊唐書》卷五十四、《新唐書》卷八十五〈竇建德傳〉。⓲樂壽　縣名，縣治在今河北獻縣。

【語　譯】七月十七日庚申，下詔把隋代皇帝的離宮與遊幸地的行宮全都廢除。〇二十五日戊辰，派黃臺公李瑗安撫山南。〇二十六日己巳，任命隋朝右武衛將軍皇甫無逸為刑部尚書。

隋河間郡郡丞王琮守衛郡城，抗擊成群的盜賊，竇建德進攻郡城，一年多沒有攻下。王琮聽到煬帝被害的凶訊，率領官吏和士兵為煬帝發喪，登城守衛的人都哭了。竇建德派遣使者弔問，王琮通過使者向竇建德請求投降，竇建德退軍備好酒食招待王琮。王琮說到隋朝滅亡，俯身流涕，竇建德也為之哭泣。竇建德的眾將領說：「王琮長期抗擊我軍，殺傷我們很多士兵，力量用盡了才來投降，請用鼎煮了他。」竇建德說：「王琮，是忠臣。我正要獎賞他，用來勸勉人們奉侍君主，怎麼能殺他！以前我們在高雞泊做強盜，容許妄自殺人。如今準備安定百姓，平定天下，怎麼能夠殺害忠良呢！」於是遍告軍中說：「原先與王琮有仇怨而敢妄自行動者，夷滅三族！」任命王琮為瀛州刺史。這時河北郡縣聽說此事，爭相歸附竇建德。

此前，竇建德攻下景城，抓獲戶曹河東人張玄素，將要殺死他。縣裡老百姓一千多人號啕大哭，請求代他去死，說：「張戶曹清廉謹慎無人可比，大王殺死他，用什麼勸人行善！」竇建德就釋放了張玄素，任命他為治書侍御史，張玄素堅決推辭。等到煬帝在江都身敗，竇建德又任命張玄素為黃門侍郎，張玄素這才起身受命。饒陽令宋正本，博學而有才氣，用平定河北的策略遊說竇建德，竇建德吸收他做自己的軍師。竇建德定都於樂壽，把他居住的地方命名為金城宮，全面設置文武百官。

【研　析】隋煬帝被他的叛逆者宇文化及送進了墳墓，隋朝滅亡了。隋朝是怎樣滅亡的，這是本卷研析的最大問題。

在中國古代史上，有兩個盛大的朝代：一是漢朝，二是唐朝。漢代大一統，由秦奠其基；唐代大一統，由隋奠其基。秦、隋兩朝，都是二世而亡。隋唐之際與秦漢之際彷彿是一個歷史週期的重演。唐代史家在總結隋亡唐興的歷史經驗的時候，就把隋、秦作了比較，並得出這樣的結論：「其隋之得失存亡，大較與秦相類。始皇并吞六國，高祖統一九州，二世虐用威刑，煬帝肆行猜毒，皆禍起於羣盜，而身殞於匹夫。原始要終，若合符契矣。」（《隋書》卷七十史論）

所謂「羣盜」，是對農民大起義的貶稱。秦、隋兩代，都是用武力削平長期分裂割據的紛亂之世，不僅武力強大，而且甚得民和。秦二世與隋煬帝，蒙故業，踐丕基，自矜天命在躬，忽王業之艱難，不務仁道以恤眾，外征內作，虐用其民，倏忽之間，天翻地覆，「率土分崩」，「子孫殄滅」，載舟之水，覆了水上之舟。為何歷史有這樣的重演，值得人們深思！

唐代史臣，還把隋朝自身的兩代皇帝作了對比。隋文帝開皇之初，只據有北方半個中國，戶三百零三萬；煬帝繼位的大業之初，隋混一戎夏，戶八百九十萬，號稱盛強。前後相較，「度土地之廣狹，料戶口之眾寡，算甲兵之多少，校倉廩之虛實」，真是不可同日而語。「高祖掃江南以清六合」，一戰平陳；「煬帝事遼東而喪天下」，三征高麗而折兵。論敵之實力，高麗不強於陳國，而事勢何以有如此不同的結果？唐代史臣的答卷認為：「所為之迹同，所用之心異也。」這就是說，隋文帝用兵，進行的是統一戰爭，故「十有餘載，戎車屢動，民亦勞止，不為無事。然其動也，思以安之，其勞也，思以逸之。是以民致時雍，師無怨讟，誠在於愛利，故其興也勃焉。」至於隋煬帝，窮兵黷武，則是另一回事。他嗣承平之基，守已安之業，肆其淫放，虐用其民，視億兆如草芥，顧群臣如寇仇，勞近以事遠，求名而喪實。兵纏魏闕，阽危弗圖，圍解雁門，慢遊不息。天奪之魄，人益其實，群盜並興，百殃俱起，自絕民神之望，故其亡也忽焉。唐代史臣所總結的「高祖之所以興，而煬帝之所以滅」的這些原因，在今天看來也是十分中肯的（以上均引自《隋書》卷七十史論）。這是因為以魏徵為首的修《隋書》的史臣親身經歷了隋唐之際的大變化，又親身參與了興唐的治理恢復實踐，故所言皆中的。

秦亡於橫徵暴斂，戍徭無已。而隋煬帝的橫徵暴斂，方之秦朝，有過之而無不及。大業元年（西元六〇五年），隋煬帝即位伊始，就營建東都，開運河，兩大工程同時並舉。營建東都，務求宏大而督役嚴急，每月役丁二百萬。死者什四、五，有司以車載死丁，東至城皋，北至河陽，相望於道。煬帝開運河，第一期工程挖通濟渠就徵河南民伕一百萬，兩千餘里，寬四十餘步的大運河，督期五個月完成。築京師，修運河，對於鞏固統一的中央王朝和便利交通都是必需的。但如此不惜民力，用集權的主觀意志盲目督期工程，那就是一場社會災難。秦朝如是，隋朝如是，歷代集權之主皆如是，這就不難理解隋唐之際的風雲突變為重演秦漢之際的歷史活劇的內在原因了。

如果說築京師、修運河還有歷史進步意義的話，那麼隋煬帝三征高麗，三遊江都，發動更大的徵役，可以說純是專制肆虐了。煬帝三次暢遊江都（今揚州），每次數千艘的船隊，舳艫相接，綿延二百餘里，耗費不貲；他為了進攻高麗，先限期在東萊（今山東萊州）督造大船三百艘。民伕日夜勞作於水下，腰下腐爛生蛆，死者十之三、四；後又調撥江淮船隻，將洛東倉米經永濟渠轉運涿郡，數十萬民伕日夜輾轉於運糧路上；同時調發全國青壯年，集中涿郡作為兵員。大業八年進攻高麗時，出兵一百一十三萬多人，加上轉運糧餉的民佚，近三、四百萬人。繁重的兵役、徭役和經濟上的橫徵暴斂，永濟渠沿岸居民，幾乎找不到男丁，勞力缺乏，田園荒蕪，再加上一場洪水，糧價上漲，百姓只有靠野菜樹皮來艱難度日。齊郡鄒平人王薄不堪隋朝統治者的殘酷壓迫，首義於長白山（今山東章丘），從此拉開了隋末農民大起義的序幕。緊接著全國各地到處響起了烽火之警，起義農民軍達一百多支，參加者數百萬之多，「大則跨州連郡，稱帝稱王；小則千百為羣，攻剽城邑」。就這樣，隋朝不久也就土崩瓦解了！

秦二世死於賊臣趙高之手，隋煬帝死於叛逆宇文化及之手，兩者也竟然相似。秦二世與隋煬帝臨近末日，完全醉生夢死，已知大勢已去，整日驚心膽戰，不允許任何人說叛亂，完全是地地道道的孤家寡人。隋煬帝一表人才，感慨他的好頭顱不知誰來砍，他萬萬沒有想到要他命的，恰恰是他的心腹。因為心腹整日地伴君如伴虎，深知昏暴君主脾性，已被權力異化成了虎狼之性，全沒了人性。昏暴之君的心腹因耳濡目染，同樣被異化成了虎狼之性，他們也時時刻刻在覬覦孤家寡人的寶座，因此昏暴之君，豢養叛逆之臣也是必然的規律。隋煬帝走了秦二世的老路，得了同樣的下場，也就是自然的了。

# 卷第一百八十六

## 唐紀二

起著雍攝提格（戊寅 西元六一八年）八月，盡十二月，不滿一年。

【題解】本卷記事起西元六一八年八月，迄當年十二月，凡五個月史事，當唐高祖武德元年。數月間，全國軍閥混戰發生大逆轉，最強勢力李密因與強敵宇文化及和王世充連續作戰，左右開弓而又輕敵，偃師之戰遭到滅頂之災，被迫降唐，尋又反唐而被誅戮。李密部眾一部分降王世充，智能之士皆降唐，於是唐室勢力大增。其間李世民平定隴右，解了後顧之憂，坐觀關東軍閥混戰而養精蓄銳，佔有了全局的主動權。王世充雖然得勝而受重創。竇建德在河北得勢，但偏於一隅，不足為唐室之憂。全國各地的割據者，只是苟安一時。李密失敗後的逐鹿中原形勢形成了唐王室、王世充、竇建德三足鼎立之勢，而以唐王室最強。為了生存，王世充與竇建德合力抗唐已是必然之勢。

### 高祖神堯大聖光孝皇帝上之中

武德元年（戊寅 西元六一八年）

八月，薛舉遣其子仁果❶進圍寧州❷，刺史❸胡演擊卻之。郝瑗言於舉曰：「今唐兵新破，關中騷動，宜乘勝直取長安。」舉然之，會有疾而止。辛巳❹，舉卒❺。太子仁果立，居於折墌城❻，諡舉曰武帝。

上欲與李軌共圖秦、隴❼，遣使潛詣涼州❽，招撫之，與之書，謂之從弟❾。軌大喜，遣其弟懋入貢。上以懋為大將軍，命鴻臚少卿❿張俟德⓫冊拜軌為涼州總管，封涼王。

初，朝廷以安陽⓬令呂珉⓭為相州⓮刺史，更以相州刺史王德仁⓯為巖州⓰刺史。德仁由是怨憤，甲申⓱，誘山東⓲大使⓳宇文明達入林慮山⓴而殺之，叛歸王世充。

己丑㉑，以秦王世民為元帥㉒，擊薛仁果。

丁酉㉓，臨洮㉔等四郡來降。

隋江都太守陳稜求得煬帝之柩㉕，取宇文化及所留輦輅鼓吹㉖，粗備天子儀衛㉗，改葬於江都宮㉘西吳公臺㉙下。其王公以下，皆列瘞㉚於帝塋㉛之側。

宇文化及之發江都㉜也，以杜伏威㉝為歷陽太守。伏威不受，仍上表㉞於隋，皇泰主㉟拜伏威為東道大總管㊱，封楚王。

沈法興㊲亦上表於皇泰主，自稱大司馬㊳、錄尚書事㊴、天門公，承制置百官，以陳杲仁為司徒㊵，孫士漢為司空㊶，蔣元超為左僕射，殷芊為左丞，徐令言為右丞㊷，劉子翼為選部侍郎㊸，李百藥㊹為府掾㊺。百藥，德林之子也。

【章旨】以上為第一段，寫江都太守陳稜安葬隋煬帝。唐高祖忙於安集背後隴右，沒有大舉東出，隋室仍有相當影響力，杜伏威、沈法興等歸服皇泰主。

【注釋】❶仁果　薛舉長子。傳見《舊唐書》卷五十五、《新唐書》卷八十六。❷寧州　州名，治所在今甘肅寧縣。❸刺史　官名，秦代始置。原為朝廷派往各郡檢舉不法的官員。隋代以刺史為一州的行政長官。❹辛巳　八月初九。❺舉卒　《舊唐書‧高祖紀》武德元年文作「八月壬午，薛舉死」，二書相差一日。❻折墌城　城名，西魏築，在今甘肅涇川縣東北。❼秦隴　古泛指今陝西西部與甘肅東部。❽涼州　州名，治所在今甘肅武威。❾從弟　堂弟。年紀小於自己的伯父或叔父的兒子。❿鴻臚少卿　官名，從四品下。佐鴻臚卿掌賓客及凶儀之事，常受冊出使諸蕃。⓫張俟德　唐初大臣，高祖武德初為鴻臚少卿。⓬安陽　縣名，縣治在今河南安陽。⓭呂珉　（？—西元六一九年）初為安陽令，後任相州刺史，被竇建德所殺。事跡見《舊唐書》卷五十四〈竇建德傳〉。⓮相州　州名，治所在今河南安陽。⓯王德仁　（？—西元六二一年）隋末群雄之一，起於鄴（今河南北部），號太公。後降唐，除巖州刺史。不久又叛歸王世充。武德四年被秦王李世民所殺。事跡見《新唐書》卷一〈高祖紀〉。⓰巖州　州名，治所在今四川松潘西北。⓱甲申　八月十二日。⓲山東　太行山以東地區。⓳大使　官名，特派巡視各地的使節。⓴林慮山　一名隆慮山。在今河南林州西。㉑己丑　八月十七日。㉒元帥　武官名，全軍的統帥。㉓丁酉　八月二十五日。㉔臨洮　郡名，治所在今甘肅臨潭。㉕柩　裝著屍體的棺材。㉖輦輅鼓吹　輦輅，輦車。輦，古時用人拉的車，指皇帝坐的車。輅，古代的一種大車。鼓吹，古代奏演鼓吹樂的樂隊。㉗儀衛　儀仗侍衛。㉘江都宮　隋煬帝置，在今江蘇揚州西。㉙吳公臺　又名雞臺，在今江蘇揚州西北。據傳，此為陳吳明徹進攻廣陵時所築弩臺，從上射擊城中。㉚瘞　掩埋；埋葬。㉛塋　墓地。㉜宇文化及之發江都　宇文化及弒隋煬帝，立恭帝楊侑，旋即奪江都人舟檝，取彭城水路西歸。㉝杜伏威　（？—西元六二四年）齊州章丘（今屬山東）人，隋末在江淮地區起事反隋。傳見《舊唐書》卷五十六、《新唐書》卷九十二。㉞上表　給皇帝送奏章。㉟皇泰主　指隋越王侗。皇泰為越王楊侗年號。㊱大總管　官名，地方軍政長官。隋及唐初在各州設總管，邊鎮或大州設大總管。㊲沈法興（？—西元六二〇年）隋末割據者，湖州五康（今浙江德清西）人。傳見《舊唐書》卷五十六、《新唐書》卷八十七。㊳大司馬 官名，各朝職掌不同。秦漢時以大司馬、大司徒、大司空並稱三公，為共同負責的政務長官。隋唐仍有此官，但為虛銜。㊴錄尚書事 官名，獨攬大權，無所不總，位在三公上。隋以後廢此職。錄，總領之意。㊵司徒 官名，初為主管教化的官。隋唐時作為高官之加官，僅是一種崇高的虛銜。㊶司空 官名，初為主管建築工程、製造車服器械、監督手工業奴隸的官。隋唐時作為高官之加官，僅是一種崇高的虛銜。㊷右丞 官名，此為尚書右丞。上句「左丞」指尚書左丞。據《隋書・百官志》載：尚書左丞、尚書右丞，從四品。其職是輔佐尚書令及左右僕射，分別管理尚書省事。㊸選部侍郎 官名，選部，即吏部，掌管全國官吏的任免、考課、升降、調動之事。長官為吏部尚書，副長官為侍郎。㊹李百藥 （西元五六五—六四八年）唐初史學家，字重規，安平（今屬河北）人，唐時，歷任中書舍人、散騎常侍。傳見《舊唐書》卷七十二、《新唐書》卷一百二。㊺府掾 府內屬官。

## 【語 譯】高祖神堯大聖光孝皇帝上之中

武德元年（戊寅 西元六一八年）

八月，薛舉派他兒子薛仁果進軍圍攻寧州，唐寧州刺史胡演打退了薛仁果。郝瑗對薛舉說：「現在唐兵剛剛戰敗，關中騷動不安，應當乘勝直取長安。」薛舉同意他的看法，遇上自己有病而作罷。初九日辛巳，薛舉去世。太子薛仁果繼位，居住在折墌城，追諡薛舉為武帝。

唐高祖想和李軌共同謀取秦、隴地區，派使節暗中前往涼州，招撫李軌，帶書信給他，信中稱李軌為堂弟。李軌大為高興，派他的弟弟李懋前來長安進貢。唐高祖任命李懋為大將軍，命令鴻臚少卿張俟德冊封李軌為涼州總管，封為涼王。

當初，朝廷任命安陽令呂珉為相州刺史，改命相州刺史王德仁為巖州刺史。王德仁因此而怨憤，八月十二日甲申，他引誘山東大使宇文明達進入林慮山，殺死了他，背叛唐朝歸附了王世充。

八月十七日己丑，唐高祖任命秦王李世民為元帥，攻打薛仁果。

八月二十五日丁酉，臨洮等四郡前來向唐朝投降。

隋朝的江都太守陳稜尋找到隋煬帝的靈柩，拿來宇文化及所留下的皇帝車駕和樂器，大體備齊了天子的儀仗，把隋煬帝改葬在江都宮西面的吳公臺下。那些一同遇難的王公以下大臣，都排列埋葬在隋煬帝墓側。宇文化及從江都出發時，任命杜伏威為歷陽太守。杜伏威不接受任命，仍然上表稱臣於隋，皇泰主任命杜伏威為東道大總管，封為楚王。

沈法興也向皇泰主上表，自稱大司馬、錄尚書事、天門公，按皇帝旨意設置百官，任命陳杲仁為司徒，孫士漢為司空，蔣元超為左僕射，殷芊為左丞，徐令言為右丞，劉子翼為選部侍郎，李百藥為府掾。李百藥，是李德林的兒子。

九月，隋襄國❶通守❷陳君賓來降，拜邢州❸刺史。君賓，伯山❹之子也。虞州❺刺史韋義節攻隋河東❻通守堯君素，久不下，軍數不利。壬子❼，以工部尚書獨孤懷恩代之。

初，李密既殺翟讓❽，頗自驕矜，不恤士眾。倉粟雖多，無府庫錢帛，戰士有功，無以為賞。又厚撫初附之人❾，眾心頗怨。徐世勣嘗因宴會刺譏其短，密不懌❿，使世勣出鎮黎陽，雖名委任，實亦疏之。

密開洛口倉⓫散米，無防守典當者⓬，又無文券⓭，取之者隨意多少。或離倉之後，力不能致，委棄衢路，自倉城至郭門⓮，米厚數寸，為車馬所轔踐⓯。羣盜來就食者并家屬近百萬口，無甕盎⓰，織荊筐淘米，洛水⓱十里兩岸之間，望之皆如白沙。密喜，謂賈閏甫曰：「此可謂足食矣！」閏甫對曰：「國以民為本，民以食為天⑱。今民所以襁負如流而至⑲者，以所天在此故也。而有司曾無愛吝⑳，屑越㉑如此，竊恐一旦米盡民散，明公㉒孰㉓與成大業哉！」密謝之，即以閏甫判㉔司倉參軍事㉕。

密以東都㉖兵數敗微弱，而將相自相屠滅，謂旦夕㉗可平。王世充既專大權，厚賞將士，繕治器械，亦陰圖取密。時隋軍乏食，而密軍少衣，世充請交易，密難之。長史邴元真等各求私利，勸密許之。先是，東都人歸密者，日以百數㉘。既得食，降者益少，密悔而止。

密破宇文化及還，其勁卒㉙良馬多死，士卒疲病。世充欲乘其弊擊之，恐人心不壹，乃詐稱左軍衛士張永通三夢周公㉚，令宣意㉛於世充，當勒兵相助㉜擊賊。乃為周公立廟，每出兵，輒先祈禱。世充令巫宣言周公欲令僕射急討李密，當有大功，不即㉝兵皆疫死。世充兵多楚人㉞，信妖言，皆請戰。世充簡練精銳得二萬餘人，馬二千餘匹。壬子㉟，出師擊密，旗幡之上皆書「永通」字㊱，軍容甚盛。癸丑㊲，至偃師，營於通濟渠㊳南，作三橋於渠上。密留王伯當㊴守金墉㊵，自引精兵出偃師，阻邙山㊶以待之。

密召諸將會議，裴仁基㊷曰：「世充悉眾而至，洛㊸下必虛，可分兵守其要路，令不得東㊹。簡精兵三萬，傍河西出以逼東都。世充還，我且按甲㊺；世充再出，我又逼之。如此，則我有餘力，彼勞奔命，破之必矣。」密曰：「公言大善。今東都兵有三不可當：兵仗精銳，一也；決計深入，二也；食盡求戰，三也。我但乘城㊻固守，蓄力以待之。彼欲鬬不得，求走無路，不過十日，世充之頭可致麾下㊼。」陳智略、樊文超、單雄信皆曰：「計世充戰卒甚少，屢經摧破，悉已喪膽。兵法曰：『倍則戰㊽』，況不啻㊾倍哉！且江、淮新附之士，望因此機展其勳效㊿，及其鋒(51)而用之，可以得志。」於是諸將諠然(52)，欲戰者什七八。密惑(53)於眾議而從之。仁基苦爭不能得，擊地歎曰：「公後必悔之。」魏徵言於長史鄭頲曰：「魏公雖驟勝(54)，而驍將銳卒多死，戰士心怠(55)，此二者難以應敵。且世充乏食，志在死戰，難與爭鋒，未若深溝高壘以拒之。不過旬月(56)，世充糧盡，必自退，追而擊之，蔑(57)不勝矣。」頲曰：「此老生之常談耳。」徵曰：「此乃奇策，何謂常談！」拂衣而起。

程知節(58)將內馬軍(59)與密同營(60)在北邙山上，單雄信將外馬軍營於偃師城北。世充遣數百騎度通濟渠攻雄信營，密遣裴行儼與知節助之。行儼先馳赴敵，中流矣，墜於地。知節救之，殺數人，世充軍披靡，乃抱行儼重騎[61]而還。為世充騎所逐，刺槊[62]洞過[63]，知節迴身捩折[64]其槊，兼斬追者，與行儼俱免。會日暮，各斂兵還營。密驍將孫長樂等十餘人皆被重創。

密新破宇文化及，有輕世充之心，不設壁壘[65]。世充夜遣二百餘騎潛入北山[66]，伏谿谷[67]中，命軍士皆秣馬蓐食[68]。甲寅[69]旦[70]，將戰，世充誓眾曰：「今日之戰，非直[71]爭勝負，死生之分，在此一舉。若其捷也，富貴固所不論；若其不捷，必無一人獲免。所爭者死，非獨為國，各宜勉之！」遲明[72]，引兵薄[73]密。密出兵應之，未及成列，世充縱兵擊之。世充士卒皆江、淮剽勇，出入如飛。世充先索得一人貌類密者，縛而匿[74]之。戰方酣[75]，使牽以過陳前，譟曰：「已獲李密矣！」士卒皆呼萬歲。其伏兵發，乘高而下，馳壓[76]密營，縱火焚其廬舍[77]。密眾大潰，其將張童仁[78]、陳智略[79]皆降，密與萬餘人馳向洛口[80]。

世充夜圍偃師。鄭頲守偃師，其部下翻城納世充[81]。初，世充家屬在江都，隨宇文化及至滑臺，又隨王軌[82]入李密。密留於偃師，欲以招世充。及偃師破，世充得其兄世偉、子玄應、虔恕[1]、瓊等，又獲密將佐[83]裴仁基、鄭頲、祖君彥等數十人。世充於是整兵向洛口，得邴元真[84]妻子、鄭虔象[85]母及密諸將子弟，皆撫慰之，令潛[86]呼其父兄。

初，邴元真為縣吏，坐贓亡命[87]，從翟讓於瓦岡[88]。讓以其嘗為吏，使掌書記。及密開幕府[89]，妙選時英[90]，讓薦元真為長史，密不得已用之，行軍謀畫，未嘗參預。密西拒世充，留元真守洛口倉。元真性貪鄙，宇文溫[91]謂密曰：「不殺元真，必為公患。」密不應。元真知之，陰謀叛密。楊慶[92]聞之，以告密，密固疑[93]焉。至是，密將入洛口城，元真已遣人潛引世充矣。密知而不發，因與眾謀，待世充兵半濟[94]洛水[95]，然後擊之。世充軍至，密候騎[96]不時覺[97]，比將[98]出戰，世充軍悉已濟矣。單雄信[99]等又勒兵自據。密自度不能支，帥麾下輕騎奔虎牢[100]，元真遂以城降。

初，雄信驍捷，善用馬槊，名冠諸軍，軍中號曰「飛將」。彥藻[101]以雄信輕於去就[102]，勸密除之。密愛其才，不忍也。及密失利，雄信遂以所部降世充。密將如黎陽[103]，或曰：「殺翟讓之際，徐世勣幾死[104]，今失利而就之，安可保乎！」時王伯當棄金墉保河陽，密自虎牢歸之，引諸將共議。密欲南阻河[105]，北守太行[106]，東連黎陽，以圖進取。諸將皆曰：「今兵新失利，眾心危懼，若更停留，恐叛亡不日而盡。又人情不願，難以成功。」密曰：「孤[107]所恃者眾也，眾既不願，孤道窮矣！」欲自刎以謝眾。伯當抱密號絕[108]，眾皆悲泣。密復曰：「諸君幸不相棄，當共歸關中[109]，密身雖無功，諸君必保富貴。」府掾[110]柳燮曰：「明公與唐公[111]同族，兼有疇昔[112]之好，雖不陪起兵，然阻東都，斷隋歸路，使唐公不戰而據長安，此亦公之功也。」眾咸[113]曰：「然。」密又謂王伯當曰：「將軍[114]室家重大[115]，豈復與孤俱行哉？」伯當曰：「昔蕭何[116]盡帥子弟以從漢王[117]，伯當恨不兄弟俱從，豈以公今日失利遂輕去就乎！縱身分原野[118]，亦所甘心！」左右莫不感激，從密入關者凡二萬人。於是密之將帥、州縣多降於隋。朱粲亦遣使降隋，皇泰王以粲為楚王。

【章旨】以上為第二段，寫李密輕敵為王世充所大破，困迫降唐。

【注釋】❶襄國　郡名，治所在今河北邢臺。❷通守　官名，隋煬帝時設置，管理一郡軍民事務，職位略低於太守。❸邢州　郡名，治所在今河北邢臺。❹伯山　陳文帝之子。❺虞州　州名，治所在今山西運城東北安邑。❻河東　郡名，治所在今山西永濟西南蒲州鎮。❼壬子　九月初十。❽翟讓　（？—西元六一七年）隋末瓦崗軍首領，東郡韋城（今河南滑縣東南）人。李密投奔翟讓後，取得全軍領導權，重用隋降官降將，於義寧元年（西元六一七年）十一月殺害翟讓，致使部眾離心。事跡見《舊唐書》卷五十三〈李密傳〉、《新唐書》卷八十四〈李密傳〉。❾初附之人　剛剛歸附的人。❿懌　喜悅。⓫洛口倉　一名興洛倉。隋大業二年（西元六〇六年）築，在今河南鞏縣東北。⓬無防守典當者　沒有防衛倉庫和主管發糧的人。⓭文券　憑證；憑據。⓮倉城至郭門　從洛口倉城到外城門。⓯轥踐　輾壓、踐踏。⓰甕盎　瓦器。⓱洛水　一作雒水。即今河南洛河。⓲民以食為天　比喻糧食是百姓賴以生存的最重要的東西。⓳襁負如流而至　背著嬰孩像流水般到來。⓴愛吝愛惜。㉑屑越　形容糟踏拋棄，狼藉遍地。㉒明公　對於位尊者之敬稱。此指李密。㉓孰　疑問代詞。誰。㉔判　高位兼低職或京官帶職出任地方官稱為判。㉕司倉參軍事　官名，掌管公廨、度量、庖廚、倉庫、租賦徵收、田園、市肆等事。㉖東都　隋大業五年（西元六〇九年）改東京洛陽為東都。㉗旦夕　比喻時間短。㉘日以百數　每天有幾百人。㉙勁卒　強兵。㉚周公　周公旦，又稱叔旦，周武王之弟，采邑在周（今陝西岐山北），故稱周公。曾助武王滅商，成王時一度攝政，平定叛亂，制禮作樂，鞏固了西周政權。事見《史記・魯周公世家》。㉛宣意　宣明心意。㉜當勒兵相助　謂周公當率兵相助。㉝不即　不然的話。㉞楚人　楚在西周時都丹陽（今湖北秭歸東南）。此處的楚人，當指湖南人。㉟壬子　九月初十。㊱皆書永通字　以張永通宣周公之意，故旗幡書永通字，以表神助。㊲癸丑　九月十一日。㊳通濟渠　隋大業元年（西元六〇五年）鑿，唐改名廣濟渠。當時又習稱西段為漕渠或洛水，東段為汴水或汴渠。㊴王伯當　（？—西元六一八年）滎陽浚儀（今河南開封）人，隋末為瓦崗軍將領。事跡見兩《唐書・李密傳》。㊵金墉　城名，三國魏明帝時築，在今河南洛陽東北魏、晉洛陽故城西北隅。唐貞觀後城廢。㊶邙山　山名，在今河南洛陽北。㊷裴仁基　（？—西元六一九年）字德本，河東（今山西永濟西）人，隋朝大臣，後歸李密。密敗，為王世充所虜，署為禮部尚書。仁基謀歸唐，被世充所殺。傳見《隋書》卷七十。㊸洛　州名，唐初改河南郡置，治所在洛陽縣（今河南洛陽東北）。㊹令不得東　使其軍隊不能東進。㊺按甲　按兵不動。㊻乘城　登城。㊼麾下　旗下。㊽倍則戰　超過一倍的軍力就可以攻戰。㊾不啻　不只。㊿展其勳效　表現其功績。(51)及其鋒　趁這股鋒銳。(52)諠然　譁然。(53)惑　迷惑。(54)驟勝　急速取勝。(55)心怠　身心倦怠。(56)旬月　十天以至一月。(57)蔑　無。(58)程知節　（？—西元六六五年）即程咬金，唐初將領，濟州東阿（今屬山東）人。傳見《舊唐書》卷六十八、《新唐書》卷九十。(59)內馬軍　《舊唐書・程知節傳》載：時密於軍中簡勇士尤異者八千人，隸四驃騎，分為左右以自衛，號為「內軍」。(60)同營　一起紮營。(61)重騎　二人共騎一馬。(62)槊　古代兵器，桿比較長的矛。(63)洞過　通過。(64)捩折　拗而折之。(65)壁壘　營壘。(66)北山　即北邙山。(67)谿谷　地面上向一定方向傾斜的低凹地。(68)秣馬蓐食　秣馬，餵馬。蓐食，坐在草墊上吃飯。(69)甲寅　九月十二日。(70)旦　早晨。(71)直　只。(72)遲明　黎明。(73)薄　迫近。(74)匿　藏。(75)戰方酣　戰鬥正激烈。(76)馳壓　快馬迫近。(77)廬舍　房舍。(78)張童仁　（？—西元六二一年）原為宇文化及部將，後歸李密。武德四年被李世民所殺。事跡見《舊唐書》卷五十三〈李密傳〉、《新唐書》卷八十四〈李密傳〉。(79)陳智略　原為宇文化及部將，化及敗，歸李密。後被李世民所擒。事跡見兩《唐書・李密傳》。(80)洛口　地名，在今河南鞏縣東北。(81)翻城納世充　翻過城牆以迎納王世充。(82)王軌　（？—西元六一九年）原為宇文化及所署刑部尚書，留守東都，後降李密。武德二年被奴所殺。事跡見兩《唐書・李密傳》。83將佐　部將。武官的通稱。84邴元真　原為隋縣吏，後投奔翟讓、李密。85鄭虔象　李密部下。邴元真與鄭虔象事跡均見兩《唐書·李密傳》。86潛　暗地。87坐贓亡命　因犯貪贓罪而出奔逃命。88瓦岡　瓦崗寨。在今河南滑縣南。89幕府　古代將帥辦公的地方。90妙選時英　精選當時彥俊之士。91宇文溫　李密部將。92楊慶　隋朝宗室，河間王楊弘之子，襲封郇王。降唐，為宜州刺史、郇國公。傳見《隋書》卷四十三、《北史》卷七十一。93固疑　本來就懷疑。94半濟　渡到河中間。95洛水　河南洛河。96候騎　放哨偵察的騎兵。97不時覺　未及時發覺。98比將　及將。99單雄信　（？—西元六二一年）曹州（今山東曹縣西北）人，李密將，後降王世充，為大將。東都平，斬於洛陽。事跡見兩《唐書·李密傳》。100虎牢　地名，在今河南滎陽西北汜水鎮西。101彥藻　即李密部將房彥藻。是年二月彥藻死，此為追敘日前事。102輕於去就　指容易背叛。去就，離去來就。103將如黎陽　即將前往黎陽。黎陽，郡名，治所在今河南浚縣東北。104徐世勣幾死　指義寧元年（西元六一七年）十一月李密殺翟讓時，徐世勣也差一點被殺。105南阻河　南面以黃河為阻。106太行　即今山西、河北、河南三省交界處的太行山。107孤　我。王公自謙之稱。108號絕　因痛哭而昏過去。109關中　地區名，相當於今陝西中部。舊說在東函谷關、南武關、西散關、北蕭關等四關之中。110府掾　府內屬官。111唐公　指襲封唐公的李淵。112疇昔　從前。113咸　都。114將軍　官名，高級軍事長官。此為對王伯當之尊稱。115室家重大　家室龐大。116蕭何　（？—西元前一九三年）西漢初大臣，沛（今江蘇沛縣）人，秦二世元年（西元前二〇九年）佐劉邦起義。楚漢相爭，蕭何悉率子弟詣劉邦，是高祖劉邦的得力謀臣。事見《史記》卷五十三〈蕭相國世家〉、《漢書》卷三十九〈蕭何傳〉。117漢王　指漢高祖劉邦。118身分原野　分屍原野。

【校　記】1虔恕　當作「玄恕」，《舊唐書》卷五十四〈王世充傳〉、《新唐書》卷八十五〈王世充傳〉、卷一百九十八〈陸元朗傳〉皆載世充有子名玄恕，世充僭號，封子玄應為太子，子玄恕為漢王。

【語　譯】九月，隋襄國通守陳君賓前來投降唐朝，任命為邢州刺史。陳君賓，是陳伯山的兒子。

唐虞州刺史韋義節攻打隋河東通守堯君素，很久沒有攻下，軍隊數次失利。九月初十日壬子，任命工部尚書獨孤懷恩代替韋義節。

當初，李密殺死翟讓後，自己頗為驕傲，不體恤士卒。倉庫的糧食雖然很多，但沒有府庫錢帛，戰士有了戰功，沒有東西用來賞賜。又對剛來歸附的人厚施撫慰，大家心裡頗為怨恨。徐世勣曾借宴會譏刺李密的短處，李密心裡不高興，讓徐世勣出鎮黎陽，名義上雖然是委以重任，實際上是疏遠他。

李密打開洛口倉散發糧食，沒有防衛和主管人員，分發糧米又沒有憑證，領取糧米的人隨意取多少。有的人離開糧倉之後，沒有力量背走糧食，就丟棄在街上，從倉城到外城門，米有幾寸厚，被車馬踐踏。成群的盜賊前來就食的人連同家屬有近百萬人，沒有甕盆，就編成荊條筐淘米，洛水十里兩岸之內，看上去都像白沙。李密很高興，對賈閏甫說：「這可以說是足夠吃的了！」賈閏甫回答：「國以民為本，民以食為天。現在老百姓所以背著嬰兒像流水一樣到來，是因為他們所依賴的天在這裡的緣故。而有關官府卻不曾愛惜，這樣隨意糟踏拋棄，我私下擔心一旦糧食光了百姓散去，明公和誰來完成大業啊！」李密對他表示感謝，當即任命賈閏甫為判司倉參軍事。

李密因為東都的軍隊數次戰敗，兵力弱小，而將相之間自相殘滅，認為旦夕之間可以平定東都。王世充專掌大權後，重賞將士，修整器械，也暗中籌劃攻取李密。當時隋軍缺糧，而李密的軍隊缺少衣服，王世充請求交換，李密感到為難。長史邴元真等人各自謀求私利，勸李密答應王世充。在此之前，東都歸附李密的，每天有幾百人。王世充得到糧食之後，投降的人日益減少，李密後悔了，停止了交換。

李密打敗宇文化及後返回，他的勁卒良馬大多戰死，士兵疲憊生病。王世充打算趁著李密軍隊疲弊而攻擊他，又怕人心不一，於是謊稱左軍衛士張永通三次夢到周公，讓他把周公的意思轉告給王世充，應該部署軍隊互相協助打擊敵人。於是為周公建立廟宇，每次出兵，總要先到廟裡祈禱。王世充命祭祀的巫師聲稱周公想讓僕射緊急討伐李密，當會建立大功，不然的話，士兵都會染上瘟疫死去。王世充的士兵大多是楚地人，相信巫師的妖言，都請求出戰。王世充挑選精銳士卒得到二萬多人，戰馬二千多匹。九月初十日壬子，出兵攻打李密，旗幟上都寫上「永通」字樣，陣容極為盛大。十一日癸丑，到達偃師，在通濟渠南邊紮營，在渠上建造了三座橋樑。李密留下王伯當守衛金墉城，自己帶領精兵從偃師出發，以邙山作為屏障，等候王世充的軍隊。

李密召集各位將領開會商議，裴仁基說：「王世充調動全部軍隊來到這裡，洛陽城下必然空虛，我們可以分兵把守王世充軍隊將要經過的要道，讓他不能東進。我們挑選三萬精兵，沿黃河西進以逼東都。王世充如果返回，我們暫時按兵不動；王世充再次進軍，我們再次逼近東都。這樣，我們行有餘力，他們疲於奔命，打敗王世充是必然的。」李密說：「公所言甚好。但現在東都的軍隊有三點不可抵擋：武器精良，這是一；決心深入我方，這是二；糧食吃完了，求一死戰，這是三。我們只要登城固守，積蓄力量等待敵軍。他們想交戰卻打不成，尋找退兵機會又無路可走，不過十天，王世充的頭就可以送到我們帳下。」陳智略、樊文超、單雄信都說：「估計王世充的能作戰的士兵很少，屢經摧毀，全已嚇破了膽。《兵法》說：『己方兵力是對方的一倍就可以交戰』，何況不止一倍呢！況且江、淮剛降附的士兵，希望乘此機會展示自己的功績，趁著他們有這樣的銳氣而用他們作戰，就可以成功。」於是眾將譁然，想作戰的佔了十之七八。李密受到大家議論的迷惑，聽從了他們的意見。裴仁基苦苦爭辯，沒有說服大家，他用力擊地歎息說：「你以後一定後悔。」魏徵對長史鄭頲說：「魏公雖然迅速獲勝，但是精兵驍將大多戰死，士兵心身倦怠，有這兩種情況，就難以應敵。況且王世充缺糧，志在拼死作戰，很難和他爭鋒決戰，不如挖深壕溝，加高壁壘抵禦他。不過十天半月，王世充糧食光了，必會自己退兵，那時再追蹤攻擊他，沒有不取勝的。」鄭頲說：「這是老生常談罷了。」魏徵說：「這是奇策，怎麼說是老生常談！」拂袖起身而去。

程知節帶領內馬軍與李密一起紮營在北邙山上，單雄信帶領外馬軍駐紮在偃師城北。王世充派遣幾百名騎兵渡過通濟渠攻打單雄信的營寨，李密派遣裴行儼和程知節援助單雄信。裴行儼率先馳馬奔向敵軍，被流箭射中，從馬上墜落到地上。程知節救起裴行儼，殺死數人，王世充的軍隊退縮，程知節於是抱著裴行儼兩人騎一馬返回。程知節被王世充的騎兵追趕時，長矛刺穿了他的身體，程知節返身折斷刺在身上的長矛，又殺了追兵，和裴行儼一起脫身。正好天色已暗，雙方各自收兵回營。李密手下的猛將孫長樂等十多人都受了重傷。

李密剛剛打敗宇文化及，心中有些輕視王世充，不設置壁壘。王世充夜裡派遣二百多名騎兵潛入北邙山，埋伏在谿谷中，命令士兵都餵好馬匹，坐在草墊上吃飽飯。九月十二日甲寅清晨，即將交戰，王世充誓師說：

「今天的作戰，不只是爭勝負，生與死的命運，在此一舉。如果戰勝，榮華富貴固然不用說；如果不勝，必定沒有一個人得到脫身。是與死在相爭，不只是為了國家，各位應該努力了！」天將亮，率兵逼近李密部隊。李密出兵應戰，沒等到排好陣勢，王世充就縱兵攻擊。王世充的士兵都是長江、淮河流域的剽悍勇猛之人，出入如飛。王世充事先找到一個貌似李密的人，捆起來藏著他。戰鬥正激烈時，讓人牽著這個人走過陣前，大聲鼓譟說：「已經抓獲李密了！」士兵們都高呼萬歲。那些埋伏的騎兵出擊，從高處衝下來，快馬壓向李密營地，放火焚燒李密營中的房屋。李密部隊大量潰散，他的將領張童仁、陳智略都投降了，李密和一萬多人騎馬奔向洛口。

王世充在夜裡包圍了偃師。鄭頲守衛偃師，他的部下翻過城牆，讓王世充入城。當初，王世充的家屬在江都，隨宇文化及到達滑臺，又跟隨王軌進入李密軍營中。李密把他們留在偃師，想以此招引王世充。等到偃師被攻破，王世充找到了他的兄長王世偉、兒子王玄應、王虔恕、王瓊等人，又抓獲了李密的將佐裴仁基、鄭頲、祖君彥等幾十人。王世充於是整頓軍隊向洛口進發，獲得邴元真的妻子兒女、鄭虔象的母親以及李密諸將的子弟，對他們都進行安撫寬慰，讓他們暗中招引還在李密軍中的父兄親人。

當初，邴元真擔任縣吏，犯有貪汙罪而出奔逃命，跟隨翟讓到了瓦崗。翟讓因為他曾經當過縣吏，讓他掌管軍中文書。等到李密設置幕府，精心挑選當時彥俊之士，翟讓推薦邴元真為長史，李密不得已，任用了他，行軍謀劃，未曾參與。李密西進抵抗王世充時，留下邴元真守衛洛口的糧倉。邴元真性情貪婪卑鄙，宇文溫對李密說：「不殺邴元真，必然成為你的禍患。」李密沒有回應。邴元真知道了此事，陰謀背叛李密。楊慶聽說了，向李密告密，李密本來就對邴元真懷疑。到這時，李密將要進入洛口城，邴元真已經派人暗中引來王世充的軍隊了。李密知道了而沒有行動，乘機和眾人謀劃，等到王世充的軍隊在洛水行至半途時，然後攻擊對方。王世充軍隊到了洛水，李密的偵察騎兵沒有及時發現，等到將要出擊時，王世充的軍隊已經全部渡過了洛水。單雄信等人又部署自己的軍隊自守。李密自己估計支撐不住，便率領部下輕騎兵奔往虎牢，邴元真於是拿洛口城投降了王世充。

當初，單雄信驍勇敏捷，善於馬上使用長槍，名冠諸軍，軍中號稱他為「飛將」。房彥藻認為單雄信來去輕率，勸李密除掉他。李密愛惜單雄信的才能，不忍心下手。等到李密這次失利，單雄信便率領他所轄部眾投降了王世充。

李密將要去黎陽，有人說：「殺翟讓的時候，徐世勣幾乎被殺死，現在失利了，到他那裡，怎麼能保險呢！」當時王伯當丟棄了金墉城據守河陽，李密從虎牢回到河陽，召集諸將共同商議。李密想南面以黃河為險阻，北面守住太行山，東面聯合黎陽，再設法進取。眾將都說：「現在軍隊剛剛失利，人心危懼，如果再作停留，恐怕用不了幾天人就叛逃光了。再者，人心不願意如此，事情難以成功。」李密說：「孤所依靠的就是大家，大家既然不願意，孤的路就走到頭了！」打算自刎來向眾人謝罪。王伯當抱住李密號啕大哭而昏厥，大家也都悲傷哭泣。李密又說：「諸位幸而不拋棄我，應當一起歸附關中，密雖然自身沒有功勞，諸位必能保有富貴。」府掾柳燮說：「明公和唐公是同一宗族，加上過去的友好關係，雖然沒有陪同唐公起兵，但是阻截東都，切斷隋軍的歸路，使唐公不用作戰就佔據了長安，這也是明公的功勞。」大家都說：「的確是這樣。」李密又對王伯當說：「將軍的家室龐大，難道還與孤一起走嗎？」王伯當說：「過去蕭何率領全部子弟隨從漢王，伯當恨不得兄弟們全都相隨，怎麼能因為明公今天的失利就輕易離去呢！即使分屍原野，也心甘情願！」李密身邊的人無不感動，跟隨李密入關的共有二萬人。在這時，李密的將帥、州縣大多投降了隋朝。朱粲也派使者向隋朝投降，皇泰主任命朱粲為楚王。

甲寅❶，秦州❷總管❸竇軌擊薛仁果，不利。驃騎將軍劉感鎮涇州，仁果圍之。城中糧盡，感殺所乘馬以分將士。感一無所噉❹，唯煑馬骨取汁和木屑食之，城垂陷❺者數矣。會長平王叔良❻將士❼至涇州，仁果乃揚言食盡，引兵南去。乙卯❽，又遣高墌⑨人偽以城降。叔良遣感帥眾赴之。己未⑩，至城下，扣門⑪[1]，城中人曰：「賊已去，可踰城入。」感命燒其門，城上下水灌之。感知其詐，遣步兵先還，自帥精兵為殿⑫。俄而城上舉三烽⑬，仁果兵自南原⑭大下，戰於百里細川⑮，唐軍大敗，感為仁果所擒。仁果復圍涇州，令感語城中云：「援軍已敗，不如早降。」感許之，至城下，大呼曰：「逆賊飢餒⑯，亡在旦夕。秦王帥數十萬眾，四面俱集，城中勿憂，勉之！」仁果怒，執感，於城旁埋之至膝，馳騎射之⑰，至死，聲色逾厲。叔良嬰城⑱固守，僅能自全。感，豐生⑲之孫也。

庚申⑳，隴州㉑刺史陝人常達擊薛仁果於宜祿川㉒，斬首千餘級。○上遣從子㉓襄武公琛、太常卿㉔鄭元璹以女妓遺突厥[2]始畢可汗㉕。壬戌㉖，始畢復遣骨咄祿特勒㉗來。

癸亥㉘，白馬㉙道士傅仁均㉚造戊寅曆㉛成，奏上，行之。

薛仁果屢攻常達㉜，不能克，乃遣其將仵士政以數百人詐降，達厚撫之。乙丑㉝，士政伺隙以其徒劫達，擁㉞城中二千人降於仁果。達見仁果，詞色不屈，仁果壯而釋之㉟。奴賊帥張貴謂達曰：「汝識我乎？」達曰：「汝逃死奴賊耳！」貴怒，欲殺之，人救之，得免。

辛未㊱，追諡隋太上皇為煬帝。

宇文化及至魏縣㊲，張愷㊳等謀去之，事覺，化及殺之。腹心稍盡㊴，兵勢日蹙㊵，兄弟更無他計，但相聚酣宴，奏女樂。化及醉，尤㊶智及㊷曰：「我初不知，由汝為計，強來立我。今所向無成，士馬日散，負弒君之名，天下所不容。今者滅族，豈不由汝乎！」持㊸其兩子而泣。智及怒曰：「事捷之日，初不賜尤，及其將敗，乃欲歸罪，何不殺我以降竇建德！」數相鬭鬩㊹，言無長幼，醒而復飲，以此為恆㊺。其眾多亡，化及自知必敗，歎曰：「人生固當死，豈不㊻一日為帝乎！」於是鴆殺㊼秦王浩㊽，即皇帝位於魏縣，國號許㊾，改元天壽，署置百官。

【章旨】以上為第三段，寫唐高祖遣兵爭隴右，宇文化及窮途末路稱帝。

【注釋】❶甲寅　九月十二日。❷秦州　州名，治所在今甘肅天水市。❸總管　官名，督軍之官，即地方軍政長官，隋及唐初在各州設總管，邊鎮或大州設大總管。鎮守一方者，謂之某州總管，出任征討者，則稱某道行軍總管。❹噉　吃。❺垂陷　將陷。❻長平王叔良　(？—西元六二一年)唐高祖從父弟。武德元年拜刑部侍郎，進爵為王。率軍禦薛舉，遭伏擊，敗績。武德四年在抵禦突厥入侵時戰死。傳見《舊唐書》卷六十、《新唐書》卷七十八。❼將士　胡三省注云：「『士』，當作『兵』。」❽乙卯　九月十三日。❾高墌　高墌城，在今陝西長武西北。❿己未　九月十七日。⓫扣門　敲打城門。⓬殿　行軍走在最後的。⓭舉三烽　烽為烽火，古代用以報警。舉三烽，表示至為緊急。⓮南原　城南高原之地。古代陝西境內多以原為名。⓯百里細川　百里，即今甘肅靈臺西南百里鎮。細川，即今甘肅涇川縣、靈臺一帶平川。⓰飢餒　飢餓。⓱馳騎射之　騎馬飛馳射擊劉感。⓲嬰城　環城。⓳豐生　即劉豐(？—西元五四九年)，字豐生，北齊將領。傳見《北齊書》卷二十七。⑳庚申　九月十八日。㉑隴州　州名，治所在今陝西隴縣。㉒宜祿川　在邠州與涇州之間。㉓從子　姪子，即從父的兒子。㉔太常卿　官名，為九卿之一，掌宗廟禮儀，兼掌選試博士。㉕始畢可汗　（？—西元六一九年）東突厥可汗，名咄吉世。傳見《舊唐書》卷一百九十四上、《新唐書》卷二百十五上。㉖壬戌　九月二十日。㉗骨咄祿特勒　（？—西元六九一年）一作骨篤祿，東突厥可汗，唐高宗、中宗時，屢擾并、嵐、媯等州。傳見《舊唐書》卷一百九十四上、《新唐書》卷二百十五上。㉘癸亥　九月二十一日。㉙白馬　縣名，縣治在今河南滑縣。㉚傅仁均　滑州白馬（今河南滑縣）人，唐初曆法家。傳見《舊唐書》卷七十九、《新唐書》卷二百四。㉛戊寅曆　唐朝建國，歲在戊寅，故以名曆。㉜常達　陝州（今河南陝縣）人，拜隴州刺史。傳見《舊唐書》卷一百八十七、《新唐書》卷一百九十一。㉝乙丑　九月二十三日。㉞擁　聚集。㉟壯而釋之　稱讚其勇敢而釋放他。㊱辛未　九月二十九日。㊲魏縣　縣名，縣治在今河北大名西南。㊳張愷　宇文化及弒煬帝的同黨，被化及所殺。事跡見《隋書》卷八十五〈宇文化及傳〉。㊴腹心稍盡　心腹之人漸被除盡。㊵日蹙　日益緊迫；日益吃緊。㊶尤　責怨；歸咎。㊷智及　即宇文智及，宇文化及弟。傳見《隋書》卷八十五。㊸持　拉著。㊹鬪鬩　爭鬥；爭吵。㊺以此為恆　以此為常事。㊻豈不　何不；難道不。㊼鴆殺　用毒酒殺害。㊽秦王浩　即楊浩（？—西元六一八年），隋文帝第三子秦孝王楊俊之子。宇文化及弒煬帝，立浩為帝。後被宇文化及所殺。傳見《隋書》卷四十五。㊾國號許　宇文化及襲封許公，因以為國號。

【校　記】①扣門　原無「門」字。據章鈺校，十二行本、乙十一行本、孔天胤本皆有「門」字，張敦仁《通鑑刊本識誤》、張瑛《通鑑校勘記》同，今據補。②突厥　此二字原無。據章鈺校，十二行本、乙十一行本、孔天胤本皆有此二字，張敦仁《通鑑刊本識誤》、張瑛《通鑑校勘記》同，今據補。

【語　譯】九月十二日甲寅，唐秦州總管竇軌進攻薛仁果，作戰不利。唐驃騎將軍劉感鎮守涇州，薛仁果包圍了他。涇州城中糧食沒有了，劉感殺了坐騎把馬肉分給將士。自己一點也不吃，只用煮馬骨頭的湯拌著木屑吃，涇州城數次瀕臨陷落。適逢唐長平王李叔良率兵來到涇州，薛仁果就揚言糧食吃光了，帶兵南去。十三日乙卯，薛仁果又派高墌人假裝以城池投降。李叔良派遣劉感率部下前往高墌。十七日己未，劉感來到高墌城下，敲城門，城裡的人說：「賊軍已經離開，你們可以翻過城牆進城。」劉感下令火燒高墌城門，城上的人從上往下澆水滅火。劉感知道高墌人是假裝投降，讓步兵先返回，自己帶領精兵殿後。不一會兒，城上舉起三處烽火，薛仁果的軍隊從南原大量衝過來，雙方在百里細川交戰，唐軍大敗，劉感被薛仁果俘獲。薛仁果又包圍了涇州，命令劉感告訴城中人說：「援軍已經戰敗，不如盡早投降。」劉感答應了薛仁果，到了城下，大聲呼喊說：「叛賊飢餓，滅亡就在旦夕。秦王率領數十萬軍隊，從四面八方一起聚集，城裡的人不要擔心，努力啊！」薛仁果大怒，捉住劉感，在城旁把劉感活埋到膝蓋，騎馬奔馳，射擊劉感，一直到死，劉感的喊聲更高，臉色更為壯烈。李叔良環城固守，僅能保住城池。劉感，是劉豐生的孫子。

九月十八日庚申，唐隴州刺史陝人常達在宜祿川攻擊薛仁果，斬首一千多級。○唐高祖派他的姪子襄武公李琛、太常卿鄭元璹把舞女歌伎送給突厥始畢可汗。二十日壬戌，始畢又派遣骨咄祿特勒來唐。

九月二十一日癸亥，白馬縣的道士傅仁均編成《戊寅曆》，奏呈朝廷，朝廷頒行《戊寅曆》。

薛仁果多次進攻常達，沒有攻克，於是派他的將領仵士政帶領幾百人詐降，常達優厚地撫慰仵士政。九月二十三日乙丑，仵士政伺機帶領他的部下劫持了常達，聚集城中的二千人投降薛仁果。常達見到薛仁果，言辭臉色都不屈服，薛仁果認為他豪壯，釋放了常達。原為常達奴僕的張貴此時當了薛仁果的將領，他對常達說：「你還認識我嗎？」常達說：「你是逃跑的該死的奴才盜賊而已！」張貴大怒，打算殺了常達，有人救下他，得以免死。

九月二十九日辛未，唐高祖為隋太上皇追加諡號為煬帝。

宇文化及到了魏縣，張愷等人謀劃離開他，事情被發覺，宇文化及殺了張愷等人。宇文化及的心腹逐漸沒了，兵力日益吃緊，宇文化及兄弟再無其他計策，只是相聚暢飲，演奏歌舞。宇文化及喝醉後，埋怨宇文智及說：「我當初不瞭解情況，由你決定了大計，強行立我為首。如今四向征戰一事無成，兵馬日益逃散，背負弒君的名聲，為天下所不容。如今誅滅全族，難道不是因為你嗎！」拉著兩個兒子哭泣。宇文智及生氣地說：「事情成功的時候，最初也不責怪我，等到即將失敗，才想歸罪於我，何不殺了我投降竇建德！」二人一再相互爭鬥，說話全無長幼，酒醒了再飲酒，以此為常事。宇文化及的部下大多逃跑，他自知必定失敗，歎息說：「人生本來是要死的，難道不當一天皇帝嗎！」於是用毒酒害死秦王楊浩，自己在魏縣即皇帝位，國號為許，改年號為天壽，設置百官。

冬，十月壬申朔❶，日有食之。○戊寅❷，宴突厥骨咄祿，引骨咄祿升御坐以寵之。

李密將至，上遣使迎勞，相望於道❸。密大喜，謂其徒❹曰：「我擁眾百萬，一朝解甲❺歸唐，山東連城❻數百，知我在此，遣使招之，亦當盡至。比於竇融❼，功亦不細❽，豈不以一台司❾見處❿乎！」己卯⓫，至長安，有司供待稍薄，所部兵累日⓬不得食，眾心頗怨。既而以密為光祿卿⓭、上柱國⓮，賜爵邢國公⓯。密既不滿望⓰，朝臣又多輕之，執政者或來求賄⓱，意甚不平。獨上親禮之，常呼為弟，以舅子⓲獨孤氏妻之。

庚辰⓳，詔右翊衛大將軍⓴淮安王神通為山東道安撫大使㉑，山東諸軍並受節度，以黃門侍郎崔民幹㉒為副。

鄧州㉓刺史呂子臧㉔與撫慰使馬元規㉕擊朱粲，破之。子臧言於元規曰：「粲新敗，上下危懼，請併力擊之，一舉可滅。若復遷延㉖，其徒稍集，力彊食盡，致死於我，為患方深。」元規不從。子臧請獨以所部兵擊之，元規不許。既而粲收集餘眾，兵復大振，自稱楚帝於冠軍㉗，改元昌達，進攻鄧州。子臧撫膺㉘謂元規曰：「老夫今坐公死矣㉙！」粲圍南陽，會霖雨城壞㉚，所親㉛勸子臧降。子臧曰：「安有天子方伯㉜降賊者乎！」帥麾下赴敵而死㉝。俄而城陷，元規亦死。

癸未㉞，王世充收李密美人、珍寶及將卒十餘萬人還東都，陳於闕㉟下。乙酉㊱，皇泰王大赦。丙戌㊲，以世充為太尉、尚書令、總督[1]內外諸軍事，仍使之開太尉府，備置官屬，妙選人物。世充以裴仁基父子驍勇，深禮之。徐文遠㊳復入東都，見世充，必先拜。或問曰：「君倨㊴見李密而敬王公，何也？」文遠曰：「魏公，君子也，能容賢士。王公，小人也，能殺故人㊵，吾何敢不拜！」

李密總管李育德㊶以武陟㊷來降，拜陟州㊸刺史。育德，諤㊹之孫也。其餘將佐劉德威㊺、賈閏甫㊻、高季輔㊼等，或以城邑，或帥眾，相繼來降。

初，北海㊽賊帥綦公順㊾帥其徒三萬攻郡城，已克其外郭㊿，進攻子城(51)。城中食盡，公順自謂克在旦夕，不為備。明經(52)劉蘭成(53)糾合城中驍健百餘人襲擊之，城中見兵繼之(54)，公順大敗，棄營走，郡城獲全。於是郡官及望族分城中民為六軍，各將之，蘭成亦將一軍。有宋書佐(55)者，離間諸軍曰：「蘭成得眾心，必為諸人不利，不如殺之。」眾不忍殺，但奪其兵(56)以授宋書佐。蘭成恐終及禍，亡奔公順。公順軍中喜譟[57]，欲奉以為主，固辭，乃以為長史[58]，軍事咸聽焉。居五十餘日，蘭成簡軍中驍健者百五十人，往抄[59]北海。距城四十里，留十人，使多芟草[60]，分為百餘積[61]。二十里，又留二十人，各執大旗。五六里，又留三十人，伏險要。蘭成自將十人，夜，距城一里許潛伏。餘八十人分置便處[62]，約聞鼓聲即抄取人畜亟[63]去，仍一時[64]焚積草。明晨，城中遠望無煙塵，皆出樵牧[65]。日向中[66]，蘭成以十人直抵城門，城上鉦[67]鼓亂發，伏兵四出，抄掠雜畜千餘頭[2]及樵牧者而去。蘭成度抄者已遠，徐步而還。城中雖出兵，恐有伏兵，不敢急追。又見前有旌旗、煙火，遂不敢進而還。既而城中知蘭成前者[68]眾少，悔不窮追。居月餘，蘭成謀取郡城，更以二十人直抵城門。城中人競出逐之，行未十里，公順將大兵總至。郡兵奔馳還城，公順進兵圍之。蘭成一言招諭[69]，城中人爭出降。蘭成撫存老幼，禮遇郡官，見宋書佐，亦禮之如舊，仍資送出境，內外安堵[70]。

時海陵[71]賊帥臧君相聞公順據北海，帥其眾五萬來爭之。公順眾少，聞之大懼。蘭成為公順畫策曰：「君相今去此尚遠，必不為備，請將軍倍道[72]襲擊其營。」公順從之，自將驍勇五千人，齎[73]熟食，倍道襲之。將至，蘭成與敢死士二十人前行，距君相營五十里，見其抄者負擔[74]向營，蘭成亦與其徒負擔蔬米、燒器[75]，詐為抄者，擇空而行聽察[76]，得其號[77]及主將姓名。至暮，與賊比肩而入，負擔巡營，知其虛實，得其更號[78]。乃於空地燃火營食，至三鼓，忽於主將幕前交刀亂下，殺百餘人，賊眾驚擾。公順兵亦至，急攻之，君相僅以身免，俘斬數千，收其資糧甲仗以還，由是公順黨眾大盛[79]。及[80]李密據洛口，公順以眾附之。密敗，亦來降。

隋末羣盜起，冠軍司兵[81]李襲譽[82]說[83]西京[84]留守[85]陰世師[86]遣兵據永豐倉[87]，發粟以賑貧乏，出庫物賞戰士，移檄[88]郡縣，同心討賊。世師不能用[89]。乃求募兵山南[90]，世師許之。上克長安，自漢中[91]召還，為太府少卿[92]。乙未[93]，附襲譽籍於宗正[94]。襲譽，襲志[95]之弟也。

【章　旨】以上為第四段，寫李密及其部眾紛紛降唐，唐王朝力量大增。

【注　釋】❶壬申朔　十月初一。❷戊寅　十月初七。❸相望於道　絡繹於道途中。❹其徒　指李密的部眾。❺解甲　脫去鎧甲而不事武職。❻連城　每邑一城，故連城即連邑。❼竇融　（西元前一六—西元六二年）東漢初將領，字周公，扶風平陵（今陝西咸陽西北）人，累世為河西官吏。竇融以河西歸漢光武帝。傳見《後漢書》卷二十三。❽細　小。❾台司　台，通「臺」。唐代尚書省為中臺，門下省為東臺，中書省為西臺，總稱臺省。臺司即指這三省之長官令卿而言。❿見處　見為助詞，處即處置、安排。此指待遇。⓫己卯　十月初八。⓬累日　數日。⓭光祿卿　官名，專掌皇室祭品、膳食及招待酒宴之官。⓮上柱國　官名，唐宋以上柱國為武官勳級中的最高級，柱國次之。歷代沿用。⓯國公　封爵名，古代五等爵中有公，位第一。隋之國公，位次郡王而在郡公之上。其後歷代相沿。⓰不滿望　未完全達到希望。⓱求賄　求索財貨。⓲舅子　子，古代兼指男女而言。此處為舅父之女。⑲庚辰　十月初九。⑳翊衛大將軍　官名，唐代十六衛皆領府兵，府兵分內府與外府。翊衛大將軍為內府中最高將領。㉑安撫大使　官名，隋仁壽四年（西元六〇四年）置安撫大使，由行軍主帥兼任。唐前期派大臣巡視遭受戰爭或災害地區，以安定社會秩序，稱安撫大使或安撫使。㉒崔民幹　又名崔幹，唐初大臣。事跡見《舊唐書》卷六十五〈高士廉傳〉。㉓鄧州　州名，治所在今河南鄧州。㉔呂子臧　（？—西元六一八年）蒲州（今山西永濟西南蒲州鎮）人，仕隋，後歸唐，拜鄧州刺史。傳見《舊唐書》卷一百八十七、《新唐書》卷一百九十一。㉕馬元規　（？—西元六一八年）安陸（今湖北安陸）人，隋末從李淵征戰。武德元年與呂子臧共擊朱粲，被朱粲所殺。傳見《新唐書》卷一百九十一。㉖遷延　拖延。㉗冠軍　縣名，縣治在今河南鄧州西北。㉘撫膺　撫胸。㉙坐公死矣　因你而死了。㉚會霖雨城壞　碰巧下大雨，城牆毀壞。㉛所親　親近的人。㉜方伯　謂諸侯或主政一方的高官。㉝赴敵而死　衝向敵人戰死。㉞癸未　十月十二日。㉟闕　皇宮正門兩邊對稱的闕樓。㊱乙酉　十月十四日。㊲丙戌　十月十五日。㊳徐文遠　名曠，字文遠，洛州偃師（今河南偃師）人，唐高祖授國子博士，封東莞縣男。傳見《舊唐書》卷一百八十九上、《新唐書》卷一百九十八。㊴倨　驕傲；傲慢。㊵故人　故舊；老朋友。㊶李育德　趙州（今河北趙縣）人，隋末地方豪富。降唐後，拜陟州刺史。後被王世充所殺。傳見《新唐書》卷一百九十一。㊷武陟　縣名，縣治在今河南武陟南。㊸陟州　州名，治所在今河南獲嘉。㊹諤　即李諤，隋朝治書侍御史。傳見《隋書》卷六十六。㊺劉德威　（西元五八二—六五二年）初仕隋，降唐後官至刑部尚書。傳見《舊唐書》卷七十七、《新唐書》卷一百六。㊻賈閏甫　李密部屬，任司倉。㊼高季輔　（西元五九五—六五三年）名馮，字季輔，蓨縣（今河北景縣）人，隨李密降唐，先後拜監察御史、中書舍人、吏部尚書、侍中。傳見《舊唐書》卷七十八、《新唐書》卷一百四。㊽北海　郡名，治所在今山東青州。㊾綦公順　隋末群雄之一，據青、萊起兵，後歸李密，武德二年降唐。㊿郭　古代在城的外圍加築的一道城牆。(51)子城　即內城。(52)明經　隋煬帝置明經進士二科以取士，以經義取者為明經。(53)劉蘭成　隋末北海郡人，從綦公順、李密。李密敗，降於唐。(54)見兵繼之　現有的士兵繼踵其後。見，通「現」。(55)宋書佐　謂姓宋的書佐。書佐，官名，煬帝改郡諸曹參軍為書佐。(56)奪其兵　奪取了劉蘭成的兵眾。(57)喜譟　因歡喜而大聲呼叫。(58)長史　官名，歷代職掌不同。此指負責軍事之官。(59)抄　掠奪。(60)芟草　割草。(61)積　堆。(62)分置便處　分別布置在方便的地方。(63)亟　急迫地。(64)一時　同時。(65)樵牧　打柴放牧。(66)日向中　接近中午。(67)鉦　古代行軍時用的打擊樂器，有柄，形狀像鐘，但比鐘狹而長，用銅製成。(68)前者　前次。(69)招諭　招誘告諭。(70)安堵　安居。(71)海陵　縣名，縣治在今江蘇泰州。(72)倍道　晝夜兼程。(73)齎　帶著。(74)負擔　背著、挑著。(75)燒器　炊具鍋釜之類。(76)擇空而行聽察　尋找空隙前行打聽觀察。(77)號　軍號；暗號。78更號 持更信號。79大盛 大為強盛。80及 等到。81冠軍司兵 官名，即冠軍府司兵，從六品。82李襲譽 唐初大臣，字茂實，狄道（今甘肅臨洮）人。傳見《舊唐書》卷五十九、《新唐書》卷九十一。83說 勸說；說服。84西京 隋煬帝建洛陽為東京，因稱長安為西京。85留守 官名，古代帝王巡幸、出征時，以親王或重臣鎮守京師，處理政務，稱京城留守。86陰世師（?—西元六一七年） 武威（今甘肅武威）人，煬帝時為左翊衛將軍。與代王留守京師，城陷被殺。事跡散見《舊唐書・高祖紀》等處。87永豐倉 隋大業初以廣通倉改名，在今陝西華陰東北渭河入黃河口處。88移檄 用公文通令。移，傳。檄，官文書之通稱。89世師不能用 陰世師對李襲譽的建議不加採納。90山南 道名，山南道為唐初十道之一。91漢中 秦漢時郡名，隋改為梁州，又改為漢川郡。唐武德元年改為褒州。治所在今陝西漢中。92太府少卿 官名，太府寺副長官，從四品，掌庫藏財物。93乙未 十月二十四日。94附襲譽籍於宗正 李襲譽之先輩，亦出於隴西，與李唐祖先籍貫相同，故附之屬籍表示親重。宗正，官名，是王室親族事務機關的長官。唐以其機構為宗正寺，掌天子族親屬籍。95襲志 唐初大臣，李襲譽之兄。字重光，隴西狄道（今甘肅臨洮）人。傳見《舊唐書》卷五十九、《新唐書》卷九十一。

【校記】1總督 此二字原脫。據章鈺校，十二行本、乙十一行本、孔天胤本皆有「總督」二字，張敦仁《通鑑刊本識誤》、張瑛《通鑑校勘記》同，今據補。胡三省注認為當有「總督」二字。2千餘頭 「千」字原誤作「十」。據章鈺校，十二行本、乙十一行本、孔天胤本皆作「千」，當是，今據校正。

【語譯】冬，十月初一日壬申，發生日蝕。〇初七日戊寅，唐高祖宴請突厥骨咄祿，帶著骨咄祿登上皇帝的寶座表示恩寵。

李密即將到達長安，唐高祖派遣使者迎接慰問，在路上前後相望。李密大為高興，對他的部下說：「我擁有部眾百萬，一朝脫下盔甲歸順唐朝，崤山以東相互連接的城邑幾百座，知道我在這裡，派遣使者召喚他們，也應當全部前來歸順。這與竇融相比，功勞也不比他小，難道不用一個臺省的長官職位來安置我嗎！」十月初八日己卯，李密到了長安，有關官衙對他的招待供應逐漸減少，李密所轄士兵數日沒有飯吃，大家心裡頗多怨氣。不久任命李密為光祿卿、上柱國，賜爵為邢國公。李密既沒有完全達到原來的期望，朝廷大臣們又大多輕視他，有掌權的人向李密索取財貨，李密內心大為不平。唯有唐高祖對他表示親熱和禮遇，經常稱他為弟，把舅舅的女兒獨孤氏嫁給他為妻。

十月初九日庚辰，唐高祖下詔任命右翊衛大將軍淮安王李神通為山東道安撫大使，山東各路軍隊都受他的指揮，任命黃門侍郎崔民幹做他的副使。

鄧州刺史呂子臧和撫慰使馬元規攻打朱粲，打敗了朱粲。呂子臧對馬元規說：「朱粲剛剛戰敗，上上下下感到危險而恐懼，請合兵攻擊他，可一舉消滅他。如果又拖延下去，他的部隊逐漸聚集，軍力強大，糧食吃光，向我們拚死作戰，就會成為大患。」馬元規不肯聽從。呂子臧要求讓他獨自率領自己的部隊攻打朱粲，馬元規不同意。不久，朱粲收攏他的餘部，兵力再次大為振作，在冠軍縣自稱楚帝，改年號為昌達，進攻鄧州。呂子臧捶著胸口對馬元規說：「老夫我今天要因為你而死了！」朱粲圍攻南陽，適逢連綿大雨沖毀了城牆，親信都勸呂子臧投降。呂子臧說：「哪有天子的方伯會向叛賊投降的！」便率領部下衝向敵人而死。城池很快陷落，馬元規也死了。

十月十二日癸未，王世充收羅了李密的美女、珍寶及其將卒十幾萬人返回東都，排列在宮闕之下。十四日乙酉，皇泰主宣布大赦。十五日丙戌，任命王世充為太尉、尚書令、總督內外諸軍事，仍讓他設置太尉府，全面設置各種官屬，精選人才。王世充認為裴仁基父子驍勇，深為禮遇。徐文遠又進入東都，見到王世充，必定先行拜見禮。有人問他說：「您見李密時很傲慢，卻這樣尊敬王公，是為什麼？」徐文遠說：「魏公李密，是君子，能夠容納賢士。王公，是小人，能殺故舊，我哪裡敢不行拜禮！」

李密的總管李育德率武陟前來唐朝投降，朝廷封他為陟州刺史。李育德，是李諤的孫子。李密的其他的將領劉德威、賈閏甫、高季輔等人，有的率城邑，有的率部眾，相繼前來唐朝投降。

當初，北海郡的叛軍首領綦公順率領他的部眾三萬人進攻郡城，已經攻陷郡城的外城，進攻內城。城中糧食沒有了，綦公順自認為早晚之間就能攻下內城，因此不作防備。明經劉蘭成集合了城中驍勇強健的士兵一百多人偷襲綦公順，城中現有的士兵跟在後面一同進攻，綦公順大敗，放棄營地逃走，郡城得以保全。於是郡裡的官員和大族把城裡的百姓分編為六軍，各自統領一軍，劉蘭成也率領一軍。有個姓宋的書佐，在各軍之間挑撥離間說：「劉蘭成得軍心，必定對諸位不利，不如殺了他。」大家不忍心殺害劉蘭成，只是奪取了他的兵眾給與宋書佐。劉蘭成擔心最終遭遇禍患，就逃跑投奔綦公順。綦公順的軍中歡喜喧譟，想擁戴劉蘭成為首領，劉蘭成堅決推辭，於是綦公順任命他為長史，軍事行動全都聽從劉蘭成指揮。過了五十多天，劉蘭成挑選軍中驍勇健壯的士兵一百五十人，前往北海郡城搶掠。離城四十里，留下十人，讓他們多割草，分成一百多堆。離城二十里，又留下二十人，讓各自舉一面大旗。離城五六里，又留下三十人，埋伏在險要的地方。劉蘭成自己帶領十個人，夜裡，在離城一里左右的地方潛伏。其餘八十人分別布置在方便之處，約定聽到鼓聲立即搶奪人員牲畜趕快離去，並且同時點燃草堆。第二天清晨，城中遠遠望去沒有兵馬行動帶起的煙塵，於是全都出城砍柴放牧。接近中午時，劉蘭成率領十人直接抵達城門，城上銅鉦戰鼓匆忙亂敲，劉蘭成的伏兵四處出擊，抄掠各種牲畜一千多頭，以及砍柴放牧的人，然後撤走了。劉蘭成估計搶劫牲畜與人口的人已經走遠，這才不慌不忙地往回退。城裡雖然出兵，但是怕有伏兵，不敢急追。又看到前方有旌旗、煙火，於是不敢前進而返回城中。不久城裡知道劉蘭成前來的人很少，後悔沒有追擊到底。過了一個多月，劉蘭成謀劃攻取北海郡城，改而率領二十人直接抵達城門，城裡的人競相出城追逐，走了不到十里，綦公順率領大軍一齊來到。郡裡的軍隊奔馳回城，綦公順進軍包圍了郡城。劉蘭成說了一句勸諭的話，城裡的人就爭相出城投降。劉蘭成存撫老幼，對郡裡的官員以禮相待，見到宋書佐，還像過去一樣以禮相待，還給予費用，送他出境，北海郡內外平安無事。

當時海陵叛軍首領臧君相聽說綦公順佔領了北海，率領他的部眾五萬人前來爭奪郡城。綦公順的兵少，聽到消息大為恐懼。劉蘭成為綦公順出謀劃策說：「臧君相現在離這裡還遠，一定不作防備，請將軍兼程行軍襲擊他的軍營。」綦公順聽從了他的建議，親自帶領驍勇的士兵五千人，攜帶著熟食，日夜兼程前去襲擊臧君相。即將到達時，劉蘭成和二十名敢死兵士在前面行進，距離臧君相營地五十里時，看到臧君相部下抄掠的人肩挑背扛著物品向營地走去，劉蘭成也和他的部眾背負著蔬菜糧食、炊具，偽裝成外出抄掠的人，找空隙前行以偷聽偵察，得知了敵軍的口令暗號以及主將的姓名。到了傍晚，就與對方的士兵並肩進入營地，背負著東西在營內巡視，瞭解了敵營的虛實，得到了他們的持更信號。於是在空地點火紮營吃飯，到了三更，忽然在主將帳前揮刀亂砍，殺了一百多人，敵軍驚擾。綦公順的部隊這時也到達了，發動急攻，臧君相僅僅單身逃脫。綦公順的部隊俘虜加上殺死的敵人有幾千人，繳獲了臧君相的物資糧食盔甲兵器後返回，從此綦公順的部隊大為強盛。等到李密佔據洛口，綦公順率部下歸附了李密。李密失敗後，也來向唐降附。

隋朝末年成群盜賊四起，冠軍司兵李襲譽勸說西京留守陰世師派兵佔據永豐倉，發放糧食救濟貧困百姓，拿出府庫裡的物品賞給士兵，傳檄各郡縣，一起討伐叛賊。陰世師不能採納，於是李襲譽請求在山南召募士兵，陰世師答應了他。唐高祖攻陷長安，從漢中召李襲譽返回長安，任命他為太府少卿。十月二十四日乙未，把李襲譽的族籍列於宗正。李襲譽，是李襲志的弟弟。

丙申❶，朱粲寇淅州❷，遣太常卿鄭元璹❸帥步騎一萬擊之。○是月，納言竇抗❹罷為左武候大將軍❺。

十一月乙巳❻，涼王李軌❼即皇帝位，改元安樂。○戊申❽，王軌以滑州來降。

薛仁果之為太子也，與諸將多有隙，及即位，眾心猜懼。郝瑗❾哭舉得疾，遂不起，由是國勢浸弱❿。秦王世民至高墌，仁果使宗羅睺⓫將兵拒之。羅睺數挑戰，世民堅壁不出。諸將咸請戰，世民曰：「我軍新敗，士氣沮喪，賊恃勝而驕，有輕我心，宜閉壘以待之。彼驕我奮⓬，可一戰而克也。」乃令軍中曰：「敢言戰者斬！」相持六十餘日，仁果糧盡，其將梁胡郎等帥所部來降。世民知仁果將士離心，命行軍總管⑬梁實營於淺水原以誘之。羅睺大喜，盡銳⑭攻之。梁實守險不出，營中無水，人馬不飲者數日。羅睺攻之甚急。世民度賊已疲，謂諸將曰：「可以戰矣！」遲明⑮，使右武候大將軍龐玉陳於淺水原。羅睺併兵擊之，玉戰，幾不能支，世民引大軍自原北出其不意，羅睺引兵還戰。世民帥驍騎數十先陷陳，唐兵表裏⑯奮擊，呼聲動地，羅睺士卒大潰，斬首數千級。世民帥二千餘騎追之，竇軌叩馬⑰苦諫曰：「仁果猶據堅城，雖破羅睺，未可輕進，請且按兵⑱以觀之。」世民曰：「吾慮之久矣，破竹之勢，不可失也，舅勿復言！」遂進。仁果陳於城下，世民據涇水⑲臨之。仁果驍將渾幹等數人臨陳來降。仁果懼，引兵入城拒守。日向暮，大軍繼至，遂圍之。夜半，守城者爭自投下⑳。仁果計窮，己酉㉑，出降，得其精兵萬餘人，男女五萬口。

諸將皆賀，因問曰：「大王一戰而勝，遽捨㉒步兵，又無攻具，輕騎直造㉓城下，眾皆以為不克，而卒取之，何也？」世民曰：「羅睺所將皆隴外㉔之人，將驍卒悍，吾特出其不意而破之，斬獲不多。若緩之㉕，則皆入城，仁果撫而用之，未易克也。急之，則散歸隴外。折墌虛弱，仁果破膽，不暇㉖為謀，此吾所以克也。」眾皆悅服。世民所得降卒，悉使仁果兄弟及宗羅睺、翟長孫等將之，與之射獵，無所疑間㉗。賊畏威銜恩，皆願效死。○世民聞褚亮㉘名，求訪，獲之，禮遇甚厚，引為王府文學㉙。

上遣使謂世民曰：「薛舉父子多殺我士卒，必盡誅其黨，以謝冤魂。」李密諫曰：「薛舉虐殺無辜，此其所以亡也，陛下何怨焉！懷服之民㉚，不可不撫。」乃命戮其謀首，餘皆赦之。

上使李密迎秦王世民於豳州，密自恃智略功名，見上猶有傲色，及見世民，不覺驚服，私謂殷開山曰：「真英主也。不如是，何以定禍亂乎！」

詔以員外散騎常侍㉛姜謩㉜為秦州刺史。謩撫以恩信㉝，盜賊悉歸首㉞，士民安之。

【章旨】以上為第五段，寫李世民平定隴右，滅薛仁果。

【注釋】❶丙申　十月二十五日。❷淅州　州名，治所在今河南淅川縣西南。❸鄭元璹（？—西元六四六年）唐初大臣，字德芳，鄭州滎澤（今河南鄭州）人。傳見《舊唐書》卷六十二、《新唐書》卷一百。❹竇抗（？—西元六二一年）唐初大臣，字道生，岐州（今陝西鳳翔）人。傳見《舊唐書》卷六十一、《新唐書》卷九十五。❺左武候大將軍　官名，隋代左右武衛、左右武候各置大將軍，為禁軍高級武官。❻乙巳　十一月初四。❼李軌（？—西元六一九年）隋末地方割據者，字處則，涼州姑臧（今甘肅武威）人。傳見《舊唐書》卷五十五、《新唐書》卷八十六。❽戊申　十一月初七。❾郝瑗　薛舉部將。事跡見《舊唐書》卷五十五、《新唐書》卷八十六〈薛舉傳〉。❿浸弱　漸弱。⓫宗羅睺　薛舉部將。事跡見兩《唐書・薛舉傳》。⓬奮　奮發。⓭行軍總管　官名，督軍之官。隋唐時在各州設總管，邊鎮或大州設大總管，鎮守一方者，謂之某州總管，出任征討者，則稱某道行軍總管。⓮盡銳　派出所有精兵。⓯遲明　黎明。⓰表裏　內外。⓱叩馬　攔馬。⓲按兵　使軍隊暫不行動，等待時機。⓳涇水　水名，發源於甘肅，流入陝西。⓴投下　於城下投降。㉑己酉　十一月初八。㉒遽捨　突然捨去。㉓造　至。㉔隴外　即隴西、隴右。㉕緩之　緩而不迫。㉖不暇　沒時間。㉗疑間　猜疑隔閡。㉘褚亮（西元五六〇—六四七年）唐初學者，字希明，原籍陽翟（今河南禹州），徙居錢塘（今浙江杭州），歷陳、隋、唐三朝。貞觀中，官至散騎常侍。傳見《舊唐書》卷七十二、《新唐書》卷一百二。㉙文學　官名，漢代於州郡及諸侯國置文學，略如後世的教官。隋唐親王府有文學。㉚懷服之民　內心歸服之民。㉛員外散騎常侍　官名，在皇帝左右規諫過失，以備顧問。㉜姜謩　上邽（今甘肅天水市）人，隋末為晉陽長，高祖引入司功參軍。及平薛仁果，擢秦州刺史。傳見《舊唐書》卷五十九、《新唐書》卷九十一。㉝恩信　恩德和誠信。㉞歸首　歸附自首。

【語　譯】十月二十五日丙申，朱粲侵犯淅州，唐派太常卿鄭元璹率領步兵、騎兵一萬人攻打朱粲。○這個月，唐納言竇抗罷免原職，改任左武候大將軍。

十一月初四日乙巳，涼王李軌登基稱帝，改年號為安樂。○初七日戊申，王軌以滑州前來降唐。

薛仁果做太子時，和各位將領多有矛盾，等到即位為皇帝，大家心中猜疑恐懼。郝瑗因薛舉去世而哭得生了病，便不能起身，因此國勢逐漸衰弱。秦王李世民到達高墌，薛仁果派宗羅睺領兵抵抗。宗羅睺多次挑戰，李世民堅守營壘不出戰。各位將領都來請戰，李世民說：「我軍剛剛戰敗，士氣沮喪，賊軍仗著得勝而驕傲，心裡輕視我軍，我們應當緊閉營壘等待時機。他們驕傲，我軍振奮，可以一仗戰勝他們。」於是命令全軍說：「有敢說作戰的斬首！」雙方相持六十多天，薛仁果糧食沒有了，他的將領梁胡郎等人率領所轄部隊前來投降。李世民知道薛仁果的將士都有叛離之心，命令行軍總管梁實在淺水原引誘薛仁果。宗羅睺大為高興，出動全部精銳攻打梁實。梁實把守險要，不出營地，營中沒有水，兵士與馬匹幾天沒有水喝。宗羅睺進攻得非常猛烈。李世民估計敵人已經疲乏，對各位將領說：「可以出戰了！」快天亮時，李世民派右武候大將軍龐玉在淺水原布陣。宗羅睺集合部隊攻擊龐玉，龐玉交戰，幾乎支持不住，李世民率領大軍出其不意出現在淺水原之北，宗羅睺帶軍回來與李世民交戰。李世民率領幾十名驍勇騎兵率先衝入敵陣，唐軍內外奮力搏鬥，呼聲動地，宗羅睺的士兵大規模崩潰，唐軍斬首幾千級。李世民率領二千多騎兵追擊宗羅睺，竇軌攔住李世民的戰馬苦苦勸諫說：「薛仁果還佔據著堅固的城池，雖然打敗了宗羅睺，但不可輕率進軍，請暫且按兵不動，觀察敵人。」李世民說：「我考慮得很久了，現在這破竹之勢，不可喪失，舅舅不要再說了！」於是向前進軍。薛仁果在城下布陣，李世民佔據涇河，與薛仁果對峙。薛仁果手下的驍將渾幹等數人臨陣前來投降。薛仁果害怕了，帶兵進城拒守。天快黑時，唐朝大軍相繼到達，於是包圍了薛仁果。半夜，守城的人爭相下城投降。薛仁果計謀已盡，十一月初八日己酉，出城投降，唐朝得到薛仁果精兵一萬多人，男女五萬人。

各位將領全都祝賀，於是問李世民說：「大王一戰就勝利了，突然捨棄了步兵，又沒有攻城的器具，輕騎兵直抵城下，大家都認為不能攻克城池，卻很快就取得此城，是什麼原因呢？」李世民說：「宗羅睺所率領的都是隴山之西的人，將領驍勇，士卒剽悍，我只是出其不意打敗他，斬殺和俘虜並不多。如果遲緩而不追擊，那麼他們都進入城內，薛仁果對他們進行撫慰，再使用他們，就不容易攻克城池了。如果急速攻擊，那麼他們逃散回到隴山之西。高墌城虛弱，薛仁果嚇破了膽，沒有時間謀劃，這就是我所以取勝的原因。」大家都心悅誠服。李世民所獲得的投降士兵，全部讓薛仁果兄弟及宗羅睺、翟長孫等人統領，和他們一起打獵，無所猜疑隔閡。敵人畏懼李世民的威嚴，又感懷受到恩德，都願意以死效勞。○李世民聽說褚亮的名聲，尋求查訪，得到了褚亮，對他的禮遇非常豐厚，用他擔任秦王府的文學。

唐高祖派遣使者對李世民說：「薛舉父子殺了我們很多士卒，一定殺光他們的同黨，以告慰死去的冤魂。」李密進諫說：「薛舉殘殺無辜，這是他所以滅亡的原因，陛下怨恨什麼呢！已經在內心順服的百姓，不能不安撫。」於是下令殺掉薛舉的主謀，其餘的人全部赦免。

唐高祖派李密在豳州迎接秦王李世民，李密自恃智略和功名，晉見唐高祖時還有傲慢的臉色，等到見了李世民，不覺十分驚歎佩服，私下對殷開山說：「真是英明的君主。如果不是這樣，怎麼能平定天下的禍亂呢！」

唐下詔任命員外散騎常侍姜謩為秦州刺史。姜謩用恩惠和誠信對秦州進行安撫，盜賊全都歸附自首，百姓安定下來。

徐世勣據李密舊境，未有所屬。魏徵隨密至長安，久不為朝廷所知[1]，乃自請安集❶山東。上以為祕書丞❷，乘傳❸至黎陽，遺❹徐世勣書，勸之早降。世勣遂決計西向，謂長史陽翟❺郭孝恪❻曰：「此民眾土地，皆魏公❼有也，吾若上表獻之，是利主之敗❽，自為功以邀富貴也，吾實恥之。今宜籍❾郡縣戶口士馬之數以啟❿魏公，使自獻之。」乃遣孝恪詣⓫長安，又運糧以餉淮安王神通。上聞世勣使者至，無表⓬，止有啟與密，甚怪之。孝恪具言⓭世勣意，上乃嘆曰：「徐世勣不背德⓮，不邀功，真純臣也！」賜姓李。以孝恪為宋州⓯刺史，使與世勣經略虎牢以東，所得州縣，委之選補⓰。

癸丑⓱，獨孤懷恩攻堯君素⓲於蒲反⓳。行軍總管趙慈景尚⓴帝女桂陽公主，為君素所擒，梟首㉑城外，以示無降意。

癸亥㉒，秦王世民至長安，斬薛仁果於市，賜常達帛三百段㉓。贈劉感㉔平原郡公㉕，諡忠壯。撲殺㉖仵士政於殿庭。以張貴尤淫暴，腰斬之。上享勞將士，因謂羣臣曰：「諸公共相翊戴㉗以成帝業，若天下承平㉘，可共保富貴。使王世充得志，公等豈有種㉙乎！如㉚薛仁果君臣，豈可不以為前鑑也！」己巳㉛，以劉文靜為戶部尚書，領陝東㉜道行臺左僕射，復殷開山爵位㉝。

李密驕貴日久，又自負㉞歸國之功，朝廷待之不副本望㉟，鬱鬱不樂。嘗遇大朝會，密為光祿卿，當進食㊱，深以為恥。退㊲，以告左武衛大將軍㊳王伯當。伯當心亦怏怏，因謂密曰：「天下事在公度內㊴耳。今東海公㊵在黎陽，襄陽公㊶在羅口㊷，河南兵馬，屈指可計㊸，豈得久如此也！」密大喜，乃獻策於上曰：「臣虛蒙榮寵，安坐京師，曾無報效。山東之眾皆臣故時麾下，請往收而撫之。憑藉國威，取王世充如拾地芥㊹耳！」上聞密故將士多不附世充，亦欲遣密往收之。羣臣多諫曰：「李密狡猾好反，今遣之，如投魚於泉，放虎於山，必不反㊺矣！」上曰：「帝王自有天命，非小子所能取㊻。借使㊼叛去，如以蒿箭射蒿中㊽耳！今使二賊交鬬㊾，吾可以坐收其弊。」辛未㊿，遣密詣山東，收其餘眾之未下者(51)。密請與賈閏甫偕行，上許之。命密及閏甫同升御榻(52)，賜食，傳飲卮(53)酒曰：「吾三人同飲是酒，以明同心，善建功名，以副朕意。丈夫一言許人，千金不易。有人確執(54)不欲弟行，朕推赤心於弟，非他人所能間也。」密、閏甫再拜受命。上又以王伯當為密副而遣之。

【章旨】以上為第六段，寫唐高祖在徐世勣降唐的情況下，遣李密東行招撫舊部，其實是故意縱虎歸山，李密不安本分而中其圈套，無所作為是必然的。

【注釋】❶安集　安定聚集。❷祕書丞　官名，祕書省的副長官，從五品上，掌判省事。❸乘傳　乘驛車。❹遺　贈送；給予。❺陽翟　縣名，縣治在今河南禹州。❻郭孝恪　（?—西元六四八年）陽翟（今河南禹州）人，秦王李世民用其謀平竇建德，遷上柱國。歷貝、趙、江、涇四州刺史，貞觀中拜昆丘道副大總管。傳見《舊唐書》卷八十三、《新唐書》卷一百十一。❼魏公　李密建國，稱魏公。❽利主之敗　利用主人的失敗作為自己的利益。❾宜籍　應該登記。❿啓　古代文書的一種。唐時，凡下達上，其制有六：表、狀、牋、啟、辭、牒。⓫詣　到。⓬無表　無上天子的表疏。⓭具言　備言；詳細說明。⓮不背德　不違背有恩德之人。即不忘恩德。⓯宋州　州名，治所在今河南商丘。⓰委之選補　指委任選派官吏。⓱癸丑　十一月十二日。⓲堯君素　（?—西元六一八年）湯陰（今河南湯陰東）人，煬帝時累遷鷹擊郎將，大業末署河東通守。傳見《隋書》卷七十一。⓳蒲反　縣名，縣治在今山西永濟西南蒲州鎮。反，通「坂」、「阪」。⓴尚　娶公主為妻。㉑梟首　舊時的刑罰，把人頭砍下並懸掛起來示眾。㉒癸亥　十一月二十二日。㉓賜常達帛三百段　唐制：凡賜十段，其率絹三匹，布三端，綿四屯。若雜綵十段，則絲布二匹，紬二匹，綾二匹，縵四匹。㉔劉感　鳳泉（今陝西眉縣東南）人，武德初以驃騎將軍戍涇州。傳見《舊唐書》卷一百八十七、《新唐書》卷一百九十一。㉕郡公　爵名，晉始定郡公制度，歷代因之。唐代郡公為正二品。㉖撲殺　擊殺。㉗翊戴　輔佐擁戴。㉘承平　太平。㉙種　後代子孫。㉚如　像。㉛己巳　十一月二十八日。㉜陝東　指今河南陝縣以東黃河下游地區。㉝復殷開山爵位　殷開山（?—西元六一九年），名嶠，字開山，鄠縣（今陝西戶縣）人，仕隋太谷長。唐高祖起兵，召補大將軍掾。隨太宗征討薛舉，因違背太宗告誡，兵敗除名。後從平薛仁果，復其爵位。傳見《舊唐書》卷五十八、《新唐書》卷九十。㉞自負　自恃。㉟不副本望　不符合本來的願望。㊱當進食　依職掌當供給膳饈。㊲退　罷宴之後。㊳武衛大將軍　官名，魏文帝置武衛將軍以主禁旅。隋唐武衛為十六衛之一，分左、右，各置大將軍一人、將軍二人統領。㊴度內　計畫之中。㊵東海公　李密封徐世勣為東海公。㊶襄陽公　胡三省注：「襄陽公，未知為誰。按密將張善相時為伊州刺史，據襄城，自襄城北出則羅口。蓋李密封善相為襄城公，伯當指言之也。『襄陽公』，疑當作「襄城公」。」㊷羅口　即羅口城。在今河南鞏縣西南。㊸屈指可計　彎著指頭可以計算出。㊹拾地芥　謂俯而拾之，極易得到。地芥，地上的草芥。㊺反　通「返」。㊻非小子所能取　不是小人所能取得的。小子，對人的貶稱。㊼借使　假使。㊽以蒿箭射蒿中　蒿為賤而無用之物。刈蒿為箭，射之蒿中，言其無用而不足惜。㊾交鬬　相鬥。㊿辛未　十一月無此日。應為十二月初一。(51)未下者　指沒有歸附唐朝的人。(52)御榻　天子所用之榻。(53)巵　「卮」的異體字。卮為古代一種盛酒器。(54)確執　堅持。

【校　記】1久不為朝廷所知　此句原無。據章鈺校，十二行本、乙十一行本、孔天胤本皆有此句，張敦仁《通鑑刊本識誤》同，今據補。

【語　譯】徐世勣佔據李密原有的地區，沒有隸屬於哪一方。魏徵隨從李密到達長安，長期不被朝廷所瞭解，於是自己請求前去安撫潼關以東地區。唐高祖任命他為祕書丞，乘驛車到達黎陽，送信給徐世勣，勸他早日投降。徐世勣於是決定西去投順唐朝，他對長史陽翟人郭孝恪說：「這裡的百姓和土地，都是屬於魏公李密的，我如果上表奉獻這些百姓土地，就是利用主人的失敗作為自己的利益，以此作為自己的功勞以求富貴，我實在是以為恥的。現在應當登記各郡縣的戶口、士兵及馬匹的數目，上報魏公，讓魏公自己獻給唐朝。」於是派遣郭孝恪前往長安，又運送糧食供給淮安王李神通。唐高祖聽說徐世勣的使者到了，沒有奏表，只有書信給李密，非常奇怪。郭孝恪詳細說明了徐世勣的想法，唐高祖於是感歎說：「徐世勣不違背道德，不邀求功勞，真是純正的臣子呀！」於是賜徐世勣姓李。任命郭孝恪為宋州刺史，讓他和李世勣經營虎牢以東地區，所得州縣，委任他們自行選補官吏。

十一月十二日癸丑，獨孤懷恩在蒲反縣攻打堯君素。行軍總管趙慈景娶了唐高祖的女兒桂陽公主為妻，被堯君素擒獲，堯君素把他斬首掛在城外示眾，表示沒有投降唐朝的意思。

十一月二十二日癸亥，秦王李世民到達長安，在街市把薛仁果斬首，賞賜常達三百段絲帛。追贈劉感為平原郡公，諡號忠壯。在宮殿庭院中擊殺仵士政。因為張貴尤其荒淫殘暴，腰斬了他。唐高祖宴請慰勞將士，於是對群臣說：「諸位共同輔助擁戴我，使我成就了帝王之業，如果天下太平，可以共同保有富貴。如果讓王世充得志，你們難道還有後輩子孫傳嗎！像薛仁果君臣，難道能不作為我們的前車之鑑嗎！」二十八日己巳，任命劉文靜為戶部尚書，兼任陝東道行臺左僕射，恢復了殷開山的爵位。

李密長期以來驕狂而富貴，又自恃歸唐的功勞，朝廷給他的待遇不符合他本來的願望，因此鬱悶不樂。曾經碰上朝廷的大型聚會，李密作為光祿卿，應當供應食物，他以為自己來做此事大為恥辱。罷宴後，把此事告訴了左武衛大將軍王伯當。王伯當心裡也怏怏不樂，於是對李密說：「天下的事情都在主公的計畫之中。現在東海公徐世勣在黎陽，襄陽公在羅口，黃河以南的兵馬屈指可數，怎能長期這樣下去！」李密大為高興，於是向唐高祖獻策說：「臣白白地承受朝廷的榮寵，安坐京師，不曾報效朝廷。山東的眾多將領都是臣下舊時的部下，請讓臣子前往山東招撫他們。憑藉國家的威嚴，拿下王世充就像拾取地上的草芥而已！」唐高祖聽說李密過去的將士大多不服王世充，也想派遣李密前往收服他們。群臣很多人勸諫唐高祖說：「李密狡猾，喜好背叛，現在派他去山東，猶如放魚於泉，放虎於山，他必定不回來了！」唐高祖說：「帝王自有天命，不是小人所能取得的。假使他背叛離去，就像把蒿桿箭射到蒿草中而已！現在讓李、王二賊互相爭鬥，我們可以坐收他們自相殘殺的好處。」辛未日，派李密前往崤山以東地區，收服他的尚未歸附的餘部。李密請求和賈閏甫一同前往，唐高祖答應了他的請求。臨行前讓李密和賈閏甫一起登上皇上的坐榻，賜給他們食物，拿一杯酒三人傳喝，並說：「我們三人同飲這杯酒，以此來表明我們三人同心，二位好好地建功揚名，以符合朕的心意。大丈夫許諾別人一句話，千金也不能改變。有人堅持不讓我同意老弟前去，朕以赤誠之心對待老弟，不是別人能夠離間的。」李密、賈閏甫兩次下拜接受使命。唐高祖又任命王伯當為李密的副手，派他同去山東。

有大鳥五集于樂壽❶，羣鳥數萬從之，經日乃去。竇建德以為己瑞，改元五鳳。宗城❷人有得玄圭❸獻於建德者，宋正本❹及景城❺丞❻會稽❼孔德紹❽皆曰：

「此天所以賜大禹也，請改國號曰夏[9]。」建德從之。以正本為納言，德紹為內史侍郎。

初，王須拔[10]掠幽州[11]，中流矢死，其將魏刀兒[12]代領其眾，據深澤[13]，掠冀、定[14]之間，眾至十萬，自稱魏帝。建德偽與連和，刀兒弛備[15]，建德襲擊破之，遂圍深澤。其徒執刀兒降，建德斬之，盡并其眾。

易[16]、定等州皆降，唯冀州刺史麴稜[17]不下。稜婿崔履行[18]，暹[19]之孫也，自言有奇術，可使攻者自敗，稜信之。履行命守城者皆坐，毋得妄鬬，曰：「賊雖登城，汝曹勿怖，吾將使賊自縛。」於是為壇，夜設章醮[20]，然後自衣衰絰[21]，杖竹登北樓慟哭，又令婦女升屋四面振裙[22]。建德攻之急，稜將戰，履行固止之。俄而城陷，履行哭猶未已。建德見稜曰：「卿忠臣也！」厚禮之，以為內史令[23]。

十二月壬申[24]，詔以秦王世民為太尉、使持節[25]、陝東道大行臺[26]，其蒲州[27]、河北諸府[28]兵馬並受節度。〇癸酉[29]，西突厥曷娑那[30]可汗自宇文化及所來降。

隋將堯君素守河東，上遣呂紹宗、韋義節、獨孤懷恩相繼攻之，俱不下。時外圍嚴急，君素為[31]木鵝，置表於頸[32]，具論事勢，浮之於河。河陽守者得之，達於東都。皇泰主見而歎息，拜君素金紫光祿大夫。龐玉[33]、皇甫無逸[34]自東都來降，上悉遣詣城下，為陳利害，君素不從。又賜金券，許以不死。其妻又至城下，謂之曰：「隋室已亡，君何自苦！」君素曰：「天下名義㉟，非婦人所知！」引弓射之，應弦而倒。君素亦自知不濟㊱，然志在守死，每言及國家，未嘗不歔欷㊲。謂將士曰：「吾昔事主上於藩邸㊳，大義不得不死。必若隋祚㊴永終，天命有屬，自當斷頭以付諸君，聽㊵君等持取㊶富貴。今城池甚固，倉儲豐備，大事猶未可知，不可橫生㊷心也！」君素性嚴明，善御㊸眾，下莫敢叛。

久之，倉粟盡，人相食；又獲㊹外人，微知㊺江都傾覆。丙子㊻，君素左右薛宗、李楚客殺君素以降，傳首長安。君素遣朝散大夫㊼解㊽人王行本㊾將精兵七百在他所㊿，聞之，赴救不及，因捕殺君素者黨與(51)數百人，悉誅之，復乘城(52)拒守。獨孤懷恩引兵圍之。

丁丑[1]，隋襄平太守(53)鄧暠(54)以柳城(55)、北平(56)二郡來降，以暠為營州(57)總管。

○辛巳(58)，太常卿鄭元璹擊朱粲於商州(59)，破之。

初，宇文化及遣使招羅藝，藝曰：「我隋臣也。」斬其使者，為煬帝發喪，臨三日(60)。竇建德、高開道各遣使招之，藝曰：「建德、開道，皆劇(61)賊耳。吾聞唐公已定關中，人望(62)歸之。此真吾主也，吾將從之，敢沮議(63)者斬！」會張道源慰撫山東，藝遂奉表，與漁陽(64)、上谷(65)等諸郡皆來降。癸未(66)，詔以藝為幽州總管。薛萬均，世雄(67)之子也，與弟萬徹俱以勇略為藝所親待，詔以萬均為上柱國、永安郡公，萬徹為車騎將軍(68)、武安縣公(69)。

竇建德既克冀州，兵威益盛，帥眾十萬寇幽州。藝將逆戰(70)，萬均曰：「彼眾我寡，出戰必敗，不若使羸兵(71)背城阻水為陳(72)，彼必度水擊我。萬均請以精騎百人伏於城旁，俟其半度擊之，蔑(73)不勝矣。」藝從之。建德果引兵度水，萬均邀擊，大破之。建德竟不能至其城下，乃分兵掠霍堡(74)及雍奴(75)等縣，藝復邀擊，敗之。凡相拒百餘日，建德不能克，乃還樂壽(76)。

藝得隋通直謁者(77)溫彥博(78)，以為司馬。藝以幽州歸國，彥博贊成之，詔以彥博為幽州總管府長史。未幾，徵為中書侍郎(79)。兄大雅，時為黃門侍郎，與彥博對居近密(80)，時人榮(81)之。

以西突厥曷娑那可汗為歸義王(02)。曷娑那獻大珠，上曰：「珠誠至寶，然朕寶王赤心(83)，珠無所用。」竟還之。

乙酉(84)，車駕幸周氏陂(85)，過故墅(86)。丁亥，還宮[2]。

初，羌(87)豪旁企地(88)以所部附薛舉，及薛仁果敗，企地來降，留長安。企地不樂，帥其眾數千叛，入南山89，出漢川90，所過殺掠。武侯大將軍龐玉擊之，為企地所敗。行至始州91 [3]，掠女子王氏，與俱醉臥野外。王氏拔其佩刀，斬首送梁州92，其眾遂潰。詔賜王氏號為崇義夫人。

壬辰93，王世充帥眾三萬圍穀州94，刺史任瓌拒卻之。

【章　旨】以上為第七段，寫唐平定河東，竇建德得勢於河北。

【注　釋】❶樂壽　縣名，縣治在今河北獻縣西南。❷宗城　縣名，縣治在今河北威縣東。❸玄圭　黑色的玉器。據說大禹治水，天賜之玄圭，終告成功。❹宋正本　（？—西元六二〇年）竇建德部將。❺景城　縣名，縣治在今河北滄州西。❻丞　官名，多作為輔佐官員的稱號。隋唐時，縣置令、丞。此處之丞即指縣丞。❼會稽　郡名，治所在今浙江紹興。❽孔德紹　隋朝著名文學之士，後從竇建德。宋正本、孔德紹事跡，均見《舊唐書》卷五十四、《新唐書》卷八十五〈竇建德傳〉。❾改國號曰夏　竇建德初稱長樂王。❿王須拔　隋末於河北起事反隋，上谷（今河北易縣）人。事跡見兩《唐書・竇建德傳》。⓫幽州　州名，治所在今北京市。⓬魏刀兒　（？—西元六一八年）隋末於河北起事反隋。事跡見兩《唐書・竇建德傳》。⓭深澤　縣名，縣治在今河北深澤。⓮冀定　均為州名，冀州治所在今河北冀州，定州治所在今河北定州。⓯弛備　放鬆守備。⓰易州　州名，治所在今河北易縣。⓱麴稜　（？—西元六二一年）唐初冀州刺史，後被劉黑闥所殺。事跡見《新唐書》卷八十五〈竇建德傳〉。⓲崔履行　麴稜之婿，崔暹之孫。⓳暹　指崔暹（？—西元五五九年），字季倫，安平（今山東臨淄）人，北齊大臣，累遷至尚書右僕射。為官有盛名。傳見《北齊書》卷三十。⓴設章醮　道家所作之法事。㉑自衣衰絰　自己穿上喪服。㉒振裙　將裙向空中振抖。㉓內史令　官名，隋初改中書省為內史省，中書令為內史令。內史令正三品，為事實上的宰相。㉔壬申　十二月初二。㉕使持節　魏晉以後，掌地方軍政的官往往加使持節的稱號，給以誅殺中級以下官吏之權。次一等的稱持節，再次稱假節。㉖大行臺　東漢以後，朝廷政務由三公改歸臺閣（尚書），習慣上遂稱朝廷為「臺」。晉以後，朝官稱臺官，軍稱臺軍。在地方代表朝廷行尚書省事的機構稱行臺。由軍事征伐而設置，若任職的人權位特重，則稱大行臺。

唐初亦置行臺。㉗蒲州　州名，治所在今山西永濟西南蒲州鎮。㉘諸府　指諸總管府。㉙癸酉　十二月初三。㉚曷娑那　即處羅可汗。因從煬帝征高麗，賜號為曷娑那可汗。煬帝被殺，從宇文化及至河北。化及敗，故從其所來，歸長安，高祖封歸義郡王。傳見《舊唐書》卷一百九十四、《新唐書》卷二百十五。㉛為　製作。㉜置表於頸　將表疏置於木鵝的脖子上。㉝龐玉　涇陽（今陝西涇陽）人，初仕隋，後降於唐。累官至梁州總管。事跡見《舊唐書》卷二〈太宗紀〉。㉞皇甫無逸　字仁儉，安定（今甘肅涇川縣）人，初仕隋，入唐為御史大夫、益州大都督。傳見《舊唐書》卷六十二、《新唐書》卷九十一。㉟天下名義　天下的名分和原則。㊱不濟　不成。㊲歔欷　哽咽；抽噎。㊳昔事主上於藩邸　《隋書・堯君素傳》：煬帝為晉王，君素以左右從。㊴祚　命運。㊵聽　聽任。㊶持取　換取。㊷橫生　亂生。㊸御　統帥；駕御。㊹獲　俘虜。㊺微知　稍知。㊻丙子　十二月初六。㊼朝散大夫　官名，從五品。隋置，賜文武官員中德高望重者。唐因之。㊽解　縣名，縣治在今山西運城西南解州鎮。㊾王行本　隋河東守將。堯君素死後，據蒲州拒守。武德三年（西元六二〇年）降唐。事跡見《舊唐書》卷一百八十三〈獨孤懷恩傳〉等。㊿在他所　駐紮他地。(51)捕殺君素者黨與　逮捕殺害堯君素的同黨。(52)乘城　憑城。(53)太守　官名，為一郡之最高行政長官。(54)鄧暠　隋襄平（今遼寧遼陽）太守，武德元年（西元六一八年）降唐，署為營州總管。事跡見《舊唐書》卷五十六、《新唐書》卷九十二〈羅藝傳〉。(55)柳城　郡名，治所在今遼寧朝陽。(56)北平　郡名，治所在今河北盧龍。(57)營州　州名，治所在今遼寧朝陽。(58)辛巳　十二月十一日。(59)商州　州名，治所在今陝西商州。(60)臨三日　哭三日。(61)劇　兇烈；厲害。(62)人望　眾望。(63)沮議　阻止這一意見。(64)漁陽　郡名，治所在今天津市薊縣。(65)上谷　郡名，治所在今河北易縣。(66)癸未　十二月十三日。(67)世雄　薛世雄（西元五五五—六一七年），隋將領，字世英，河東汾陰（今山西萬榮西）人，煬帝時，官至左禦衛大將軍、涿郡留守。其子萬淑、萬均、萬徹、萬備均為唐朝立下戰功。四子傳均見《舊唐書》卷六十九、《新唐書》卷九十四。(68)車騎將軍　官名，為諸衛郎將之職，正五品。(69)縣公　爵名，唐代縣公為從二品。(70)逆戰　迎戰。(71)羸兵　弱兵。(72)背城阻水為陳　背後依城，利用河水之險，擺開陣勢。陳，通「陣」。(73)蔑　無。(74)霍堡　當亂世時，霍氏宗黨築堡以自固，因以為名。(75)雍奴　縣名，縣治在今天津市武清西北。(76)樂壽　縣名，縣治在今河北獻縣西南。(77)謁者　始置於春秋、戰國，為國君掌管傳達之事。南北朝時常引見臣下，傳達使命。隋置通事謁者，唐為通事舍人。(78)溫彥博　（西元五七三—六三六年）唐初大臣，字大臨，并州祁縣（今山西祁縣東南）人，官至中書令，封虞國公，進尚書右僕射。傳見《舊唐書》卷六十一、《新唐書》卷九十一。(79)中書侍郎　官名，晉代始置，為中書省長官中書監、令之副職。唐初曾改稱西臺侍郎、鳳閣侍郎。唐宋多以中書侍郎「同中書門下平章事」為宰相之職銜。因中書令不輕易授人，故中書侍郎亦等於中書省的長官。(80)對居近密　黃門侍郎居門下省，謂之東省；中書侍郎居中書省，謂之西省，故曰對居近密。(81)榮榮耀。(82)歸義王　即處羅可汗，隨從煬帝征高麗，賜號為曷娑那可汗。煬帝遇害，隨宇文化及至河北。化及敗，歸長安降唐，唐高祖封為歸義王。事見《舊唐書》卷一百九十四〈突厥傳下〉、《新唐書》卷二百十五下。《舊唐書》云封為歸義郡王，《新唐書》與《通鑑》同。(83)寶王赤心　以王的忠心為寶。(84)乙酉　十二月十五日。(85)周氏陂　地名，在今陝西咸陽東北。(86)故墅　地名，在今陝西高陵西。皇上舊所居，武德六年（西元六二三年）改名為龍躍宮。(87)羌　中國古代少數民族名，主要分布在今甘、青、川一帶。(88)旁企地　人名，為羌族部眾首領。旁為羌姓。(89)南山　或名終南山、中南山、周南山。即今陝西秦嶺山脈。(90)漢川　郡名，治所在今陝西漢中。(91)始州　州名，治所在今四川劍閣。(92)梁州　州名，唐改隋之漢川郡為梁州。治所在今陝西漢中。(93)壬辰　十二月二十二日。(94)穀州　州名，治所在今河南新安。

【校　記】[1]丁丑　原作「丁酉」。據章鈺校，十二行本、乙十一行本、孔天胤本皆作「丁丑」，張敦仁《通鑑刊本識誤》同，今據改。丁丑，十二月初七。[2]丁亥還宮　此四字原無。據章鈺校，十二行本、乙十一行本、孔天胤本有此四字，今據補。丁亥，十二月十七日。[3]行至始州　此謂企地行至始州，張敦仁《通鑑刊本識誤》「行至」上有「企地」二字。

【語　譯】有五隻大鳥落在樂壽，數萬隻成群的鳥隨著這五隻大鳥，過了一整天才離去。竇建德以為這是自己稱帝的瑞兆，改年號為五鳳。宗城有人得到了黑色的玉圭獻給竇建德，宋正本和景城丞會稽人孔德紹都說：「這是上天用來賜給大禹的，請把國號改稱夏。」竇建德聽從這一建議。任命宋正本為納言，孔德紹為內史侍郎。

當初王須拔搶掠幽州時，被流箭射中死去，他的部將魏刀兒代替他率領軍隊，佔據了深澤，在冀州、定州之間搶掠，部眾達到十萬人，自稱魏帝。竇建德假裝與魏刀兒聯合，魏刀兒放鬆了戒備，竇建德偷襲並打敗了魏刀兒，於是包圍了深澤。魏刀兒的部下抓住了魏刀兒前來投降，竇建德斬殺了魏刀兒，全部兼併了他的部眾。

易州、定州等地都投降了竇建德，只有冀州刺史麴稜沒有降服。麴稜的女婿崔履行，是崔暹的孫子，自稱有奇異法術，可以讓進攻的人自己失敗，麴稜相信了他。崔履行命令守城的士兵都坐下來，不得隨意作戰，他說：「敵人即使登上了城牆，你們不用害怕，我將會讓敵兵自我捆綁。」於是築起法壇，夜裡在壇上舉行法事，然後自己穿上喪服，拄著竹杖登上北樓慟哭，又讓婦女登上屋頂，在四面抖動裙子。竇建德急攻冀州城，麴稜將要迎戰，崔履行堅決阻止他。不一會兒城池陷落，崔履行慟哭還沒有停止。竇建德見了麴稜說：「你是忠臣！」用優厚的禮節對待他，任命他為內史令。

十二月初二日壬申，唐高祖下詔任命秦王李世民為太尉、使持節、陝東道大行臺，蒲州和黃河以北各總管府的兵馬都受他指揮。〇初三日癸酉，西突厥曷娑那可汗從宇文化及處前來投降。

隋將領堯君素守衛河東，高祖派呂紹宗、韋義節、獨孤懷恩相繼攻擊他，都沒有攻下。當時，城外包圍很嚴，攻城很急，堯君素製作了一隻木頭鵝，把表章放在鵝頸中，詳細論述形勢，放到黃河上漂走。守衛河陽的人得到木鵝，送到東都。皇泰主看了表章而歎息，拜堯君素金紫光祿大夫。龐玉、皇甫無逸從東都前來投降，唐高祖都派往河東城下，向堯君素陳述利害關係，堯君素不聽。唐高祖又賜給堯君素金券，答應他不被處死。他的妻子又來到城下，對堯君素說：「隋王室已經滅亡，夫君何必自討苦吃！」堯君素說：「天下的名分和原則，不是婦人所知道的！」說完就拉弓射他妻子，妻子隨著弓弦聲響而倒下。堯君素自己也知道事情不能成功，但是志在守城至死，每當說到朝廷，未嘗不哽咽。他對將士們說：「我過去在藩邸侍奉皇上，按照君臣大義我不能不死。如果隋的命運一定永遠完結，天命另有所屬，我自會砍了自己的頭交給各位，聽任你們拿著我的頭去換取富貴。現在城池極為堅固，倉庫儲備豐足，天下大事還不能預料，不能亂生二心啊！」堯君素性格嚴厲而能明察，善於統御部下，部下沒有敢反叛的。

時間長了，倉庫裡的糧食沒有了，以至於人吃人。又俘虜了外面的人，稍微知道江都的隋王室已經覆滅。十二月初六日丙子，堯君素的身邊親隨薛宗、李楚客殺死堯君素投降唐軍，把堯君素的頭顱傳送到長安。堯君素派朝散大夫解縣人王行本率領精兵七百人在其他地方，王行本聽說堯君素被殺的消息後，來不及趕去救援，於是逮捕殺害堯君素的同黨幾百人，全部殺死，又登城防守。獨孤懷恩又帶兵包圍了河東。

十二月初七日丁丑，隋襄平太守鄧暠帶領柳城、北平二郡前來投降唐朝，唐高祖任命鄧暠為營州總管。

〇十一日辛巳，太常卿鄭元璹在商州攻打朱粲，打敗了他。

當初，宇文化及派使節招降羅藝，羅藝說：「我是隋朝的大臣。」殺了宇文化及的使者，為隋煬帝發喪，哭喪三天。竇建德、高開道各自派遣使者招降羅藝，羅藝說：「建德、開道，都是巨賊罷了。我聽說唐公已經平定關中，眾望所歸。這才是我的真正主君，我將要跟隨他，有敢於阻止敗壞這一意見的人，斬首！」恰逢唐高祖派張道源撫慰山東，羅藝便奉上表章，與漁陽、上谷等郡全都前來降服。十二月十三日癸未，唐高祖下詔任命羅藝為幽州總管。薛萬均，是薛世雄的兒子，和弟弟薛萬徹都因為有勇有謀被羅藝信任和重用，唐高祖下詔任命薛萬均為上柱國、永安郡公，薛萬徹為車騎將軍、武安縣公。

竇建德攻克冀州後，兵勢更加強盛，他率領十萬人侵犯幽州。羅藝即將應戰，薛萬均說：「彼眾我寡，出戰必敗，不如用老弱士兵背後依城，利用河水之險，擺開陣勢，對方一定渡河攻擊我軍。我請求用精銳騎兵一百人埋伏在城邊，待他們渡到河中央時發動攻擊，沒有不勝的。」羅藝聽從了他的建議。竇建德果然帶兵渡河，薛萬均半途截擊，大敗敵軍。竇建德最終未能靠近幽州城下。於是分兵搶掠霍堡及雍奴等縣，羅藝又派兵截擊，打敗了竇建德的軍隊。總共相互攻戰一百多天，竇建德不能攻下幽州，於是返回樂壽。

羅藝得到隋通直謁者溫彥博，任命他為司馬。羅藝以幽州歸附唐朝，溫彥博助成此事，唐高祖下詔任命溫彥博為幽州總管府長史。不久，徵調為中書侍郎。溫彥博的兄長溫大雅，當時任黃門侍郎，與溫彥博任職的衙門相對而居，當時的人都認為兄弟倆非常榮耀。

唐高祖任命西突厥曷娑那可汗為歸義王。曷娑那獻上大珍珠，唐高祖說：「珍珠確實是頂級的寶物，但朕以王的赤誠之心為寶，珍珠沒有什麼用處。」最後把珍珠歸還了曷娑那可汗。

十二月十五日乙酉，唐高祖駕臨周氏陂，經過故墅宮。十七日丁亥，返回皇宮。

當初，羌族豪強旁企地率領所屬部落歸附薛舉，等到薛仁果失敗後，旁企地前來降唐，留在長安。旁企地不高興，率領部眾數千人反叛，進入南山，再出漢川，所經之處殺戮搶掠。唐武候大將軍龐玉攻打旁企地，被旁企地打敗。旁企地走到始州，搶了女子王氏，與她一起醉臥野外。王氏拔出旁企地的佩刀，割下旁企地的頭送到梁州，旁企地的部下便潰散了。唐高祖下詔賜號王氏為崇義夫人。

十二月二十二日壬辰，王世充率領三萬人包圍穀州，刺史任瓌擊退了王世充。

上使李密分其麾下之半留華州❶，將其半出關❷。長史張寶德預在行中❸，恐密亡去，罪相及，上封事❹，言其必叛。上意乃中變❺，又恐密驚駭，乃降敕書勞來，令密留所部徐行，單騎入朝，更受節度。

密至稠桑❻，得敕，謂賈閏甫曰：「敕遣我去，無故復召我還，天子鄉云❼『有人確執不許』，此譖行矣❽。吾今若還，無復生理❾，不若破桃林縣❿，收其兵糧，北走度河，比信達熊州⓫，吾已遠矣。苟得至黎陽，大事必成。公意如何？」閏甫曰：「主上待明公甚厚，況國家姓名，著在圖讖⓬，天下終當一統。明公既已委質⓭，復生異圖；任瓌、史萬寶據熊、穀二州，此事朝舉⓮，彼兵夕至，雖克桃林，兵豈暇集⓯，一稱叛逆，誰復容人！為明公計，不若且應朝命，以明元無⓰異心，自然浸潤⓱不行。更欲出就山東⓲，徐思其便⓳可也。」密怒曰：「唐使吾與絳、灌⓴同列，何以堪之！且讖文之應，彼我所共㉑。今不殺我，聽使東行，足明王者不死㉒。縱使唐遂定關中，山東終為我有。天與不取㉓，乃欲束手投人㉔！公，吾之心腹，何意如是㉕！若不同心，當斬而後行！」閏甫泣曰：「明公雖云應讖，近察天人㉖，稍已相違。今海內分崩，人思自擅，強者為雄，明公奔亡甫爾㉗，誰相聽受？且自翟讓受戮之後，人皆謂明公棄恩忘本，今日誰肯復以所有之兵束手委公㉘乎？彼必慮公見奪，逆相拒抗，一朝失勢，豈有容足之地哉！自非荷恩殊厚㉙者，詎㉚肯深言不諱乎！願明公熟思之，但恐大福不再。苟明公有所措身㉛，閏甫亦何辭就戮㉜！」密大怒，揮刃欲擊之。王伯當等固請，乃釋之。閏甫奔熊州。伯當亦止密，以為未可，密不從。伯當乃曰：「義士之志，不以存亡易心㉝。公必不聽，伯當與公同死耳，然恐終無益也。」

密因執使者，斬之。庚子旦㉞，密紿㉟桃林縣官曰：「奉詔暫還京師，家人請寄縣舍。」乃簡驍勇數十人，著婦人衣，戴冪䍦㊱，藏刀裙下，詐為妻妾，自帥之入縣舍。須臾，變服突出，因據縣城，驅掠徒眾，直趣㊲南山，乘險而東，遣人馳告故將伊州㊳刺史襄城㊴張善相，令以兵應接。

右翊衛將軍㊵史萬寶鎮熊州，謂行軍總管盛彥師㊶曰：「李密，驍賊㊷也，又輔以王伯當，今決策而叛，殆㊸不可當也。」彥師笑曰：「請以數千之眾邀㊹之，必梟其首。」萬寶曰：「公以何策能爾？」彥師曰：「兵法尚詐，不可為公言之。」

即帥眾踰熊耳山㊺南，據要道，令弓弩夾路乘高，刀楯伏於溪谷㊻，令之曰：「俟㊼賊半度，一時俱發。」或問曰：「聞李密欲向洛州㊽，而公入山，何也？」彥師曰：「密聲言向洛，實欲出人不意走襄城，就㊾張善相耳。若賊入谷口，我自後追之，山路險隘，無所施力，一夫殿後㊿，必不能制。今吾先得入谷，擒之必矣。」李密既度陝，以為餘不足慮，遂擁眾徐行，果踰山南出。彥師擊之，密眾首尾斷絕，不得相救，遂斬密及伯當，俱傳首長安。彥師以功賜爵51葛國公，拜武衛將軍[1]，仍領52熊州。

李世勣在黎陽，上遣使以密首示之，告以反狀。世勣北面拜伏號慟，表請收葬，詔歸其尸53。世勣為之行服54，備君臣之禮。大具55儀衛，舉軍縞素，葬密于黎陽山56南。密素得士心，哭者多歐血57。

【章　旨】以上為第八段，寫李密叛唐，不得士眾心，悲劇結局。

【注　釋】❶華州　州名，治所在今陝西華縣。❷關　此指潼關。❸預在行中　與軍隊同行。❹封事　古時臣下上書奏事，防有洩漏，以袋封緘，稱為封事。上封事，即奏上密表。❺上意乃中變　皇上的心意才中途改變。❻稠桑　驛名，在今河南靈寶北黃河南岸。❼曏云　以前說。❽此譖行矣　這是讒言起作用了。譖，說壞話誣陷別人。❾無復生理　沒有再活命的理由。❿桃林縣　縣名，縣治在今河南靈寶北老城。⓫比信達熊州　等到消息傳到熊州。熊州，州名，治所在今河南宜陽西。⓬圖讖　方士、巫師編造的隱語或預言叫讖。讖附有圖，因此叫「圖讖」。⓭委質　把身軀生命交給了君主，表示歸順效命。

⑭朝舉　早上反叛。⑮兵豈暇集　哪裡有時間聚集兵士。⑯元無　本無。⑰浸潤　譖人之言，如水之浸潤，漸以成之。⑱更欲出就山東　還再想出關到山東。⑲徐思其便　慢慢考慮適當的機會。⑳絳灌　指漢初大臣周勃、灌嬰。周勃（？—西元前一六九年），漢初大臣，沛縣（今江蘇沛縣）人，封絳侯。灌嬰，睢陽（今河南商丘南）人，與周勃共立文帝，任丞相。傳見《漢書》卷四十一。㉑讖文之應二句　讖文說姓李的當為天子，而李密與唐均為李姓。㉒王者不死　為王的不會中途死亡。㉓天與不取　老天給予而不取。㉔束手投人　束縛雙手而投降於人。㉕何意如是　為什麼這樣想。㉖天人　天道和人事。㉗奔亡甫爾　如此逃亡。㉘委公　委身於公。㉙荷恩殊厚　蒙受特殊恩惠。㉚詎　副詞，表示反問，相當於現代漢語的「難道」、「哪裡」。㉛有所措身　有安身之處。㉜就戮　被戮。㉝不以存亡易心　不以存亡之故而變易其心志。㉞庚子旦　十二月三十日早晨。㉟紿　哄騙；欺騙。㊱羃羅　《舊唐書‧輿服志》：「武德貞觀之時，宮人騎馬者，依齊隋舊制，多著羃羅，雖發自戎夷，而全身障蔽，不欲途路窺之。王公之家亦同此制。」可知羃羅為古代的一種頭巾，用以遮蓋頭臉，不使人看到。羃，通「冪」。㊲趣　趨向；奔赴。㊳伊州　州名，治所在今河南嵩縣東北。㊴襄城　地名，在今河南襄城。㊵翊衛將軍　官名，侍衛之官。隋始置，唐因之。㊶盛彥師　（？—西元六二三年）宋州虞城（今河南虞城）人，隋末為澄城長，歸唐授行軍總管。傳見《舊唐書》卷六十九、《新唐書》卷九十四。㊷驍賊　驍勇的賊寇。㊸殆　副詞。大概；恐怕。㊹邀　攔截。㊺熊耳山　山名，在今河南盧氏南。㊻令弓弩夾路乘高二句　讓弓箭手守在路的兩旁高地，持刀楯的埋伏在溪谷。楯，通「盾」。盾牌。㊼俟　等到。㊽洛州　州名，治所在今河南洛陽東北。㊾就　從；靠近。㊿殿後　行軍走在最後的。(51)爵　周代爵位有五等：公、侯、伯、子、男。三國以後，歷代封爵制度不盡相同，但同姓封王卻是一致的。異姓一般分公、侯、伯、子、男。(52)領　當作「鎮」，《舊唐書》卷六十九、《新唐書》卷九十四〈盛彥師傳〉皆作「鎮」。(53)詔歸其尸　詔命將李密的屍體歸李世勣處理。(54)行服　著喪服。(55)大具　盛備。(56)黎陽山　即黎山。在今河南浚縣東南。(57)歐血　吐血。

【校　記】[1]拜武衛將軍　此句原無。據章鈺校，十二行本、乙十一行本、孔天胤本皆有此句，張敦仁《通鑑刊本識誤》、張瑛《通鑑校勘記》同，今據補。《舊唐書》卷六十九〈盛彥師傳〉亦云「拜武衛將軍」，《新唐書》卷九十四〈盛彥師傳〉「拜」作「授」。

【語　譯】唐高祖讓李密分出他的部下一半留在華州，率領另一半出關。長史張寶德與軍隊一同出發，他怕李密逃走，相連獲罪，就呈上密封奏章，說李密必定反叛。唐高祖的想法這才中途改變，又怕李密受到驚嚇，於是頒下敕書慰勞李密，命令李密停留他的所屬的部隊，緩慢前進，讓李密單獨騎馬入朝，另外接受布署。

李密到達稠桑，接到唐高祖的敕書，對賈閏甫說：「敕書派我去山東，無緣無故又召我回去，天子以前曾經說『有人堅持不同意讓我東出』，這是讒言在起作用了。我現在如果回去，沒有再活命的道理，不如攻下桃林縣，獲取縣裡的軍隊和糧食，向北渡過黃河。等消息傳到熊州，我們已經走遠了。假如能到黎陽，大事必定成功。您的想法如何？」賈閏甫說：「皇上對待明公非常優厚，何況國家屬於李姓，已經明白地寫在圖讖中，天下最終應該統一。明公既然已經委質歸順，又出現不同的意圖，任瓌、史萬寶佔據熊、穀二州，此事早晨發動，晚上他們的軍隊就會趕到，雖然攻下桃林，軍隊哪有時間召集起來，一旦被稱為叛逆，誰還會容納您！為明公籌劃，不如暫且服從朝廷的命令，以表明本無異心，讒言自然不能漸漸得逞。如果還想出關前往山東，以後可以慢慢考慮適宜的機會。」李密生氣說：「唐讓我處於絳侯周勃、灌嬰一樣的地位，這怎麼受得了！況且與讖文相應的，他和我都是一樣。現在他不殺我，聽任我東去，足以證明王者是不會死的。縱使唐平定了關中，山東終究為我所有。上天給予而不拿取，卻想束手投降別人！你是我的心腹，為什麼這樣想！如果不能同心，該斬了你然後前進！」賈閏甫哭著說：「明公您雖然說與圖讖相應，但近來觀察天道與人事，已經逐漸相違背。現在海內分崩離析，人人都想自己專擅稱帝，強大的人稱雄，明公您如此逃亡，誰能聽從接受您呢？況且自從翟讓遭戮以後，人人都說明公棄恩忘本，今天誰肯再把自己的軍隊束手交給明公呢？他們必定認為明公被剝奪了兵權，反過來要加以抗拒，一朝失去權勢，哪裡有立足之地呢！如果不是受過您的特殊而優厚恩典的人，哪裡願意深說而沒有忌諱呢！希望明公仔細考慮這個事情，只怕大福不會再有了。如果明公有安身之處，閏甫我哪裡會找藉口被戮呢！」李密大怒，揮刀要砍賈閏甫。王伯當等人堅持為賈閏甫求情，這才放了賈閏甫。賈閏甫跑往熊州。王伯當也阻止李密，認為不能反叛，李密不聽。王伯當於是說：「義士的志向，不會因為存亡而改變心志。明公一定要不聽從，伯當和明公同死而已，但恐怕最終也於事無補。」

李密於是逮捕唐王朝派來的使者，斬殺了他。十二月三十日庚子清晨，李密欺騙桃林縣官說：「我奉詔暫時返回京師，請讓我的家人寄居在縣衙。」於是挑選了驍勇的士兵數十人，穿上婦女的服裝，戴著面罩，把刀藏在裙子下，冒充李密的妻妾，李密親自率領這些人進入縣衙。一會兒，換了服裝突然衝出，乘機佔領了縣城，驅趕搶掠縣裡百姓，直奔南山，憑藉險要東進，派人騎馬奔馳前來通報從前的將領伊州刺史襄城人張善相，命令他派兵接應。

右翊衛將軍史萬寶鎮守熊州，對行軍總管盛彥師說：「李密是個驍勇的敵人，又有王伯當輔助，現在決策反叛，大概是不可抵擋的。」盛彥師笑著說：「請用幾千部隊攔截他，必能斬首懸掛示眾。」史萬寶說：「你用什麼計策能做到這樣？」盛彥師說：「兵法尚詐，不能對你說出來。」隨即率兵翻過熊耳山來到山南，佔據來往的要道，命令弓弩手登上高處夾道埋伏，持刀盾的士卒埋伏在溪谷，命令他們說：「等到賊軍渡河到河中央時，同時一起發起攻擊。」有人問道：「聽說李密想往洛州，而你率軍進山，這是為什麼？」盛彥師說：「李密聲稱去洛州，實際想出人不意，奔往襄城，到張善相那裡而已。如果賊軍進入谷口，我們從後面追趕，山路險隘，無處用力，一個敵人殿後，我們必定不能制服。現在我們搶先進入山谷，活捉他們是必然的了。」

李密過了陝州後，認為其他地方都不值得擔憂，於是率領部隊慢慢行進，果然翻過山向南面進軍。盛彥師發動攻擊，李密的部隊首尾斷絕聯繫，不能互相救援，於是殺了李密和王伯當，二人的首級都傳送到長安。盛彥師因功被賜爵葛國公，擔任武衛將軍，仍然鎮守熊州。

李世勣在黎陽，唐高祖派使者拿李密的首級給他看，告訴他李密反叛的情況。李世勣面朝北伏地下拜嚎啕痛哭，上表請求收葬李密，唐高祖下詔將李密的屍體送給李世勣。李世勣為李密穿戴喪服，盡到了君臣之間的禮節。盛備儀仗衛隊，全軍穿戴白色孝服，把李密埋葬在黎陽山南面。李密平時能得軍心，痛哭的人很多吐了血。

隋右武衛大將軍李景守北平❶，高開道圍之，歲餘不能克。遼西❷太守鄧暠將兵救之，景帥其眾遷于柳城。後將還幽州，於道為盜所殺。開道遂取北平，進陷漁陽郡，有馬數千匹，眾且萬，自稱燕王，改元始興，都漁陽。

懷戎❸沙門❹高曇晟，因縣令設齋❺，士民大集，曇晟與僧五千人擁齋眾而反，殺縣令及鎮將，自稱大乘❻皇帝，立尼靜宣為邪輸皇后，改元法輪❼。遣使招開道，立為齊王。開道帥眾五千人歸之，居數月，襲殺曇晟，悉并其眾。

有犯法不至死❽者，上特命殺之。監察御史❾李素立❿諫曰：「三尺法⓫，王者所與天下共⓬也。法一動搖，人無所措手足。陛下甫創洪業⓭，柰何棄法！臣忝法司⓮，不敢奉詔。」上從之。自是特承恩遇，命所司授以七品清要官⓯。所司擬雍州⓰司戶⓱，上曰：「此官要而不清。」又擬祕書郎⓲，上曰：「此官清而不要。」遂擢⓳授侍御史⓴。素立，義深㉑之曾孫也。

上以舞胡㉒安比奴[1]為散騎侍郎㉓。禮部尚書李綱諫曰：「古者樂工不與士齒㉔，雖賢如子野、師襄㉕，皆終身繼世，不易其業㉖[2]。唯齊末㉗封曹妙達為王，安馬駒為開府㉘，有國家者以為殷鑑㉙。今天下新定，建義功臣㉚，行賞未遍，高才碩學，猶滯草萊㉛，而先擢舞胡為五品，使鳴玉曳組㉜，趨翔廊廟㉝，非所以規模㉞後世也。」上不從，曰：「吾業已㉟授之，不可追也。」

陳嶽㊱論曰：「受命之主，發號出令，為子孫法㊲，一不中理㊳，則為厲階㊴。今高祖曰『業已授之，不可追』，苟授之而是，則已；授之而非，胡㊵不可追歟㊶！君人之道㊷，不得不以『業已授之』為誡哉！」

李軌吏部尚書㊸梁碩有智略㊹，軌常倚之以為謀主。碩見諸胡浸盛㊺，陰㊻勸軌宜加防察㊼，由是與戶部尚書安脩仁有隙。軌子仲琰嘗詣㊽碩，碩不為禮，乃與脩仁共譖碩於軌，誣以謀反。軌酖㊾碩，殺之。有胡巫謂軌曰：「上帝當遣玉女自天而降。」軌信之，發民築臺以候玉女，勞費甚廣。河右㊿饑，人相食，軌傾家財以賑之，不足，欲發倉粟，召羣臣議之。曹珍等皆曰：「國以民為本，豈可愛倉粟而坐視其死乎！」謝統師(51)等皆故隋官，心終不服，密與羣胡為黨，排軌故人，乃詬(52)珍曰：「百姓餓者自是羸弱，勇壯之士終不至此。國家倉粟以備不虞(53)，豈可散之以飼羸弱！僕射苟悅(54)人情，不為國計，非忠臣也。」軌以為然，由是士民離怨。

【章旨】以上為第九段，寫高開道割據幽州；唐高祖納諫；李軌不恤民而衰敗。

【注釋】❶北平 縣名，縣治在今河南方城東南。❷遼西 郡名，治所在今遼寧朝陽。❸懷戎 縣名，縣治在今河北涿鹿西南桑乾河南岸。❹沙門 佛教稱謂。原為古印度反婆羅門教思潮各個派別出家者的通稱，佛教盛行後專指佛教僧侶。❺齋捨飯給僧人。❻大乘 一世紀左右形成的佛教派別，亦名大乘佛教。❼法輪 佛教名稱。對佛法的喻稱。❽不至死 不及死罪。❾監察御史 官名，唐代御史臺分為三院，其中監察御史屬察院，職掌「分察百僚，巡按郡縣，糾視刑獄，肅整朝儀」（《唐六典》），品秩低而權限廣。❿李素立 高邑（今屬河北）人，武德初擢監察御史，後擢侍御史，貞觀中轉揚州大都督府司馬。後歷綿州、蒲州刺史。傳見《舊唐書》卷一百八十五上、《新唐書》卷一百九十七。⓫三尺法 指法律。古時把法律條文寫在三尺長的竹簡上，故稱為「三尺法」，也簡稱「三尺」。⓬千古所與天下共 法律是君王與天下人共守的準則。⓭甫創洪業 剛剛創下大業。⓮臣忝法司 臣忝列司法部門。忝，愧。⓯清要官 職位清貴，掌控樞要之官。⓰雍州 州名，治所在今陝西西安西北。⓱司戶 官名，漢、魏以下有戶曹掾，主管民戶，為郡的佐吏。唐制，在府曰戶曹參軍，在州曰司戶參軍，在縣曰司戶。⓲祕書郎 官名，魏晉時置，屬祕書省，掌管圖書經籍的收藏管理事務。⓳擢 提拔。⓴侍御史 官名，掌推鞫、彈劾、舉薦等。㉑義深 李義深（西元四九五—五五二年），趙郡高邑（今河北柏鄉北）人，仕北齊，為梁州刺史。傳見《北齊書》卷二十二。㉒舞胡 胡人中善歌舞者。㉓散騎侍郎 官名，魏晉時置，其後或置或省。唐武德初，置之作為加官。貞觀初，改置為散騎常侍，為職事官，隸屬門下省，作為加官。㉔不與士齒 不與士為伍。齒，並列；排列。㉕子野師襄 子野，晉樂師曠的字。襄，魯樂師。㉖終身繼世二句 子孫世襲為樂工。㉗齊末 指齊後主。㉘開府 原指設置府署，自選僚屬。漢代僅三公、大將軍、將軍可以開府，魏晉以後開府的漸漸增多，因此有「開府儀同三司」（開府置官，援照三公成例的名號）。㉙有國家者以為殷鑑 統治者拿他做殷鑑。殷鑑，《詩・蕩》：「殷鑑不遠，在夏后之世。」原謂殷人滅夏，殷的子孫應以夏的滅亡作為鑑戒。後泛稱可作借鑑的往事。㉚建義功臣 首先舉義起兵的功臣。㉛高才碩學二句 有高深才能的人和博識學者，還滯留在民間。草萊，野草荒地。㉜鳴玉曳組 鳴玉是說佩玉行走時相撞而鳴。曳組，拖著綬帶。組即綬，一種彩色的絲帶，用來繫官印。㉝趨翔廊廟 出入朝廷。趨翔，趨行張拱如鳥之舒翼。㉞規模 規範。㉟業已 已經。㊱陳嶽 唐末人，曾任江南西道觀察使鍾傳的判官。著有《唐統紀》、《折衷春秋》、《大唐實錄撰聖記》。㊲法 榜樣。㊳中理 合理。㊴厲階 禍端。㊵胡 何。㊶歟 句末語氣詞，表示疑問或感歎。㊷君人之道 治理民眾的方法。㊸吏部尚書 官名，隋唐尚書省下設六部，吏部為其首，主管全國官吏的任免、考課、升降、調動等事務。長官為吏部尚書。㊹智略 智慧謀略。㊺浸盛 漸盛。㊻陰 暗中。㊼防察 預防觀察。㊽嘗詣 曾經前去。㊾酖 毒酒。㊿河右 指河西諸郡而言。(51)謝

統師 隋虎賁郎將，被李軌所俘，李軌以其為太僕卿。52詬 詆毀。53不虞 出乎意料。54苟悅 苟且取悅。

【校 記】1安比奴 嚴衍《通鑑補》改「比」作「叱」。按，《舊唐書》卷六十二、《新唐書》卷九十九〈李綱傳〉皆作「叱」。2皆終身繼世不易其業 此二句原無「終身繼」三字。據章鈺校，十二行本、乙十一行本、孔天胤本皆有此三字，張敦仁《通鑑刊本識誤》、張瑛《通鑑校勘記》同，今據補。按，《舊唐書・李綱傳》作「皆身終子繼，不易其業」，《新唐書・李綱傳》作「皆繼世不易業」。

【語 譯】隋右武衛大將軍李景守衛北平，高開道包圍了北平，一年多沒有攻下。遼西太守鄧暠率軍救援，李景帶領他的部下轉移到柳城。後來準備返回幽州，在路上被強盜殺死。高開道於是攻取了北平，進軍攻陷漁陽郡，擁有馬數千匹，部眾近萬人，自稱燕王，改年號為始興，建都漁陽。

懷戎縣的僧人高曇晟，乘著縣令設齋舉行法事，士民百姓大量聚集，與五千名僧人率領齋眾反叛，殺了縣令以及鎮守的將領，自稱大乘皇帝，封立尼姑靜宣為邪輸皇后，改年號為法輪。派遣使者招納高開道，把高開道立為齊王。高開道率領五千人歸附高曇晟，過了幾個月，高開道發動襲擊殺死高曇晟，全部兼併了他的部眾。

有一個犯法但罪不至死的人，唐高祖特意下令殺死了他。監察御史李素立勸諫說：「法律，是帝王和天下人應該共同遵守的。法律一旦動搖，人們就會手足無措。陛下剛剛開創了帝王大業，怎麼可以拋棄法律！臣忝列法律部門，不敢奉行這個詔命。」唐高祖聽從了他的規勸。從此李素立特別受到高祖的恩遇，命令有關部門授予他七品清要官。有關部門把他注擬為雍州司戶，高祖說：「這個官職雖然重要，但不清雅。」又注擬為祕書郎，高祖說：「這個官職雖然清雅，卻不重要。」於是提拔任命為侍御史。李素立，是李義深的曾孫。

唐高祖任命跳舞的胡人安比奴為散騎侍郎。禮部尚書李綱勸諫說：「古代樂工不能與士人並列，雖然賢明得如同子野、師襄，也全是終生繼承，不改變他的職業。只有北齊末年封曹妙達為王，封安馬駒為開府，凡是擁有國家的人，都以此作為亡國之鑑。現在天下剛剛平定，首先舉義起兵的功臣，沒有全部論功行賞，有高深才能的人和博識的學者，還滯留在民間，卻要先來提拔跳舞的胡人當五品官，讓他佩帶玉器，拖著綬帶，來往行走於廟堂之上，這可不是用來規範後世的啊。」唐高祖不聽，說：「我已經授予他官銜了，不能追回成命了。」

陳嶽評論說：「接受了天命的君主，發號施令，應成為子孫後代的榜樣，一個號令不合乎道理，就會成為禍端。現在高祖說『已經授予官職了，不能追回成命』，如果授予官職是正確的，就作罷了；如果授予官職是錯誤的，怎麼不可以追回成命呢！君主治理民眾的方法，不能不把『已經授予』作為鑑戒啊！」

李軌的吏部尚書梁碩有智慧謀略，李軌經常依靠他作為自己的謀主。梁碩看到各部胡人逐漸強盛，暗中勸說李軌應當加強預防和觀察，因此與戶部尚書安脩仁有了隔閡。李軌的兒子李仲琰曾前往梁碩那裡，梁碩對他不以禮相待，李仲琰就和安脩仁一起向李軌譖毀梁碩，誣告他謀反。李軌讓梁碩喝毒酒，殺害了他。有一個胡人巫師對李軌說：「上帝要派玉女從天而降。」李軌相信他的話，徵發民眾修建高臺迎候玉女，花費很多勞力和費用。河西各郡發生饑荒，人吃人，李軌拿出全部家財救濟饑民，仍然不夠，想發放倉庫的糧食，召集群臣商議此事。曹珍等人都說：「國家以民為本，怎麼可以愛惜倉庫的糧食而坐視百姓餓死呢！」謝統師等人都是原來隋朝的官員，心裡始終對李軌不服，祕密與各部胡人結成同黨，排擠李軌的舊部下，於是詆毀曹珍說：「百姓餓死的，是他們自己瘦弱，勇健強壯的人，最終也不會至於這樣。國家倉庫的糧食是用來防備意外災禍的，怎可散發出去餵那些瘦弱的百姓！曹僕射如果要取悅人心，不為國家籌劃，就不是忠臣。」李軌認為謝統師說得對，從此士人百姓都對李軌產生了離心和怨恨。

**【研　析】**本卷研析李密之死，及其評價。

李密是一位悲劇英雄。不過他的落幕太令人齒冷。

李密字玄邃，祖籍遼東襄平人，後徙為京兆長安人，是關隴貴族世家。曾祖父李弼為北魏司徒，祖父李曜為北周太保、魏國公。父親李寬，驍勇善戰，號為名將，從北周到隋，位至上柱國、蒲山公。李密成長於這樣一個貴族家庭，自幼長於謀略，才兼文武，志氣雄遠，素有以天下大事為己任的情懷。隋文帝時李密襲父爵為蒲山公，輕財好士，賑贍親故，養客禮賢，交遊甚廣。煬帝大業初年，李密任左親侍，在宮廷上侍衛，隋煬帝見了生畏，李密便稱病辭官，閉門謝客，專心讀書。有一天，李密在路上遇見了宰相楊素出行，楊素見李密騎在一頭黃牛上，一邊走一邊在看書，好生奇怪，就把李密請到家中交談，非常賞識李密的才幹。楊素介紹自己的兒子楊玄感等與李密相見，並對兒子們說：「我看李密的識度，你們遠遠不及。」於是楊玄感深結李密，兩人成了刎頸之交。

大業九年（西元六一三年），隋煬帝第二次征伐高麗，楊玄感屯駐黎陽（今河南浚縣）負責糧運，舉兵反隋。李密趕到黎陽為楊玄感的謀主，提出了上中下三策。上策建議楊玄感佔據幽州，卡斷隋煬帝退路，不過旬月，隋軍糧草俱盡，必然潰散，隋煬帝將被活捉。中策是輕騎疾行，佔據關中，居高以爭天下，這是萬全之策。下策是兵圍東都，一旦得手，可號令天下。但若東都有備，久攻不下，勤王之軍四面而來，就是死路一條。楊玄感選用了下策，很快敗亡。李密遭通緝，屢經厄難，投身瓦崗寨，成為翟讓的謀主，在李密的運籌下，瓦崗軍屢敗隋軍，迅速壯大，到了大業十三年，瓦崗軍一舉攻佔了興洛倉（在今河南鞏縣東），聲勢大振。興洛倉是隋朝積蓄的最大糧倉，瓦崗軍開倉放賑，饑民蜂擁而至，大批加入起義軍，號稱百萬。此時瓦崗軍是全國最大的反隋力量。李密聲望日隆，翟讓讓賢，推舉李密為瓦崗軍首領，於是李密稱魏公、行軍元帥，建元永平，封翟讓為司徒、東郡公，設官授職，建立政權。瓦崗軍擁有大批的豪傑英雄，徐世勣、秦叔寶、程知節、王伯當、單雄信等，謀臣武將，知名當時。李密兵圍東都，連戰皆捷，瓦崗勢力達於鼎盛。

在這大好形勢下，瓦崗軍發生內訌。翟讓的部屬有人不滿李密，勸翟讓奪回兵權，翟讓沒有同意。這卻引起了李密的猜忌，又做出了不妥的策略，在大業十三年十一月設宴誅殺翟讓，混亂中砍傷徐世勣，單雄信伏地求饒，幸免於難。這場火併，將士離心，大大削弱了瓦崗軍的戰鬥力。武德元年（西元六一八年），正月，李密大敗東都王世充。王世充的七萬軍隊只剩下了幾千人，王世充召集殘兵敗將僅一萬餘人，退守東都含嘉城，不敢出戰。李密乘勝攻佔偃師，率領三十萬大軍進駐金墉城（在今洛陽東），鉦鼓之聲，聞於東都。此時，

「東至海岱，南至江淮，郡縣莫不遣使歸密」（《舊唐書・李密傳》）。竇建德、朱粲、孟海公、徐圓朗、周法明等多股起義軍表示擁戴李密稱帝，李密的部屬也勸進。而李密認為「東都未平，不可此議」，可謂明智。瓦崗軍勢力復振。

不久，宇文化及弒隋煬帝，率領十餘萬江都兵北上。如果李密讓開大路，引宇文化及這股禍水到東都，或許是一上策。當瓦崗久攻東都不下之時，大業十三年，柴孝和建言李密進兵關中為根據地，這樣「業固兵強，然後東向以平河洛，傳檄而天下定矣」。這是李密當年替楊玄感謀劃的策略之一，這更是一條上策。李密均未採用。為了避免兩線作戰，李密接受皇泰主招安，放下義旗，降為隋臣，已是大為失計。隨後拼了全力，打敗宇文化及，瓦崗軍喪失精兵良將，沒有休整，又連續與王世充進行主力決戰，是更大的失計。得勝而驕，驕兵必敗，李密犯忌，遭了劫數，因當年火併翟讓，傷了徐世勣而不敢去投奔，率眾投唐，又是一大失誤。由於李密投唐，李密喪失了東山再起的資本，到了這時再回頭謀反，只有死路一條。賢如李密，有如此之多的失誤，他不是一個真龍天子，也就不奇怪了。

李密初到瓦崗，義軍只有一萬多人，不到半年就發展到十多萬人，接著進兵東都，兩年間，馳騁中原，叱咤風雲，號稱百萬之眾，大有奪取天下之勢，其興何其驟也。可是正當瓦崗連戰皆捷，如日中天之時，卻因偃師一戰，全軍覆沒，頃刻瓦解，其敗又何其速也。李密驟興驟滅，如同一場暴風驟雨，比之楚漢相爭時的項羽，大有類似。項羽滅秦，李密覆隋，掃蕩舊世界，這是他們垂名千秋的業績，也是稱為一個英雄的理由。兩人驟興驟滅，也大有類似，都是悲劇英雄，兩人最大的不同，項羽之死，何其悲壯，生為人傑，死為鬼雄；李密之死，叛逆被誅，難免被釘在歷史的恥辱柱上。李密最後落幕，顯示出反覆無常的小人嘴臉，著實可悲。

# 卷第一百八十七

## 唐紀三 起屠維單閼（己卯 西元六一九年）正月，盡十月，不滿一年。

【題解】本卷記事起西元六一九年正月，迄十月，凡十個月史事，當唐高祖武德二年。這一時期，唐高祖平定了河西，李軌敗亡。晉北劉武周引突厥南下。朔方梁師都亦不時擾邊，兩股勢力牽制了唐兵東出。王世充乘機篡逆稱帝，部屬不願從逆者，西向降唐。羅士信、秦叔寶、程知節皆降唐為大將。竇建德在河北滅了宇文化及，勢力達於極盛。江南杜伏威降唐。荊襄蕭銑仍為南方最大割據勢力。

### 高祖神堯大聖光孝皇帝上之下

武德二年（己卯 西元六一九年）

春，正月壬寅❶，王世充悉取隋朝顯官、名士為太尉府官屬❷，杜淹❸、戴胄❹皆預❺焉。胄，安陽人也。隋將軍王隆帥屯衛將軍張鎮周、都水少監❻蘇世長❼等以山南兵始至東都❽。王世充專總朝政，事無大小，悉關❾太尉府，臺省❿監署，莫不闃⑪然。世充立三牌於府門外，一求文學才識，堪濟時務⑫者；一求武勇智略，能摧鋒陷敵者；一求身有冤滯，擁抑不申⑬者。於是上書陳事日有數百，世充悉引見，躬自省覽⑭，殷勤慰諭。人人自喜，以為言聽計從，然終無所施行。下至士卒廝養⑮，世充皆以甘言悅之，而實無恩施。

隋馬軍總管獨孤武都為世充所親任，其從弟⑯司隸大夫⑰機與虞部郎⑱楊恭慎、前勃海郡⑲主簿⑳孫師孝、步兵總管劉孝元、李儉、崔孝仁謀召唐兵，使孝仁說武都曰：「王公徒為兒女之態以悅下愚㉑，而鄙隘貪忍㉒，不顧親舊，豈能成大業哉！圖讖之文，應歸李氏，人皆知之。唐起晉陽，奄有㉓關內㉔，兵不留行㉕，英雄景附㉖。且坦懷待物㉗，舉善責功㉘，不念舊惡，據勝勢以爭天下，誰能敵之！吾屬託身非所㉙，坐待夷滅㉚。今任管公㉛兵近在新安㉜，又吾之故人也，若遣間使㉝召之，使夜造㉞城下，吾曹㉟共為內應，開門納之，事無不集㊱矣。」武都從之。事泄，世充皆殺之。恭慎，達之子也。

癸卯㊲，命秦王世民出鎮長春宮㊳。○宇文化及攻魏州㊴總管元寶藏㊵，四旬不克。魏徵往說之，丁未㊶，寶藏舉州㊷來降。

戊午㊸，淮安王神通擊宇文化及於魏縣，化及不能抗，東走聊城㊹。神通拔魏縣，斬獲二千餘人，引兵追化及至聊城，圍之。○甲子[45]，以陳叔達為納言。○丙寅[46]，李密所置伊州刺史張善相來降。

朱粲有眾二十萬，剽掠漢、淮[47]之間，遷徙無常。每破州縣，食其積粟未盡，復他適[48]。將去，悉焚其餘資[49]，又不務稼穡，民餒[50]死者如積[51]。粲無可復掠，軍中乏食，乃教士卒烹婦人、嬰兒噉[52]之，曰：「肉之美者無過於人，但使[53]佗國有人，何憂於餒！」隋著作佐郎[54]陸從典、通事舍人[55]顏愍楚，謫官[56]在南陽，粲初引為賓客，其後無食，闔家皆為所噉。愍楚，之推[57]之子也。又稅[58]諸城堡細弱[59]以供軍食，諸城堡相帥叛之。

淮安[60]土豪楊士林、田瓚[61]起兵攻粲，諸州皆應之。粲與戰于淮源[62]，大敗，帥餘眾數千奔菊潭[63]。士林家世蠻酋，隋末，士林為鷹揚府校尉[64]，殺郡官而據其郡。既逐朱粲，己巳[65]，帥漢東[66]四郡遣使詣信州[67]總管廬江王瑗請降，詔以為顯州道[68]行臺[69]。士林以瓚為長史。

初，王世充既殺元、盧[70]，慮人情未服，猶媚事皇泰王，禮甚謙敬。又請為劉太后假子[71]，尊號曰聖感皇太后。既而漸驕橫，嘗賜食於禁中，還家大吐，疑遇毒，自是不復朝謁[72]。皇泰王知其終不為臣，而力不能制，唯取內庫綵物[73]大造幡花74，又出諸服玩75，令僧散施貧乏以求福。世充使其黨張績、董濬守章善、顯福二門76，宮內雜物，毫釐不得出。〇是月，世充使人獻印及劍。又言河水77清，欲以耀眾78，為己符瑞79云。

【章旨】以上為第一段，寫王世充加緊篡逆步伐，以及宇文化及、朱粲擁眾頑抗。

【注釋】❶王寅 正月初二日。❷太尉府官屬 時世充為太尉，太尉府官屬，即世充的僚屬。❸杜淹 （？—西元六二八年）字執禮，杜如晦叔父，京兆杜陵（今陝西長安東）人，高祖時，官至吏部尚書。傳見《舊唐書》卷六十六、《新唐書》卷九十六。❹戴冑 （？—西元六三三年）字玄胤，安陽（今河南安陽東南）人，太宗時為尚書左丞、檢校吏部尚書。傳見《舊唐書》卷七十、《新唐書》卷九十九。❺預 參與。❻都水少監 官名，都水監為官署名，主官稱使者，少監為其副。職掌河渠、津梁、堤堰等事務。❼蘇世長 京兆武功（今陝西武功）人，唐初拜諫議大夫。秦府開文學館，引為學士。後出為巴州（今四川巴中）刺史。傳見《舊唐書》卷七十五、《新唐書》卷一百三。❽東都 隋大業五年（西元六〇九年）改東京洛陽為東都。❾悉關 都要報告。❿臺省 唐代一度稱尚書省為中臺，門下省為東臺，中書省為西臺，總稱臺省。⓫闃 寂靜。⓬時務 當前事務。⓭擁抑不申 受壓抑不能申訴。⓮躬自省覽 親自閱視。⓯廝養 指伙夫。析薪為廝，炊烹為養。⓰從弟 堂弟。⓱司隸大夫 官名，隋設司隸臺，長官為司隸大夫，掌管諸巡察，正四品。⓲虞部郎 官名，隋初為虞部侍郎，屬工部，煬帝改為虞部郎。唐於工部置虞部司，虞部郎中為其長官，從五品上，掌山澤、苑囿及草木、薪炭供頓等事。⓳勃海郡 郡名，治所在今河北滄州東南。⓴主簿 官名，為中央和地方郡縣官署主管文書簿籍和印鑑的官吏，為掾吏之首。㉑徒為兒女之態以悅下愚 只用兒女親愛的姿態取悅低層的愚民。㉒鄙隘貪忍 卑鄙、狹隘、貪婪、殘忍。㉓奄有 包有；囊括。㉔關內 秦、漢、隋、唐等王朝定都今西安，通稱古函谷關（今河南靈寶東北）或今潼關以西王畿附近地區為關內，又稱關中。㉕兵不留行 意謂軍隊進軍順利，毫無停留。㉖英雄景附 各路英雄歸附。景附，如影隨形，形容歸附。景，「影」的本字。㉗坦懷待物 坦誠待人。㉘舉善責功 任用善人，要求人們建立功業。責，要求。㉙託身非所 投靠錯了地方。㉚夷滅 誅滅。㉛任管公 任瓌以穀州刺史鎮新安，封管國公。㉜新安 縣名，治所在今河南新安。㉝間使 暗中派出的使者。㉞造全。㉟吾曹　我輩。㊱集　成功。㊲癸卯　正月初三。㊳長春宮　北周武帝置，在今陝西大荔朝邑鎮西北。㊴魏州　州名，治所在今河北大名東北。㊵元寶藏　原隋武陽郡丞。大業末，舉兵歸李密。武德二年（西元六一九年）因魏徵勸說而降唐。事跡見《舊唐書》卷七十一〈魏徵傳〉。㊶丁未　正月初七。㊷舉州　全州。舉，全。㊸戊午　正月十八日。㊹聊城　縣名，縣治在今山東聊城東北。㊺甲子　正月二十四日。㊻丙寅　正月二十六日。㊼漢淮　指漢水、淮水。㊽他適　到其他地方。㊾餘資　主要指餘糧。㊿餒　飢餓。(51)積　堆垛。(52)噉　吃。(53)但使　只要。(54)著作佐郎　官名，唐代設著作郎，主管著作局，職掌撰擬文字。著作郎下有著作佐郎、校書郎、正字等屬官。(55)通事舍人　官名，掌引見臣下，傳達使命。(56)謫官　貶官。(57)之推　即顏之推（西元五三一－約五九五年），北朝北周文學家，字介，琅邪臨沂（今屬山東）人，官至黃門侍郎。著有《顏氏家訓》傳於世。傳見《北齊書》卷四十五、《北史》卷八十三。(58)稅　徵納。(59)細弱　羸弱的人。(60)淮安　郡名，治所在今河南泌陽。(61)楊士林田瓚　均為淮安郡土豪。(62)淮源　縣名，縣治在今河南信陽西北。(63)菊潭　縣名，縣治在今河南內鄉北。(64)鷹揚府校尉　武官名，隋煬帝大業三年（西元六〇七年）改驃騎府為鷹揚府，其長官為鷹揚郎將，正五品。隸屬於各衛，統領府兵。校尉在隋唐時為武散官。太宗貞觀十年（西元六三六年），正式確定軍府名稱，由隋之鷹揚府改為折衝府。唐折衝府以三百人為團，團有校尉。(65)己巳　正月二十九日。(66)漢東　郡名，治所在今湖北隨縣。(67)信州　郡名，治所在今重慶市奉節東白帝。(68)顯州道　道名，治所在今河南泌陽。(69)行臺　東漢以後，朝廷政務由三公改歸臺閣（尚書），習慣上稱朝廷為「臺」。晉以後，朝官稱臺官，在地方代表朝廷行尚書省事的機構稱行臺。由軍事征伐而設置，若任職的人權位特重，則稱大行臺。(70)元盧　指元文都、盧楚。武德二年（西元六一九年）被王世充所殺。(71)假子　義子。假子之風，隋唐時頗為流行。(72)朝謁　朝拜謁見。(73)綵物　各種綾羅錦絹。(74)幡花　用綿帛做的花。(75)服玩　裝飾玩物。(76)章善顯福二門　東都宮城南面有三門：中為應天，左為興教，右為光政。興教門內有會昌門，它的北面是章善門；光政門內有廣運門，北面是顯福門。(77)河水　黃河。(78)耀眾　向民眾炫耀。(79)為己符瑞　是自己的符應祥瑞。

【語　譯】高祖神堯大聖光孝皇帝上之下

武德二年（己卯　西元六一九年）

春，正月初二日壬寅，王世充以隋朝全部顯要官員、名士擔任太尉府的官吏，杜淹、戴胄也在其中。戴胄，是安陽人。隋將軍王隆統率屯衛將軍張鎮周、都水少監蘇世長等人帶領山南的軍隊剛到達東都。王世充專權總攬朝政，事情無論大小，都要報告太尉府，隋朝的臺、省、監、署各官府，都寂靜無人。王世充在太尉府的門外樹立三塊牌子，一塊牌子尋求文學才識之士，能夠辦理現實政務的人；一塊牌子尋求武勇智略人才，能夠摧毀敵人兵鋒、攻陷敵人軍陣的人；一塊牌子尋求自身遭受冤屈，受到壓抑而不能申訴的人。於是上書論事的人每天有幾百，王世充全都接見，親自閱視奏章，誠懇地對他們加以慰問和告諭。人人都自感欣喜，以為王世充言聽計從，但是最終什麼事都沒有辦。對於最下層的士兵伙夫，王世充全都用甜言蜜語取悅他們，而實際上沒有施捨恩惠。

隋馬軍總管獨孤武都被王世充親近和任用，獨孤武都的堂弟司隸大夫獨孤機與虞部郎楊恭慎、前勃海郡主簿孫師孝、步兵總管劉孝元、李儉、崔孝仁謀劃招來唐兵，讓崔孝仁勸獨孤武都說：「王世充只是做出兒女親愛的姿態取悅低層的愚民，實際上鄙陋狹隘貪婪殘忍，並不關照以前的部下與親信，怎麼能成就大業啊！根據圖讖之文，天下應歸李氏，人人都知道這一情況。唐從晉陽起事，囊括關內地區，軍隊一路順利進軍，各路英雄歸附。並且唐主坦誠待人，任用善人，要求人們建立功業，不念舊惡，佔據了優勢來爭奪天下，誰能與之對抗呢！我們這些人託身到不該託身的地方，坐等被人誅滅。現在任管公的軍隊近在新安，又是我們的老朋友，假如派一祕密使者前去把他們招來，讓他們夜裡來到城下，我們一起作為內應，打開城門放他們進來，事情沒有不成功的。」獨孤武都聽從了這一建議。但事情泄露，王世充把他們全都殺死了。楊恭慎，是楊達的兒子。

正月初三日癸卯，唐高祖命令秦王李世民出京鎮守長春宮。○宇文化及攻打魏州總管元寶藏，四十天沒有攻下。魏徵前往遊說，初七日丁未，元寶藏率全州前來投降。

正月十八日戊午，淮安王李神通在魏縣攻打宇文化及，宇文化及抵擋不住，東逃聊城。李神通攻取魏縣，殺死、俘虜兩千多人，率軍追趕宇文化及到聊城，包圍了他。○二十四日甲子，唐高祖任命陳叔達為納言。○二十六日丙寅，李密所設伊州刺史張善相前來降唐。

朱粲擁有部眾二十萬人，搶掠漢水、淮河之間，遷徙無常。每次攻破州縣，當地的積糧還沒有吃光，就又往其他地方。將要離開當地時，把剩餘的糧食與物資全部焚毀，又不從事耕種，百姓餓死的聚成了堆。朱粲沒有可以掠奪的地方，軍隊缺乏糧食，他就教士兵煮婦女、小孩吃，並說：「肉最好吃的，莫過於人肉，只要其他城鎮裡有人，何必為挨餓發愁！」隋著作佐郎陸從典、通事舍人顏愍楚，貶官在南陽，朱粲最初迎來做賓客，其後朱粲沒有糧食，二人全家都被朱粲部隊吃掉。顏愍楚，是顏之推的兒子。朱粲又徵收各城堡的小孩和體弱的人供給軍隊為軍糧，各城堡相率背叛朱粲。

淮安土豪楊士林、田瓚起兵攻打朱粲，各州縣都響應他們。朱粲在淮源和他們交戰，大敗，率領餘部數千人跑往菊潭。楊士林家族世代都是蠻族首領，隋朝末年，楊士林擔任鷹揚府校尉，殺了郡裡的官員而佔據了郡城。在驅逐了朱粲以後，正月二十九日己巳，楊士林率領漢東四郡派遣使者前往唐信州總管廬江王李瑗處請求投降，唐高祖下詔任命楊士林為顯州道行臺。楊士林任命田瓚為長史。

當初，王世充殺掉元文都、盧楚之後，擔心人心未服，仍然諂媚地奉侍隋皇泰主，禮節非常謙卑恭敬。又請求做劉太后的乾兒子，尊稱劉太后為聖感皇太后。後來王世充漸漸驕橫，皇泰主曾在宮中賜食王世充，他回到家裡嘔吐不止，懷疑遭遇毒物，從此不再上朝拜謁皇泰主。皇泰主知道王世充最終不會稱臣，而自己的力量又不能控制，只能從宮內倉庫中取出各種綾羅錦絹大量製作求佛保佑的幡花，又拿出各種裝飾玩物，令僧人施捨給貧窮的人來求福。王世充派他的黨羽張績、董濬守住章善、顯福二門，宮內的雜物，一絲一毫不能拿出去。〇這個月，王世充讓人向他獻上印璽和寶劍。又說黃河水變清，想以此向眾人炫耀，作為自己稱帝的符瑞。

上遣金紫光祿大夫武功❶靳孝謨安集❷邊郡，為梁師都所獲。孝謨罵之極口❸，師都殺之。二月，詔追賜爵武昌縣公，諡曰忠。

初定租、庸、調法[4]，每丁租二石，絹二匹，綿三兩，自茲以外，不得横有[5]調斂。

丙戌[6]，詔：「諸宗姓[7]居官者，在同列之上；未仕者，免其傜役。每州置宗師[8]一人以攝總，別為團伍。」

張俟德至涼，李軌召其羣臣廷議曰：「唐天子，吾之從兄[9]，今已正位京邑[10]。一姓不可自爭天下，吾欲去帝號，受其封爵，可乎？」曹珍曰：「隋失其鹿，天下共逐之，稱王稱帝者，奚啻[11]一人！唐帝關中，涼帝河右[12]，固不相妨。且已為天子，柰何復自貶黜[13]！必欲以小事大，請依蕭詧事魏故事[14]。」軌從之。戊戌[15]，軌遣其尚書左丞[16]鄧曉入見，奉書稱「皇從弟大涼皇帝臣軌」，而不受官爵。帝怒，拘曉不遣，始議興師討之。

初，隋煬帝自征[17]吐谷渾[18]，吐谷渾可汗伏允以數千騎奔党項[19]。煬帝立其質子[20]順為主，使統餘眾，不果[21]入而還。會中國喪亂，伏允復還收其故地。上受禪，順自江都還長安，上遣使與伏允連和，使擊李軌，許以順還之。伏允喜，起兵擊軌，數遣使入貢請順，上遣之。

【章　旨】以上為第二段，寫唐高祖安集西北，始議興師討李軌。

【注　釋】❶武功　縣名，縣治在今陝西武功西北武功鎮。❷安集　安輯。❸極口　極力稱道或詆毀。❹租庸調法　唐代中期以前向受田課丁（人丁）徵派的田租、力庸、戶調等三種賦役的合稱。源於北魏到隋以均田制為基礎的租、調、力役制度。武德二年（西元六一九年）制定，名租庸調法。武德七年又作詳明規定，每丁每年繳租粟二石；調隨鄉土所產繳納，絹、綾二丈，布加五分之一，繳綾、絹、絁的加綿三兩，繳布的加麻三斤；庸是代替力役的賦稅。人丁每年有二十日力役，不服役的每日折納絹三尺。因事加役十五日的免調，三十日的租、調都免。但連正役不得超過五十日。❺橫有　濫有。❻丙戌　二月十六日。❼宗姓　同祖的人。❽宗師　官名，宗師本指受人尊重堪為師表的人。王莽攝政，詔各郡國設置宗師，訓導宗室子弟，為宗師定為官職的開始。❾從兄　堂兄。❿正位京邑　正式在京城即天子之位。⓫奚啻　何止。⓬河右　即河西。⓭貶黜　貶退。⓮蕭督事魏故事　魏恭帝初，宇文泰令柱國于謹伐江陵，蕭督以兵會之。及江陵平，泰立督為梁主，居江陵東城。督乃稱皇帝於其國，唯上疏則稱臣，奉正朔。⓯戊戌　二月二十八日。⓰尚書左丞　官名，唐代尚書省有左、右丞。尚書省左丞總轄吏、戶、禮三部，右丞總轄兵、刑、工三部。⓱自征　親征。⓲吐谷渾　亦作吐渾。我國古代西北部的一個民族，是鮮卑族的一支。⓳党項　我國古代民族名，羌人的一支。南北朝時，分布在今青海省東南部河曲和四川松潘以西山谷地帶。唐前期，大部分党項人遷徙到今甘肅、寧夏、陝北一帶。據本書卷一百八十一記載，大業五年（西元六〇九年），吐谷渾伏允使其子順來朝，煬帝留順不遣。伏允敗走，無以自資，率領數千騎客於党項。⓴質子　以子為人質。㉑不果　沒有結果。

【語　譯】唐高祖派金紫光祿大夫武功人靳孝謨帶兵安輯邊地郡縣，靳孝謨被梁師都俘虜。靳孝謨極口大罵，梁師都殺死了他。二月，唐高祖下詔追賜靳孝謨爵位為武昌縣公，諡號為忠。

初次制定租、庸、調法，一年每個成年男丁納租二石，絹二匹，綿三兩，除此之外，不得濫有徵調。

二月十六日丙戌，唐高祖下詔：「各與皇室同宗同祖而居官任職的，品位在同等官員之上；沒有入仕的，免除他們的傜役。每州設立宗師一人來總管宗族，另外編為軍隊的團伍。」

張俟德到達涼州，李軌召集群臣在朝廷上討論說：「唐朝的天子，是我的堂兄，現在已正式在京城即天子之位。同為一姓不可自家爭奪天下，我想去掉帝號，接受唐朝的封爵，可以嗎？」曹珍說：「隋朝喪失政權，天下人共同追逐帝位，稱王稱帝的，豈只一人！唐主在關中稱帝，涼王在河右稱帝，本來不相妨礙。況且您已經做了天子，何必又自我貶黜呢！一定想以小事大，就請依照蕭詧侍奉北魏的舊例。」李軌聽從這個建議。二月二十八日戊戌，李軌派遣他的尚書左丞鄧曉入朝晉見唐高祖，奉上的書信中自稱「皇帝的堂弟大涼國皇帝臣李軌」，而不接受唐朝的官爵。唐高祖很生氣，拘押了鄧曉，不送他回去，開始商議出兵討伐李軌。

當初，隋煬帝親自征討吐谷渾，吐谷渾的可汗伏允率領幾千騎兵跑往党項。隋煬帝扶立吐谷渾的質子順為吐谷渾君主，讓順統率吐谷渾剩餘的民眾，但順最後沒有回到吐谷渾而返回了中原。適逢中原戰亂，伏允又返回吐谷渾收復了他的原有領地。唐高祖即位時，順從江都回到長安，唐高祖派使者與伏允講和，派他攻打李軌，答應把順還給伏允。伏允很高興，發兵攻打李軌，多次派遣使者入朝進貢，請求歸還順，唐高祖遣送順返回吐谷渾。

閏月❶，朱粲遣使請降，詔以粲為楚王，聽自置官屬，以便宜從事。○宇文化及以珍貨❷誘海曲❸諸賊，賊帥王薄❹帥眾從之，與共守聊城。○竇建德謂其羣下❺曰：「吾為隋民，隋為吾君，今宇文化及弒逆，乃吾讎也，吾不可以不討。」乃引兵趣聊城。

淮安王神通攻聊城，化及糧盡請降，神通不許。安撫副使❻崔世幹❼勸神通許之，神通曰：「軍士暴露日久❽，賊食盡計窮，克在旦暮。吾當攻取以示國威，且散其玉帛以勞將士。若受其降，將何以為軍賞乎！」世幹曰：「今建德方至，若化及未平，內外受敵，吾軍必敗。夫不攻而下之⑨，為功甚易，柰何貪其玉帛而不受乎！」神通怒，囚世幹於軍中。既而宇文士及自濟北⑩餽之⑪，化及軍稍振，遂復拒戰⑫。神通督兵攻之，貝州⑬刺史趙君德⑭攀堞先登⑮。神通心害⑯其功，收兵不戰，君德大詬⑰而下，遂不克。建德軍且至，神通引兵退。

建德與化及連戰，大破之，化及復保聊城。建德縱兵四面急攻，王薄開門納之。建德入城，生擒⑱化及，先謁隋蕭皇后，語皆稱臣，素服哭煬帝盡哀，收傳國璽⑲及鹵簿⑳儀仗，撫存隋之百官，然後執逆黨宇文智及、楊士覽、元武達、許弘仁、孟景，集隋官而斬之㉑，梟首軍門㉒之外。以檻車㉓載化及并二子承基、承趾至襄國㉔，斬之。化及且死，更無餘言㉕，但云：「不負夏王㉖！」

建德每戰勝克城，所得資財，悉以分將士，身無所取。又不啖肉，常食蔬，茹粟飯㉗。妻曹氏，不衣紈綺㉘，所役婢妾，纔十許人。及破化及，得隋宮人千數，即時散遣之。以隋黃門侍郎裴矩㉙為左僕射，掌選事，兵部侍郎崔君肅㉚為侍中㉛，少府令㉜何稠㉝為工部尚書㉞，右司郎中㉟柳調㊱為左丞，虞世南㊲為黃門侍郎，歐陽詢㊳為太常卿。詢，紇之子也。自餘㊴隨才授職，委以政事。其不願留，欲詣關中及東都者亦聽之，仍給資糧，以兵援之㊵出境。隋驍果尚近萬人，亦各縱遣，任其所之㊶。又與王世充結好，遣使奉表於隋皇泰主，皇泰主封為夏王。建德起於羣盜，雖建國，未有文物法度㊷，裴矩為之定朝儀，制律令。建德甚悅，每從之諮訪㊸典禮。

【章　旨】以上為第三段，寫竇建德討平宇文化及。

【注　釋】❶閏月　閏二月。❷珍貨　珍寶財物。❸海曲　縣名，縣治在今山東日照西。❹王薄　齊郡鄒平（今山東鄒平北）人，隋末起兵反隋。事跡見《隋書》卷七十一〈張須陀傳〉。❺羣下　僚屬。❻安撫副使　官名，隋仁壽四年（西元六〇四年）設安撫大使，由行軍主帥兼任。唐代各州如有水旱災害，就派遣巡察、安撫或存撫等使節巡視撫恤，倘由節度使兼任，另有副使。❼崔世幹　武德元年十月，遣李神通安撫山東，書崔民幹為副。❽暴露日久　暴露於風雨中很久。❾不攻而下之　不攻打而能使其投降。❿濟北　郡名，治所在今山東茌平西南。⓫餽之　饋送糧食。⓬拒戰　抗戰。⓭貝州　州名，治所在今河北清河縣西北。⓮趙君德　隋末群雄之一，起於清河（今河北清河縣），後歸李密。隨李密降唐，為貝州刺史。事跡見《舊唐書》卷五十三〈李密傳〉、卷六十〈淮安王神通傳〉。⓯攀堞先登　攀上城堞先行登城。⓰心害　嫉妒。⓱大詬　大罵。⓲生擒　活捉。⓳傳國璽　秦以後歷代帝王相傳的玉璽。傳為秦始皇所作，方圓四寸，上紐交五龍，正面刻李斯所寫篆文：「受命於天，既壽永昌。」秦亡歸漢。後代帝王爭以得璽為符應。⓴鹵簿　古代帝王出外時在其前後的儀仗隊。自漢以後，后、妃、太子、王公、大臣皆有鹵簿，各有定制，並非為天子所專有。㉑集隋官而斬之　調集中隋朝官員，當面斬殺了宇文智及等人。㉒軍門　領兵將帥的營門，亦即轅門。㉓檻車　古代運送囚犯的車。㉔襄國　郡名，治所在今河北邢臺。㉕餘言　其他的話。㉖夏王　夏王為竇建德的稱號。㉗茹粟飯　吃去殼帶糠的米飯。㉘衣紈綺　穿帶花紋的細絹。㉙裴矩　（？—西元六二七年）字弘大，河東（今山西聞喜）人，仕隋為吏部侍郎。唐初任殿中侍御史、民部尚書等。傳見《舊唐書》卷六十三、《新唐書》卷一百。㉚崔君肅　鄭州新鄭（今河南新鄭）人，仕隋為兵部侍郎。後歸竇建德，署為侍中。唐武德初為黃門侍郎、鴻臚卿。事跡見《舊唐書》卷五十四、《新唐書》卷八十五〈竇建德傳〉。㉛侍中　官名，門下省長官，負責傳達皇帝詔敕。㉜少府令　隋代少府監的長官，始稱少府監，後改少府令，領尚方、織染等署。㉝何稠　字桂林，性聰敏，善營造。隋末為少府令。後歸竇建德，署為工部尚書。建德敗，歸唐，授將作少匠。傳見《隋書》卷六十八、《北史》卷九十。㉞工部尚書　官名，正三品，職掌天下百工、屯田、山澤事宜。㉟右司郎中　官名，隋煬帝於尚書都司置左右司郎各一人，掌都省之職。品同諸曹郎，從五品。㊱柳調　河東解（今山西運城西南）人，仕隋為祕書郎、侍御史、尚書左司郎等，後歸竇建德，署為尚書左丞。傳見《隋書》卷四十七、《北史》卷六十七。㊲虞世南　（西元五五八—六三八年）唐初傑出書法家，字伯施，越州餘姚（今浙江餘姚）人，官至祕書監。傳見《舊唐書》卷七十二、《新唐書》卷一百二。㊳歐陽詢　（西元五五七—六四一年）唐初傑出書法家，字信本，潭州臨湘（今湖南長沙）人，官至太子率更令。傳見《舊唐書》卷一百八十九、《新唐書》卷一百九十八。㊴自餘　其餘。㊵援之　護送。㊶任其所之　任憑他們到哪裡去。㊷文物法度　典章制度政策法令。㊸諮訪　請教；諮詢。

【語譯】閏二月，朱粲派使者到唐朝請求投降，高祖下詔立朱粲為楚王，聽憑朱粲自己設置官屬，視方便辦事。〇宇文化及用珍寶財物引誘海曲縣的各路賊眾，賊帥王薄率領賊眾跟隨了宇文化及，與宇文化及一起守衛聊城。〇竇建德對其部下說：「我是隋朝百姓，隋是我的君主，現在宇文化及叛逆殺了皇帝，就是我的仇人，我不能不討伐。」於是帶兵奔向聊城。

淮安王李神通攻打聊城，宇文化及的糧食光了，請求投降，李神通不答應。安撫副使崔世幹勸李神通答應宇文化及投降，李神通說：「軍隊士卒長期在野外風餐露宿，敵人糧盡計窮，攻克他們就在朝夕之間。我應當攻下聊城以展示國家的威勢，並且散發他們的玉帛來慰勞將士。如果接受他們投降，將用什麼東西賞賜軍隊呢！」崔世幹說：「現在竇建德就要到達，如果宇文化及沒有平定，我們裡外受敵，我軍必然失敗。不用攻城而使其投降，得到成功非常容易，為什麼貪圖他們的玉帛而不接受投降呢！」李神通很生氣，把崔世幹囚禁在軍中。不久，宇文士及從濟北郡運送糧草給宇文化及，宇文化及的軍隊逐漸振作起來，於是又來抵抗作戰。李神通督率軍隊攻城，貝州刺史趙君德攀上城堞首先登上城牆。李神通心中嫉妒他的功勞，收兵不戰，趙君德大罵，從城上退下，於是沒有攻克聊城。竇建德的軍隊即將抵達，李神通帶兵退去。

竇建德和宇文化及連續交戰，大敗宇文化及，宇文化及又退守聊城。竇建德縱兵四面猛攻，王薄打開城門把竇建德的軍隊放進城內。竇建德進入城內，活捉了宇文化及，先去拜謁隋朝的蕭皇后，話中都自稱臣下，身著白色喪服，哭弔隋煬帝盡哀，收得隋朝的傳國玉璽及車駕儀仗，安撫隋朝的文武百官，然後抓住叛逆同黨宇文智及、楊士覽、元武達、許弘仁、孟景，集合隋朝官員當面斬殺這些人，割下首級懸掛於軍營門外示眾。用檻車拉著宇文化及連同他的兩個兒子宇文承基、宇文承趾到達襄國，把他們殺了。宇文化及臨死時，再沒有說多餘的話，只是說：「沒有辜負夏王！」

竇建德每次打了勝仗，攻陷城池，所獲得的物資財產，全部用來分給將士，自己不拿任何東西。他又不吃肉，經常吃蔬菜，吃去殼帶糠的米飯。他的妻子曹氏，不穿綾綢綢緞，所役使的婢妾，才十幾個人。等到打敗宇文化及，獲得隋朝的宮女上千名，當時就遣散了她們。竇建德任命隋黃門侍郎裴矩為左僕射，掌管選擇官吏的事務，任命隋兵部侍郎崔君肅為侍中，少府令何稠為工部尚書，右司郎中柳調為左丞，虞世南為黃門侍郎，歐陽詢為太常卿。歐陽詢，是歐陽紇的兒子。其餘的隋朝官員根據才能授予官職，把朝廷的政事委任給他們。其中不願意留下的，想前往關中或東都的人，也都聽任他們前往，還給予路費和糧食，派兵護送他們出境。隋朝的驍果兵還有近萬人，也都分別放行遣返，任憑他們到哪裡去。竇建德又與王世充交好，派遣使者向東都的隋朝皇泰主奉上表章，皇泰主封竇建德為夏王。竇建德出身於群盜，雖然建立了國家，但沒有典章制度和法令，裴矩為他制定典章制度政策法令。竇建德非常高興，經常向裴矩諮詢禮儀典章之事。

甲辰❶，上考第❷羣臣，以李綱、孫伏伽為第一，因置酒高會❸，謂裴寂等曰：「隋氏以主驕臣諂❹亡天下，朕即位以來，每虛心求諫，然惟李綱差盡忠款❺，孫伏伽可謂誠直，餘人猶踵敝風❻，俛眉❼而已，豈朕所望哉！朕視卿如愛子，卿當視朕如慈父，有懷必盡❽，勿自隱也！」因命捨君臣之敬❾，極歡而罷。○

遣前御史大夫段確使於朱粲。

初，上為隋殿內少監[10]，宇文士及為尚輦奉御[11]，上與之善。士及從化及至黎陽，上手詔召之。士及潛遣家僮間道詣長安，又因使者獻金環[12]。化及至魏縣，兵勢日蹙[13]，士及勸之歸唐，化及不從，內史令[14]封德彝說士及於濟北徵督軍糧以觀其變。化及稱帝，立士及為蜀王。化及死，士及與德彝自濟北來降。時士及妹為昭儀[15]，由是授上儀同[16]。上以封德彝隋室舊臣，而諂巧不忠，深誚[17]責之，罷遣就舍[18]。德彝以祕策干上[19]，上悅，尋拜內史舍人，俄遷侍郎。

甲寅[20]，隋夷陵[21]郡丞安陸許紹帥黔安[22]、武陵[23]、澧陽等諸郡來降。紹幼與帝同學，詔以紹為峽州[24]刺史，賜爵安陸公。○丙辰[25]，以徐世勣為黎州[26]總管。○丁巳[27]，驃騎將軍張孝珉以勁卒百人襲王世充汜水城[28]，入其郛[29]，沈[30]米船百五十艘。

己未[31]，世充寇穀州。世充以秦叔寶[32]為龍驤大將軍，程知節為將軍，待之皆厚。然二人疾世充多詐，知節謂叔寶曰：「王公器度[33]淺狹而多妄語，好為呪[34]誓，此乃老巫嫗[35]耳，豈撥亂[36]之主乎！」世充與唐兵戰於九曲[37]，叔寶、知節皆將兵在陳[38]，與其徒數十騎西馳百許步，下馬拜世充曰：「僕荷公殊禮[39]，深思報效。公性猜忌，喜信讒言，非僕託身之所。今不能仰事㊵，請從此辭。」遂躍馬來降，世充不敢逼。上使事㊶秦王世民。世民素聞其名，厚禮之，以叔寶為馬軍總管，知節為左三統軍㊷。時世充驍將又有驃騎武安㊸李君羨、征南將軍㊹臨邑㊺田留安，亦惡世充之為人，帥眾來降。世民引君羨置左右，以留安為右四統軍。

王世充囚李育德之兄厚德於獲嘉㊻，厚德與其守將趙君潁逐殷州㊼刺史段大師，以城來降。以厚德為殷州刺史。○竇建德陷邢州，執總管陳君賓。

上遣殿內監㊽竇誕㊾、右衛將軍宇文歆助并州㊿總管齊王元吉守晉陽。誕，抗(51)之子也，尚帝女襄陽公主。元吉性驕侈，奴客婢妾數百人，好使之被甲，戲為攻戰，前後死傷甚眾，元吉亦嘗被傷。其乳母陳善意苦諫，元吉醉，怒，命壯士毆殺之。性好田獵，載罔罟(52)三十車，嘗言：「我寧三日不食，不能一日不獵。」常與誕遊獵，蹂踐人禾稼。又縱左右奪民物，當衢(53)射人，觀其避箭。夜，開府門，宣淫他室(54)。百姓憤怨，歆屢諫不納，乃表言其狀。壬戌(55)，元吉坐免官。

癸亥(56)，陟州刺史李育德攻下王世充河內堡聚(57)三十一所。乙丑(58)，世充遣其兄子君廓侵陟州，李育德擊走之，斬首千餘級。李厚德歸省親疾(59)，使李育德守獲嘉。世充併兵攻之。丁卯(60)，城陷，育德及弟三人皆戰死。○己巳(61)，李公逸(62)

以雍丘[63]來降，拜杞州[64]總管，以其族弟善行為杞州刺史。

隋吏部侍郎楊恭仁[65]從宇文化及至河北，化及敗，魏州總管元寶藏獲之，己巳[66]，送長安。上與之有舊，拜黃門侍郎，尋以為涼州總管。恭仁素習邊事，曉羌、胡情偽[67]，民夷悅服，自蔥嶺[68]已東，並入朝貢。

突厥始畢可汗將其眾度河至夏州[69]，梁師都發兵會之，以五百騎授劉武周[70]，欲自句注[71]入寇太原。會始畢卒，子什鉢苾幼，未可立，立其弟俟利弗設為處羅可汗。處羅以什鉢苾為尼步設[72]，使居東偏，直[73]幽州之北。先是，上遣右武候將軍高靜奉幣使於突厥，至豐州[74]，聞始畢卒，敕納於所在之庫[75]。突厥聞之，怒，欲入寇，豐州總管張長遜遣高靜以幣出塞為朝廷致賻[76]，突厥乃還。

【章旨】以上為第四段，寫王世充部屬紛紛降唐。

【注釋】❶甲辰　閏二月初四。❷考第　考核而評其等級。❸高會　大會。❹主驕臣諂　皇帝驕橫，臣下諂媚。❺差盡忠款　稍稍盡了忠心。❻猶踵敝風　仍沿承壞風氣。❼俛眉　俯眉；俯首。意謂順從而不敢進諫。❽有懷必盡　有想法一定全說出來。❾捨君臣之敬　去掉君臣間的禮敬。❿殿內少監　官名，隋殿內省唐改為殿中省，掌諸供奉，領尚食、尚藥、尚衣、尚舍、尚乘、尚輦六局，有監一人，從三品，少監二人，從四品上，丞二人，從五品上。⓫尚輦奉御　官名，隋煬帝於殿內省置尚輦局，其主官為奉御，掌乘輿。⓬獻金環　暗示回還長安。⓭蹙　緊迫。⓮內史令　官名，隋初改中書省為內史省，中書令為內史令。⓯昭儀　女官名，漢元帝時始置，位視丞相，爵比諸侯王，為妃嬪中的第一級。⓰上儀同　《舊唐書・百官志》：「開府儀同三司，從第一品。」開府儀同三司即上儀同。⓱誚　責備；譏諷。⓲罷遣就舍　罷官遣返回家。⓳干上求皇上。⑳甲寅　閏二月十四日。㉑夷陵　郡名，治所在今湖北宜昌。㉒黔安　郡名，治所在今重慶市彭水縣。㉓武陵　郡名，治所澧陽，在今湖南澧縣。㉔峽州　州名，治所在今湖北宜昌。㉕丙辰　閏二月十六日。㉖黎州　州名，治所在今河南浚縣東北。㉗丁巳　閏二月十七日。㉘汜水城　縣名，縣治在今河南滎陽西北汜水鎮。㉙郛　郭城。㉚沈　同「沉」。㉛己未　閏二月十九日。㉜秦叔寶　（？—西元六三八年）名瓊，字叔寶，齊州歷城（今山東濟南）人，官至左武衛大將軍，封翼國公。死後陪葬昭陵，改封胡國公。傳見《舊唐書》卷六十八、《新唐書》卷八十九。㉝器度　度量。㉞呪　同「咒」。宗教或巫術中的密語。㉟老巫嫗　老巫婆。㊱撥亂　平亂。㊲九曲　城名，北齊時築，在今河南宜陽西北。㊳陳　同「陣」。㊴僕荷公殊禮　我承蒙您特殊禮遇。僕，自謙之詞。㊵仰事　向上而侍奉之。仰為謙恭語。㊶上使事　皇上使他們侍奉。㊷統軍　官名，唐北衙禁軍有左右龍武軍、左右神武軍、左右神策軍，號六軍，各置統軍一人，位次於大將軍。左三統軍即左龍武軍、左神武軍和左神策軍的統軍。㊸武安　郡名，治所在今河北永年東南。㊹征南將軍　官名，三國時，魏武官設置四征將軍：征東、征西、征南、征北。其中征南將軍統領荊豫二州，屯駐新野（今河南新野）。㊺臨邑　縣名，縣治在今山東濟陽西南。㊻獲嘉　縣名，縣治在今河南獲嘉。㊼殷州　州名，治所在今河南新鄉西南。㊽殿內監　官名，煬帝時，殿內省置監，掌諸供奉，正四品。㊾竇誕　竇靜弟。從太宗征薛舉，為元帥府司馬。累遷太常卿。傳見《舊唐書》卷六十一、《新唐書》卷九十五。㊿并州　州名，治所在今山西太原西南。(51)抗　竇抗，竇誕之父，皇后之兄。(52)罔罟　罔、罟均為網。(53)衢　大路。(54)宣淫他室　淫穢別人的家室。(55)壬戌　閏二月二十二日。(56)癸亥　閏二月二十三日。(57)河內堡聚　河內郡的村堡聚落。河內，郡名，治所在今河南沁陽。堡，小城；村堡。聚，聚落。(58)乙丑　閏二月二十五日。(59)省親疾　探視父母的病。(60)丁卯　閏二月二十七日。(61)己巳　閏二月二十九日。(62)李公逸　雍丘（今河南杞縣）人，始附王世充，後歸高祖，拜杞州總管，封陽夏郡公。傳見《舊唐書》卷一百八十七、《新唐書》卷一百九十一。(63)雍丘　縣名，縣治在今河南杞縣。(64)杞州　州名，治所在今河南杞縣。(65)楊恭仁　（？—西元六三九年）隋仁壽中為甘州刺史，歸唐封觀國公，為涼州總管，後遷洛州都督。傳見《舊唐書》卷六十二、《新唐書》卷一百。(66)己巳　閏二月二十九日。(67)情偽　真假虛實。(68)葱嶺　即今帕米爾高原與喀喇昆侖山脈的總稱。(69)夏州　州名，治所在今陝西靖邊東北白城子。(70)劉武周　（？—西元六二二年）隋末割據者，河間景城（今河北獻縣東北）人，遷馬邑（今山西朔州），任馬邑鷹揚府校尉。大業十三年（西元六一七年）殺太守王仁恭，自稱太守，遣使附突厥，受封為定揚可汗，自稱皇帝，年號天興。傳見《舊唐書》卷五十五、《新唐書》卷八十六。(71)句注　山名，又名陘嶺、西陘山。在今山西代縣西北。(72)設　突厥、回紇典兵官銜。(73)直　當；處。(74)豐州　州名，治所在今內蒙古五原西南黃河北岸。75敕納於所在之庫　詔命納於當地的財庫。76以幣出塞為朝廷致賻　拿幣出塞作為朝廷送去助喪的財物。賻，用財物幫助別人辦理喪事。

【語　譯】閏二月初四日甲辰，唐高祖考核評定群臣的等級，以李綱、孫伏伽為第一等級，於是擺下酒席舉行盛大宴會，對裴寂等人說：「隋朝因為君主驕橫臣子諂媚而喪失天下，朕即位以來，經常虛心尋求勸諫，但是只有李綱稍能盡了忠心，孫伏伽可以說是忠誠正直，其餘的人還是沿襲壞風氣，俯首而已，這難道是朕所希望的嗎！朕看待你們就像自己心愛的兒子，你們應當視朕如同慈父，有想法一定全說出來，不要自己隱藏在心！」於是下令免去君臣之間的禮敬，極盡歡樂才罷宴。〇唐派遣前任御史大夫段確出使朱粲。

當初，唐高祖為隋殿內少監，宇文士及為尚輦奉御，唐高祖與他相友善。宇文士及隨宇文化及到達黎陽後，唐高祖親筆寫詔書要宇文士及歸順。宇文士及暗中派家僮從小路前往長安，又通過使者獻上金環。宇文化及到達魏縣，兵力日益吃緊，宇文士及勸他歸順唐朝，宇文化及不聽，內史令封德彝勸宇文士及在濟北徵收督運軍糧靜觀時勢變化。宇文化及稱帝，立宇文士及為蜀王。宇文化及死後，宇文士及和封德彝從濟北前來降唐。當時宇文士及的妹妹是唐高祖的昭儀，因此授予宇文士及上儀同之銜。唐高祖因為封德彝是隋朝舊臣，卻諂媚佞巧不忠誠，對他深加諷刺和斥責，罷免了他的官職遣返回家。封德彝獻上祕策求皇上，唐高祖很高興，不久任命封德彝為內史舍人，沒多長時間升遷為侍郎。

閏二月十四日甲寅，隋朝夷陵郡丞安陸人許紹帶領黔安、武陵、澧陽等郡前來降唐。許紹幼年時曾與唐高祖一起讀書，唐高祖下詔任命許紹為峽州刺史，賜爵安陸公。〇十六日丙辰，唐高祖任命徐世勣為黎州總管。〇十七日丁巳，唐驃騎將軍張孝珉率領勁卒一百人襲擊王世充的汜水城，進入汜水城的外城，把對方的一百五十艘運米船沉入水中。

閏二月十九日己未，王世充侵犯穀州，王世充任命秦叔寶為龍驤大將軍，程知節為將軍，對待二人都很優厚。但是二人憎恨王世充多詐，程知節對秦叔寶說：「王公度量狹隘淺薄而言多狂妄，喜歡咒語發誓，這乃是老巫婆而已，哪裡是撥亂反正的君主呢！」王世充在九曲與唐軍交戰，秦叔寶、程知節都率兵在陣中，和他們的部下幾十名騎兵向西奔跑一百多步，下馬朝王世充拜謝說：「我們承蒙您的特別禮遇，非常想報效主公。但主公性情猜忌，喜歡聽信讒言，不是我們的託身之處。如今不能奉事主公，請讓我們從此分別。」於是跳上馬前來降唐，王世充不敢逼迫。唐高祖讓二人在秦王李世民屬下做事。李世民一向聽說他們的名聲，對他們厚加禮遇，任命秦叔寶為馬軍總管，程知節為左三統軍。當時王世充的驍勇將領還有驃騎將軍武安人李君羨、征南將軍臨邑人田留安，也討厭王世充的為人，帶領部眾前來投降。李世民把李君羨安置在身邊，任命田留安為右四統軍。

王世充把李育德的哥哥李厚德囚禁在獲嘉縣，李厚德與獲嘉縣的守將趙君穎驅逐了殷州刺史段大師，以城池降唐。唐任命李厚德為殷州刺史。〇竇建德攻陷了邢州，抓住了邢州總管陳君賓。

唐高祖派遣殿內監竇誕、右衛將軍宇文歆協助并州總管齊王李元吉守衛晉陽。竇誕，是竇抗的兒子，娶唐高祖的女兒襄陽公主為妻。李元吉性情驕狂奢侈，奴僕、賓客、婢妾數百人，喜歡讓這些人穿上盔甲，進行相互攻打的遊戲，前後死傷了很多人，李元吉也曾受傷。李元吉的奶媽陳善意苦苦勸諫，李元吉醉酒，對奶媽很生氣，命令壯士打死了陳善意。李元吉生性喜歡遊獵，裝載著三十車網，他曾經說：「我寧可三天不吃飯，也不能一天不打獵。」常常和竇誕遊獵，踐踏百姓的莊稼。又放縱身邊人搶奪民眾的財物，在大街上射人，觀看人們躲避箭矢。夜裡，他打開王府大門，四出淫穢別人家婦女。百姓又氣憤又怨恨，宇文歆一再規勸卻不聽從，於是上表報告李元吉不軌的行為。閏二月二十二日壬戌，李元吉因罪免官。

閏二月二十三日癸亥，唐陟州刺史李育德攻下王世充在河內地區的三十一座村堡聚落。二十五日乙丑，王世充派遣他哥哥的兒子王君廓侵犯陟州，李育德打跑了他，斬首一千多級。李厚德回鄉探視父母的疾病，讓李育德守衛獲嘉城。王世充集中兵力攻打獲嘉。二十七日丁卯，城池陷落，李育德與三個弟弟全部戰死。〇二十九日己巳，李公逸率雍丘縣前來降唐，被任命為杞州總管，任命他的同族弟弟李善行為杞州刺史。

隋朝吏部侍郎楊恭仁跟隨宇文化及到達河北，宇文化及失敗後，唐魏州總管元寶藏抓獲了楊恭仁，閏二月二十九日己巳，把他押送長安。唐高祖與他有舊關係，任命他為黃門侍郎，不久任命為涼州總管。楊恭仁一向熟悉邊境情況，瞭解羌、胡各族的真假虛實，涼州的漢民與羌、胡各族人都心悅誠服，自葱嶺以東，各國都來朝拜進貢。

突厥始畢可汗帶領他的部眾渡過黃河到達夏州，梁師都出動軍隊和始畢可汗會合，把五百騎兵交給劉武周，打算從句注入侵太原。適逢始畢可汗去世，兒子什鉢苾年幼，不能立為可汗，突厥人就把始畢的弟弟俟利弗設立為處羅可汗。處羅任命什鉢苾為尼步設，讓他處在東部邊境，正當幽州的北面。在此之前，唐高祖派遣右武侯將軍高靜攜帶禮物出使突厥，到達豐州，聽說始畢去世，朝廷敕令把所帶的禮物收進當地的倉庫。突厥聽說了，很生氣，打算入侵內地，豐州總管張長遜派高靜帶這些禮物出塞，代為朝廷向突厥贈送幫助辦理始畢喪事的禮物，突厥這才返回。

三月庚午❶，梁師都寇靈州，長史楊則擊走之。◯壬申❷，王世充寇穀州，刺史史萬寶戰不利。◯庚辰❸，隋北海❹通守鄭虔符、文登❺令方惠整及東海❻、齊郡❼、東平❽、任城❾、平陸❿、壽張⓫、須昌⓬賊帥王薄等並以其地來降。

王世充之寇新安也，外示攻取，實召文武之附己者議受禪⓭。李世英深以為不可，曰：「四方所以奔馳歸附東都者，以公能中興隋室故也。今九州之地，未清其一⓮，遽正位號⓯，恐遠人⓰皆思叛去矣！」世充曰：「公言是也。」長史韋節、楊續等曰：「隋氏數窮⓱，在理昭然。夫非常之事，固不可與常人議之。」

太史令[18]樂德融曰：「昔歲長星出[19]，乃除舊布新之徵。今歲星[20]在角、亢[21]，亢，鄭之分野[22]。若不亟[23]順天道，恐王氣衰息。」世充從之。外兵曹[24]參軍戴胄言於世充曰：「君臣猶父子也，休戚[25]同之。明公莫若竭忠徇國，則家國俱安矣。」世充詭辭稱善而遣之。世充議受九錫[26]，胄復固諫，世充怒，出為鄭州[27]長史，使與兄子行本鎮虎牢。乃使段達等言於皇泰主，請加世充九錫。皇泰主曰：「鄭公近平李密，已拜太尉。自是以來，未有殊績。俟天下稍平，議之未晚。」段達曰：「太尉欲之。」皇泰主熟視[28]達曰：「任公！」辛巳[29]，達等以皇泰主之詔命世充為相國[30]，假黃鉞[31]，總百揆[32]，進爵鄭王，加九錫，鄭國置丞相以下官。

初，宇文化及以隋大理卿[33]鄭善果[34]為民部尚書，從至聊城，為化及督戰，中流矢。竇建德克聊城，王琮獲善果，責之曰：「公名臣之家[35]，隋室大臣，柰何為弒君之賊效命，苦戰傷痍[36]至此乎！」善果大慚，欲自殺，宋正本馳往救止之。建德復不為禮，乃奔相州[37]，淮安王神通送之長安。庚午[1]，善果至，上優禮[38]之，拜左庶子[39]、檢校[40]內史侍郎。

齊王元吉諷[41]并州父老詣闕留己。甲申[42]，復以元吉為并州總管。○戊子[43]，淮南[44]五州皆遣使來降。○辛卯[45]，劉武周寇并州。○壬辰[46]，營州[47]總管鄧暠擊高開道，敗之。○甲午(48)，王世充遣其將高毗寇義州(49)。

東都道士桓法嗣獻孔子閉房記於王世充，言相國當代隋為天子。世充大悅，以法嗣為諫議大夫(50)。世充又羅取雜鳥，書帛繫頸(51)，自言符命而縱之。有得鳥來獻者，亦拜官爵。於是段達以皇泰王命加世充殊禮，世充奉表三讓(52)。百官勸進，設位於都堂(53)。納言蘇威年老，不任朝謁(54)。世充以威隋氏重臣，欲以眩耀士民，每勸進，必冠威名(55)。及受殊禮之日，扶威置百官之上，然後南面正坐受之。

夏，四月，劉武周引突厥之眾軍於黃蛇嶺(56)，兵鋒甚盛。齊王元吉使車騎將軍張達以步卒百人[2]嘗寇(57)，達辭以兵少不可往。元吉強遣之，至則俱沒。達忿恨，庚子(58)，引武周襲榆次(59)，陷之。

散騎常侍段確性嗜酒，奉詔慰勞朱粲於菊潭。辛丑(60)，乘醉侮粲曰：「聞卿好啖人，人作何味？」粲曰：「啖醉人正如糟藏彘肉(61)。」確怒，罵曰：「狂賊入朝，為一頭奴(62)耳，復得啖人乎！」粲於座收確及從者數十人，悉烹之，以啖左右。遂屠菊潭，奔王世充，世充以為龍驤(63)大將軍。

王世充令長史韋節、楊續等及太常博士(61)衡水(65)孔穎達(66)造禪代儀(67)，遣段達、雲定興等十餘人入奏皇泰主曰：「天命不常，鄭王功德甚盛，願陛下遵唐、虞之迹[68]。」皇泰主斂膝據按[69]，怒曰：「天下，高祖之天下。若隋祚未亡，此言不應輒發[70]；必天命已改，何煩禪讓！公等或祖禰[71]舊臣，或台鼎高位[72]，既有斯言，朕復何望！」顏色凜冽[73]，在廷者皆流汗。退朝，泣對太后。世充更使人謂之曰：「今海內未寧，須立長君，俟四方安集，當復子明辟[74]，必如前誓[75]。」癸卯[76]，世充稱皇泰主命，禪位于鄭，遣其兄世惲幽皇泰主於含涼殿，雖有三表陳讓及敕書敦勸[77]，皇泰主皆不知也。遣諸將引兵入清宮城，又遣術人以桃湯葦火祓除[78]禁省。

隋將帥、郡縣及賊帥前後繼有降者，詔以王薄為齊州[79]總管，伏德為濟州[80]總管，鄭虔符為青州[81]總管，綦公順為淮州[82]總管，王孝師為滄州[83]總管。甲辰[84]，遣大理卿新樂[85]郎楚之安撫山東，祕書監夏侯端[86]安撫淮左。○乙巳[87]，王世充備法駕[88]入宮，即皇帝位。丙午[89]，大赦，改元開明[90]。○丁未[91]，隋御衛將軍[92]陳稜以江都來降，以稜為揚州[93]總管。

戊申[94]，王世充立子玄應為太子，玄恕為漢王，餘兄弟宗族十九人皆為王。奉皇泰主為潞國公。以蘇威為太師[95]，段達為司徒，雲定興為太尉，張僅為司空[96]，楊續為納言，韋節為內史(97)，王隆為左僕射，韋霽為右僕射，齊王世惲為尚書令，楊汪為吏部尚書，杜淹(98)為少吏部(99)，鄭頲為御史大夫。世惲，世充之兄也。又以國子助教(100)吳人陸德明(101)為漢王師，令玄恕就其家行束脩禮(102)。德明恥之，服巴豆散(103)，臥稱病，玄恕入跪牀下，對之遺利(104)，竟不與語。德明名朗，以字行。

世充於闕(105)下及玄武門(106)等數處皆設榻，坐無常所，親受章表。或輕騎歷衢市，亦不清道(107)，民但避路而已。世充按轡(108)徐行，語之曰：「昔時天子深居九重(109)，在下事情無由聞徹(110)。今世充非貪天位(111)，但欲救恤時危，正如一州刺史，親覽庶務，當與士庶共評朝政，尚恐門有禁限(112)，今於門外設坐聽朝，宜各盡情。」又令西朝堂(113)納冤抑，東朝堂(114)納直諫。於是獻策上書者日有數百，條流既煩(115)，省覽難遍，數日後，不復更出。

【章 旨】以上為第五段，寫王世充篡逆稱帝。

【注 釋】(1)庚午 三月初一。(2)壬申 三月初三。(3)庚辰 三月十一日。(4)北海 郡名，治所在今山東青州。(5)文登 縣名，縣治在今山東文登。(6)東海 郡名，治所在今江蘇連雲港市西南海州鎮。(7)齊郡 郡名，治所在今山東濟南。(8)東平 郡名，治所在今山東鄆城東。(9)任城 縣名，縣治在今山東濟寧。(10)平陸 縣名，縣治在今山東汶上西北。(11)壽張 縣名，縣治在今山東梁山縣西北。(12)須昌 縣名，縣治在今山東東平西北。(13)禪 禪位。(14)未清其一 連一州尚未肅清。(15)遽正位號 急於正位建號。(16)遠人 遠方的人。(17)數窮 曆數已盡。(18)太史令 官名，專掌天文、曆法。(19)長星出 隋大業十三年

（西元六一七年）六月，有星孛於太微五帝座，色黃赤，長三四尺許。⑳歲星　我國古代指木星。因為木星每十二年在空中繞行一周，每天移動周天的十二分之一，古代以木星所在的位置，作為紀年標準，所以叫歲星。㉑角亢　星官名，又稱角宿、亢宿，均為二十八宿之一。分別為青龍七宿的第一宿和第二宿。㉒鄭之分野　鄭之分野屬兗州（治所在今山東兗州）。㉓亟趕緊。㉔外兵曹　官名，隋官無此制。王世充取魏、晉以來官制而置之。㉕休戚　甘苦。㉖九錫　舊時天子賜諸侯中有大功者衣物等凡九事，謂九錫。㉗鄭州　州名，治所在今河南滎陽西北汜水鎮。㉘熟視　仔細端詳甚久。㉙辛巳　三月十二日。㉚相國　官名，即宰相。唐以後多用作實際任宰相者的尊稱。㉛假黃鉞　黃鉞，以黃金為飾的斧，古代為帝王所專用。帝王特賜給專主征伐的重臣，稱為假黃鉞。㉜總百揆　總理國家各項政務。㉝大理卿　官名，掌刑法之事。㉞鄭善果　（？—西元六二九年）滎澤（今河南鄭州西北）人，仕隋為沂州刺史，入唐累遷檢校大理卿，後任刑部尚書。傳見《北史》卷九十一、《舊唐書》卷六十二、《新唐書》卷一百。㉟公名臣之家　鄭善果父誠，討尉遲回，以力戰死，為隋名臣。㊱痍　創傷。㊲相州　州名，治所在今河南安陽。㊳優禮　殊禮；高規格的禮儀。㊴左庶子　官名，唐時設左右春坊，屬東宮。春坊官有庶子，正四品上。㊵檢校　官名，唐代的檢校官有兩種含意，唐前期多為代理某官。唐後期多指地方使職帶臺省官銜者。這裡應是代理的意思。㊶諷　用含蓄的話暗示。㊷甲申　三月十五日。㊸戊子　三月十九日。㊹淮南　道名，轄境相當今淮河以南，長江以北，東至海，西至今湖北隨州、應城、漢川市等一帶。㊺辛卯　三月二十二日。㊻壬辰　三月二十三日。㊼營州　州名，治所在今湖南道縣西。㊽甲午　三月二十五日。㊾義州　州名，治所在今河南衛輝西南。㊿諫議大夫　官名，隋唐隸屬門下省，掌侍從規諫，凡四人。(51)書帛繫頸　書字於帛，繫於鳥頸之上。(52)三讓　三次謙讓。(53)都堂　唐之政事堂，為宰相理政事的地方。(54)不任朝謁　不能承受入朝拜見。(55)必冠威名　將蘇威之名，列於第一位。(56)黃蛇嶺　地名，在今山西榆次北。(57)嘗寇　試敵。(58)庚子　四月初二。(59)榆次　縣名，縣治在今山西榆次。(60)辛丑　四月初三。(61)糟藏彘肉　酒糟醃的豬肉。(62)一頭奴　一個奴僕頭目。(63)龍驤　軍隊的名號。(64)太常博士　官名，職掌禮儀，從七品。(65)衡水　縣名，縣治在今河北衡水縣西。(66)孔穎達　（西元五七四—六四八年）唐代著名經學家，字沖遠，冀州衡水（今屬河北）人。傳見《舊唐書》卷七十三、《新唐書》卷一百九十八。(67)造禪代儀　造作禪代的儀式。(68)遵唐虞之迹　指唐堯、虞舜讓位的故事。(69)斂膝據按　收起雙膝，手撐案几。按，通「案」。(70)輒發　隨便發出。(71)祖禰　先祖。禰，生稱父，死稱考，入廟稱禰。(72)台鼎高位　官居宰輔高位。(73)凜冽　嚴厲。(74)復子明辟　恢復您的君位。(75)必如前誓　指去年（西元六一八年）七月王世充對皇泰主披髮而誓，所謂「不敢有貳心」的表白。(76)癸卯　四月初五日。(77)敦勸　敦促勸進。(78)祓除　掃除。(79)齊州　州名，治所在今山東濟南。(80)濟州　州名，治所在今山東茌平西南。(81)青州　州名，治所在今山東青州。(82)淮州　《新唐書》卷一〈高祖紀〉大業十三年云「綦公順據青、萊」，綦公順任總管之地當是濰州。濰州係由青州之北海、營丘、下密組成，而淮州並非綦公順所據之地。濰州治所在今山東濰坊西。(83)滄州　州名，治所在今河北滄州東南。(84)甲辰　四月初六日。(85)新樂　縣名，縣治在今河北新樂東北。(86)夏侯端　壽春（今安徽壽春）人，仕隋為大理司直。唐高祖拜祕書監，出為梓州刺史。傳見《舊唐書》卷一百八十七、《新唐書》卷一百九十一。(87)乙巳　四月初七日。(88)法駕　天子的車駕。(89)丙午　四月初八日。(90)開明　隋末王世充年號（西元六一九—六二一年）。(91)丁未　四月初九日。(92)禦衛將軍　將軍名，左右禦衛的首領稱左右禦衛將軍，從三品。(93)揚州　州名，治所在今江蘇揚州。(94)戊申　四月初十日。(95)太師　官名，西周始置，原為軍隊的最高統帥。春秋時成為輔弼國君的官。歷代相沿以太師、太傅、太保為三公，多為大官加銜，表示恩寵，無實際職務。(96)司空　官名，西周始置，春秋戰國沿置，掌管工程。漢成帝時改御史大夫為大司空，後去「大」字，稱司空。魏為三公官，參議國事，隋唐沿用。(97)內史　官名，負責政務。煬帝時改內史為內書。(98)杜淹　（？—西元六二八年）字執禮，隋文帝時累擢御史中丞。唐高祖時為吏部尚書。傳見《舊唐書》卷六十六、《新唐書》卷九十六。(99)少吏部　即吏部侍郎。(100)國子助教　官名，晉武帝立國子學，置助教，掌佐博士分經教授。(101)陸德明　（約西元五五〇—六三〇年）名元朗，吳縣（今江蘇蘇州）人，高祖時為國子博士。著有《經典釋文》。傳見《舊唐書》卷一百八十九、《新唐書》卷一百九十八。(102)束脩禮　弟子事師之禮。脩，乾肉。十脩為束。古時初次拜見長輩必執贄以為禮，後人引為致送塾師的禮金。(103)巴豆散　一種有毒性的藥，能使人拉痢。(104)遺利　即拉痢。利，通「痢」。(105)闕　宮門前兩邊供瞭望的樓。也用來泛指帝王的住所。(106)玄武門　這裡的玄武門指洛陽宮城北門。(107)清道　帝王或大官外出，清除道路，驅逐行人。(108)按轡　拉著韁繩。(109)九重　古代傳說天有九重。(110)徹　通達。(111)天位　天子的位子。(112)門有禁限　為門禁所阻。(113)西朝堂　唐代的中書省。(114)東朝堂　唐代的門下省。(115)條流既煩　條疏很煩雜。

【校　記】[1]庚午　張瑛《通鑑校勘記》改作「壬午」，為三月十三日。[2]百人　此二字原無。據章鈺校，十二行本、乙十一行本、孔天胤本皆有此二字，張敦仁《通鑑刊本識誤》、張瑛《通鑑校勘記》同，今據補。

【語　譯】三月初一日庚午，梁師都侵犯靈州，靈州長史楊則擊退了他。○初三日壬申，王世充侵犯穀州，穀州刺史史萬寶迎戰不利。○十一日庚辰，隋朝北海郡的通守鄭虔符、文登縣令方惠整以及東海、齊郡、東平、任城、平陸、壽張、須昌的叛賊首領王薄等人都以各自的屬地前來降唐。

王世充侵犯新安時，對外表示要攻取城池，實際上召集文武官員中附和自己的人商議受禪。李世英強烈認為不可以這樣做，他說：「四方之所以奔馳而來歸附東都，是因為主公能夠中興隋王朝的緣故。如今九州之地，還沒有肅清一州，急於正位建號，恐怕遠方的人都想叛離了！」王世充說：「你的話是對的。」長史韋節、楊續等人說：「隋朝的曆數已盡，這在天理已是非常清楚。說到那些非同尋常的事情，本來就不能與一般人商量它。」太史令樂德融說：「往年長星出現在天空，這是除舊布新的徵兆。現在歲星處在角宿、亢宿，亢宿是鄭的分野。如果不趕緊順應天道，恐怕帝王之氣就會衰竭。」王世充聽從了這種意見。外兵曹參軍戴胄對王世充說：「君臣就像父子，雙方休戚與共。明公不如為國家竭盡忠誠，則個人和國家都會平安了。」王世充說假話，稱讚戴胄的意見很好，而把他打發走了。王世充讓群臣商議接受九錫，戴胄又堅決勸諫，王世充很生氣，把他外放為鄭州長史，派他和王世充哥哥的兒子王行本鎮守虎牢。於是王世充讓段達等人對皇泰主說，請加授王世充九錫。皇泰主說：「鄭公近來平定了李密，已經官拜太尉。從此以後，沒有特別的功勳。等到天下逐漸平定，再討論此事也不晚。」段達說：「太尉想要主上給他加賜九錫。」皇泰主端詳了段達好久，說：「隨你意！」三月十二日辛巳，段達等人用皇泰主的詔書命王世充為相國，賜給黃金大鉞，總理國家各項政務，爵位晉升為鄭王，加賜九錫，鄭王在自己的王國中可以設置丞相以下官員。

當初，宇文化及任用隋大理卿鄭善果為民部尚書，鄭善果跟隨宇文化及到了聊城，為宇文化及督戰，身中流箭。竇建德攻下聊城，王琮俘獲鄭善果，責備他說：「公出身於名臣之家，是隋王室的大臣，怎麼替弒君的賊子效命，拼命苦戰受傷到如此程度！」鄭善果大為慚愧，想要自殺，宋正本跑去制止而救了他。竇建德對他還是不以禮相待，於是鄭善果跑往相州，唐淮安王李神通把他送往長安。庚午日，鄭善果到達長安，唐高祖對他給予優厚禮遇，拜為左庶子、檢校內史侍郎。

齊王李元吉暗示并州的父老前往宮闕要求留他在并州。三月十五日甲申，唐高祖又任命李元吉為并州總管。〇十九日戊子，淮南的五個州都派遣使者前來降唐。〇二十二日辛卯，劉武周侵犯并州。〇二十三日壬辰，唐營州總管鄧暠進攻高開道，打敗了他。○二十五日甲午，王世充派遣他的將領高毗侵犯義州。

東都的道士桓法嗣向王世充獻上《孔子閉房記》，說相國王世充應當取代隋朝為天子。王世充大為高興，任命桓法嗣為諫議大夫。王世充又網羅各種鳥，在絲帛上寫上字，繫在鳥頸，自稱這是自己要當皇帝的符命，放飛這些鳥。有人得到這些鳥前來獻給王世充，也拜官授爵。於是段達利用皇泰主的命令，加授王世充特殊的禮儀，王世充上表三次謙讓。文武百官勸王世充稱帝，在都堂設下皇帝座位。納言蘇威年老，不能承受入朝拜見。王世充認為蘇威是隋朝的重臣，想利用他的名望來向百姓炫耀，每次百官勸進，必定把蘇威的名字寫在第一位。等到了接受皇泰主加賜特殊禮儀的日子，扶著蘇威，站在百官之前，然後王世充面朝南方坐在皇帝座位上接受這些禮儀。

夏，四月，劉武周引導突厥的軍隊駐紮在黃蛇嶺，兵勢非常強盛。齊王李元吉讓車騎將軍張達率步兵一百人試敵，張達推辭說士兵太少不可前往。李元吉強行派他出兵，士兵到了敵陣就全部陣亡。張達很忿恨，初二日庚子，引來劉武周襲擊榆次城，把它攻陷了。

唐散騎常侍段確生性嗜好喝酒，奉詔在菊潭慰勞朱粲。四月初三日辛丑，段確趁著酒醉侮辱朱粲說：「聽說你喜歡吃人肉，人肉是什麼滋味？」朱粲說：「吃醉酒人的肉正像吃酒糟醃的豬肉。」段確很生氣，罵道：「狂賊入朝，是一個奴僕頭目而已，還能吃人肉嗎！」朱粲在席間把段確和幾十名隨從抓起來，全部烹煮了，讓身邊的人吃了。於是朱粲對菊潭進行屠城，投奔了王世充，王世充任命他為龍驤大將軍。

王世充命令長史韋節、楊續等人以及太常博士衡水人孔穎達制定禪代的禮儀，派段達、雲定興等十幾個人進宮稟告皇泰主說：「天命不會永恒不變，鄭王的功德極為隆盛，希望陛下遵循唐堯、虞舜進行禪位的舊事。」皇泰主收起雙膝，手撐案几，發怒說：「天下，是高祖的天下。如果隋的國運尚未喪亡，這種話不應隨便說出來；如果天命已經改變，何必麻煩使用禪讓的儀式！你們或者是先祖舊臣，或者是身居宰輔高位，既然說出這種話，朕還指望什麼！」神色非常嚴厲，在殿廷上的人都流出了汗。退朝後，皇泰主面對著太后流淚。王世充又派人對皇泰主說：「如今天下沒有安寧，需要立年長的人做君主，待到天下安寧了，就會恢復您的帝位，一定像以前的誓言一樣。」四月初五日癸卯，王世充聲稱皇泰主之命，在鄭禪讓帝位，派他的哥哥王世惲把皇泰主幽禁在含涼殿，雖然舉行禪讓時有王世充三次上表陳言辭讓以及皇泰主下敕書敦促勸進，實際上皇泰主全都不知道。王世充派遣眾將領帶兵進入皇宮進行清理，又派術士用桃湯和葦子火在禁中和臺省祓除不祥。

隋朝的將帥、郡縣以及賊帥有前後相繼降唐的，唐高祖下詔任命王薄為齊州總管，伏德為濟州總管，鄭虔符為青州總管，綦公順為淮州總管，王孝師為滄州總管。

四月初六日甲辰，派遣大理卿新樂人郎楚之安撫山東地區，派遣祕書監夏侯端安撫淮河以東地區。○初七日乙巳，王世充備好全套皇帝的車駕進入皇宮，登上皇帝之位。初八日丙午，大赦，改年號為開明。○初九日丁未，隋禦衛將軍陳稜率江都前來降唐，唐高祖任命陳稜為揚州總管。

四月初十日戊申，王世充立他的兒子王玄應為太子，王玄恕為漢王，其餘兄弟、同宗族的十九人都封為王。把皇泰主改為潞國公。任命蘇威為太師，段達為司徒，雲定興為太尉，張僅為司空，楊續為納言，韋節為內史，王隆為左僕射，韋霽為右僕射，齊王王世惲為尚書令，楊汪為吏部尚書，杜淹為吏部侍郎，鄭頲為御史大夫。王世惲，是王世充的哥哥。又任命國子助教吳人陸德明為漢王王玄恕的老師，命令漢王王玄恕到陸德明家中送上拜師禮金。陸德明感到恥辱，服用了巴豆散，臥床說有病，王玄恕進入房內跪在陸德明床下，陸德明對著王玄恕排泄痢疾，最終沒有和王玄恕說話。陸德明，名朗，以字行於世。

王世充在皇宮前的闕門下及玄武門等幾個地方都擺了坐榻，坐在哪裡並不固定，親自接受章表。有時騎馬輕裝穿行街市，也不清除道上行人，民眾只是躲避路旁而已，王世充則拉著馬韁緩慢行進，對身邊人說：「過去天子深居於重重的宮殿中，下層的事情無法通達。現在我不是貪圖皇位，只是想拯救現實的危難，正如同一個州的刺史，親自過問眾多政務，應當與士人百姓共同評議朝政，還怕為門禁所阻，現在在宮門外擺下坐榻聽理朝政，你們應當各自傾盡衷情。」又命令西廂朝堂用來接納民眾冤情，東廂朝堂接受人們的直言勸諫。於是來向他獻策上書的人每天都有數百名，分類文件非常麻煩，難以全部閱覽，幾天之後，王世充就不再出宮聽政。

竇建德聞王世充[1]自立，乃絕之，始建天子旌旗，出警入蹕❶，下書稱詔，追謚隋煬帝為閔帝。齊王暕之死也，有遺腹子❷政道，建德立以為鄖公，然猶依倚突厥以壯其兵勢。隋義成公主遣使迎蕭皇后及南陽公主，建德遣千餘騎送之，又傳宇文化及首以獻義成公主。

丙辰❸，劉武周圍并州，齊王元吉拒卻之❹。戊午❺，詔太常卿李仲文將兵救并州。

王世充將軍丘懷義居門下內省，召越王君度、漢王玄恕、將軍郭士衡雜妓妾飲博❻，侍御史張蘊古❼彈❽之。世充大怒，令散手❾執君度、玄恕，批其耳數十。又命引入東上閤❿，杖之各數十。懷義、士衡不問。賞蘊古帛百段，遷太子舍人⓫。君度，世充之兄子也。

世充每聽朝，殷勤誨諭⓬，言詞重複，千端萬緒⓭。侍衛之人不勝倦弊，百司奏事，疲於聽受。御史大夫蘇良諫曰：「陛下語太多而無領要⓮，計云爾⓯即可，何煩許辭⓰也！」世充默然良久，亦不罪良。然性如是，終不能改也。

王世充數攻伊州，總管張善相[17]拒之。糧盡，援兵不至，癸亥[18]，城陷，善相罵世充極口而死。帝聞，歎曰：「吾負善相，善相不負吾也！」賜其子爵[2]襄城郡公。

五月，王世充陷義州，復寇西濟州[19]。遣右驍衛大將軍劉弘基[20]將兵救之。

李軌將安脩仁兄興貴仕長安，表請說軌，諭以禍福。上曰：「軌阻兵恃險，連結吐谷渾、突厥[21]，吾興兵擊之，尚恐不克，豈口舌所能下乎！」興貴曰：「臣家在涼州，奕世豪望[22]，為民夷所附。弟脩仁為軌所信任，子弟在機近[23]者以十數。臣往說之，軌聽臣固善，若其不聽，圖之肘腋[24]易矣！」上乃遣之。

興貴至武威[25]，軌以為左右衛大將軍。興貴乘間說軌曰：「涼地不過千里，土薄民貧。今唐起太原，取函秦[26]，宰制[27]中原，戰必勝，攻必取，此殆天啟[28]，非人力也。不若舉河西歸之，則竇融[29]之功復見於今日矣！」軌曰：「吾據山河之固，彼雖強大，若我何！汝自唐來，為唐遊說耳。」興貴謝曰：「臣聞富貴不歸故鄉，如衣繡夜行。臣闔門受陛下榮祿，安肯附唐！但欲效[30]其愚慮，可否在陛下[31]耳。」於是退與脩仁陰結諸胡起兵擊軌，軌出戰而敗，嬰城自守。興貴徇曰[32]：「大唐遣我來誅李軌，敢助之者夷三族！」城中人爭出就興貴。軌計窮，與妻子登玉女臺[33]，置酒為別。庚辰[34]，興貴執之以聞，河西悉平。

鄧曉在長安，舞蹈稱慶。上曰：「汝為人使臣，聞國亡，不慼[35]而喜，以求媚於朕，不忠於李軌，肯為朕用乎！」遂廢之終身。

軌至長安，并其子弟皆伏誅。以安興貴為右武候大將軍、上柱國、涼國公，賜帛萬段，安脩仁為左武候大將軍、申國公。

隋末，離石[36]胡劉龍兒擁兵數萬，自號劉王，以其子季真為太子。虎賁郎將[37]梁德擊斬龍兒。至是，季真與弟六兒復舉兵為亂，引劉武周之眾攻陷石州[38]，殺刺史王儉。季真自稱突利可汗[39]，以六兒為拓定王。六兒遣使請降，詔以為嵐州[40]總管。

壬午[41]，以秦王世民為左武候大將軍、使持節涼・甘[42]等九州[43]諸軍事、涼州總管，其太尉、尚書令、雍州牧、陝東道行臺[44]並如故。遣黃門侍郎楊恭仁[45]安撫河西。

丙戌[46]，劉武周陷平遙[47]。○癸巳[48]，梁州總管、山東道安撫副使陳政為麾下所殺，攜其首奔王世充。政，茂[49]之子也。

王世充以禮部尚書裴仁基、左輔大將軍裴行儼有威名，忌之。仁基父子知之，亦不自安，乃與尚書左丞宇文儒童、儒童弟尚食直長㊿溫、散騎常侍(51)崔德本謀殺世充及其黨，復尊立皇泰主。事泄，皆夷三族。齊王世惲言於世充曰：「儒童等謀反，正為皇泰主尚在故也，不如早除之。」世充從之，遣兄子唐王仁則及家奴梁百年酖皇泰主。皇泰主曰：「更為請(52)太尉，以往者之言(53)，未應至此。」百年欲為啟陳，世惲不許。又請與皇太后辭訣(54)，亦不許。乃布席(55)焚香禮佛(56)：「願自今已往，不復生帝王家！」飲藥，不能絕，以帛縊殺之，諡曰恭皇帝。世充以其兄楚王世偉為太保(57)，齊王世惲為太傅，領尚書令。

【章旨】以上為第六段，寫唐高祖平定河西，以及王世充弒皇泰主。

【注釋】❶出警入蹕　出入禁止行人。警，警戒。蹕，帝王出行時，開路清道，禁止通行。❷遺腹子　父死時尚未降生的孩子。❸丙辰　四月十八日。❹拒卻之　把他打退。❺戊午　四月二十日。❻雜妓妾飲博　與妓女婢妾一起飲酒博戲。❼張蘊古　（？—西元六三一年）相州（今河南安陽）人，敏書傳，曉世務，唐初文壇名士。太宗即位，上〈大寶箴〉以諷諫，擢大理丞。後坐事被誅。傳見《舊唐書》卷一百九十上、《新唐書》卷二百一。❽彈　彈劾。❾散手　即散手仗，隋時衙內五衛之一。❿東上閤　東都皇宮正殿曰乾陽殿，殿左曰東上閤，右曰西上閤，閤各有門。⓫太子舍人　官名，太子官屬，掌管文書。⓬殷勤誨諭　教誨不厭其詳。⓭千端萬緒　頭緒繁多。⓮領要　要領。⓯計云爾　指出計策應如何。⓰何煩許辭　何用費許多話。⓱張善相　（？—西元六一九年）襄城（今河南襄城）人，大業末據許州，後歸唐授伊州總管。傳見《舊唐書》卷一百八十七上、《新唐書》卷一百九十一。⓲癸亥　四月二十五日。⓳西濟州　州名，治所在今河南濟源。⓴劉弘基　（西元五八一—六五〇年）池陽（今陝西涇陽）人，從高祖舉兵太原，引兵先濟河，次長安，京師平，功第一，累封夔國公。傳見《舊唐書》卷五十八、《新唐書》卷九十。㉑突厥　西元六世紀時游牧於中國北部金山（今阿爾泰山）一帶的少數民族，廣義包括突厥、鐵勒各部落，狹義專指突厥。隋開皇二年（西元五八二年）分裂為東突厥和西突厥。㉒奕世豪望　累世為豪門望族。㉓機近　機要近密。㉔附腋　胳膊附和胳肢窩。比喻極近的地方。㉕武威　郡名，治所在今甘肅武威。㉖函秦　函谷關以西全秦之地。㉗宰制　控制。㉘天啓　上天的啟示。㉙竇融　（西元前一六—西元六二年）字周公，東漢初扶風平陵（今陝西咸陽西北）人，累世為河西官吏。新莽末，降劉玄。劉玄敗，他聯合酒泉、敦煌等五郡，割據河西。後歸劉秀，協助攻滅隗囂，封安豐侯，任大司空。傳見《後漢書》卷二十三〈竇融傳〉。㉚效　報效。㉛可否在陛下　可否全由陛下決定。㉜徇曰　對眾宣示說。㉝玉女臺　李軌於上年築玉女臺。㉞庚辰　五月十三日。㉟慼　憂愁；悲哀。㊱離石　州名，治所在今山西離石。隋為離石郡，唐為石州。㊲虎賁郎將　武官名，漢置虎賁中郎將、虎賁郎、虎賁校尉等，主宿衛事，歷代因之，至唐廢。㊳石州　州名，治所在今山西離石。㊴突利可汗　（西元六〇二—六三一年）突厥酋長，名什鉢苾，始畢可汗嫡子。武德時與太宗深相結，貞觀時歸附唐朝，授右衛大將軍，封北平郡王。傳見《舊唐書》卷一百九十四、《新唐書》卷二百十五。㊵嵐州　州名，治所在今山西嵐縣北之嵐城。㊶壬午　五月十五日。㊷涼甘　皆州名。涼州，治所姑藏，在今甘肅武威。甘州，治所觝得，在今甘肅張掖。㊸九州　涼、甘、瓜、鄯、肅、會、蘭、河、廓，均為李軌所據之地。㊹行臺　晉以後，在地方代表朝廷行尚書省事的機構。㊺楊恭仁　（？—西元六三九年）隋仁壽中為甘州刺史。歸唐封觀國公，為涼州總管。傳見《舊唐書》卷六十二、《新唐書》卷一百。㊻丙戌　五月十九日。㊼平遙　縣名，縣治在今山西平遙。㊽癸巳　五月二十六日。㊾茂　陳茂，河東猗氏（今山西臨猗）人，事隋文帝，典機密。傳見《隋書》卷六十四。㊿尚食直長　官名，隋制，尚食局屬殿中省，有奉御、有直長，掌膳饈之事。(51)散騎常侍　官名，在皇帝左右規諫過失，以備顧問。唐代分隸門下省和中書省。在門下省者稱左散騎常侍，在中書省者稱右散騎常侍。(52)更為請　再替我請求。(53)以往者之言　指武德二年（西元六一九年）王世充對皇泰主所許的諾言。據《舊唐書》卷五十四〈王世充傳〉載：世充使人謂皇泰主曰：「今海內未定，須得長君，待四方安集，復子明辟。必若前盟，義不違負。」(54)辭訣　訣別。(55)布席　把席子鋪在地上。(56)禮佛　向佛行禮。(57)太保　官名，周代三公之一，位次於太傅，與太師、太傅合稱三公，共當宰相之任。隋唐仍沿此稱，無實際職務，僅作為大臣的最高榮銜。

【校記】[1]王世充　此下張敦仁《通鑑刊本識誤》認為脫「廢皇泰主」四字。[2]爵　原無此字。胡三省注云：「『子』下當有『爵』字，蜀本然。」據章鈺校，十二行本、乙十一行本、孔天胤本「子」字下皆有「爵」字，張敦仁《通鑑刊本識誤》

同，今據補。

【語　譯】竇建德聽說王世充自立為帝，於是與王世充斷絕關係，自己也開始建置天子的旌旗，出入都要設警衛實行清道迴避，下達的文書稱為詔，為隋煬帝追加謚號為閔帝。隋朝齊王楊暕死的時候，有遺腹子楊政道，竇建德把他立為鄖公，但是仍然依靠突厥來壯大自己的聲勢。隋朝的義成公主派人來迎接隋朝的蕭皇后和南陽公主，竇建德派遣一千多名騎兵護送，又傳送宇文化及的首級獻給義成公主。

四月十八日丙辰，劉武周包圍并州，齊王李元吉打退了他。二十日戊午，唐下詔命太常卿李仲文率軍救援并州。

王世充的將軍丘懷義在門下內省，叫來越王王君度、漢王王玄恕、將軍郭士衡和歌伎侍女混雜在一起飲酒博戲，侍御史張蘊古彈劾了他們。王世充大怒，命令散手仗衛士抓了王君度、王玄恕，打他們幾十個耳光。又命令帶入東上閤，各打幾十大板。對丘懷義、郭士衡不加追究。賞給張蘊古一百段絲帛，升遷為太子舍人。王君度，是王世充哥哥的兒子。

王世充每次聽朝，對大臣殷勤教誨，言詞重複，千頭萬緒。侍衛之人疲倦得受不了，各部門官吏上奏政事，疲於聽取訓示。御史大夫蘇良勸諫說：「陛下的話太多而沒有要點，指出計策應如何就行了，何用費許多話！」王世充沉默了很長時間，也不怪罪蘇良。但他的性格就是這樣，最終也不能改變。

王世充多次攻打伊州，唐伊州總管張善相進行抵抗。糧食吃光，援軍沒有到來，四月二十五日癸亥，城池陷落，張善相極力痛罵王世充而被處死。唐高祖聽說了，感歎地說：「我對不起善相，善相沒有對不起我！」賜給張善相的兒子襄城郡公爵位。

五月，王世充攻陷義州，又侵犯西濟州。唐派右驍衛大將軍劉弘基帶兵救援。

李軌將領安脩仁的哥哥安興貴在長安做官，上表請求勸說李軌，曉諭禍福關係。唐高祖說：「李軌仗恃著軍隊，憑藉險要，聯合吐谷渾、突厥，我起兵攻打他，還怕不能取勝，哪裡是口舌就可以說服的！」安興貴說：「臣下家在涼州，累世為豪門望族，為百姓和胡夷所歸附。我弟弟安脩仁受到李軌的信任，十幾個子弟在機要近密部門任職，臣前去勸說他，李軌聽從臣下勸諭當然很好，如果他不聽從，在他的身邊加以解決就很容易了！」於是唐高祖派他前往涼州。

安興貴到達武威，李軌任命他為左右衛大將軍。安興貴乘機勸李軌說：「涼州地域不過千里，土地瘠薄，百姓貧困。如今唐從太原起兵，奪取了函谷關內的秦地，控制了中原，每戰必勝，攻則必取，這大概是上天給他的啟示，不是人力所能做到的。不如率河西地區歸附唐朝，那麼竇融的功勳又會重現於今天了！」李軌說：「我憑據著山河的險要牢固，唐朝雖然強大，能把我怎麼樣！你從唐朝來，是為唐朝遊說而已。」安興貴謝罪說：「我聽說富貴了不返回家鄉，就像穿著錦繡衣服在夜間行走。臣全家享受陛下的榮祿，怎麼肯歸附唐朝！只不過想獻上我的愚蠢想法，可行還是不可行由陛下決定而已。」於是退下和安脩仁暗中聯合各部胡人起兵攻打李軌，李軌出戰失敗，環城自守。安興貴宣告說：「大唐派我來誅滅李軌，敢幫助他的人，誅殺三族！」城中的人爭相出城投奔安興貴。李軌計謀窮盡，和妻子兒女登上玉女臺，擺下酒宴訣別。五月十三日庚辰，安興貴捉住李軌上報唐朝，河西於是全部平定。

李軌的使者鄧曉在長安，對唐高祖行舞蹈禮表示祝賀。高祖說：「你身為人家的使臣，聽說自己的國家滅亡，不悲戚，反而高興，向朕獻媚，不忠於李軌，難道還能為朕所用嗎！」於是把他廢黜終身。

李軌到了長安，連同他的兒子兄弟全部被誅殺。唐高祖任命安興貴為右武候大將軍、上柱國、涼國公，賜給絲帛一萬段，安脩仁為左武候大將軍、申國公。

隋朝末年，離石胡人劉龍兒擁兵數萬，自稱劉王，讓他的兒子劉季真為太子。唐虎賁郎將梁德擊殺了劉龍兒。到這個時候，劉季真與弟弟劉六兒又起兵作亂，引來劉武周的軍隊攻陷石州，殺了唐石州刺史王儉。劉季真自稱突利可汗，以劉六兒為拓定王。劉六兒派使者請求投降，唐高祖下詔任命他為嵐州總管。

五月十五日壬午，唐任命秦王李世民為左武候大將軍、使持節涼．甘等九州諸軍事、涼州總管，他的太尉、尚書令、雍州牧、陝東道行臺等官職一併依舊。派遣黃門侍郎楊恭仁安撫河西地區。

五月十九日丙戌，劉武周攻陷平遙。〇二十六日癸巳，唐梁州總管、山東道安撫副使陳政被部下所殺，部下攜帶他的首級投奔王世充。陳政，是陳茂的兒子。

王世充因為禮部尚書裴仁基、左輔大將軍裴行儼素有威望名聲，很忌恨他們。裴仁基父子知道此情後，內心也不安穩，於是與尚書左丞宇文儒童、宇文儒童的弟弟尚食直長宇文溫、散騎常侍崔德本謀劃殺死王世充及其黨羽，重新尊立皇泰主。事情洩露，都被誅滅三族。齊王王世惲對王世充說：「宇文儒童等人謀反，正是因為皇泰主還在的緣故，不如早些除掉皇泰主。」王世充聽從這一建議，派他哥哥的兒子唐王王仁則和家奴梁百年去毒死皇泰主。皇泰主說：「請你們再替我向太尉請求，按他以前所說的話，不應該到這個地步。」梁百年想為皇泰主向王世充啟奏，王世惲不答應。皇泰主又請求與皇太后訣別，王世惲也不答應。於是皇泰主把席子鋪在地上，焚香禮佛，說道：「願從今以後，不再生在帝王家！」喝下毒藥，沒有馬上氣絕，王世惲等人用絲帛勒死了他，諡號為恭皇帝。王世充任命他的哥哥楚王王世偉為太保，齊王王世惲為太傅，兼尚書令。

六月庚子❶，竇建德陷滄州。

初，易州賊帥宋金剛有眾萬餘，與魏刀兒連結。刀兒為竇建德所滅，金剛救之，戰敗，帥眾四千西奔劉武周。武周聞其善用兵，得之，甚喜，號曰宋王，委以軍事，中分家貲以遺之❷。金剛亦深自結❸，出其故妻❹，納武周之妹。因說武周圖晉陽，南向爭天下。武周以金剛為西南道大行臺，使將兵三萬寇并州。丁未❺，武周進逼介州❻，沙門道澄以佛幡縋之❼入城，遂陷介州。詔左武衛大將軍姜寶誼❽、行軍總管李仲文擊之。武周將黃子英往來雀鼠谷❾，數以輕兵挑戰。兵纔接，子英陽❿不勝而走，如是再三。竇誼、仲文悉眾逐之，伏兵發，唐兵大敗，竇誼、仲文皆為所虜。既而俱逃歸，上復使二人將兵擊武周。

己酉⓫，突厥使來告始畢可汗之喪，上舉哀于長樂門⓬，廢朝三日⓭，詔百官就館⓮弔其使者。又遣內史舍人鄭德挺弔處羅可汗⓯，賻⓰帛三萬段。

上以劉武周入寇為憂，右僕射裴寂請自行。癸亥⓱，以寂為晉州⓲道行軍總管，討武周，聽以便宜從事。

秋，七月，初置十二軍⓳，分關內諸府以隸焉，皆取天星為名，以車騎府⓴統之。每軍將、副各一人，取威名素重者為之，督以耕戰之務。由是士馬精彊，所向無敵。

海岱㉑賊帥徐圓朗以數州之地請降，拜兗州㉒總管，封魯國公。

王世充遣其將羅士信㉓寇穀州，士信帥其眾千餘人來降。先是，士信從李密擊世充，兵敗，為世充所得，世充厚禮之，與同寢食。既而得邴元真等，待之如士信，士信恥之。士信有駿馬，世充兄子趙王道詢欲之，不與，世充奪之以賜道詢，士信怒，故來降。上聞其來，甚喜，遣使迎勞，賜帛五千段①，廩食其所部，以士信為陝州[24]道行軍總管。世充左龍驤將軍臨涇[25]席辯與同列楊虔安、李君義皆帥所部來降。

丙子[26]，王世充遣其將郭士衡寇穀州，刺史任瓌大破之，俘斬且盡[27]。○甲申[28]，行軍總管劉弘基遣其將种如願襲王世充河陽城，毀其河橋而還。

乙酉[29]，西突厥統葉護可汗[30]、高昌王麴伯雅各遣使入貢。○初，西突厥曷娑那可汗[31]入朝于隋，隋人留之，國人立其叔父，號射匱可汗[32]。射匱者，達頭可汗[33]之孫也。既立，拓地東至金山[34]，西至海，遂與北突厥為敵，建庭於龜茲[35]北三彌山。射匱卒，子統葉護[2]立。統葉護勇而有謀，北并鐵勒[36]，控弦[37]數十萬，據烏孫[38]故地，又移庭於石國[39]北千泉。西域諸國皆臣之，葉護各遣吐屯[40]監之，督其征賦。

辛卯[41]，宋金剛寇浩州[42]，浹旬[43]而退。

八月丁酉[44]，酅公薨，諡曰隋恭帝。無後，以族子行基嗣。

竇建德將兵十餘萬趣洺州[45]，淮安王神通帥諸軍退保相州。己亥[46]，建德兵至洺州城下。

丙午[47]，將軍秦武通軍至洛陽，敗王世充將葛彥璋。○丁未[48]，竇建德陷洺州，總管袁子幹降之。〇乙卯(49)，引兵趣相州，淮安王神通聞之，帥諸軍就李世勣於黎陽。

梁師都與突厥合數千騎寇延州(50)，行軍總管段德操兵少不敵，閉壁不戰。伺師都稍怠，九月丙寅(51)，遣副總管梁禮將兵擊之。師都與禮戰方酣，德操以輕騎多張(52)旗幟，掩擊其後，師都軍潰，逐北二百里，破其魏州，虜男女二千餘口。德操，孝先之子也。

蕭銑遣其將楊道生寇峽州(53)，刺史許紹(54)擊破之。銑又遣其將陳普環帥舟師上峽，規取(55)巴、蜀。紹遣其子智仁及錄事參軍(56)李弘節等追至西陵(57)，大破之，擒普環。銑遣兵戍安蜀城(58)及荊門城(59)。

先是，上遣開府李靖(60)詣夔州(61)經略(62)蕭銑。靖至峽州，阻銑兵，久不得進。上怒其遲留(63)，陰敕(64)許紹斬之。紹惜其才，為之奏請，獲免。

己巳(65)，竇建德陷相州，殺刺史呂珉。

民部尚書魯公劉文靜自以才略功勳在裴寂之右而位居其下，意甚不平。每廷議，寂有所是，文靜必非之，數侵侮寂，由是有隙。文靜與弟通直散騎常侍(66)文起飲，酒酣怨望(67)，拔刀擊柱曰：「會當斬裴寂首！」家數有妖，文起召巫於星下被髮銜刀為厭勝[68]。文靜有妾無寵，使其兄上變告之。上以文靜屬吏，遣裴寂、蕭瑀問狀。文靜曰：「建義之初，忝[69]為司馬，計與長史位望略同。今寂為僕射，據甲第[70]，臣官賞不異眾人，東西征討，老母留京師，風雨無所庇[71]，實有觖望[72]之心，因醉怨言，不能自保。」上謂羣臣曰：「觀文靜此言，反明白矣。」李綱、蕭瑀皆明其不反。秦王世民為之固請曰：「昔在晉陽，文靜先定非常之策[73]，始告寂知。及克京城，任遇懸隔[74]，令文靜觖望則有之，非敢謀反。」裴寂言於上曰：「文靜才略實冠時人，性復粗險，今天下未定，留之必貽後患。」上素親寂，低回久之，卒用寂言。辛未[75]，文靜及文起坐死，籍沒其家[76]。

【章　旨】以上為第七段，寫唐高祖冤殺劉文靜，以及全國各地軍閥混戰。河北竇建德、東都王世充、荊襄蕭銑、并州劉武周為最大軍閥。

【注　釋】❶庚子　六月初三日。❷中分家貲以遺之　分一半家財送給他。❸深自結　自己深加交結。❹出其故妻　休掉自己原來的妻子。❺丁未　六月初十。❻介州　州名，治所在今山西介休。❼以佛幡縋之　將佛幡懸墜之。❽姜寶誼　（？—西元六一九年）上邽（今甘肅天水市）人，從高祖太原起兵，歷右武衛大將軍、永安縣公。傳見《新唐書》卷八十八。❾雀鼠谷　河谷名，即今山西介休西南、霍州之北汾河河谷。❿陽　佯。⓫己酉　六月十二日。⓬長樂門　長安宮城南面有三門，中曰承天，東曰長樂，西曰永安。⓭廢朝三日　重臣死，廢朝三日、五日或七日，以示哀悼。此制起於隋唐。廢朝，輟朝，即停止參朝，不理政事。⓮就館　到其客館。⓯處羅可汗　隋西突厥主，西元六〇三—六一一年為可汗。名達漫，號泥撅處羅可汗。從煬帝征高麗，賜號葛薩那可汗。傳見《舊唐書》卷一百九十四、《新唐書》卷二百十五。⓰賻　贈送財物助人辦喪事。⑰癸亥　六月十六日。⑱晉州　州名，治所在今山西臨汾西南。⑲初置十二軍　開始設置十二軍。據《新唐書·兵志》，以萬年道為參旗軍，長安道為鼓旗軍，富平道為玄戈軍，禮泉道為井鉞軍，同州道為羽林軍，華州道為騎官軍，寧州道為折威軍，岐州道為平道軍，豳州道為招搖軍，西麟州道為苑游軍，涇州道為天紀軍，宜州道為天節軍。⑳車騎府　官署名，隋代府兵制，初定地方軍府為驃騎府，有時也設立與驃騎府平行的車騎府。其長官為車騎將軍。貞觀十一年改稱折衝府。㉑海岱　謂其所跨據之地，東至瀛海，西距岱嶽。㉒兗州　州名，治所在今山東兗州。㉓羅士信　（西元五九四—六二二年）齊州歷城（今山東濟南）人，唐初名將。年十四，助張須陀破敵軍於濰水上，後降高祖，拜陝州道行軍總管。後以功授絳州總管。傳見《舊唐書》卷一百八十七、《新唐書》卷一百九十一。㉔陝州　州名，治所在今河南三門峽市西舊陝縣。㉕臨涇　縣名，縣治在今甘肅鎮原。㉖丙子　七月初十。㉗且盡　將盡。㉘甲申　七月十八日。㉙乙酉　七月十九日。㉚統葉護可汗（？—西元六三〇年）西突厥可汗。傳見《舊唐書》卷一百九十四下、《新唐書》卷二百十五下。㉛曷娑那可汗　西突厥主。名達漫，號泥撅處羅可汗。傳見《舊唐書》卷一百九十四、《新唐書》卷二百十五。㉜射匱可汗　（？—西元六一五年）西突厥達頭可汗孫。傳見《舊唐書》卷一百九十四。此所述西突厥事見本書卷一百八十一煬帝大業七年。㉝達頭可汗　西突厥可汗。又稱步迦可汗。㉞金山　地名，在今青海西寧西北。㉟龜茲　古西域國名，在今新疆庫車一帶。㊱鐵勒　古族名，漢稱丁零。後音變為敕勒、鐵勒等。因所用車輪高大，亦稱高車。《隋書》記載鐵勒各部分布於東至獨洛河（今圖拉河）以北、西至西海（今裏海）的廣大地區，分屬東、西突厥。其漠北十五部，以薛延陀與回紇為最著。㊲控弦　謂能射之士。㊳烏孫　古族名，西漢時，分布在今伊犁河和伊塞克湖一帶，從事游牧。漢武帝時張騫曾使烏孫，與漢關係密切，後屬西域都護。南北朝時烏孫已西遷葱嶺北。遂以後漸與鄰族融合。㊴石國　古國名，故地在今烏茲別克共和國塔什干一帶。見《北史》、《隋書》、《新唐書》各〈西域列傳〉。國王姓石，唐時為昭武諸國之一，一度屬唐管轄。㊵吐屯　官名，突厥御史之稱。㊶辛卯　七月二十五日。㊷浩州　州名，治所在今山西汾陽。㊸浹旬　一旬。浹，遍及；滿。㊹丁酉　八月初一。㊺洺州　州名，治所在今河北永年。㊻己亥　八月初三。㊼丙午　八月初十。㊽丁未　八月十一日。㊾乙卯　八月十九日。㊿延州　州名，治所在今陝西延安城東延河東岸。51丙寅　九月初一。52張　張設。53峽州　州名，治所在今湖北宜昌。54許紹　字嗣宗，安陸（今湖北安陸）人，隋末任夷陵通守。後歸唐，授陝州刺史。傳見《舊唐書》卷五十九、《新唐書》卷九十。55規取　計畫奪取。56錄事參軍　官名，晉置錄事參軍，本為公府官，非州郡職。掌總錄眾曹文簿，舉善彈惡。其後刺史領軍而開府者亦置，職任甚為親重，省稱為錄事。隋唐以錄事參軍為郡官，相當於漢時州郡主簿之職。57西陵　縣名，縣治在今湖北宜昌東南。(58)安蜀城　北周築，在今湖北宜昌西北長江西陵峽口。(59)荊門城　在今湖北宜都西北長江邊。安蜀城與荊門城均為荊州西南要地。(60)李靖　（西元五七一—六四九年）唐初軍事家，本名藥師，京兆三原（今陝西三原東北）人，太宗時歷任兵部尚書，兼檢校中書令。傳見《舊唐書》卷六十七、《新唐書》卷九十三。(61)夔州　州名，治所在今重慶市奉節。(62)經略　籌劃經營。(63)遲留　遲緩稽留。(64)陰敕　暗下敕書。(65)己巳　九月初四。(66)通直散騎常侍　官名，在皇帝左右規諫過失，以備顧問。往往預聞要政。隋代屬門下省，唐代分隸門下省和中書省。(67)酒酣怨望　酒喝到暢快的時候發牢騷。(68)厭勝　古代方士的一種巫術，謂能以詛咒制服人或物。(69)忝　自謙之詞，猶辱。(70)據甲第　據有甲等宅第。(71)庇　庇蔽。(72)觖望　怨望；怨憤不滿。(73)文靜先定非常之策　指隋恭帝義寧元年（西元六一七年），劉文靜與李世民密謀，乘隋末戰亂，舉兵反隋，奪取天下之事。(74)任遇懸隔　任職待遇懸殊。(75)辛未　九月初六。(76)籍沒其家　登記抄沒他的家產。

【校　記】[1]賜帛五千段　原無此句。據章鈺校，十二行本、乙十一行本、孔天胤本皆有此句，張敦仁《通鑑刊本識誤》、張瑛《通鑑校勘記》同，今據補。[2]統葉護　據章鈺校，十二行本、乙十一行本、孔天胤本「護」字下有「可汗」二字。

【語　譯】六月初三日庚子，竇建德攻陷滄州。

當初，易州叛軍首領宋金剛有一萬多人馬，和魏刀兒聯合。魏刀兒被竇建德消滅，宋金剛救援魏刀兒，戰敗，率領部眾四千人向西投奔劉武周。劉武周聽說他善於用兵，得到他，很高興，號稱他為宋王，把軍事事務委任給他，分出一半家產送給宋金剛。宋金剛也與劉武周深加交結，休掉原來的妻子，娶了劉武周的妹妹。於是他勸劉武周攻打晉陽，南下爭奪天下。劉武周任命宋金剛為西南道大行臺，派他帶領三萬士兵侵犯并州。六月初十日丁未，劉武周進逼介州。僧人道澄用佛幡從城上把他拉上城牆，於是劉武周攻陷介州。唐高祖詔令左武衛大將軍姜寶誼、行軍總管李仲文攻打劉武周。劉武周的將領黃子英來往於雀鼠谷，多次用輕裝部隊向唐軍挑戰。兩軍剛一接戰，黃子英假裝打不贏而逃走，再三地這樣做。姜寶誼、李仲文出動全部兵力追擊，對方伏兵出擊，唐軍大敗，姜寶誼、李仲文都被俘虜。不久二人都逃回來，唐高祖又派二人率軍攻打劉武周。

六月十二日己酉，突厥使者前來通報始畢可汗的喪訊，唐高祖在長樂門為他舉行哀悼儀式，廢止上朝聽事三天，詔命文武百官到使者居住的客館進行弔唁。又派內史舍人鄭德挺去見處羅可汗進行弔唁，贈送辦喪禮物三萬段絲帛。

唐高祖對劉武周的入侵感到憂慮，右僕射裴寂請求自己單獨前往討伐。六月二十六日癸亥，唐朝任命裴寂為晉州道行軍總管，討伐劉武周，允許他根據情況臨機決斷。

秋，七月，唐初次設置十二軍，分關內諸府來隸屬十二軍，全都取用天上星宿的名字作為名稱，由車騎府統領十二軍。每軍設將軍、副將各一人，選用素來有很高威望名聲的人擔任，督管耕戰事務。因此，兵馬精銳強壯，所向無敵。

瀛海至岱嶽地區的賊帥徐圓朗率數州土地請求降唐，任他為兗州總管，封為魯國公。

王世充派他的將領羅士信侵犯穀州，羅士信帶領他的部眾一千多人前來投降。此前，羅士信跟隨李密攻打王世充，兵敗，被王世充俘獲，王世充對他給予優厚禮遇，和他一起就寢進餐。不久王世充又俘獲邴元真等人，對待他們如對待羅士信一樣，羅士信認為這是恥辱。羅士信有一匹駿馬，王世充哥哥的兒子趙王王道詢想要這匹馬，羅士信不給他，王世充奪去這匹馬賜給王道詢，羅士信很生氣，所以前來投降。唐高祖聽說羅士信來投降，非常高興，派使者迎接慰問，賜帛五千段，對他的人馬給予軍糧，任命羅士信為陝州道行軍總管。王世充的左龍驤將軍臨涇人席辯和同事楊虔安、李君義都率領所轄人馬前來降唐。

七月初十日丙子，王世充派遣他的將領郭士衡侵犯穀州，唐穀州刺史任瓌大敗郭士衡，郭士衡的人馬幾乎全被殺死、俘虜。〇十八日甲申，唐行軍總管劉弘基派遣他的將領种如願襲擊王世充的河陽城，破壞了他們的黃河渡橋然後返回。

七月十九日乙酉，西突厥統葉護可汗、高昌王麴伯雅分別派遣使者入朝納貢。〇當初，西突厥曷娑那可汗到隋朝晉見，隋朝人把他留下，西突厥人把曷娑那的叔父立為可汗，稱射匱可汗。射匱，是達頭可汗的孫子。即位後，開拓疆土東至金山，西到西海，於是就與北突厥為敵，在龜茲以北的三彌山建立王庭。射匱去世，他的兒子統葉護即位。統葉護勇猛而有謀略，向北吞併了鐵勒，擁有幾十萬可以騎馬拉弓的兵士，佔據了烏孫國原來的地域，又把王庭遷移到石國之北的千泉。這時西域各國都向他表示臣服，統葉護分別派遣吐屯監管各國，督促他們徵收賦稅。

七月二十五日辛卯，宋金剛侵犯浩州，十天後撤退。

八月初一日丁酉，鄘公去世，謚號為隋恭帝。他沒有後裔，就讓他的同族兄弟之子楊行恭繼承為後嗣。

竇建德率兵十餘萬奔向洺州，淮安王李神通率領各路兵馬退守相州。八月初三日己亥，竇建德的軍隊到達洺州城下。

八月初十日丙午，唐將軍秦武通的軍隊到達洛陽，打敗了王世充的將領葛彥璋。〇十一日丁未，竇建德攻陷洺州，唐總管袁子幹投降了竇建德。〇十九日乙卯，竇建德率軍向相州前進，淮安王李神通聽說後，率領各路兵馬到黎陽李世勣那裡。

梁師都與突厥合起來數千名騎兵侵犯延州，唐行軍總管段德操兵力少，不能抵抗，關閉營壘不戰。窺伺梁師都逐漸鬆懈，九月初一日丙寅，派遣副總管梁禮率軍攻擊梁師都。梁師都與梁禮戰鬥正為激烈時候，段德操率輕騎豎起很多旗幟，從背後掩襲梁師都，梁師都的軍隊潰敗，唐軍追擊敗兵二百里，攻克了梁師都的魏州，俘虜二千多名男女民眾。段德操，是段孝先的兒子。

蕭銑派他的將領楊道生侵犯峽州，唐刺史許紹打敗了楊道生。蕭銑又派他的將領陳普環率領水軍溯江上至峽州，計劃奪取巴、蜀。許紹派他的兒子許智仁和錄事參軍李弘節等人追到西陵，大敗蕭銑的軍隊，活捉陳普環。蕭銑派兵戍守安蜀城和荊門城。

在此之前，唐高祖派遣開府李靖前往夔州圖謀蕭銑。李靖到達峽州，被蕭銑軍隊阻擋，長期不能前進。唐高祖對他的停滯不前感到憤怒，暗中下令許紹斬殺李靖。許紹愛惜李靖的才能，替他上奏求情，李靖才得免死。

九月初四日己巳，竇建德攻陷相州，殺死唐相州刺史呂珉。

唐民部尚書魯公劉文靜認為自己的才略功勳在裴寂之上，而職位卻在裴寂之下，心裡非常憤憤不平。每當在朝堂議政，裴寂表示贊同的，劉文靜一定提出非議，多次欺辱裴寂，二人因此有了仇隙。劉文靜與弟弟通直散騎常侍劉文起一起喝酒，酒喝得酣暢時發牢騷，拔刀擊柱，說道：「該當斬下裴寂的腦袋！」他家裡多次出現妖異，劉文起召來巫師在星光下披散頭髮、口中銜刀舉行驅邪儀式。劉文靜有一個侍妾無寵，她讓其兄長向上告發。唐高祖把劉文靜交給有關官吏，派裴寂、蕭瑀詢問情況。劉文靜說：「在太原剛起兵時，我忝任司馬，算起來與長史的職位聲望大致相當。現今裴寂為僕射，獲得了甲等宅第，臣的官銜與獎賞與一般人沒有不同，東征西討，老母留在京師，不能庇護她躲避風雨，確實有些怨憤不滿的心情，因為喝醉了而口出怨言，不能自我保全。」唐高祖對群臣說：「看劉文靜說的這些話，造反的事情就明白了。」李綱、蕭瑀都表明劉文靜沒有謀反之意。秦王李世民替他堅持求情說：「過去在晉陽，劉文靜首先拿定了起兵的計畫，然後才告知裴寂。等到攻克了京城，任職待遇相差懸殊，使劉文靜產生怨恨，那是有的，但他不敢謀反。」裴寂對唐高祖說：「劉文靜的才智謀略確實超出現在的人，但他的性情粗疏險惡，如今天下尚未安定，留著他一定遺留後患。」唐高祖一向與裴寂親近，低頭想了很久，最終採納了裴寂的意見。九月初六日辛未，劉文靜與他弟弟劉文起因罪被處死，抄沒了全部家產。

沈法興既克毗陵，謂江、淮之南指撝❶可定，自稱梁王，都毗陵，改元延康，置百官。性殘忍，專尚❷威刑，將士小有過即斬之，由是其下離怨。

時杜伏威據歷陽❸，陳稜據江都，李子通❹據海陵，俱有窺江表之心❺。法興軍數敗，會子通圍稜於江都，稜送質求救於法興及伏威，法興使其子綸將兵數萬與伏威共救之。伏威軍清流❻，綸軍揚子❼，相去數十里。子通納言毛文深獻策，募江南人詐為綸兵，夜襲伏威營。伏威怒，復遣兵襲綸。由是二人相疑，莫敢先進。子通得盡銳[8]攻江都，克之，稜奔伏威。子通入江都，因縱擊綸，大破之，伏威亦引去。子通即皇帝位，國號吳，改元明政。丹陽[9]賊帥樂伯通帥眾萬餘降之，子通以為左僕射。

杜伏威請降。丁丑[10]，以伏威為淮南安撫大使、和州[11]總管。

裴寂至介休[12]，宋金剛據城拒之。寂軍于度索原[13]，營中飲澗水，金剛絕之，士卒渴乏。寂欲移營就水，金剛縱兵擊之，寂軍遂潰，失亡略盡[14]，寂一日一夜馳至晉州。先是，劉武周屢遣兵攻西河[15]，浩州刺史劉贍拒之，李仲文引兵就之，與共守西河。及裴寂敗，自晉州以北城鎮俱沒，唯西河獨存。姜寶誼復為金剛所虜，謀逃歸，金剛殺之。裴寂上表謝罪，上慰諭之，復使鎮撫河東。

劉武周進逼并州，齊王元吉紿[16]其司馬劉德威曰：「卿以老弱守城，吾以彊兵出戰。」辛巳[17]，元吉夜出兵，攜其妻妾棄州奔還長安。元吉始去，武周兵已至城下，晉陽土豪薛深以城納武周。上聞之，大怒，謂禮部尚書李綱曰：「元吉幼弱，未習時事，故遣竇誕、宇文歆輔之。晉陽彊兵數萬，食支十年[18]，興王之基，一旦棄之。聞宇文歆首畫此策，我當斬之！」綱曰：「王年少驕逸，竇誕曾無規諫，又掩覆之，使士民憤怨，今日之敗，誕之罪也。歆諫，王不悛[19]，尋皆聞奏[20]，乃忠臣也，豈可殺哉！」明日，上召綱入，升御座曰：「我得公，遂無濫刑。元吉自為不善，非二人所能禁也。」并誕赦之。衛尉[21]少卿劉政會在太原，為武周所虜，政會密遣人奉[1]表論武周形勢。

武周據太原，遣宋金剛攻晉州，拔之，虜右驍衛大將軍劉弘基，弘基逃歸。金剛進逼絳州[22]，陷龍門[23]。

西突厥曷娑那可汗與北突厥有怨。曷娑那在長安，北突厥遣使請殺之，上不許，羣臣皆曰：「保一人而失一國，後必為患。」秦王世民曰：「人窮來歸，我殺之不義。」上遲迴[24]久之。不得已，丙戌[25]，引曷娑那於內殿宴飲，既而送中書省[26]，縱北突厥使者使殺之。

禮部尚書李綱領太子詹事[27]，太子建成始甚禮之。久之，太子漸昵近[28]小人，疾秦王世民功高，頗相猜忌。綱屢諫不聽，乃乞骸骨[29]。上罵之曰：「卿為何潘仁長史，乃恥為朕尚書邪[30]！且方使卿輔導建成，而固求去，何也？」綱頓首曰：「潘仁，賊也，每欲妄殺人，臣諫之即止，為其長史，可以無愧。陛下創業明主，臣不才，所言如水投石[31]，言於太子亦然，臣何敢久污天臺[32]、辱東朝[33]乎！」上曰：「知公直士，勉留輔吾兒。」戊子[34]，以綱為太子少保，尚書、詹事如故。綱復上書諫太子飲酒無節，及信讒慝[35]，疏骨肉。太子不懌[36]，而所為如故。綱鬱鬱不得志。是歲，固稱老病辭職。詔解尚書，仍為少保。

淮安王神通使慰撫使張道源鎮趙州[37]。庚寅[38]，竇建德陷趙州，執總管張志昂及道源。建德以二人及邢州刺史陳君賓不早下[39]，欲殺之。國子祭酒凌敬諫曰：「人臣各為其主用，彼堅守不下，乃忠臣也。今大王殺之，何以勵羣下[40]乎！」建德怒曰：「吾至城下，彼猶不降，力屈就擒，何可捨也！」敬曰：「今大王使大將高士興拒羅藝於易水[41]，藝纔至，士興即降，大王之意以為何如？」建德乃悟，即命釋之。

乙未[42]，梁師都復寇延州[43]，段德操擊破之，斬首二千餘級，師都以百餘騎遁去。德操以功拜柱國[44]，賜爵平原郡公。鄜州[45]刺史鄜城壯公梁禮戰沒。

冬，十月己亥[46]，就加涼州總管楊恭仁納言，賜幽州總管燕公羅藝姓李氏，封燕郡王。○辛丑[47]，李藝破竇建德於衡水[48]。

癸卯[49]，以左武候大將軍龐玉為梁州總管。時集州獠[50]反，玉討之，獠據險自守，軍不得進，糧且盡。熟獠[51]與反者皆鄰里親黨，爭言賊不可擊，請玉還。

玉揚言：「秋穀將熟，百姓毋得收刈[52]，一切供軍，非平賊吾不返。」聞者大懼，曰：「大軍不去，吾曹皆將餧死。」其中壯士乃入賊營，與所親潛謀，斬其渠帥[53]而降，餘黨比自散。玉追討，悉平之。

劉武周將宋金剛進攻澮州[54]，陷之，軍勢甚銳。裴寂性怯[55]，無將帥之略，唯發使駱驛[56]，趣[57]虞、泰[58]二州居民入城堡，焚其積聚。民驚擾愁怨，皆思為盜。夏縣[59]民呂崇茂聚眾自稱魏王，以應武周。寂討之，為所敗。詔永安王孝基、工部尚書[2]獨孤懷恩、陝州總管于筠、內史侍郎唐儉[60]等將兵討之。

時王行本猶據蒲反[61]未下，亦與武周相應，關中震駭。上出手敕[62]曰：「賊勢如此，難與爭鋒，宜棄大河以東，謹守關西[63]而已。」秦王世民上表曰：「太原，王業所基，國之根本，河東富實，京邑[64]所資，若舉而棄之，臣竊憤恨。願假臣精兵三萬，必冀平殄[65]武周，克復汾、晉。」上於是悉發關中兵以益世民所統，使擊武周。乙卯[66]，幸華陰[67]，至長春宮[68]以送之。

【章旨】以上為第八段，寫杜伏威降唐，裴寂討劉武周不利。

【注釋】❶撝　通「揮」。❷專尚　專重；專門崇尚。❸歷陽　郡名，治所在今安徽和縣。❹李子通　（？—西元六二二年）隋末在江淮地區起事反隋，東海承（今山東棗莊）人。傳見《舊唐書》卷五十六、《新唐書》卷八十七。❺竊江表之心圖謀江外之意。❻清流　縣名，縣治在今安徽滁州。❼揚子　縣名，縣治在今江蘇揚州南揚子橋附近。❽盡銳　以全軍精銳之卒。❾丹陽　郡名，治所在今江蘇南京。❿丁丑　九月十二日。⓫和州　州名，治所在今安徽和縣。⓬介休　縣名，縣治在今山西介休。⓭度索原　地名，在今山西介休東南介山下。⓮失亡略盡　死亡損失殆盡。⓯西河　郡名，治所在今山西汾陽。⓰紿　欺哄。⓱辛巳　九月十六日。⓲食支十年　糧食可以支撐十年。⓳悛　悔改。⓴尋皆聞奏　不久都上奏了。㉑衛尉　官名，秦始置，漢時為九卿之一，掌管宮門警衛。魏、晉、南北朝多沿置，北齊稱衛尉寺，有卿、少卿各一人。隋時改掌軍器、儀仗、帳幕之事。唐因之。㉒絳州　州名，治所在今山西聞喜東北。㉓龍門　縣名，縣治在今山西河津東南。㉔遲迴　躊躇。㉕丙戌　九月二十一日。㉖中書省　官署名，在唐代，中書省與門下、尚書三省同為中央行政總匯，由中書省決定政策，通過門下省，然後交尚書省執行。㉗太子詹事　官名，唐置詹事府，有太子詹事、少詹事，統東宮三寺、十率府之政令。㉘昵近　親近。㉙乞骸骨　舊稱大臣辭職為乞骸骨。㉚恥為朕尚書邪　以做朕的尚書為可恥嗎。㉛所言如水投石　胡注：「言以水投石，雖沾溼而不能受水。」意思是說，自己的話根本不起作用，一點不被採納。㉜天臺　即尚書省。㉝東朝　即東宮。㉞戊子　九月二十三日。㉟讒慝　讒毀邪惡之人。㊱懌　喜悅。㊲趙州　州名，治所在今河北趙縣。㊳庚寅　九月二十五日。㊴不早下　不早投降。㊵羣下　群臣。㊶易水　水名，源出於今河北易縣境。㊷乙未　九月三十日。㊸延州　州名，治所在今陝西延安城東延河東岸。㊹柱國　官名，隋設上柱國及柱國，以酬功勳。唐以後為勳官的名稱。㊺鄜州　州名，治所在今陝西富縣。㊻己亥　十月初四。㊼辛丑　十月初六。㊽衡水　縣名，縣治在今河北衡水市西。㊾癸卯　十月初八。㊿集州獠　集州治所在今四川南江縣。獠，是當地的少數民族。(51)熟獠　靠近唐邊境者稱為熟獠，遠者為生獠。(52)刈　割。(53)渠帥　大帥。(54)澮州　州名，治所在今山西翼城。(55)性怯　生性膽怯。(56)發使駱驛　派使者相繼不絕。駱驛，同「絡繹」。(57)趣　催促。(58)虞泰　皆為州名，虞州治所在今山西運城東北安邑，泰州治所在今山西河津城東南。(59)夏縣　縣名，縣治在今山西夏縣西北禹王城。(60)唐儉　(西元五七八—六五六年)字茂約，晉陽(今山西太原)人，初為天策府長史，封莒國公。貞觀初為民部尚書。傳見《舊唐書》卷五十八、《新唐書》卷八十九。(61)蒲反　縣名，縣治在今山西永濟西南蒲州鎮。(62)手敕　皇帝親手所書之敕。(63)關西　泛指故函谷關(今河南靈寶東北)或今潼關以西地區。(64)京邑　京城；京師。(65)殄　滅。(66)乙卯　十月二十日。(67)華陰　縣名，治所在今陝西華陰東南。(68)長春宮　北周武帝置，在今陝西大荔朝邑鎮西北。

【校　記】[1]遣人奉　此三字原無。據章鈺校，十二行本、乙十一行本、孔天胤本皆有此三字，今據補。[2]工部尚書　此四字原無。據章鈺校，十二行本、乙十一行本、孔天胤本皆有此四字，張敦仁《通鑑刊本識誤》、張瑛《通鑑校勘記》同，今據補。

【語譯】沈法興攻克毗陵之後，認為江、淮以南的地區只要自己發出指令就可平定，於是自稱梁王，建都毗陵，改年號為延康，設置文武百官。沈法興性情殘忍，專門崇尚嚴刑峻法，將士有一點小過錯，立即斬首，因此他的部下產生叛離怨恨之心。

當時杜伏威佔據歷陽，陳稜佔據江都，李子通佔據海陵，都有窺伺江南的意圖。沈法興的軍隊幾次戰敗，適逢李子通在江都包圍了陳稜，陳稜送來人質向沈法興和杜伏威求救，沈法興派他兒子沈綸率兵數萬與杜伏威一起救援陳稜。杜伏威屯駐清流縣，沈綸駐紮揚子縣，相離數十里。李子通的納言毛文深獻計，招募江南人偽裝成沈綸的士兵，夜裡襲擊杜伏威的軍營。杜伏威很生氣，又派兵襲擊沈綸。由此二人相互猜疑，誰也不敢首先進軍。李子通得以傾盡全部精銳攻打江都，攻了下來，陳稜投奔杜伏威。李子通進入江都，乘勢縱兵攻打沈綸，把他打得大敗，杜伏威也率軍離去。李子通登上皇帝之位，國號吳，改年號為明政。丹陽賊帥樂伯通率領部下一萬多人投降了李子通，李子通任命他為左僕射。

杜伏威向唐朝請求投降。九月十二日丁丑，唐任命杜伏威為淮南安撫大使、和州總管。

裴寂到達介休，宋金剛佔據縣城進行抵抗。裴寂駐紮在度索原，軍營中飲用山澗的溪水，宋金剛切斷了水源，唐軍士兵又渴又乏。裴寂想遷移軍營靠近水源，宋金剛縱兵進擊，裴寂的軍隊於是潰敗，幾乎使軍隊全部損失和傷亡，裴寂奔馳一天一夜到了晉州。在此之前，劉武周屢次派兵攻打西河，唐浩州刺史劉贍抵抗他，李仲文率軍與劉贍會合，共同守衛西河。等到裴寂戰敗，從晉州以北的城鎮全部陷落，只有西河一城尚存。姜寶誼又被宋金剛俘虜，謀劃逃回，宋金剛殺死了他。裴寂上表謝罪，唐高祖安慰勸導他，又讓他鎮撫河東。

劉武周進逼并州，齊王李元吉欺騙他的司馬劉德威說：「你帶領老弱守城，我用強兵出城作戰。」九月十六日辛巳，李元吉在夜裡出兵，攜帶妻妾放棄并州逃回長安。李元吉剛離開，劉武周的軍隊已到達城下，晉陽土豪強薛深把城池獻給了劉武周。唐高祖聽說此事，大怒，對禮部尚書李綱說：「李元吉年幼弱小，不熟悉眼下事務，所以派遣竇誕、宇文歆輔佐他。晉陽有強兵數萬，糧食能支撐十年，是王業興起的根基，一個早上就放棄了。聽說宇文歆首先提出這個計策，我當要斬殺他！」李綱說：「齊王年輕，驕狂放逸，竇誕不曾規諫，反而為他掩飾，使百姓怨憤。今天的失敗，是竇誕的罪過。宇文歆勸諫，齊王不改，不久把情況全都上奏朝廷，乃是忠臣，怎可殺掉呢！」第二天，唐高祖叫李綱入宮，登上御座說：「我得到了你，才沒有濫施刑罰。元吉自己不做善事，不是竇誕、宇文歆二人所能禁止的。」於是連竇誕一起赦免。衛尉少卿劉政會在太原，被劉武周俘虜，劉政會祕密派人上表論說劉武周的形勢。

劉武周佔據太原，派宋金剛進攻晉州，攻了下來，俘虜了唐右驍衛大將軍劉弘基，劉弘基逃回。宋金剛進逼絳州，攻陷龍門縣。

西突厥曷娑那可汗與北突厥有仇怨。曷娑那在長安，北突厥派使節前來請求殺死曷娑那，唐高祖不答應，群臣都說：「保護了一個人而失去一個國家，以後必定成為禍患。」秦王李世民說：「別人窮途末路前來投奔，我們殺了他就是不義。」唐高祖猶豫了很久。不得已，九月二十一日丙戌，請曷娑那在內殿宴飲，然後把他送到中書省，聽任北突厥的使者，讓他殺了曷娑那。

禮部尚書李綱兼太子詹事，太子李建成開始時對他十分禮敬。時間長了，太子逐漸親近小人，嫉妒秦王李世民功高，相互頗為猜忌。李綱屢次勸諫，李建成不聽，於是請求退休。唐高祖罵他說：「你當過何潘仁的長史，現在恥於當朕的尚書嗎！況且正讓你輔導建成，卻堅持要求離去，這是為什麼？」李綱磕頭謝罪說：「何潘仁，是叛賊，每次想亂殺人，我勸諫了他就停止不殺，做他的長史，可以無愧。陛下是創立帝業的明主，臣無才，說的話如同以石投水，臣對太子的規勸也是這樣，臣怎敢長期玷汙尚書省，使東宮蒙受恥辱呢！」唐高祖說：「朕知道公是正直之士，請公勉力留下輔導我兒子。」九月二十三日戊子，任命李綱為太子少保，禮部尚書、太子詹事的官職依舊保留。李綱又上書勸諫太子李建成飲酒沒有節制，以及信任讒毀邪惡之人，疏遠骨肉兄弟。太子李建成很不高興，所作所為依然如故。李綱鬱鬱不得志。這一年，堅決說自己年老多病，要求辭職。唐高祖下詔解除他的尚書職務，仍然擔任太子少保。

淮安王李神通讓慰撫使張道源鎮守趙州。九月二十五日庚寅，竇建德攻陷趙州，抓住了唐總管張志昂和張道源。竇建德因為他們二人以及邢州刺史陳君賓沒有盡早投降，想殺了他們。國子祭酒凌敬勸諫說：「人臣各為其主而效力用命，他們堅守城池不投降，乃足忠臣。現在大王殺了他們，用什麼來激勵群臣呢！」竇建德生氣地說：「我到了城下，他們還不投降，力量用盡才被擒，怎麼能放過他們！」凌敬說：「現在大王派大將高士興在易水抵禦羅藝，羅藝剛到，高士興立即投降，大王的意思認為怎麼樣？」竇建德這才醒悟，立即下令不殺張志昂和張道源。

九月三十日乙未，梁師都又侵犯延州，段德操打敗了他，斬首二千餘級，梁師都率領一百多名騎兵逃去。段德操因戰功拜為柱國，賜予爵位為平原郡公。鄜州刺史鄜城壯公梁禮戰死。

冬，十月初四日己亥，唐就地加任涼州總管楊恭仁為納言，賞賜幽州總管燕公羅藝姓李，封為燕郡王。○初六日辛丑，李藝在衡水打敗竇建德。

十月初八日癸卯，唐任命左武候大將軍龐玉為梁州總管。當時集州獠民反叛，龐玉討伐他們，獠民佔據險要自守，唐軍不能前進，軍糧快要沒了。靠近邊境的獠民與反叛的獠民都是鄰里鄉親，爭著說反叛的獠民不可攻擊，請求龐玉回軍。龐玉揚言說：「秋天的莊稼即將成熟，百姓不得收割，全部供給軍隊，不平定叛賊我不撤軍。」聽說此言的人大為驚恐，說道：「大軍不離去，我們都將餓死。」其中的壯士便進入反叛的獠民營地，與所親近的人暗中謀劃，殺了反叛的獠民頭領，投降了唐軍，剩餘的叛軍也全部潰散。龐玉追擊討伐，全部平定了反叛的獠民。

劉武周的將領宋金剛進攻澮州，攻陷了城池，軍勢極為勇銳。裴寂生性怯懦，沒有將帥的謀略，只有絡繹不絕地派遣使者，催促虞州、泰州的居民進入城堡，焚毀他們的積蓄。百姓驚擾愁怨，都想做盜賊。夏縣的民眾呂崇茂聚眾自稱魏王，響應劉武周。裴寂討伐他，被呂崇茂打敗。唐高祖下詔命令永安王李孝基、工部尚書獨孤懷恩、陝州總管于筠、內史侍郎唐儉等人帶兵討伐呂崇茂。

當時王行本還佔據著蒲反，未被攻下，也與劉武周相呼應，關中震恐。唐高祖下親筆敕書說：「叛賊勢頭到了這種地步，很難與他們爭鋒，應該放棄黃河以東地區，小心守衛關西地區而已。」秦王李世民上表說：「太原，是帝王大業的根基，國家的根本，河東地區富饒豐實，是京城取資之地，如果一舉放棄，臣私下深感憤恨。希望給臣三萬精兵，一定期望平定消滅劉武周，收復汾州、晉州。」於是唐高祖全部徵發關中的兵力，擴充李世民所轄部隊，派他攻打劉武周。十月二十日乙卯，唐高祖駕臨華陰，到長春宮為秦王送行。

竇建德引兵趣衛州。建德每行軍，常為三道，輜重、細弱居中央，步騎夾左右，相去三里許。建德以千騎前行，過黎陽三十里，李世勣遣騎將丘孝剛將三百騎偵❶之。孝剛驍勇，善馬槊❷，與建德遇，擊之。建德敗走，右方兵救之，擊斬孝剛。建德怒，還攻黎陽，克之，虜淮安王神通、李世勣父蓋、魏徵及帝妹同安公主。唯李世勣以數百騎走度河，數日，以其父故，還詣❸建德降。衛州聞黎陽陷，亦降。建德以李世勣為左驍衛將軍，使守黎陽，常以其父蓋自隨為質。以魏徵為起居舍人❹。

滑州刺史王軌奴殺軌，攜其首詣建德降。建德曰：「奴殺主大逆，吾何為受之！」立命斬奴，返其首於滑州。吏民感悅，即日請降。於是其旁州縣及徐圓朗等皆望風歸附。己未❺，建德還洛州，築萬春宮，徙都之。置淮安王神通於下博❻，待以客禮。

行軍總管羅士信帥勇士夜入洛陽外郭，縱火焚清化里而還。壬戌❼，士信拔青城堡❽。

王世充自將兵徇地❾至滑臺，臨黎陽。尉氏❿城主時德叡、汴州⓫刺史王要漢、亳州⓬刺史丁叔則遣使降之。以德叡為尉州刺史。要漢，伯當之兄也。

夏侯端至黎陽⓭，李世勣發兵送之，自澶淵⓮濟河，傳檄⓯州縣，東至于海，南至于淮，二十餘州，皆遣使來降。行至譙州⓰，會汴、亳降於王世充，還路遂絕。端素得眾心，所從二千人，雖糧盡不忍委去。端坐澤中，殺馬以饗士，因歔欷謂曰：「卿等鄉里皆已從賊，特以⓱共事之情，未能見委⓲。我奉王命，不可從卿，卿有妻子，無宜效我。可斬吾首歸賊，必獲富貴。」眾皆流涕曰：「公於唐室非有親屬，直以忠義，志不圖存。某等雖賤，心亦人也，寧肯⓳害公以求利乎！」端曰：「卿不忍見殺，吾當自刎。」眾抱持之，乃復同進⓴，潛行五日，餒死及為賊所擊奔潰相失㉑者太半㉒，唯餘五十二人同走，采豆㉓生食之。端持節未嘗離身，屢遣從者散，自求生，眾又不可。時河南之地皆入世充，唯杞州刺史李公逸為唐堅守，遣兵迎端，館給之㉔。世充遣使召端，解衣遺㉕之，仍送除書㉖，以端為淮南郡公、尚書少吏部㉗。端對使者焚書毀衣，曰：「夏侯端天子大使，豈受王世充官乎！汝欲吾往，唯可取吾首耳！」因解節旄懷之，置刃於竿，自山中西走，無復蹊徑，冒踐荊棘，晝夜兼行，得達宜陽㉘。從者墜崖溺水，為虎狼所食，又喪其半，其存者鬢髮禿落，無復人狀。端詣闕見上，但謝無功，初不自言艱苦。上復以為祕書監。○郎楚之㉙至山東，亦為竇建德所獲。楚之不屈，竟得還。

王世充遣其從弟世辨以徐㉚、亳之兵攻雍丘。李公逸遣使求救，上以隔賊境，不能救。公逸乃留其屬李善行守雍丘，身帥輕騎入朝，至襄城，為世充伊州刺史張殷所獲。世充謂曰：「卿越鄭㉛臣唐，其說安在㉜？」公逸曰：「我於天下，唯知有唐，不知有鄭。」世充怒，斬之。善行亦沒。上以公逸子為襄邑公。

甲子㉝，上祠華山㉞。

【章旨】以上為第九段，寫夏侯端歷盡艱辛還唐。

【注釋】❶偵　偵察。❷馬槊　兵器。唐初諸將軍於馬上常用的馬矛。矛長丈八曰槊。❸詣　去；前往。❹起居舍人　官名，隋代於內史省（中書省）設起居舍人二員，唐又於門下省和中書省分別設起居郎和起居舍人分掌侍從皇帝、記錄皇帝言行事。❺己未　十月二十四日。❻下博　縣名，縣治在今河北深州東南。❼壬戌　十月二十七日。❽青城堡　胡三省注：「蓋因青城宮為堡。」青城宮在今河南洛陽西北。❾徇地　攻取土地。謂率軍隊巡行各地，使之降服。❿尉氏　縣名，縣治在今河南尉氏。⓫汴州　州名，治所在今河南開封西北。⓬亳州　州名，治所在今安徽譙城。⓭夏侯端至黎陽　是年四月，遣夏侯端安撫淮左，此時行至黎陽。⓮澶淵　縣名，縣治在今河南濮陽西。⓯檄　古代用來徵召、聲討的文書。⓰譙州　州名，治所在今安徽宿州西。⓱特以　只因。⓲未能見委　不能放棄（我）。⓳寧肯　豈肯；哪肯。⓴同進　一同進發。㉑相失　相散失。㉒太半　大半。㉓登豆　野豆。㉔館給之　使居於客館並供給其資糧。㉕遺　給予；贈送。㉖除書　任命的文書，如今天的委任狀。㉗尚書少吏部　《舊唐書．夏侯端傳》作「吏部尚書」，此則為吏部侍郎，兩書有異。㉘宜陽　縣名，縣治在今河南宜陽西。㉙郎楚之　名穎，字楚之，定州新樂（今河北新樂）人，隋大業中為尚書民曹郎。唐武德初為大理卿，參與撰定律令。受詔招諭山東，被竇建德所獲，不為所屈。貞觀初卒，年八十。傳見《舊唐書》卷一百八十九下、《新唐書》卷一百九十九。㉚徐　徐州，治所在今江蘇徐州。㉛越鄭　踰越鄭國。㉜其說安在　道理何在。㉝甲子　十月二十九日。㉞華山　山名，五嶽之一，在今陝西華陰南。

**【語　譯】**竇建德帶兵奔赴衛州。竇建德每次行軍，經常把部隊分為三路，輜重、弱小處在中央，步兵、騎兵夾在左右兩邊，相距三里左右。竇建德率領一千名騎兵走在前面，過了黎陽三十里，李世勣派遣騎兵將領丘孝剛率領三百騎兵偵察竇建德的情況。丘孝剛驍勇，善於騎馬使用長槍，和竇建德遭遇，便攻擊竇建德。竇建德敗逃，右路部隊救援竇建德，擊殺了丘孝剛。竇建德大怒，回軍攻打黎陽，攻下了黎陽城，俘虜了唐淮安王李神通、李世勣的父親李蓋、魏徵以及唐高祖的妹妹同安公主。只有李世勣率數百騎兵逃走渡過黃河，數天後，李世勣因為父親被俘的緣故，返回前往竇建德那裡投降。衛州聽說黎陽陷落，也投降了竇建德。竇建德任命李世勣為左驍衛將軍，讓他守衛黎陽，經常把李世勣的父親李蓋作為人質帶在身邊。任命魏徵為起居舍人。

唐滑州刺史王軌的奴僕殺死王軌，攜帶王軌的首級前去投降竇建德。竇建德說：「奴僕殺死主人是大逆，我怎能接受他！」立即下令斬殺這個奴僕，把王軌的首級送回滑州。滑州的官吏和百姓為之感動而喜悅，當天請求投降。於是滑州旁邊的州縣以及徐圓朗等人都望風歸附。十月二十四日己未，竇建德返回洺州，修築萬春宮，把夏國都城遷到洺州。竇建德把唐淮安王李神通安置在下博，用賓客的禮節對待他。

唐行軍總管羅士信率領勇士夜晚進入洛陽外城，縱火焚燒清化里後返回。十月二十七日壬戌，羅士信攻取青城堡。

王世充親自率軍略取土地到達滑臺，臨近黎陽。唐尉氏城主時德叡、汴州刺史王要漢、亳州刺史丁叔則派使者向王世充投降。王世充任命時德叡為尉州刺史。王要漢，是王伯當的哥哥。

夏侯端到達黎陽，李世勣發兵送他，從澶淵渡過黃河，傳檄州縣，東至於海，南到達淮河，二十多個州全都派遣使者前來投降。夏侯端行至譙州，適逢汴州、亳州投降了王世充，返回的道路便斷絕了。夏侯端一向能得人心，隨從他的兩千人，雖然糧食沒了，也不忍心丟下他離去。夏侯端坐在沼澤中，殺了馬匹犒勞士兵，於是感歎地對他們說：「你們的家鄉都已歸附了叛賊，只是因為與我共事的情分，未能丟下我。我奉王命，不能隨你們去，你們有妻子兒女，不宜效仿我。可以砍下我的首級歸降叛賊，一定得到富貴。」大家都流淚說：「公對於唐王室沒有親屬關係，只是靠著忠義，立志不求自保。我們雖然卑賤，也有人心，怎能殺害您以求得利益呢！」夏侯端說：「你們不忍心殺我，我當自刎而死。」大家抱住他，於是又一起前進，暗地裡行軍五天，餓死以及被王世充軍隊攻擊逃散而失去聯繫的超過了一大半，只剩下五十二個人與他同行，採摘野豆生吃。夏侯端拿著出使的節杖未曾離身，多次遣送隨從離開自己，自求生路，大家又不同意。當時河南地區都成了王世充的疆域，只有杞州刺史李公逸為唐朝堅守城池，派兵迎接夏侯端，住在客館，供給飲食。王世充派使者招降夏侯端，脫下自己的衣服送給他，還送去任命的文書，任命夏侯端為淮南郡公、尚書少吏部。夏侯端當著使者的面焚燒任命文書、毀掉衣服，說：「夏侯端是天子的大使，怎能接受王世充的官職啊！你想我前去，只能取了我的首級而已！」於是解下出使節杖的旄頭放入懷中，將刀插在節杖的竿上，從山中向西走，再也沒有大小路徑，踏著荊棘，晝夜兼程，得以到達宜陽。隨行的人墜崖溺水，被虎狼吃掉，又喪失了一半，活下來的人鬢髮脫落，不再像人的樣子。夏侯端到皇廷來見皇上，只說有罪而沒有功勞，絲毫不自言艱苦。唐高祖仍然任命他為祕書監。〇郎楚之到達山東，也被竇建德俘獲。郎楚之不屈服，最終得以返回長安。

王世充派遣他的堂弟王世辨率領徐州、亳州的軍隊攻打雍丘。李公逸派使者求救，唐高祖因為雍丘與關中隔著敵人佔領的地區，不能救援。李公逸於是留下他的下屬李善行守衛雍丘，親自率領輕騎入朝，到了襄城，被王世充的伊州刺史張殷抓獲。王世充對他說：「你越過鄭國向唐稱臣，其道理在哪裡？」李公逸說：「我對於天下，只知道有唐，不知道有鄭。」王世充很生氣，殺了李公逸。李善行也戰死。唐高祖封李公逸的兒子為襄邑公。

十月二十九日甲子，唐高祖祭祀華山。

【研　析】本卷研析唐朝開國功臣劉文靜之死，會帶給我們什麼樣的啟迪呢！劉文靜，字肇仁，祖籍彭城（今江蘇徐州）人，後居京兆武功（今屬陝西）。祖父劉懿，北周時歷官石州（今山西離石），其父劉韶，隋時戰沒，贈上儀同三司。劉文靜十四歲出仕，因其父身死王事，襲儀同三司。史稱劉文靜「偉姿儀，有器幹，倜儻多權略」。四十歲以後，為官晉陽令。

劉文靜任晉陽令時，隋王朝已風雨飄搖，劉文靜暗結豪傑，察觀時變，與晉陽宮副監裴寂深交，時常談論局勢。劉文靜對裴寂說：「天下亂離，時事可知，你我二人相得，何愁沒有一試身手的機會。」顯然，劉文靜希望成為亂世英雄。

大業十三年（西元六一七年），唐國公李淵被隋煬帝任命為太原留守。李淵認為這是「天下之授」，他對李世民說：「今我來斯，是為天與，與而不取，禍將斯及。」所以李淵一到太原就廣積恩信，這被劉文靜看在眼裡。劉文靜對裴寂說：「我看二郎（指李世民）其人，人度類於漢高，神武同於魏祖，其年雖少，必為匡世之才。」於是劉文靜與李淵父子「深自結託」，並帶動裴寂贊助李氏父子。李淵晉陽起兵，劉文靜首功第一。其後，劉文靜奉使北連突厥，隨征關中，東據潼關，西平隴右，為李唐王朝建立了卓越的功勳。

劉文靜首建非常之功，其地位始終在裴寂之下，時間一久，兩人產生了矛盾，每次朝議廷爭，「寂有所是，文靜必非之」，而唐高祖始終親信裴寂，劉文靜於是牢騷滿腹，免不了口出怨言。有一次，劉文靜與其弟通直散騎常侍劉文起在一起飲酒，酒至半酣，劉文靜拔刀擊柱說：「必當斬裴寂首。」劉文靜愛妾失寵，便將此言告訴其兄，妾兄便以謀反罪誣告劉文靜，唐高祖派裴寂與蕭瑀審案。劉文靜直言不諱說：「起義之初，忝為司馬，計與長史位望略同。今裴寂身居僕射，而臣賞不異眾人，東征西討，家口無託，故有觖望之心，酒後出了怨言。」朝臣李綱、蕭瑀為劉文靜辯護，秦王李世民也再三固請，認為劉文靜「定非常之功」，只是口出怨言，而不是謀反。裴寂卻說：「文靜才略，實冠時人，性復粗險，急不思難，醜言悖逆，其狀已彰，當今天下未定，外有強敵，今若赦之必留後患。」劉文靜教唆李淵反隋，成了李淵的心頭之病，劉文靜因功未封，本來就是唐高祖疏遠的痕跡。唐高祖心知劉文靜蒙冤，也必殺之。武德二年（西元六一九年），九月初六日，劉文靜兄弟被誅殺，其家被籍沒。死時，劉文靜年五十二歲。

劉文靜是李唐建立的一位重要人物，是開國元勳，由於貪戀權位，爭寵受讒被冤殺，實在可惜。專制帝王反覆，謀反者深受猜忌，劉文靜的下場，既可悲，又令人深思。

# 卷第一百八十八

## 唐紀四

起屠維單閼（己卯 西元六一九年）十一月，盡重光大荒落（辛巳 西元六二一年）二月，凡一年有奇。

**【題解】**本卷記事起西元六一九年十一月，迄西元六二一年二月，凡一年零四個月，當唐高祖武德二年到四年，僅一年有奇而跨三年。這一時期是唐王室秦王李世民建功最得意之時，先是平滅了北方勁敵劉武周，沉重打擊了梁師都，隨後率領大軍東出，與王世充激戰東都，唐軍連戰皆捷，河南郡縣大多降唐。王世充告急於竇建德，為了生存，王竇化敵為友，聯手對抗唐軍。李世勣脫離竇建德，重歸唐室。蕭銑政權在唐軍打擊、內部叛離的情況下日益削弱。李子通割據江東。

### 高祖神堯大聖光孝皇帝中之上

武德二年（己卯 西元六一九年）

十一月己卯❶，劉武周寇浩州❷。

秦王世民引兵自龍門乘冰堅度河，屯柏壁❸，與宋金剛相持。時河東❹州縣，俘掠之餘，未有倉廩，人情恇❺擾，聚入城堡，徵斂無所得，軍中乏食。世民發教❻諭民，民聞世民為帥而來，莫不歸附，自近及遠，至者日多；然後漸收其糧食，軍食以充。乃休兵秣❼馬，唯令偏裨❽乘間抄掠，大軍堅壁不戰，由是賊勢日衰。

世民嘗自帥輕騎覘❾敵，騎皆四散，世民獨與一甲士登丘而寢。俄而賊兵四合，初不之覺，會有蛇逐鼠，觸甲士之面，甲士驚寤❿，遂白世民俱上馬，馳百餘步，為賊所及。世民以大羽箭射殪⓫其驍將，賊騎乃退。

李世勣欲歸唐，恐禍及其父，謀於郭孝恪。孝恪曰：「吾新事竇氏，動則見疑，宜先立效⓬以取信，然後可圖也。」世勣從之。襲王世充獲嘉⓭，破之，多所俘獲，以獻建德，建德由是親之。

初，漳南⓮人劉黑闥⓯，少驍勇狡獪⓰，與竇建德善。後為羣盜，轉事郝孝德、李密、王世充。世充以為騎將，每見世充所為，竊笑之。世充使黑闥守新鄉⓱，李世勣擊虜之，獻於建德。建德署為將軍，賜爵漢東公，常使將奇兵東西掩襲，或潛入敵境覘視虛實。黑闥往往乘間奮擊，克獲而還。

十二月庚申[18]，上獵于華山。

于筠說永安王孝基[19]急攻呂崇茂[20]，獨孤懷恩請先成攻具，然後進，孝基從之。崇茂求救於宋金剛，金剛遣其將善陽[21]尉遲敬德[22]、尋相[23]將兵奄至[24]夏縣。孝基表裏受敵，軍遂大敗，孝基、懷恩、筠、唐儉及行軍總管劉世讓皆為所虜。

敬德名恭，以字行。

上徵裴寂入朝，責其敗軍，下吏[25]。既而釋之，寵待彌厚[26]。

尉遲敬德、尋相將還澮州[27]，秦王世民遣兵部尚書[28]殷開山[29]、總管秦叔寶等邀之於美良川[30]，大破之，斬首二千餘級。頃之，敬德、尋相潛引精騎援王行本於蒲反，世民自將步騎三千從間道夜趨安邑[31]，邀擊，大破之。敬德、相僅以身免，悉俘其眾，復歸柏壁。

諸將咸請與宋金剛戰。世民曰：「金剛懸軍深入，精兵猛將，咸聚於是。武周據太原，倚金剛為扞蔽[32]。金剛[1]軍無蓄積，以虜掠為資，利在速戰。我閉營養銳，以挫其鋒，分兵汾[33]、隰[34]，衝其心腹。彼糧盡計窮，自當遁走。當待此機，未宜速戰。」

永安壯王孝基謀逃歸，劉武周殺之。

李世勣復遣人說竇建德曰：「曹㉟、戴㊱二州，戶口完實，孟海公竊有其地，與鄭㊲人外合內離㊳，若以大軍臨之，指期㊴可取。既得海公，以臨徐、兗，河南可不戰而定也。」建德以為然，欲自將徇㊵河南。先遣其行臺曹旦等將兵五萬濟河，世勣引兵三千會之。

【章旨】以上為第一段，寫唐秦王李世民率眾討劉武周。

【注釋】❶己卯　十一月十四日。❷浩州　州名，唐武德元年以西河郡改置，治所在今山西汾陽。❸柏壁　城名，在今山西新絳西南柏壁村。❹河東　泛指大河以東，非專指河東一郡。❺恇　害怕；驚慌。❻教　王的命令為教或教令。❼秣　餵牲口。❽偏裨　副將。❾覘　窺視。❿驚寤　驚醒。⓫殪　殺死。⓬立效　立功效。⓭獲嘉　縣名，縣治在今河南獲嘉。⓮漳南　縣名，縣治在今河北故城東北。⓯劉黑闥　隋末起事反隋，清河漳南人。傳見《舊唐書》卷五十五、《新唐書》卷八十六。⓰狡獪　狡詐。⓱新鄉　縣名，縣治在今河南新鄉。⓲庚申　十二月二十五日。⓳孝基　即李孝基，唐高祖叔伯兄弟。武德元年（西元六一八年）封永安王。傳見《舊唐書》卷六十、《新唐書》卷七十八。⓴呂崇茂　夏縣（今山西夏縣）人，武德二年（西元六一九年）殺縣令，舉兵反，自稱魏王。唐軍攻之，崇茂求救於劉武周、宋金剛。事跡見《舊唐書》卷六十〈宗室傳〉、卷一百八十三〈獨孤懷恩傳〉。㉑善陽　縣名，縣治在今山西朔州。㉒尉遲敬德　（西元五八五—六五八年）唐初大臣，名恭，字敬德，朔州善陽（今山西朔州）人。傳見《舊唐書》卷六十八、《新唐書》卷八十九。㉓尋相　武將名，尋為姓。初為劉武周部將，武德三年（西元六二〇年）降唐，不久反叛。事跡見《舊唐書》卷六十八〈尉遲敬德傳〉。㉔奄至　突然到。㉕下吏　下之於吏，命法司鞫訊。㉖彌厚　益厚。㉗澮州　州名，治所在今山西翼城。㉘兵部尚書　官名，兵部為尚書省六部之一，長官為兵部尚書，主管中央及地方武官的選用、考查，以及兵籍、軍械、軍令等事務。㉙殷開山　名嶠，以字行，鄠縣（今陝西戶縣北）人，高祖起兵，召補大將軍府掾。從太宗征平薛仁果，討王世充，有功，終吏部尚書。傳見《舊唐書》卷五十八、《新唐書》卷九十。㉚美良川　在今山西夏縣北。㉛安邑　縣名，縣治在今山西運城東北。㉜扞蔽　防禦遮蔽。

扞，同「捍」。保衛；防禦。㉝汾　州名，治所在今山西汾陽。㉞隰　州名，治所在今山西隰縣。㉟曹　州名，治所在今山東定陶。㊱戴　州名，治所在今山東成武。㊲鄭　王世充的國號。㊳外合內離　即貌合神離。㊴指期　可以指出期限，謂為期不遠。㊵徇　經略；略取。

【校　記】①金剛　此二字原無。據章鈺校，十二行本、乙十一行本、孔天胤本皆有此二字，張敦仁《通鑑刊本識誤》同，今據補。

【語　譯】高祖神堯大聖光孝皇帝中之上

武德二年（己卯　西元六一九年）

十一月十四日己卯，劉武周侵犯浩州。

秦王李世民率軍從龍門乘著黃河水冰面堅固渡過黃河，駐紮在柏壁，與宋金剛對峙。當時黃河以東的州縣遭到軍隊的戰亂和搶劫之後，沒有倉庫蓄糧，人心驚擾，進入城堡聚居，向民眾徵收，收不到糧食，軍隊缺糧。李世民發布告示，曉諭百姓，百姓聽說李世民擔任統帥前來，無不歸順，由近及遠，前來的人日益增多；然後逐漸徵收他們的糧食，軍糧得以充足。於是休兵秣馬，只命偏將的部隊乘隙抄掠，大軍則堅守壁壘不外出作戰，因此宋金剛的勢力日益衰弱。

李世民曾經親自率領輕騎兵偵察敵情，騎兵全都四處走散，李世民只和一名穿鎧甲的士卒登上山丘睡覺。不久，敵人四面合圍，開始二人沒有覺察，正巧有蛇追逐老鼠，碰到了甲士的臉，甲士驚醒，於是向李世民報告，二人一起上馬，奔馳一百餘步，被敵人追上。李世民用大羽箭射死敵人的驍將，敵人騎兵這才撤退。

李世勣想歸順唐，害怕使他父親受害，便和郭孝恪謀劃。郭孝恪說：「我們新近歸附竇建德，動不動就受到懷疑，應當先立功以取得信任，然後可以謀劃歸唐。」李世勣聽從這一建議。於是襲擊王世充的獲嘉城，攻下城池，俘獲很多，拿來獻給竇建德，竇建德因此親近李世勣。

當初，漳南人劉黑闥年輕驍勇而又狡猾，與竇建德關係好。後來結群為盜，先後投奔過郝孝德、李密、王世充。王世充任命他為騎將，劉黑闥經常看到王世充的所作所為，暗地裡嘲笑他。王世充派劉黑闥守衛新鄉，李世勣進攻並俘虜了劉黑闥，獻給竇建德。竇建德任命劉黑闥為將軍，賜爵漢東公，常常派他率奇兵四處偷襲，或者潛入敵人境內偵察敵方的虛實。劉黑闥往往乘機奮擊，攻克而有俘獲之後就返回。

十二月二十五日庚申，唐高祖在華山圍獵。

于筠勸說永安王李孝基急攻呂崇茂；獨孤懷恩請求先製造好攻城器械，然後進攻，李孝基聽從了這一建議。呂崇茂向宋金剛求援，宋金剛派遣他的將領善陽人尉遲敬德、尋相帶兵突然到達夏縣。李孝基腹背受敵，部隊於是大敗，李孝基、獨孤懷恩、于筠、唐儉以及行軍總管劉世讓都被宋金剛俘虜。尉遲敬德名恭，通常稱他的字。

唐高祖徵召裴寂回到朝廷，責備他讓軍隊戰敗，交給有關部門審問。不久又放了他，對他的寵遇更加優厚。

尉遲敬德、尋相將要返回澮州，秦王李世民派兵部尚書殷開山、總管秦叔寶等人在美良川截擊，大敗尉遲敬德，斬首二千多級。不久，尉遲敬德、尋相暗中率領精騎在蒲反援救王行本，李世民自己率領三千步兵、騎兵從小路夜裡奔赴安邑，截擊尉遲敬德，把他打得大敗。尉遲敬德、尋相僅單身逃脫，全部俘獲了他們的部眾，李世民又返回柏壁。

各位將領都請求與宋金剛交戰。李世民說：「宋金剛孤軍深入，精兵猛將，都集中在這裡。劉武周佔據太原，依仗宋金剛作為屏障。宋金剛的軍隊沒有糧食儲備，依靠掠奪作為軍資，利於速戰。我們關閉營門養精蓄銳，以此來挫傷他的鋒芒，分兵攻擊汾州、隰州，衝擊他的心腹地帶。他們糧食吃光，無計可施，自然逃走。應當等待這個機會，不宜速戰。」

永安壯王李孝基謀劃逃回，劉武周殺死了他。

李世勣又派人勸竇建德說：「曹、戴二州，戶口齊全充實，孟海公竊有二州的地盤，與鄭國貌合神離，如果利用大量的軍隊進攻他，指日可取。俘獲孟海公之後，率兵逼近徐州、兗州，黃河以南可以不用作戰就能平定。」竇建德認為這一計策正確，打算親自領兵略取河南。先派他的行臺曹旦等人率五萬兵馬渡過黃河，李世勣率兵三千與他們會合。

三年（庚辰　西元六二〇年）

春，正月，將軍秦武通攻王行本於蒲反。行本出戰而敗，糧盡援絕，欲突圍走，無隨之者。戊寅❶，開門出降。辛巳❷，上幸蒲州，斬行本。秦王世民輕騎謁上於蒲州。○宋金剛圍絳州。○癸巳❸，上還長安。

李世勣謀俟❹竇建德至河南，掩襲其營，殺之，冀得其父并建德土地以歸唐。會建德妻產❺，久之不至。

曹旦，建德之妻兄也，在河南多所侵擾❻，諸賊羈屬❼者皆怨之。賊帥魏郡❽李文相號李商胡，聚五千餘人，據孟津❾中潬❿。母霍氏，亦善騎射，自稱霍總管。世勣結商胡為昆弟⓫，入拜商胡之母。母泣謂世勣曰：「竇氏無道，如何事之⓬！」世勣曰：「母無憂，不過一月，當殺之，相與歸唐⓭耳！」世勣辭去，母謂商胡曰：「東海公⓮許我共圖此賊，事久變生，何必待其來，不如速決。」是夜，商胡召曹旦偏裨二十三人，飲之酒，盡殺之。旦別將高雅賢、阮君明尚在河北未濟⓯，商胡以巨舟四艘濟河北之兵三百人，至中流，悉殺之。有獸醫游水得免，至南岸，告曹旦，旦嚴警為備。商胡既舉事，始遣人告李世勣。世勣與曹旦連營[16]，郭孝恪勸世勣襲旦，世勣未決，聞旦已有備，遂與孝恪帥數十騎來奔。商胡復引精兵二千北襲阮君明，破之。高雅賢收眾去，商胡追之，不及而還。

建德羣臣請誅李蓋。建德曰：「世勣，唐臣，為我所虜，不忘本朝，乃忠臣也，其父何罪！」遂赦之。○甲午[17]，世勣、孝恪至長安。曹旦遂取濟州，復還洺州。

二月庚子[18]，上幸華陰。

劉武周遣兵寇潞州[19]，陷長子[20]、壺關[21]。潞州刺史郭子武不能禦，上以將軍河東王行敏助之。行敏與子武不叶[22]，或言子武將叛，行敏斬子武以徇。乙巳[23]，武周復遣兵寇潞州，行敏擊破之。

壬子[24]，開州蠻[25]冉肇則陷通州[26]。○甲寅[27]，遣將軍桑顯和等攻呂崇茂於夏縣。

初，工部尚書[28]獨孤懷恩攻蒲反，久不下，失亡多，上數以敕書誚讓[29]之，懷恩由是怨望。上嘗戲謂懷恩曰：「姑之子皆已為天子[30]，次應至舅之子乎[31]？」懷恩亦頗以此自負，或時扼腕[32]曰：「我家豈女獨貴乎[33]？」遂與麾下元君寶謀反。會懷恩、君寶與唐儉皆沒㉞於尉遲敬德，君寶謂儉曰：「獨孤尚書近謀大事，若能早決，豈有此辱哉！」及秦王世民敗敬德於美良川，懷恩逃歸，上復使之將兵攻蒲反。君寶又謂儉曰：「獨孤尚書遂拔難得還㉟，復在蒲反，可謂王者不死㊱！」儉恐懷恩遂成其謀，乃說尉遲敬德，請使劉世讓還與唐連和。敬德從之，遂以懷恩反狀聞㊲。時王行本已降，懷恩入據其城。上方濟河幸懷恩營，已登舟矣，世讓適至。上大驚曰：「吾得免，豈非天也！」乃使召懷恩。懷恩未知事露，輕舟來至，即執以屬吏，分捕黨與。甲寅，誅懷恩及其黨。

【章　旨】以上為第二段，寫李世勣設謀脫離竇建德回歸唐室；獨孤懷恩謀反被誅。

【注　釋】❶戊寅　正月十四日。❷辛巳　正月十七日。❸癸巳　正月二十九日。❹俟　等待。❺產　生產。❻侵擾　侵犯騷擾。❼羈屬　羈縻附屬。❽魏郡　郡名，治所在今河南安陽。❾孟津　地名，在今河南孟津東北。為歷代軍事要地。❿中潬　城名，東魏所築。在今河南孟州西南黃河沙洲上。⓫昆弟　兄和弟的合稱。也包括近房的和遠房的堂兄弟。⓬如何事之　為何侍奉他。⓭相與歸唐　一起歸附唐朝。⓮東海公　即李世勣。⓯未濟　未渡河。⓰連營　營寨相連接。⓱甲午　正月三十日。⓲庚子　二月初六。⓳潞州　州名，治所在今山西長治。⓴長子　縣名，縣治在今山西長子。㉑壺關　縣名，縣治在今山西壺關縣西。㉒不叶　不和洽。㉓乙巳　二月十一日。㉔壬子　二月十八日。㉕開州蠻　開州的少數民族。開州，州名，治所在今重慶市開縣。蠻，我國古代對南方各族的泛稱。㉖通州　州名，治所在今四川達縣。㉗甲寅　二月二十日。㉘工部尚書　官名，工部為尚書省六部之一，長官為工部尚書，主管全國工程、工匠、屯田、水利、交通、營造等事務。㉙誚讓　斥責。㉚姑之子皆已為天子　你姑姑的兒子都已是天子（指隋煬帝和唐高祖本人）。隋煬帝與唐高祖之母為姐妹，皆獨孤氏。㉛次應至舅之子乎　依次該輪到舅舅的兒子了吧（懷恩為獨孤皇后弟弟的兒子）。㉜扼腕　用一手握另一手腕，表示惋惜等情緒。㉝我家豈女獨貴乎　我們獨孤氏家族難道只有女子顯貴嗎。周明帝后、隋文帝后及唐高祖之母皆獨孤氏。㉞沒　陷沒。㉟拔難得還　從死難中脫身得以返回唐朝。㊱王者不死　謂天命使為王者，絕不會中途而死。㊲聞　報告皇帝，使皇帝得知。

【語　譯】三年（庚辰　西元六二〇年）

春，正月，唐將軍秦武通在蒲反攻打王行本。王行本出城交戰戰敗，糧草沒了，救援斷絕，打算突圍逃走，但沒有跟隨他的人。十四日戊寅，打開城門出城投降。十七日辛巳，唐高祖來到蒲州，斬了王行本。秦王李世民騎馬輕裝到蒲州謁見唐高祖。〇宋金剛包圍絳州。〇二十九日癸巳，唐高祖返回長安。

李世勣謀劃等竇建德到了河南，就偷襲他的營地，殺死竇建德，希望救回自己的父親並且佔據竇建德的地域歸附唐朝。恰巧竇建德的妻子生孩子，很久沒有到達河南。

曹旦，是竇建德妻子的哥哥，在河南侵擾了很多地方，歸附的各路人馬都怨恨他。賊軍首領魏郡人李文相號李商胡，聚集了五千多人，佔據孟津中潭城。他的母親霍氏，也善於騎馬射箭，自稱霍總管。李世勣和李商胡結為兄弟，入室拜見李商胡的母親。霍氏流著淚對李世勣說：「竇氏沒有道德信義，為何侍奉他！」李世勣說：「母親不要擔憂，不過一個月，當會殺了他，一起歸順唐朝！」李世勣告辭離去，霍氏對李商胡說：「東海公答應與我們共同殺死竇建德這個賊子，時間長了會發生變化，何必等他來，不如趕快解決他。」當天夜裡，李商胡召來曹旦手下的二十三位偏將，讓他們喝酒，全部殺死了他們。曹旦的別將高雅賢、阮君明還在黃河北岸沒有過河，李商胡使用四艘大船運送黃河北岸的三百士兵過河，船到河中心，全部殺死了這三百人。有一位獸醫游水逃脫，到了南岸，向曹旦報告，曹旦嚴加警戒進行防備。李商胡起事後，才派人告訴了李世勣。李世勣與曹旦的軍營相連，郭孝恪勸李世勣襲擊曹旦，李世勣沒有決定，聽說曹旦已有防備，便和郭孝恪率數十騎兵前來投奔唐軍。李商胡又帶二千精兵北進襲擊阮君明，打敗了他。高雅賢收拾部隊離去，李商胡追趕他，沒有追上，折返回來。

竇建德的諸位大臣請求殺掉李蓋。竇建德說：「李世勣是唐朝大臣，被我俘虜，不忘唐朝，這是忠臣，他父親有什麼罪！」於是赦免了李蓋。〇正月三十日甲午，李世勣、郭孝恪到達長安。曹旦於是攻取濟州，又返回洺州。

二月初六日庚子，唐高祖臨幸華陰。

劉武周派兵侵犯潞州，攻陷長子縣、壺關縣。潞州刺史郭子武抵抗不住劉武周，唐高祖派將軍河東人王行敏援助郭子武。王行敏與郭子武不和，有人說郭子武將要反叛，王行敏把郭子武斬首示眾。二月十一日乙巳，劉武周又派兵侵犯潞州，王行敏打敗了劉武周。

二月十八日壬子，開州蠻族冉肇則攻陷通州。〇二十日甲寅，唐派遣將軍桑顯和等人在夏縣攻打呂崇茂。

當初，工部尚書獨孤懷恩攻打蒲反，很久不能攻克，傷亡很多，唐高祖多次用敕書斥責他，於是獨孤懷恩心生怨恨。唐高祖曾對獨孤懷恩開玩笑說：「你姑姑的兒子都做了天子，依次應該輪到舅舅的兒子了嗎？」獨孤懷恩頗為以此自負，有時扼著手腕惋惜地說：「我家難道只有女人才會尊貴嗎？」於是就和部下元君寶謀反。正好此時獨孤懷恩、元君寶和唐儉都被尉遲敬德俘虜，元君寶對唐儉說：「獨孤尚書近來圖謀大事，如能早些決定，哪裡有這次的屈辱啊！」等到秦王李世民在美良川打敗尉遲敬德，獨孤懷恩逃回唐朝，唐高祖又讓他領兵攻打蒲反。元君寶又對唐儉說：「獨孤尚書終於從死難中逃脫而得以回到唐朝，又來到蒲反，可以說是王者不死！」唐儉害怕獨孤懷恩完成他的陰謀，於是勸說尉遲敬德，請讓劉世讓回去與唐講和。尉遲敬德聽從了他的建議，於是把獨孤懷恩謀反的情況上報。當時王行本已經降唐，獨孤懷恩進駐蒲反城。唐高祖正要渡過黃河臨幸獨孤懷恩的營地，已經上船了，劉世讓恰好趕到。唐高祖大驚說：「我能夠免除災禍，豈非天意！」於是派人召見獨孤懷恩。獨孤懷恩不知道事情洩露，輕舟來到唐高祖處，當即逮捕交給有關官員，分頭搜捕同黨。二月二十日甲寅，誅死獨孤懷恩及其同黨。

**竇建德攻李商胡，殺之。建德至[1]洺州勸課農桑❶，境內無盜，商旅野宿。**

突厥處羅可汗迎楊政道❷，立為隋王。中國士民在北者，處羅悉以配之，有眾萬人。置百官，皆依隋制，居于定襄❸。

三月乙丑❹，劉武周遣其將張萬歲寇浩州。李仲文擊走之，俘斬數千人。○改納言為侍中，內史令為中書令，給事郎為給事中❺。○甲戌❻，以內史侍郎封德彝❼為中書令❽。

王世充將帥、州縣來降者，時月相繼❾。世充乃峻其法❿，一人亡叛，舉家無少長就戮，父子、兄弟、夫婦許相告而免之。又使五家為保，有舉家亡者，四鄰不覺⓫，皆坐誅。殺人益多而亡者益甚，至於樵采⓬之人，出入皆有限數。公私愁窘⓭，人不聊生⓮。又以宮城為大獄，意所忌者⓯，并其家屬收繫宮中。諸將出討，亦質其家屬⓰於宮中。禁止者常不減萬口，餒死者日有數十。世充又以臺省官為司、鄭、管、原、伊、殷、梁、湊、嵩、谷、懷、德等十二州營田使⓱，丞、郎⓲得為此行者，喜若登仙。

【章旨】以上為第三段，寫王世充倒行逆施，暴虐軍民。

【注釋】❶勸課農桑　鼓勵督導耕種蠶桑。❷楊政道　隋煬帝第二子齊王楊暕的遺腹子。與蕭后同入突厥，處羅可汗立為隋王。突厥滅，歸於唐，授員外散騎侍郎。傳見《隋書》卷五十九。❸定襄　郡名，治所在今內蒙古和林格爾西北土城子。

❹乙丑　三月初二。❺給事中　官名，隋、唐時屬門下省。隋初稱給事中為給事郎，侍從皇帝左右，掌獻納得失，駁正文書。唐高宗時一度改給事中為東臺，旋復舊。其職掌為封還駁正詔書之違失，糾正審理不當之刑獄，權勢頗重。❻甲戌　三月十一日。❼封德彝　（？—西元六二七年）名倫，以字顯，觀州蓨（今河北景縣）人，初事隋，為楊素所賞識，妻以從妹，擢內史舍人。太宗時，累拜尚書右僕射。傳見《舊唐書》卷六十三、《新唐書》卷一百。❽中書令　官名，中書省的長官，為宰相之一。❾時月相繼　每季每月相繼不絕。❿峻其法　從嚴執法。⓫不覺　不覺察。⓬樵采　打柴採薪。⓭愁窘　愁苦困窘。⓮人不聊生　人們沒有東西賴以生活。⓯意所忌者　心有猜忌的。⓰質其家屬　以其家屬為人質。⓱以臺省官為司　胡三省注：「世充以洛州為司州，汜水為鄭州，管城為管州，沁水為原州，襄城為伊州，獲嘉為殷州，睢陽為梁州。湊州，闕。《九域志》：鄭州古跡有湊水，當置湊州於此。嵩陽為嵩州，大谷為谷州，河內為懷州，武德為德州。」營田使，官名，掌管屯田諸務。⓲丞郎　尚書左右丞及諸曹郎。

【校　記】①至　此字原無。今據張敦仁《通鑑刊本識誤》補。

【語　譯】竇建德攻打李商胡，殺死了他。竇建德到了洺州，鼓勵督導農耕與蠶桑，境內沒有盜賊，商旅野宿於外。

突厥處羅可汗迎接楊政道，立為隋王。中原士民在北方的，處羅把他們全部配給楊政道管理，有一萬人。楊政道設置百官，全部依照隋朝制度，居住在定襄郡。

三月初二日乙丑，劉武周派遣他的將領張萬歲侵犯浩州。李仲文打退了他，俘虜斬殺數千人。○唐把納言改稱侍中，內史令改為中書令，給事郎改為給事中。○十一日甲戌，任命內史侍郎封德彝為中書令。

王世充的將領、州縣前來投降唐朝的，每季每月接連不斷。王世充於是從嚴執法，一人叛逃，全家無論老少全部殺死，父子、兄弟、夫妻允許相互告發而免死。又讓五家編為一保，有舉家逃亡的，四鄰沒有察覺，都要坐罪處死。殺人越多而逃亡的更多，以至於砍柴的人，出城入城都有限定的數額。官府與私人都愁苦困窘，民不聊生。王世充又把宮城改為大監牢，他心裡猜忌的人，連同他的家屬都逮捕囚禁在宮中。諸將出外征討，也要把家屬留在宮中當人質。囚禁的人經常不少於一萬人，餓死的每天有幾十人。王世充又任命中央臺省的官員充當司州、鄭州、管州、原州、伊州、殷州、梁州、湊州、嵩州、谷州、懷州、德州等十二州的營田使，臺省的丞、郎等官得到這種任職而出行的，歡喜得如同登天做神仙。

甲申❶，行軍副總管張綸敗劉武周於浩州，俘斬千餘人。〇西河公張綸、真鄉公李仲文引兵臨石州❷，劉季真❸懼而詐降。乙酉❹，以季真為石州總管，賜姓李氏，封彭山郡王。

蠻酋冉肇則寇信州，趙郡公孝恭❺與戰，不利。李靖將兵八百襲擊，斬之，俘五千餘人。己丑❻，復開、通二州。孝恭又擊蕭銑❼東平❽王闍提，斬之。夏，四月丙申❾，上祠華山。壬寅❿，還長安。〇置益州道⓫行臺，以益、利、會、鄜、涇、遂⓬六總管隸焉。

劉武周數攻浩州⓭，為李仲文所敗。宋金剛軍中食盡。丁未⓮，金剛北走⓯，秦王世民追之。

羅士信圍慈澗⓰，王世充使太子玄應拒[1]之。士信刺玄應墜馬，人救之，得免。

壬子⓱，以顯州道行臺楊士林為行臺尚書令。〇甲寅⓲，加秦王世民益州道行臺尚書令。

秦王世民追及尋相於呂州⑲，大破之，乘勝逐北，一晝夜行二百餘里，戰數十合⑳。至高壁嶺㉑，總管劉弘基執轡諫曰：「大王破賊，逐北至此，功亦足矣，深入不已，不愛身乎㉒！且士卒飢疲，宜留壁㉓於此，俟兵糧畢集，然後復進，未晚也。」世民曰：「金剛計窮而走，眾心離沮。功難成而易敗，機難得而易失，必乘此勢取之。若更淹留㉔，使之計立備成，不可復攻矣。吾竭忠徇國，豈顧身乎！」遂策馬而進，將士不敢復言飢。追及金剛於雀鼠谷，一日八戰，皆破之，俘斬數萬人。夜，宿於雀鼠谷西原，世民不食二日，不解甲三日矣。軍中止有一羊，世民與將士分而食之。丙辰㉕，陝州總管于筠自金剛所逃來。世民引兵趣介休。金剛尚有眾二萬，戊午[2]，出西門，背城㉖布陳㉗，南北七里。世民遣總管李世勣與戰，小卻㉘，為賊所乘。世民帥精騎擊之，出其陳後，金剛大敗，斬首三千級。金剛輕騎走，世民追之數十里，至張難堡㉙。浩州行軍總管樊伯通、張德政據堡自守，世民免冑㉚示之，堡中喜譟且泣。左右告以王不食，獻濁酒、脫粟飯㉛。

尉遲敬德收餘眾守介休，世民遣任城王道宗、宇文士及往諭之，敬德與尋相舉介休及永安㉜降。世民得敬德，甚喜，以為右一府統軍㉝，使將其舊眾八千，與諸營相參。屈突通㉞慮其變，驟以為言㉟，世民不聽。

劉武周聞金剛敗，大懼，棄并州走突厥。金剛收其餘眾，欲復戰，眾莫肯從，亦與百餘騎走突厥。

世民至晉陽，武周所署僕射楊伏念以城降。唐儉封府庫以待世民，武周所得州縣皆入于唐。

未幾，金剛謀走上谷，突厥追獲，腰斬之。嵐州總管劉六兒從宋金剛在介休，秦王世民擒斬之。其兄季真棄石州，奔劉武周將馬邑㊱高滿政，滿政殺之。

武周之南寇也，其內史令苑君璋諫曰：「唐主舉一州㊲之眾，直取長安，所向無敵，此乃天授，非人力也。晉陽以南，道路險隘，縣㊳軍深入，無繼於後㊴，若進戰不利，何以自還！不如北連突厥，南結唐朝，南面稱孤，足為長策㊵。」武周不聽，留君璋守朔州㊶。及敗，泣謂君璋曰：「不用君言，以至於此。」久之，武周謀亡歸馬邑，事泄，突厥殺之。突厥又以君璋為大行臺，統其餘眾，仍令郁射設督兵助鎮。

庚申㊷，懷州㊸總管黃君漢擊王世充太子玄應於西濟州㊹，大破之。熊州㊺行軍總管史萬寶邀之於九曲[46]，又破之。〇辛酉[47]，王世充陷鄧州[48]。

上聞并州平，大悅。壬戌[49]，宴羣臣，賜繒帛，使自入御府[50]盡力取之。復唐儉官爵，仍以為并州道安撫大使，所籍獨孤懷恩田宅資財，悉以賜之。

世民留李仲文鎮并州，劉武周數遣兵入寇，仲文輒擊破之，下城堡百餘所。詔仲文檢校并州總管。

五月，竇建德遣高士興擊李藝於幽州，不克，退軍籠火城[51]。藝襲擊，大破之，斬首五千級。建德大將軍王伏寶勇略冠軍中，諸將疾[52]之，言其謀反，建德殺之。伏寶曰：「大王柰何聽讒言，自斬左右手乎！」

初，尉遲敬德將兵助呂崇茂守夏縣，上潛遣使赦崇茂罪，拜夏州刺史，使圖[53]敬德，事泄，敬德殺之。敬德去，崇茂餘黨復據夏縣拒守。秦王世民引軍自晉州還攻夏縣，壬午[54]，屠[55]之。〇辛卯[56]，秦王世民至長安。

是月，突厥遣阿史那揭多獻馬千匹於王世充，且求昏。世充以宗女妻之，并與之互市。

【章旨】以上為第四段，寫秦王李世民討滅劉武周，突厥轉而助王世充，繼續擾邊。

【注釋】❶甲申　三月二十一日。❷石州　州名，治所在今山西離石。❸劉季真　初附劉武周，自號太子王。迭為邊害，張綸、李仲文討之，季真降，詔以為石州總管，賜姓李，封彭山郡王。傳見《舊唐書》卷五十六、《新唐書》卷八十七。❹乙酉　三月二十二日。❺李恭　李孝恭（西元五九一—六四〇年），高祖從父兄子，封河間王。貞觀初為禮部尚書。傳見《舊唐書》卷六十、《新唐書》卷七十八。❻己丑　三月二十六日。❼蕭銑　（西元五八三—六二一年）隋末割據者，隋煬帝以外戚擢為羅川令。大業十三年（西元六一七年）於巴陵（今湖南岳陽）自稱梁王，次年稱帝，遷都江陵（今湖北江陵）。後兵敗降唐，於長安被殺。傳見《舊唐書》卷五十六、《新唐書》卷八十七。❽東平　郡名，治所在今山東東平東。❾丙申　四月初三。❿壬寅　四月初九。⓫益州道　共轄六州，道所在益州。道，唐始置，高於州的行政區域。⓬益利會鄜涇遂　益州，州名，治所在今四川成都。利州，州名，治所在今四川廣元。會州，州名，治所在今四川阿壩羌族自治州茂縣西北。鄜州，州名，治所在今陝西富縣。涇州，州名，治所在今甘肅涇川縣北。遂州，州名，治所在今四川遂寧。⓭浩州　唐置羈縻州，治所在今四川茂縣。⓮丁未　四月十四日。⓯走　敗逃。⓰慈澗　地名，在今河南新安東三十里。⓱壬子　四月十九日。⓲甲寅　四月二十一日。⓳呂州　州名，治所在今山西霍州。⓴戰數十合　交戰數十回合。㉑高壁嶺　又名韓壁嶺，在今山西靈石南。㉒不愛身乎　不愛惜性命嗎。㉓留壁　停留下來修築壁壘。㉔淹留　滯留。㉕丙辰　四月二十三日。㉖背城　背對城牆。㉗陳　同「陣」。㉘小卻　稍退。㉙張難堡　在今山西平遙西南。張難，原為人姓名，築堡自守，因以名之。㉚免冑　摘下頭盔。冑，古代打仗時所戴頭盔。㉛脫粟飯　粟僅脫去殼糠，飯很粗糲。㉜永安　縣名，縣治在今山西孝義。㉝右一府統軍　秦王府統軍右面第一隊。㉞屈突通　（西元五五七—六二八年）長安（今陝西西安西）人，仕隋，累遷左驍衛大將軍。唐高祖時，授兵部尚書。從秦王平王世充，論功第一，拜右僕射。貞觀初進左光祿大夫。傳見《舊唐書》卷五十九、《新唐書》卷八十九。㉟驟以為言　此謂很快把情況向李世民說了。㊱馬邑　郡名，治所在今山西朔州。㊲舉一州　以一州。㊳縣　通「懸」。㊴無繼於後　後繼無援。㊵長策　良策。㊶朔州　州名，治所在今山西朔州。㊷庚申　四月二十七日。㊸懷州　州名，治所在今河南沁陽。㊹西濟州　州名，治所在今河南濟源。㊺熊州　州名，治所在今河南宜陽西。㊻九曲　地名，在今河南宜陽西北。㊼辛酉　四月二十八日。㊽鄧州　州名，治所在今河南鄧州。㊾壬戌　四月二十九日。㊿御府　宮廷中掌管府藏寶貨的機構。唐代御府蓋屬內侍省內府局，長官為內府令。凡遇朝會，皇帝賜予五品以上官絹綵及金銀器物，皆內御府供給。(51)籠火城　城名，在今北京市大興西北。(52)疾　嫉妒。(53)圖　圖謀。(54)壬午　五月二十日。(55)屠　屠殺。(56)辛卯　五月二十九日。

【校　記】①拒　原作「救」。據章鈺校，十二行本、乙十一行本、孔天胤本皆作「拒」，今據改。②戊午　原無此二字。據章鈺校，十二行本、乙十一行本、孔天胤本皆有此二字，張敦仁《通鑑刊本識誤》、張瑛《通鑑校勘記》同，今據補。戊午，四月二十五。

【語　譯】三月二十一日甲申，唐行軍副總管張綸在浩州打敗劉武周，俘虜斬殺一千多人。〇西河公張綸、真鄉公李仲文帶兵來到石州，劉季真害怕而假裝投降。二十二日乙酉，唐任命劉季真為石州總管，賜姓李，封為彭山郡王。

蠻族首領冉肇則侵犯信州，趙郡公李孝恭與冉肇則與他交戰，失利。李靖率兵八百襲擊冉肇則，殺死了他，俘虜五千多人。三月二十六日己丑，唐收復開州、通州。李孝恭又襲擊蕭銑的東平王闍提，殺死了他。夏，四月初三日丙申，唐高祖祭祀華山。初九日壬寅，返回長安。〇唐設置益州道行臺，以益州、利州、會州、鄜州、涇州、遂州的六總管隸屬於益州道行臺。

劉武周多次攻打浩州，被李仲文所敗。宋金剛軍中糧食沒有了。四月十四日丁未，宋金剛北逃，秦王李世民追擊他。

羅士信圍攻慈澗，王世充派太子王玄應抵抗羅士信。羅士信把王玄應刺下馬，有人救了王玄應，才得以逃脫。

四月十九日壬子，唐任命顯州道行臺楊士林為行臺尚書令。〇二十一日甲寅，加封秦王李世民為益州道行臺尚書令。

秦王李世民在呂州追上了尋相，把他打得大敗，乘勝追擊逃敵，一晝夜走了二百多里，交戰數十回合。到了高壁嶺，總管劉弘基抓住馬韁繩規勸說：「大王打敗賊軍，追擊逃敵到了這裡，功勞也足夠了，深入不止，不愛惜性命嗎！況且士兵飢餓疲憊，應當在此停留修築壁壘，等到士兵和糧食都齊備了，然後再進攻也不晚。」李世民說：「宋金剛計窮而逃，軍心渙散。功業難成卻容易失敗，機會難得而容易喪失，一定要乘著現在的形勢拿下他。如果再作滯留，讓他確立了對策，完成了防備，就不可以再進攻他了。我竭盡忠誠，以身殉國，豈能顧惜自身啊！」於是策馬前進，將士不敢再說飢餓。唐軍在雀鼠谷追上了宋金剛，一天八次交戰，都打敗了宋金剛，俘虜斬殺了數萬人。當夜，住宿在雀鼠谷西面的高地上，李世民兩天沒有吃東西，三天沒有解開戰袍了。軍中只有一隻羊，李世民與將士們分著吃了這隻羊。四月二十三日丙辰，唐陝州總管于筠從宋金剛軍中逃回來。李世民率兵奔赴介休。宋金剛還有部眾二萬人，二十五日戊午，出了城西門，背對城牆布陣，南北七里。李世民派總管李世勣與宋金剛交戰，稍微後退，被宋金剛乘勢反攻。李世民率領精銳騎兵攻擊宋金剛，出現在宋金剛的陣後，宋金剛大敗，唐軍斬首三千級。宋金剛輕騎逃走，李世民追趕他數十里，到了張難堡。唐浩州行軍總管樊伯通、張德政佔據堡壘防守，李世民摘下頭盔向他們示意，堡中守軍歡呼吶喊，並且流下淚來。李世民的身邊人告訴守軍秦王沒有吃飯，守軍獻上濁酒、粗米飯。

尉遲敬德收拾殘部守住介休，李世民派任城王李道宗、宇文士及前去勸降，尉遲敬德於是和尋相率介休、永安二縣投降唐朝。李世民得到尉遲敬德，非常高興，任命尉遲敬德為右一府統軍，並讓他仍然統領八千舊部，和各營並列。屈突通擔心尉遲敬德叛變，很快地把情況向李世民說了，李世民不聽。

劉武周聽說宋金剛戰敗，大為恐懼，放棄并州逃往突厥。宋金剛收拾餘下的部眾，想要再戰，但大家不肯聽從，於是宋金剛也和一百多名騎兵逃往突厥。

李世民到達晉陽，劉武周任命的僕射楊伏念率晉陽城投降。唐儉封存了劉武周的倉庫等待李世民，劉武周佔據的州縣全部併入唐朝。

不久，宋金剛計劃逃往上谷，突厥追上抓獲了他，把他腰斬了。唐嵐州總管劉六兒追隨宋金剛在介休，秦王李世民把他抓住斬殺了。劉六兒的哥哥劉季真放棄石州，投奔劉武周的將領馬邑人高滿政，高滿政把他殺了。

劉武周南侵時，他的內史令苑君璋規勸說：「唐主以一個州的軍力起兵，直接奪取了長安，所向無敵，這是上天所授，並非人力。晉陽以南，道路狹窄險要，孤軍深入，後無援軍跟進，如果進軍攻戰不利，自己靠什麼返回！不如北面聯合突厥，南面與唐結交，即位稱王，足為良策。」劉武周不聽，留下苑君璋守衛朔州。等到劉武周失敗，哭著對苑君璋說：「不採納你的話，以至於現在的地步。」很久之後，劉武周策劃從突厥逃回馬邑，事情洩露，突厥把他殺了。突厥又任命苑君璋為大行臺，統領劉武周的餘部，仍然令郁射設督兵協助鎮守。

四月二十七日庚申，唐懷州總管黃君漢在西濟州攻打王世充的太子王玄應，把他打得大敗。唐熊州行軍總管史萬寶在九曲截擊王玄應，又打敗了他。〇二十八日辛酉，王世充攻陷鄧州。

唐高祖聽說平定了并州，大為高興。四月二十九日壬戌，宴請群臣，賜給繒帛，讓群臣自己進入皇家倉庫盡力拿取。恢復了唐儉的官爵，仍然任命他為并州道安撫大使，將沒收獨孤懷恩的田地房屋物品財產，全部賞賜給唐儉。

李世民留下李仲文鎮守并州，劉武周多次派兵入侵，李仲文都把他們打敗了，攻下城堡一百多處。唐高祖詔令李仲文檢校并州總管。

五月，竇建德派高士興在幽州攻打李藝，沒有取勝，撤軍到籠火城。李藝襲擊高士興，把高士興打得大敗，斬首五千級。竇建德的大將軍王伏寶勇猛智略為全軍之冠，眾將領嫉妒他，說他謀反，竇建德殺了王伏寶。王伏寶說：「大王為什麼聽信讒言，自己砍斷左右手呢！」

當初，尉遲敬德率軍幫助呂崇茂守衛夏縣，唐高祖暗中派遣使者赦免呂崇茂的罪過，任他為夏州刺史，讓他殺死尉遲敬德，事情洩露，尉遲敬德殺了呂崇茂。尉遲敬德離開夏縣後，呂崇茂的餘部又佔據夏縣抗拒唐朝。秦王李世民率軍從晉州返回攻打夏縣，五月二十日壬午，屠城。〇二十九日辛卯，秦王李世民到了長安。

這個月，突厥派遣阿史那揭多向王世充獻馬一千匹，並且要求通婚。王世充以同宗族的女兒嫁給突厥可汗為妻，並與突厥相互貿易。

六月壬辰❶，詔以和州總管、東南道行臺尚書令楚王杜伏威為使持節、總管江·淮以南諸軍事、揚州刺史、東南道行臺尚書令、淮南道安撫使，進封吳王，賜姓李氏。以輔公祏❷為行臺左僕射，封舒國公。○丙午❸，立皇子元景為趙王，元昌為魯王，元亨為酆王。

顯州❹行臺尚書令楚公楊士林雖受唐官爵，而北結王世充，南通蕭銑，詔廬江王瑗❺與安撫使李弘敏討之。兵未行，長史田瓚為士林所忌，甲寅❻，瓚殺士林，降於世充。世充以瓚為顯州總管。

秦王世民之討劉武周也，突厥處羅可汗遣其弟步利設帥二千騎助唐。武周既敗，是月，處羅至晉陽，總管李仲文不能制。又留倫特勒，使將數百人，云助仲文鎮守，自石嶺❼以北，皆留兵戍之而去。

上議擊王世充，世充聞之，選諸州鎮驍勇皆集洛陽，置四鎮將軍，募人分守四城❽。秋，七月壬戌❾，詔秦王世民督諸軍擊世充。陝東道行臺屈突通二子在洛陽，上謂通曰：「今欲使卿東征，如卿二子何？」通曰：「臣昔為俘囚，分當就死❿，陛下釋縛，加以恩禮。當是之時，臣心口相誓，期以更生⓫餘年為陛下盡節⓬，但恐不獲死所耳。今得備先驅，二兒何足顧乎！」上歎曰：「徇義之士，一至⑬此乎！」

癸亥⑭，突厥遣使潛詣⑮王世充，潞州總管李襲譽邀擊，敗之，虜牛羊萬計。驃騎大將軍可朱渾定遠⑯告并州總管李仲文與突厥通謀，欲俟洛陽兵交，引胡騎直入長安。甲戌⑰，命皇太子鎮蒲反以備之，又遣禮部尚書唐儉安撫并州，暫廢并州總管府，徵仲文入朝。

壬午⑱，秦王世民至新安。王世充遣魏王弘烈鎮襄陽⑲，荊王行本鎮虎牢，宋王泰鎮懷州，齊王世惲檢校南城，楚王世偉守寶城，太子玄應守東城，漢王玄恕守含嘉城，魯王道徇守曜儀城⑳，世充自將戰兵，左輔大將軍楊公卿帥左龍驤二十八府騎兵，右游擊大將軍㉑郭善才帥內軍㉒二十八府步兵，左游擊大將軍跋野綱帥外軍㉓二十八府步兵，總三萬人，以備唐。弘烈、行本，世偉之子。泰，世充之兄子也。

梁師都引突厥、稽胡兵入寇，行軍總管段德操擊破之，斬首千餘級。

羅士信將前軍圍慈澗，世充自將兵三萬救之。己丑㉔，秦王世民[1]將輕騎前覘㉕世充，猝與之遇，眾寡不敵，道路險阨㉖，為世充所圍。世民左右馳射，皆應弦而斃[2]，獲其左建威將軍燕琪，世充乃退。世民還營，塵埃覆面，軍不復識㉗，欲拒之。世民免冑自言，乃得入。旦日㉘，帥步騎五萬進軍慈澗。世充拔慈澗之戍，歸于洛陽。世民遣行軍總管史萬寶自宜陽南據龍門㉙，將軍劉德威㉚自太行東圍河內㉛，上谷公王君廓自洛口斷其餉道㉜，懷州總管黃君漢自河陰㉝攻迴洛城㉞。大軍屯于北邙，連營以逼之。世充洧州㉟長史繁水㊱張公謹㊲與刺史崔樞以州城來降。

八月丁酉㊳，南寧㊴西爨㊵蠻遣使入貢。初，隋末蠻酋爨翫反，誅，諸子沒為官奴，棄其地。帝即位，以翫子弘達㊶為昆州㊷刺史，令持其父尸歸葬。益州刺史段綸㊸因遣使招諭其部落，皆來降。

己亥㊹，竇建德共州㊺縣令唐綱㊻殺刺史，以州來降。○鄧州土豪執王世充所署刺史來降㊼。○癸卯㊽，梁師都㊾石堡㊿留守張舉(51)帥千餘人來降。

甲辰(52)，黃君漢(53)遣校尉張夜叉以舟師襲迴洛城，克之，獲其將達奚善定，斷河陽南橋(54)而還，降其堡聚(55)二十餘。世充使太子玄應(56)帥楊公卿等攻迴洛，不克，乃築月城(57)於其西，留兵戍之。

世充陳於青城宮(58)，秦王世民亦置陳當之。世充隔水謂世民曰：「隋室傾覆，唐帝關中，鄭帝河南，世充未嘗西侵，王忽舉兵東來，何也？」世民使宇文士及應之曰：「四海皆仰皇風[59]，唯公獨阻聲教[60]，為此而來！」世充曰：「相與息兵講好，不亦善乎！」又應之曰：「奉詔取東都，不令講好也。」至暮，各引兵還。

上遣使與竇建德連和，建德遣同安長公主[61]隨使者俱還。○乙卯[62]，劉德威襲懷州，入其外郭，下其保聚。

九月庚午[63]，梁師都將劉旻[64]以華池[65]來降，以為林州[66]總管。○癸酉[67]，王世充顯州總管田瓚[68]以所部二十五州來降。自是襄陽聲問[69]與世充絕。

史萬寶進軍甘泉宮[70]。丁丑[71]，秦王世民遣右武衛將軍王君廓[72]攻轘轅[73]，拔之。王世充遣其將魏隱等擊君廓，君廓偽遁，設伏，大破之，遂東徇地，至管城[74]而還。先是，王世充將郭士衡[75]、許羅漢[76]掠唐境，君廓以策擊卻之。詔勞之曰：「卿以十三人破賊一萬，自古以少制眾，未之有也。」

世充尉州刺史時德叡[77]帥所部杞、夏、陳、隨、許、潁、尉七州[78]來降。秦王世民以便宜命州縣官並依世充所署，無所變易。改尉州為南汴州[79]，於是河南郡縣相繼來降。

【章　旨】以上為第五段，寫秦王李世民帥大軍東出討王世充，王世充所屬河南郡縣紛紛歸降。

【注　釋】❶壬辰　六月初一日。❷輔公祏　隋末於江淮地區起事反隋，齊郡臨濟（今山東章丘西北）人。杜伏威為總管，輔公祏為長史。傳見《舊唐書》卷五十六、《新唐書》卷八十七。❸丙午　六月十五日。❹顯州　州名，州治在今山西孝義西。❺瑗　即李瑗，高祖從父兄子，字德圭，封廬江王。累遷山南東道行臺右僕射，坐罪被誅。傳見《舊唐書》卷六十、《新唐書》卷七十八。❻甲寅　六月二十三日。❼石嶺　石嶺關，即今山西陽曲東北關城。❽四城　指洛陽四城。❾壬戌　七月初一日。❿分當就死　本該處死。⓫更生　再生。⓬盡節　盡自己的節操。⓭一至　竟至。⓮癸亥　七月初二。⓯潛詣　暗中前往。⓰可朱渾定遠　可朱渾為三字姓，定遠為名。⓱甲戌　七月十三日。⓲壬午　七月二十一日。⓳襄陽　郡名，治所在今湖北襄樊。⓴齊王世惲檢校南城五句　據《唐六典》卷七及胡三省注，東都洛陽皇城在都城之西北隅。皇城又稱寶城。以皇城為準，南城在皇城之南，東城在皇城之東，曜儀城在東城之東。含嘉城，即含嘉倉城。㉑游擊大將軍　官名，漢代設游擊將軍，統兵專征，職權頗重。唐代為武散官。㉒內軍　李密的自衛軍隊。㉓外軍　作戰之軍隊，與近衛軍相對而言。㉔己丑　七月二十八日。㉕覘　窺視；觀察。㉖險阨　艱險。㉗軍不復識　軍士不再認識。㉘旦日　明日。㉙龍門　在今河南洛陽南二十五里。㉚劉德威　（西元五八二—六五二年）隋末官吏，歸附李密。隨李密降唐後，授左武候將軍，封滕縣公，後改彭城縣公。貞觀中官至刑部尚書。傳見《舊唐書》卷七十七、《新唐書》卷一百六。㉛河內　縣名，縣治在今河南沁陽。㉜餉道　運糧餉之道。㉝河陰　縣名，縣治在今河南洛陽東北。㉞迴洛城　在今河南孟津東。㉟洧州　州名，治所在今河南鄢陵西北。㊱繁水　縣名，縣治在今河南南樂西北。㊲張公謹　（？—西元六三二年）字弘慎，繁水人，貞觀初為代州都督，後改襄州都督。傳見《舊唐書》卷六十八、《新唐書》卷八十九。㊳丁酉　八月初七。㊴南寧　州名，治所在今雲南曲靖西。㊵西爨　中國古代地域名與民族名，係魏晉南北朝時，由今雲南東部地區爨氏大姓演變而成。晉宋至隋唐時，爨氏分為東西二部，均在雲南東部，大抵以今曲靖至建水縣一帶為界。㊶弘達　爨弘達，南寧西爨蠻酋長爨翫之子。隋代沒為奴，入唐，高祖以其為昆州刺史。事跡見《新唐書》卷二百二十二〈南蠻傳〉。㊷昆州　州名，治所在今雲南昆明西郊馬街附近。㊸段綸　隋兵部尚書段文振之子。唐初為工部尚書、杞國公，尚高祖女高密公主。㊹己亥　八月初九。㊺共州　州名，治所在今河南輝縣。㊻唐綱　據胡三省注，唐綱當是共城縣令。共城縣即今河南輝縣。㊼鄧州土豪句　本年五月王世充取鄧州，至此又失鄧州。㊽癸卯　八月十三日。㊾梁師都　（？—西元六二八年）隋末地方割據者，夏州朔方（今陝西橫山縣西）人。傳見《舊唐書》

卷五十六、《新唐書》卷八十七。(50)石堡　在今陝西靖邊東。(51)張舉　曾為梁師都大將。其事跡見兩《唐書·梁師都傳》。(52)甲辰　八月十四日。(53)黃君漢　原為隋官吏，後歸唐，任行軍總管。事跡見《舊唐書》卷六十七〈李靖傳〉。(54)河陽南橋　一名河橋。在今河南孟州西南。是大河南北的交通要津。(55)堡聚　城堡聚落。(56)玄應　王玄應（？—西元六二一年），王世充子。世充稱帝，立為太子。武德四年（西元六二一年）王世充敗，歸唐，因謀反被殺。事跡見《舊唐書》卷五十四〈王世充傳〉。(57)月城　因城如月牙形而得名。(58)青城宮　宮殿名，在東都洛陽城西禁苑之中。(59)皇風　指天子聲威。(60)聲教　聲威與教化。(61)同安長公主　高祖同母妹。黎陽之破，沒於竇建德。傳見《新唐書》卷八十三。(62)乙卯　八月二十五日。(63)庚午　九月初十。(64)劉旻　曾為梁師都大將。後降唐，授夏州長史。事跡見《舊唐書》卷五十六〈梁師都傳〉。(65)華池　縣名，縣治在今甘肅華池縣東南。(66)林州　州名，治所在今甘肅華池縣東南。(67)癸酉　九月十三日。(68)田瓚　淮安郡（今河南泌陽）人，原為朱粲部將。後叛附於王世充，署為顯州總管。武德三年（西元六二〇年）降唐。事跡見《新唐書》卷八十五〈王世充傳〉。(69)聲問　音信。(70)史萬寶進軍甘泉宮　史萬寶，唐初將領，歷仕右翊衛將軍、行軍總管，封原國公。事跡見《舊唐書》卷六十〈宗室傳〉。甘泉宮，又名林光宮、雲陽宮，秦置。在今陝西淳化西北甘泉山上。按，史萬寶由新安進軍洛陽，不應至甘泉宮。胡三省認為史萬寶應至河南壽安縣之顯仁宮，史誤為甘泉宮。(71)丁丑　九月十七日。(72)王君廓　并州石艾（今山西平定南）人，隋末，初隨李密，後率眾歸唐，歷遷右武衛將軍，累封彭國公。從戰有功。廬江王李瑗反，君廓執之，以功授幽州都督。傳見《舊唐書》卷六十、《新唐書》卷九十二。(73)轘轅　關名，在今河南偃師東南轘轅山上。(74)管城　縣名，縣治在今河南鄭州。(75)郭士衡　（？—西元六二一年）王世充部將。武德四年（西元六二一年），世充敗，被殺。事跡見《舊唐書》卷五十四〈王世充傳〉。(76)許羅漢　王世充部將。(77)時德叡　隋末群雄之一，起兵尉氏（今河南尉氏）。歸王世充，署為尉州刺史。武德三年（西元六二〇年）八月降唐。事跡見《新唐書》卷一〈高祖紀〉。(78)杞夏陳隨許潁尉七州　據胡三省注，王世充置杞州於雍丘（今河南杞縣），夏州於陽夏（今河南太康），陳州於宛丘（今河南淮陽）。隨州無所考，意洧州（今河南鄢陵西北）之誤。置許州於長社（今河南長葛東北），潁州於汝陰（今安徽阜陽），尉州於尉氏（今河南尉氏）。(79)南汴州　州名，治所在今河南尉氏。

【校　記】[1]世民　此二字原無。據章鈺校，十二行本、乙十一行本皆有此二字，張敦仁《通鑑刊本識誤》同，今據補。[2]皆應弦而斃　原無此句。據章鈺校，十二行本、乙十一行本、孔天胤本皆有此句，張敦仁《通鑑刊本識誤》、張瑛《通鑑校勘記》

同，今據補。

【語譯】六月初一日壬辰，唐下詔任命和州總管、東南道行臺尚書令楚王杜伏威為使持節、總管江淮以南諸軍事、揚州刺史、東南道行臺尚書令、淮南道安撫使，進封吳王，賜姓李。任命輔公祏為東南道行臺左僕射，封為舒國公。〇十五日丙午，唐立皇子李元景為趙王，李元昌為魯王，李元亨為酆王。

顯州行臺尚書令楚公楊士林雖然接受唐的官爵，卻向北交結王世充，向南與蕭銑來往，唐詔命廬江王李瑗與安撫使李弘敏討伐楊士林。軍隊還未出發，長史田瓚被楊士林猜忌，六月二十三日甲寅，田瓚殺死楊士林，投降王世充。王世充任命田瓚為顯州總管。

秦王李世民討伐劉武周時，突厥處羅可汗派他的弟弟步利設率領二千騎兵幫助唐軍。劉武周失敗後，這個月，處羅可汗到達晉陽，唐并州總管李仲文不能控制處羅。處羅留下倫特勒，讓他率領數百人，說是幫助李仲文鎮守，從石嶺關以北，都留下突厥兵戍守，然後離去。

唐高祖討論攻打王世充，王世充聞訊，選拔各州鎮的驍勇士兵都集中到洛陽，設置四鎮將軍，招募人分別守衛洛陽四城。秋，七月初一日壬戌，唐高祖下詔命秦王李世民督率各軍攻打王世充。唐陝東道行臺屈突通的兩個兒子都在洛陽，唐高祖對屈突通說：「現在想讓你東征洛陽，對你的兩個兒子怎麼辦？」屈突通回答道：「臣過去作為俘虜囚犯，本該處死，陛下鬆綁釋放了我，施以恩惠和禮遇。在那時，臣的內心和嘴上都發誓，希望在剩餘的有生之年為陛下盡忠效力，只怕得不到戰死的地方罷了。如今能為先驅部隊，兩個兒子哪裡值得顧慮呢！」唐高祖讚歎說：「為義而獻身的士人，竟能達到這個地步嗎！」

七月初二日癸亥，突厥派使者前往王世充處，唐潞州總管李襲譽截擊，打敗了突厥使者，擄獲牛羊數以萬計。

唐驃騎大將軍可朱渾定遠報告說并州總管李仲文與突厥勾結密謀，打算等到洛陽交戰，引導突厥騎兵直入長安。七月十三日甲戌，唐高祖命令皇太子鎮守蒲反加以防備，又派遣禮部尚書唐儉安撫并州，暫時廢除并州總管府，徵召李仲文入朝。

七月二十一日壬午，秦王李世民到達新安。王世充派遣魏王王弘烈鎮守襄陽，荊王王行本鎮守虎牢，宋王王泰鎮守懷州，齊王王世惲指揮南城的防務，楚王王世偉防守寶城，太子王玄應防守東城，漢王王玄恕防守含嘉城，魯王王道徇防守曜儀城，王世充親自統率作戰軍隊，左輔大將軍楊公卿統率左龍驤二十八府騎兵，右游擊大將軍郭善才統率內軍二十八府步兵，左游擊大將軍跋野綱統率外軍二十八府步兵，總計三萬人，用來防備唐的進攻。王弘烈、王行本，是楚王王世偉的兒子。王泰，是王世充哥哥的兒子。

梁師都引來突厥、稽胡軍隊入侵唐朝，唐行軍總管段德操打敗入侵之敵，斬首一千多級。

羅士信率領前鋒部隊包圍慈澗，王世充親自率領三萬兵馬救援慈澗。七月二十八日己丑，秦王李世民帶領輕騎兵前去偵察王世充軍情，突然與王世充部隊遭遇，眾寡不敵，道路艱險，被王世充包圍。李世民左右奔馳射擊，敵兵都應弦而死，抓獲了王世充的左建威將軍燕琪，王世充這才撤退。李世民返回軍營，灰塵覆蓋了面孔，軍士不再認識他，想把他拒之門外。李世民摘下頭盔自己說話，才得以進入軍營。第二天，李世民率領五萬步兵、騎兵進軍慈澗。王世充撤除慈澗的防守，返回洛陽。李世民派遣行軍總管史萬寶自宜陽向南據守龍門，派將軍劉德威自太行向東包圍河內，派上谷公王君廓從洛口切斷王世充軍隊的運糧道路，派懷州總管黃君漢從河陰攻打迴洛城。唐的大量軍隊駐紮在北邙山，把軍營連成一片進逼洛陽。王世充的洧州長史繁水人張公謹與洧州刺史崔樞率洧州前來投降唐朝。

八月初七日丁酉，南寧西爨蠻派遣使者入朝進貢。當初，隋朝末年西爨蠻首領爨翫反叛，被朝廷誅殺，幾個兒子淪沒為官奴，拋棄了他們的領地。唐高祖即位後，任命爨翫的兒子爨弘達為昆州刺史，命他攜帶父親的屍骨回鄉安葬。唐益州刺史段綸借機派使者招降曉諭西爨蠻的各個部落，各部落全都前來降唐。

八月初九日己亥，竇建德的共州縣令唐綱殺了刺史，率共州降唐。〇鄧州當地的豪強抓獲王世充任命的刺史前來降唐。〇十三日癸卯，梁師都的石堡留守張舉率領一千多人前來降唐。

八月十四日甲辰，唐懷州總管黃君漢派校尉張夜叉利用水軍偷襲迴洛城，攻克城池，抓獲王世充的將領達奚善定，斷絕了河陽南橋然後回軍，降服了二十餘處城堡聚落。王世充派太子王玄應率領楊公卿等人進攻迴洛城，沒有攻下來，於是在城西修築月城，留兵戍守。

王世充在青城宮布陣，秦王李世民也布陣對峙。王世充隔著河水對李世民說：「隋朝覆滅，唐在關中稱帝，鄭在河南稱帝，世充未曾西侵，秦王您忽然率軍東來，這是為什麼？」李世民派宇文士及回答說：「四海都尊仰唐朝皇帝的聲威，只有你獨自隔阻皇帝的政令教化，就是為此而來！」王世充說：「我們一起息兵講和，不也是很好的嗎！」宇文士及又回答說：「遵奉詔命來取東都，不令講和。」到了傍晚，各自率軍回營。

唐高祖派遣使者與竇建德聯合，竇建德送同安長公主隨同使者一起返回長安。○八月二十五日乙卯，唐將軍劉德威襲擊懷州，進入懷州外城，攻下城外的村堡聚落。九月初十日庚午，梁師都的將領劉旻率華池縣前來降唐，唐任命他為林州總管。○十三日癸酉，王世充顯州總管田瓚帶領所管轄的二十五個州前來降唐。從此，襄陽的音信就與王世充斷絕了。

唐行軍總管史萬寶進軍甘泉宮。九月十七日丁丑，秦王李世民派遣右武衛將軍王君廓攻打轘轅，攻取了此城。王世充派他的將領魏隱等人攻打王君廓，王君廓偽裝逃跑，設置埋伏，大敗魏隱等人，於是向東略取土地，到達管城後返回。在此之前，王世充的將領郭士衡、許羅漢搶掠唐朝境內，王君廓利用計策打退了他們。唐高祖下詔慰問王君廓說：「你用十三人破敵一萬，自古以來以少勝多，從未有過啊。」

王世充的尉州刺史時德叡率領所管轄的杞州、夏州、陳州、隨州、許州、潁州、尉州共七州前來降唐。秦王李世民根據具體情況任命新來歸附的州縣官吏，都用王世充任命的官員，無所更易。把尉州改為南汴州，於是王世充所屬的河南地區的郡縣相繼前來投降。

劉武周降將尋相等多叛去。諸將疑尉遲敬德❶，囚之軍中，行臺左僕射屈突通、尚書殷開山言於世民曰：「敬德驍勇絕倫❷，今既因之，心必怨望，留之恐為後患，不如遂殺之。」世民曰：「不然。敬德若叛，豈在尋相之後邪？」遽命釋之，引入臥內❸，賜之金，曰：「丈夫意氣相期❹，勿以小嫌❺介意，吾終不信讒言以害忠良，公宜體❻之。必欲去者，以此金相資，表一時共事之情也。」

辛巳❼，世民以五百騎行戰地❽，登魏宣武陵❾。王世充帥步騎萬餘猝至，圍之。單雄信❿引槊⓫直趨世民，敬德躍馬大呼，橫刺雄信墜馬，世充兵稍卻，敬德翼⓬世民出圍。世民、敬德更帥騎兵還戰，出入世充陳，往反無所礙⓭。屈突通引大兵繼至，世充兵大敗，僅以身免。擒其冠軍⓮大將軍陳智略，斬首千餘級，獲排矟兵⓯六千。世民謂敬德曰：「公何相報之速⓰也！」賜敬德金銀一篋，自是寵遇日隆。

敬德善避矟，每單騎入敵陳中，敵叢矟刺之，終莫能傷，又能奪敵矟返刺之。齊王元吉以善馬矟自負，聞敬德之能，請各去刃相與校勝負。敬德曰：「敬德謹當去之，王勿去也。」既而元吉刺之，終不能中。秦王世民問敬德曰：「奪矟與避矟，孰難？」敬德曰：「奪矟難。」乃命敬德奪元吉矟。元吉操矟躍馬，志在刺之，敬德須臾三奪其矟。元吉雖面相歎異⓱，內甚恥之。

叛胡陷嵐州[18]。

初，王世充以邴元真為滑州行臺僕射。濮州[19]刺史杜才幹，李密故將也，恨元真叛密，詐以其眾降之。元真恃其官勢，自往招慰。才幹出迎，延入就坐[20]，執而數之[21]曰：「汝本庸才[22]，魏公置汝元僚[23]，不建毫髮之功，乃構滔天之禍。今來送死，是汝之分[24]！」遂斬之，遣人齎其首至黎陽祭密墓。壬午[25]，以濮州來降。

突厥莫賀咄設寇涼州，總管楊恭仁擊之，為所敗，掠男女數千人而去。○丙戌[26]，以田瓚為顯州總管，賜爵蔡國公。

冬，十月甲午[27]，王世充大將軍張鎮周來降。○甲辰[28]，行軍總管羅士信襲王世充硤石堡[29]，拔之。士信又圍千金堡[30]，堡中人罵之。士信夜遣百餘人抱嬰兒數十至堡下，使兒啼呼，詐云「從東都來歸羅總管」，既而相謂曰：「此千金堡也，吾屬誤矣。」即去。堡中以為士信已去，來者洛陽亡人[31]，出兵追之。士信伏兵於道，伺其門開，突入，屠之。

【章旨】以上為第六段，寫唐軍連戰皆捷，緊逼東都。秦王李世民不聽讒言，保護了尉遲敬德，立效得報。

【注 釋】❶疑尉遲敬德 懷疑尉遲敬德會叛逃。❷絕倫 獨一無二，沒有可以相比的。❸臥內 寢室之內。❹意氣相期 以意氣互相期勉。❺小嫌 小嫌疑。❻體 體會；知道。❼辛巳 九月二十一日。❽行戰地 巡視戰地。❾魏宣武陵 即景陵。在洛陽北邙山。魏世宗，諡宣武帝。❿單雄信 （？—西元六二一年）濟陰（今山東曹縣西北）人，李密將。後降王世充，為大將。傳見《舊唐書》卷五十三、《新唐書》卷八十四。⓫引槊 持槊。⓬翼 幫助；輔佐。⓭無所礙 沒有阻礙。⓮冠軍 將軍名號，唐置冠軍大將軍，為武散官。⓯排矟兵 調整排執矟的兵士。矟，同「槊」。⓰公何相報之速 您報答我為什麼這麼快。⓱面相歎異 臉上表示讚歎驚異。⓲嵐州 州名，治所在今山西嵐縣北。⓳濮州 州名，治所在今山東鄄城北舊城集。⓴延入就坐 請他入內坐下。㉑執而數之 逮捕並列數他的罪過。㉒庸才 平庸之才。㉓魏公置汝元僚 謂李密以你為長史。㉔是汝之分 是你的命運。㉕壬午 九月二十二日。㉖丙戌 九月二十六日。㉗甲午 十月初五。㉘甲辰 十月十五日。㉙硤石堡 在今河南孟津西。㉚千金堡 在今河南洛陽東北。㉛亡人 逃亡的人。

【語 譯】劉武周的降唐將領尋相等人大多背叛離去。唐軍諸將懷疑尉遲敬德，將他囚禁在軍中，行臺左僕射屈突通、尚書殷開山對李世民說：「尉遲敬德驍勇絕倫，現在既然囚禁了他，內心必然怨恨，留著恐怕會成為後患，不如乾脆殺了他。」李世民說：「不是這樣。敬德如果要叛逃，難道會在尋相之後嗎？」於是下令釋放尉遲敬德，把他帶入臥室內，賜給他黃金，說：「大丈夫以意氣相互期許，不要因為小的嫌隙而有所介意，我終究不相信讒言而殺害忠良，公應當體會我的心意。如果一定要離去，用這點金子相助，表明我們曾經一時共事過的心情。」

九月二十一日辛巳，李世民率五百騎兵巡視戰場地形，登上北魏宣武帝的墓陵。王世充率領一萬多步兵、騎兵突然來到，包圍了李世民。單雄信挺著長槍直奔李世民，尉遲敬德躍馬大聲呼喊，從一旁刺中單雄信使他墜下戰馬，王世充的軍隊稍微後退，尉遲敬德護衛著李世民衝出包圍。李世民、尉遲敬德又率騎兵返回作戰，出入王世充的陣列，往返無阻。屈突通率領大軍隨後趕到，王世充軍隊大敗，王世充僅僅單身逃脫。唐軍活捉了王世充的冠軍大將軍陳智略，斬首一千多級，俘獲六千名成排手持長矛的士兵。李世民對尉遲敬德說：「您報答我為什麼這麼快啊！」賜給尉遲敬德一箱金銀，從此，尉遲敬德的寵遇日益隆盛。

尉遲敬德善於躲避對方的長矛，常常單槍匹馬進入敵陣，敵人成群的長矛刺他，始終不能傷害他，又能奪取敵人長矛反刺過去。齊王李元吉以擅長騎馬使用長矛自負，聽說尉遲敬德的能力，請求各自去掉矛刃較量勝負。尉遲敬德說：「敬德自當去掉矛刃，王不用去掉。」然後李元吉用長矛刺尉遲敬德，始終不能刺中。秦王李世民詢問尉遲敬德說：「奪矛和避矛，哪個更難？」尉遲敬德說：「奪矛困難。」於是秦王命令尉遲敬德奪取李元吉的長矛。李元吉手持長矛躍馬衝來，目標是刺中尉遲敬德，尉遲敬德轉眼之間就把李元吉的長矛奪下來三次。李元吉雖然臉上表示讚歎驚異，內心卻深以為恥辱。

反叛的胡人攻陷嵐州。

當初，王世充任命邴元真為滑州行臺僕射。濮州刺史杜才幹，是李密的舊將，憎恨邴元真背叛李密，假意率其部下投降邴元真。邴元真仗著他的官位權勢，自己前往濮州招降慰問。杜才幹出門迎接，請他人內坐下，於是逮捕了邴元真，列數他的罪行說：「你本來是個庸才，魏公讓你擔任長史，你沒有建立一絲一毫的功勞，卻策劃了滔天大禍。今天來送死，這是你應得的命運！」於是斬殺邴元真，派人帶著邴元真的首級到黎陽祭奠李密的陵墓。九月二十二日壬午，杜才幹率濮州前來降唐。

突厥莫賀咄設侵犯涼州，唐總管楊恭仁攻擊他，被突厥人打敗，突厥人掠奪幾千名男女離去。〇九月二十六日丙戌，唐任命田瓚為顯州總管，賜爵蔡國公。

冬，十月初五日甲午，王世充的大將軍張鎮周前來降唐。〇十五日甲辰，唐行軍總管羅士信襲擊王世充的硤石堡，攻取了城堡。羅士信又包圍千金堡，堡裡的人咒罵羅士信。羅士信夜裡派一百多人抱著幾十個嬰兒到千金堡下，讓嬰兒啼哭呼叫，謊稱「從東都來投奔羅總管」，然後又互相說：「這是千金堡啊，我們搞錯了。」立刻離去。堡裡的人以為羅士信已經離去，來的人是從洛陽逃亡出來的，派兵出堡追趕。羅士信在路旁布下埋伏，伺察千金堡門打開，突然衝進堡中，屠殺全堡之人。

竇建德之圍幽州❶也，李藝❷告急于高開道❸。開道帥二千騎救之，建德兵引去❹，開道因藝❺遣使來降。戊申❻，以開道為蔚州❼總管，賜姓李氏，封北平郡王。開道有矢鏃在頰，召醫出之。醫曰：「鏃深，不可出。」開道怒，斬之。別召一醫，曰：「出之恐痛。」又斬之。更召一醫，醫曰：「可出。」乃鑿骨，置楔其間，骨裂寸餘，竟出其鏃，開道奏妓進膳不輟❽。

竇建德帥眾二十萬復攻幽州。建德兵已攀堞❾，薛萬均、萬徹❿帥敢死士百人從地道出其背，掩擊⓫之，建德兵潰走，斬首千餘級。李藝兵乘勝薄⓬其營，建德陳於營中，填塹⓭而出，奮擊，大破之。建德逐北，至其城下，攻之不克而還。

李密之敗也，楊慶歸洛陽，復姓楊氏⓮。及王世充稱帝，慶復姓郭氏。世充以為管州⓯總管，妻以兄女。秦王世民逼洛陽，慶潛遣人請降。世民遣總管李世勣將兵往據其城。慶欲與其妻偕來，妻曰：「主上使妾侍巾櫛⓰者，欲結君之心也。今君既辜付託⓱，徇利求全⓲，妾將如君何！若至長安，則君家一婢耳，君何用為！願送至洛陽，君之惠也⓳。」慶不許。慶出，妻謂侍者曰：「若唐遂勝鄭，則吾家必滅；鄭若勝唐，則吾夫必死。人生至此，何用生為⓴！」遂自殺。

庚戌㉑，慶來降，復姓楊氏，拜上柱國、郇國公。

時世充太子玄應鎮虎牢，軍于滎、汴之間[1]，聞之，引兵趣管城，李世勣擊卻之。使郭孝恪為書說滎州[2]刺史魏陸，陸密請降。玄應遣大將軍張志就陸㉒徵兵。丙辰㉓，陸擒志等四將，舉州來降。陽城㉔令王雄帥諸堡來降，秦王世民使李世勣引兵應之，以雄為嵩州㉕刺史，嵩南之路始通。魏陸使張志詐為玄應書，停其東道之兵，令其將張慈寶且還汴州；又密告汴州刺史王要漢使圖慈寶，要漢斬慈寶以降。玄應聞諸州皆叛，大懼，奔還洛陽。詔以要漢為汴州總管，賜爵郳㉖國公。

王弘烈㉗據襄陽，上令金州㉘總管府㉙司馬涇陽㉚李大亮㉛安撫樊、鄧㉜以圖之。十一月庚申㉝，大亮攻樊城鎮㉞，拔之，斬其將國大安，下其城柵㉟十四。

蕭銑性褊狹㊱，多猜忌。諸將恃功恣橫，好專誅殺，銑患之，乃宣言罷兵營農，實欲奪諸將之權。大司馬董景珍弟為將軍，怨望，謀作亂。事泄，伏誅。景珍時鎮長沙㊲，銑下詔赦之，召還江陵㊳。景珍懼，甲子㊴，以長沙來降，詔峽州刺史許紹出兵應之。

雲州㊵總管郭子和㊶先與突厥、梁師都相連結，既而襲師都寧朔城㊷，克之。

又詗[43]得突厥釁隙[44]，遣使以聞，為突厥候騎[45]所獲。處羅可汗[46]大怒，囚其弟子升。子和自以孤危[47]，請帥其民南徙，詔以延州故城處之。

張舉、劉旻之降[48]也，梁師都大懼，遣其尚書陸季覽[49]說突厥處羅可汗曰：「比者中原喪亂，分為數國，勢均力弱，故皆北面歸附突厥。今定楊可汗[50]既亡，天下將悉為唐有。師都不辭灰滅[51]，亦恐次及[52]可汗。不若及其未定，南取中原，如魏道武所為[53]，師都請為鄉導。」處羅從之，謀使莫賀咄設[54]入自原州[55]，泥步設與師都入自延州[56]，處羅入自并州[3]，突利可汗與奚、霫、契丹、靺鞨[57]入自幽州，會竇建德之師自滏口[58]西入，會于晉、絳[59]。莫賀咄者，處羅之弟咄苾也。突利者，始畢之子什鉢苾也。

處羅又欲取并州[60]以居楊政道[61]，其羣臣多諫，處羅曰：「我父失國，賴隋得立，此恩不可忘。」將出師而卒。義成公主[62]以其子奧射設醜弱[63]，廢之，更立莫賀咄設，號頡利可汗。乙酉[64]，頡利遣使告處羅之喪，上禮之如始畢之喪[65]。

戊子[66]，安撫大使李大亮取王世充洹、華[67]二州。○是月，竇建德濟河擊孟海公[68]。

初，王世充侵建德黎陽，建德襲破殷州[69]以報之。自是二國交惡，信使[70]不通。及唐兵逼洛陽，世充遣使求救於建德。建德中書侍郎劉彬說建德曰：「天下大亂，唐得關西[71]，鄭得河南，夏得河北，共成鼎足之勢。今唐舉兵臨鄭，自秋涉[72]冬，唐兵日增，鄭地日蹙[73]。唐彊鄭弱，勢必不支。鄭亡，則夏不能獨立矣。不如解仇除忿，發兵救之，夏擊其外，鄭攻其內，破唐必矣。唐師既退，徐觀其變，若鄭可取則取之，并二國之兵，乘唐師之老[74]，天下可取也！」建德從之，遣使詣世充，許以赴援。又遣其禮部侍郎[75]李大師[76]等詣唐，請罷洛陽之兵。秦王世民留之，不答。

十二月辛卯[77]，王世充許、亳[78]等十一州皆請降。○壬辰[79]，燕郡王李藝又擊竇建德軍於籠火城，破之。○辛丑[80]，王世充隨州[81]總管徐毅舉州降。

癸卯[82]，峽州刺史許紹[83]攻蕭銑荊門鎮[84]，拔之。紹所部與梁、鄭鄰接[85]，二境得紹士卒，皆殺之，紹得二境士卒，皆資給遣之。敵人愧慼[86]，不復侵掠，境內以安。

蕭銑遣其齊王張繡[87]攻長沙。董景珍[88]謂繡曰：「前年醢彭越，往年殺韓信[89]，卿不見之乎？何為相攻！」繡不應，進兵圍之。景珍欲潰圍走，為麾下所殺。銑以繡為尚書令，繡恃功驕橫，銑又殺之。由是功臣諸將皆有離心，兵勢益弱。

王世充遣其兄子代王琬、長孫安世詣竇建德報聘❾⓪，且乞師❾❶。突厥倫特勒在并州大為民患，并州總管劉世讓❾❷設策擒之。上聞之，甚喜。張道源❾❸從竇建德在河南，密遣人詣長安，請出兵攻洺州以震山東。丙午❾❹，詔世讓為行軍總管，使將兵出土門❾❺，趣洺州。己酉❾❻，瓜州❾❼刺史賀拔行威❾❽執驃騎將軍達奚暠❾❾，舉兵反。

【章旨】以上為第七段，寫王世充與竇建德化敵為友，聯合對抗唐軍。

【注釋】❶竇建德之圍幽州　是年五月，建德兵攻幽州。❷李藝　即羅藝（?—西元六二七年），唐初將領，字子延，襄州襄陽（今湖北襄樊）人，隋大業中，以軍功官至虎賁郎將。武德元年歸唐，賜姓李，封燕郡王。累建戰功。後率兵反唐，兵敗為部下所殺。傳見《舊唐書》卷五十六、《新唐書》卷九十二。❸高開道　（?—西元六二四年）隋末起事反隋，滄州陽信（今山東陽信南）人。傳見《舊唐書》卷五十五、《新唐書》卷八十六。❹兵引去　率兵離去。❺因藝　通過李藝的關係。❻戊申　十月十九日。❼蔚州　州名，治所在今山西靈丘。❽奏妓進膳不輟　妓女演奏，自己進食，都不停止。❾堞　城牆上矮牆。❿薛萬均萬徹　兩兄弟，均為唐初將軍，咸陽（今陝西咸陽）人，隋大將薛世雄之子。萬均與萬徹在唐初戰爭中屢立戰功。萬均官至左屯衛大將軍，累封潞國公而卒。萬徹官右衛將軍，高宗初期（西元六五二年），因參與謀反被殺。傳見《舊唐書》卷六十九、《新唐書》卷九十四。⓫掩擊　襲擊。⓬薄　迫；近。⓭填塹　填塞營外的溝塹。⓮復姓楊氏　楊慶冒姓郭氏，見本書卷一百八十八隋恭帝義寧元年十一月。⓯管州　州名，治所在今河南鄭州。⓰侍巾櫛　侍候盥沐。《舊唐書・列女楊慶妻王氏傳》云「鄭國以妾奉箕帚。」奉箕帚謂灑掃。二者皆為婦女侍夫所為之事。⓱辜付託　辜負託付。⓲徇利求全　因利尋求安全。⓳君之惠也　是你的恩惠。⓴何用生為　活著幹什麼。㉑庚戌　十月二十一日。㉒就陸　至魏陸處。㉓丙辰　十月二十七日。㉔陽城　縣名，縣治在今河南登封東南告城鎮。㉕嵩州　州名，治所在今河南登封東南告城鎮。㉖郳　同「兒」。㉗王弘烈　王世充兄世偉之子。世充稱帝，封弘烈為魏王。世充敗後，歸唐。事跡見《舊唐書》卷七十五〈蘇世長傳〉。㉘金

州　州名，治所在今陝西安康。㉙總管府　官署名，北周始於地方州治設總管府，掌數州之軍政。隋初因之，大業中廢。唐初復置，後改為都督府。㉚涇陽　縣名，縣治在今陝西涇陽。㉛李大亮　（西元五八六—六四四年）涇陽（今陝西涇陽）人，太宗時累官劍南道巡省大使。以討吐谷渾功，拜右衛大將軍兼右衛率、工部尚書。傳見《舊唐書》卷六十二、《新唐書》卷九十九。㉜樊鄧　樊城、鄧城縣。樊城，即今湖北襄樊。鄧城縣，縣名，縣治在今河南鄧州。㉝庚申　十一月初一。㉞樊城鎮　在今湖北襄樊北。㉟柵　以木所為之營寨。㊱褊狹　氣量狹小。㊲長沙　縣名，縣治在今湖南長沙。㊳江陵　縣名，縣治在今湖北江陵。㊴甲子　十一月初五。㊵雲州　州名，治所在今山西大同。㊶郭子和　即李子和，同州蒲城（今屬陝西）人，隋大業十三年（西元六一七年）在當地起兵，稱永樂王，年號正平。武德元年降唐，歷任郡守、總管、都督等職，賜姓李，封夷國公。傳見《舊唐書》卷五十六、《新唐書》卷九十二。㊷寧朔城　寧朔城在寧朔縣。寧朔縣，縣治在今陝西靖邊東。㊸詗　刺探。㊹釁隙　間隙。㊺候騎　放哨的騎兵。㊻處羅可汗　西突厥可汗。西元六〇三—六一一年為汗。泥利可汗子。大業七年（西元六一一年）率部降隋，後從煬帝至江都。唐初，回長安，唐高祖封他為歸義郡王。㊼孤危　孤單危險。㊽張舉劉旻之降　是年八月，張舉降。九月，劉旻降。㊾陸季覽　梁師都部將，署為尚書。曾受命勾結和慫恿突厥南侵。事跡見《舊唐書》卷五十六〈梁師都傳〉。㊿定楊可汗　劉武周附於突厥，突厥始畢可汗立他為定楊可汗。(51)不翦灰滅　不怕覆滅。(52)次及　依次而殃及。(53)魏道武所為　指率兵南侵，到中原稱帝建國。魏道武，北魏的建立者魏道武帝，即拓跋珪（西元三七一—四〇九年）。(54)莫賀咄設　即頡利可汗（?—西元六三四年）。西元六二〇—六三〇年為汗。傳見《舊唐書》卷一百九十四、《新唐書》卷二百十五。(55)原州　州名，治所在今寧夏固原。(56)延州　州名，治所在今陝西延安城東。(57)奚霫契丹靺鞨　均為中國古代民族名。奚在南北朝時稱庫莫奚，分布在饒樂水（今西拉木倫河）流域，以游牧為生。霫在隋唐時居潢水（今西拉木倫河）以北，以射獵為生，風俗與契丹略同。契丹源於東胡，北魏以來，在今遼河上游一帶游牧。靺鞨北魏時稱勿吉，隋唐時稱靺鞨，分布在松花江、牡丹江流域及黑龍江中下游，東至日本海。(58)滏口　滏水之口，太行八陘之一。在今河北磁縣西北鼓山。(59)晉絳　皆州名，晉州治所在今山西臨汾，絳州治所在今山西絳縣。(60)并州　州名，治所太原，在今山西太原西南。(61)楊政道　隋煬帝之孫，竇建德封為鄖公，其時居於定襄。(62)義成公主　（?—西元六三〇年）隋朝宗室女。開皇十九年（西元五九九年），突厥頡利可汗南奔入隋，隋文帝封他為啓民可汗，以義成公主下嫁。啓民死後，又連嫁啓民可汗子始畢可汗、處羅可汗、頡利可汗。貞觀四年（西元六三〇年），唐李靖滅突厥，被殺。事跡見《舊唐書》卷一百九十四〈突厥傳〉。(63)醜弱　醜陋孱弱。(64)乙酉　十一月二十六日。(65)禮之如始畢之喪　其葬禮和上年四月始畢可汗死後一樣。(66)戊子　十一月二十九日。67沮華　沮州，治所在今湖北南漳。華州，治所在今湖北宜城。68孟海公　（？—西元六二一年）隋末起事反隋，濟陰（今山東曹縣西北）人。事跡見《舊唐書》卷五十三、《新唐書》卷八十四〈李密傳〉。69殷州　州名，治所在今河南新鄉西南。70信使　古稱使者為「信」，亦稱信使。71關西　關中及其以西之地。72涉　歷。73蹙　縮減。74老　衰竭；疲怠。75禮部侍郎　官名，禮部為尚書省六部之一，長官為禮部尚書，副長官為禮部侍郎，主管典章法度、典禮、祭祀、學校、科舉、接待賓客等事務。76李大師　字君威，相州（今河南安陽）人，先從竇建德，為禮部侍郎。後歸唐。事跡見《新唐書》卷八十五〈竇建德傳〉、《新唐書》卷一百二〈李延壽傳〉。77辛卯　十二月初三。78許亳　均為州名，許州治所在今河南許昌，亳州治所在今安徽亳州。79壬辰　十二月初四。80辛丑　十二月十三日。81隨州　州名，治所在今湖北隨縣。82癸卯　十二月十五日。83許紹　字嗣宗，安陸（今湖北安陸）人，隋末為夷陵（今湖北宜昌西北）通守。後歸唐，授陝州刺史。傳見《舊唐書》卷五十九、《新唐書》卷九十。84荊門鎮　鎮名，在今湖北荊門。85與梁鄭鄰接　峽州北境接鄭之襄州，東境接梁之荊門。86愧慼　又羞愧又感激。87張繡　沔州（今湖北武漢）人，隋末地方割據者蕭銑的部屬。蕭銑稱帝，拜為尚書令。因專恣被殺。事跡見《舊唐書》卷五十六〈蕭銑傳〉。88董景珍　隋末地方割據者蕭銑的部屬。蕭銑稱帝，封為晉王。後因謀叛被殺。事跡見《舊唐書》卷五十六〈蕭銑傳〉。89前年醢彭越二句　彭越、韓信均為漢初諸侯王，後為劉邦、呂后所殺。董景珍引漢高祖殺功臣事來勸戒張繡。醢，剁成肉醬。90報聘　他國來聘，遣使酬答。91乞師　請求派軍隊支援。92劉世讓　字元欽，雍州醴泉（今陝西禮泉）人，原為隋官吏。入唐，拜通議大夫。歷安定道行軍總管、并州總管等職。劉世讓憂國忘身，屢次立功，後因突厥施反間計被殺。傳見《舊唐書》卷六十九、《新唐書》卷九十四。93張道源　（？—西元六二四年）名河，以字顯，并州祁（今山西祁縣）人，少以孝義著稱。唐初遣道源撫慰山東，各地爭來款附。封范陽郡公，先後拜大理卿、太僕卿、相州都督等。傳見《舊唐書》卷一百八十七、《新唐書》卷一百九十一。94丙午　十二月十八日。95土門　即井陘口。在今河北石家莊西南。96己酉　十二月二十一日。97瓜州　州名，治所在今甘肅敦煌西。98賀拔行威　（？—西元六二二年）瓜州少數民族首領，唐初署為瓜州刺史。武德三年（西元六二〇年）擁兵叛亂，被涼州總管楊恭仁擊敗，部眾執之降唐。事跡見《舊唐書》卷六十二〈楊恭仁傳〉。99達奚暠　唐初署為驃騎將軍，駐守瓜州。

【校　記】1滎汴之間　謂滎澤、汴水之間。「滎」字原誤作「榮」，形近而誤。據章鈺校，十二行本作「滎」，張敦仁《通鑑刊本識誤》同，今據校正。滎澤在今河南鄭州西北。2滎州　原誤作「榮州」。據章鈺校，十二行本作「滎州」，尚不誤，張敦仁《通鑑刊本識誤》同，今據校正。滎州治所在今河南滎陽西北汜水鎮。③處羅入自并州 此句原無。據章鈺校，十二行本、乙十一行本、孔天胤本皆有此句，張敦仁《通鑑刊本識誤》、張瑛《通鑑校勘記》同，今據補。

【語 譯】竇建德包圍幽州的時候，李藝向高開道告急。高開道率二千騎兵救援幽州，竇建德率軍離去，高開道通過李藝派遣使者前來降唐。十月十九日戊申，唐任命高開道為蔚州總管，賜他姓李，封為北平郡王。有一枚箭頭射在高開道的臉頰上，叫來醫生拔出箭頭。醫生說：「箭頭射得太深，不能拔出來。」高開道很生氣，殺了醫生。另外又叫來一位醫生，醫生說：「拔出箭頭恐怕很痛。」高開道又殺了這個醫生。又找來一位醫生，醫生說：「能拔出來。」於是鑿開頰骨，在中間釘入一枚楔子，骨頭裂開一寸多，最終拔出了箭頭。當時，高開道讓妓女演奏，自己吃飯，都沒有停止。

竇建德率領部眾二十萬人再次攻打幽州。竇建德的士兵已經攀上城牆的矮牆，薛萬均、薛萬徹率領一百人的敢死隊從地道中出現在敵軍背後，襲擊敵軍，竇建德軍潰逃，唐軍斬首一千多級。李藝的軍隊乘勝逼近竇建德營地，竇建德在營中列陣，填平壕溝出營，奮勇攻擊，大敗李藝軍。竇建德追擊敗軍，直到幽州城下，攻城沒有攻下，於是撤軍。

李密失敗時，楊慶返回洛陽，恢復舊姓楊氏。等到王世充稱帝，楊慶又恢復姓郭。王世充任命他為管州總管，把哥哥的女兒嫁給他為妻。秦王李世民進逼洛陽，郭慶暗中派人請求投降。李世民派遣總管李世勣帶兵前往佔據了管州城。郭慶想和妻子一起歸唐，他妻子說：「主上讓妾來服侍你，是想拴住你的心。現在你既然辜負了主上的託付，尋利求全，妾將對你怎麼辦呢！如果到了長安，妾不過是你家的一個婢女罷了，你拿我有什麼用處！希望送我到洛陽，就是你對我的恩惠了。」郭慶不同意。郭慶出去，妻子對侍女說：「如果唐最終勝了鄭，那麼我家必然滅族；鄭如果勝了唐，那麼我丈夫必死。人生到了這種地步，活著幹什麼！」於是自殺。十月二十一日庚戌，郭慶前來降唐，又恢復姓楊，唐封他為上柱國、郇國公。

當時王世充的太子王玄應鎮守虎牢，屯駐在滎澤、汴水之間，聽說楊慶降唐，帶兵前往管城，李世勣打退了他。李世勣讓郭孝恪寫信勸說滎州刺史魏陸，魏陸祕密請求投降。王玄應派大將軍張志到魏陸處調徵兵力。十月二十七日丙辰，魏陸抓獲張志等四員將領，率全州前來投降。陽城縣令王雄率領各個村堡前來降唐，秦王李世民派李世勣帶兵接應，任命王雄為嵩州刺史，開始打通了嵩山以南的道路。魏陸讓張志偽造王玄應的信，命王玄應的東路兵馬停止前進，命令將領張慈寶暫且返回汴州；又祕密通知汴州刺史王要漢，讓他殺掉張慈寶，王要漢殺了張慈寶後投降唐朝。王玄應聽說各州都叛變了，大為恐懼，逃回洛陽。唐高祖下詔任命王要漢為汴州總管，賜爵郇國公。

王弘烈佔據襄陽，唐高祖命令金州總管府司馬涇陽人李大亮安撫樊州、鄧州，籌劃攻取襄陽。十一月初一日庚申，李大亮攻打樊城鎮，攻取了它，殺了王弘烈的大將國大安，攻下當地十四座柵寨。

蕭銑性格偏頗狹隘，多有猜忌。他的諸位將領依仗有功，恣肆橫行，喜好專擅殺人，蕭銑對此很擔心，於是宣稱罷兵，從事農耕，實際上想奪取諸將的兵權。大司馬董景珍的弟弟擔任將軍，心中怨恨，謀劃反叛。事情洩露，被殺死。董景珍當時鎮守長沙，蕭銑下詔赦免董景珍，叫他返回江陵。董景珍恐懼，十一月初五日甲子，率長沙前來降唐，唐高祖詔令峽州刺史許紹出兵接應董景珍。

雲州總管郭子和先是與突厥、梁師都相聯合，之後襲擊梁師都的寧朔城，把它攻取了。又刺探到突厥內部出現矛盾，派遣使者報告唐朝，被突厥巡邏騎兵抓獲。突厥處羅可汗大怒，囚禁了郭子和弟弟郭子升。郭子和因為自己孤立危險，向唐請求率領他的民眾向南遷徙，唐高祖下詔用延州故城安置他們。

張舉、劉旻降唐，梁師都大為恐懼，派遣尚書陸季覽勸突厥處羅可汗說：「近來中原喪亂，分裂成幾個國家，彼此勢力相當，力量弱小，因此都面向北歸附突厥。如今定楊可汗劉武周已經敗亡，天下將全部被唐朝據有。師都不怕覆滅，恐怕按次序下一個就會輪到可汗。不如趁唐沒有平定天下，南下奪取中原，如北魏道武帝所做的那樣，師都請求做您的嚮導。」處羅可汗聽從了他的建議，謀劃派莫賀咄設從原州入侵，泥步設和梁師都從延州入侵，處羅可汗從并州入侵，突利可汗與奚、霫、契丹、靺鞨從幽州南下，會合竇建德的軍隊，從滏口西進，在晉州、絳州會合。莫賀咄設，是處羅可汗的弟弟咄苾。突利可汗，是始畢可汗的兒子什鉢苾。

處羅可汗又想奪取并州來安置楊政道，他的群臣大都勸阻，處羅說：「我父親失去了國家，靠隋朝得以立國，這個大恩不可忘記。」處羅可汗將要出兵時卻去世了。義成公主因為處羅的兒子奧射設醜陋孱弱，廢掉了奧射設，改立莫賀咄設，號稱頡利可汗。十一月二十六日乙酉，頡利派遣使者向唐通報處羅可汗去世的消息，唐高祖採用的禮儀就像對待始畢可汗的喪儀一樣。

十一月二十九日戊子，唐安撫大使李大亮奪取了王世充的沮州、華州兩個州。〇這個月，竇建德渡過黃河攻打孟海公。

當初，王世充侵犯竇建德的黎陽，竇建德襲擊攻破殷州來報復王世充。從此鄭、夏二國交惡，不再互通信使。等到唐軍逼近洛陽，王世充派遣使者向竇建德求救。竇建德的中書侍郎劉彬勸他說：「天下大亂，唐得關西，鄭得河南，夏得河北，共同構成鼎立之勢。現在唐起兵攻鄭，從秋到冬，唐軍日益增多，鄭國地域日益縮減。唐強鄭弱，勢必不能支撐。鄭滅亡了，那麼夏不能單獨存在了。不如放棄仇恨，發兵救鄭，夏從外攻擊，鄭自內攻擊，一定能打敗唐軍。唐軍退兵後，再慢慢觀察形勢的變化，如果可以攻取鄭就攻取它，合併兩國的兵力，趁唐軍疲勞，就可以奪取天下了！」竇建德聽從了這一建議，派人前往王世充那裡，答應出師援救。竇建德又派遣禮部侍郎李大師等人前往唐朝，請求撤除進攻洛陽的軍隊。秦王李世民留下使者，不予答覆。

十二月初三日辛卯，王世充境內的許州、亳州等十一州都請求降唐。〇初四日壬辰，唐燕郡王李藝在籠火城又攻打竇建德的軍隊，打敗了敵軍。〇十三日辛丑，王世充的隨州總管徐毅率全州降唐。

十二月十五日癸卯，唐峽州刺史許紹攻打蕭銑的荊門鎮，攻取該鎮。許紹所轄與蕭銑的梁和王世充的鄭相鄰接壤，鄭、梁得到許紹的士卒，全部殺死，許紹得到鄭、梁的士卒，全都發放路費遣返。敵人又羞愧又感激，不再侵掠，峽州境內得以安定。

蕭銑派他的齊王張繡攻打長沙。董景珍對張繡說：「前年醢彭越，往年殺韓信，你沒有看到嗎？為什麼要互相攻殺！」張繡不作回答，進兵包圍長沙。董景珍打算突圍逃走，被部下殺死。蕭銑任命張繡為尚書令，張繡仗著有功而驕傲蠻橫，蕭銑又殺了張繡。因此梁國的功臣及眾將領都有了叛離之心，兵力日益衰弱。

王世充派遣他哥哥的兒子代王王琬和長孫安世前往竇建德處酬答，並且請求出兵支援。

突厥的倫特勒在并州對百姓造成很大禍害，唐并州總管劉世讓設計抓獲倫特勒。唐高祖聽說了，非常高興。張道源跟隨竇建德在河南，祕密派人前往長安，請唐出兵攻打竇建德的都城洺州，以震懾山東地區。十二月十八日丙午，唐下詔任命劉世讓為行軍總管，讓他率軍出土門關，進軍洺州。

十二月二十一日己酉，瓜州刺史賀拔行威逮捕驃騎將軍達奚暠，起兵反叛。

是歲，李子通度江攻沈法興，取京口❶。法興遣其僕射蔣元超❷拒之，戰於庱亭❸，元超敗死。法興棄毗陵，奔吳郡❹。於是丹陽、毗陵等郡皆降於子通。子通以法興府掾❺李百藥為內史侍郎、國子祭酒。

杜伏威遣行臺左僕射輔公祏將卒數千攻子通，以將軍闞稜、王雄誕為之副。公祏度江攻丹陽，克之，進屯溧水❻，子通帥眾數萬拒之。公祏簡精甲❼千人，執長刀為前鋒，又使千人躡其後，曰：「有退者即斬之。」自帥餘眾，復居其後。子通為方陳而前❽，公祏前鋒千人殊死戰。公祏復張左右翼以擊之，子通敗走，公祏逐之，反為所敗，還，閉壁不出。王雄誕曰：「子通無壁壘，又狃❾於初勝，乘其無備，擊之可破也。」公祏不從。雄誕以其私屬❿數百人夜出擊之，因風縱火，子通大敗，降其卒數千人。子通食盡，棄江都，保京口，江西之地盡入於伏威，伏威徙居丹陽。

子通復東走太湖⑪，收合亡散，得二萬人，襲沈法興於吳郡，大破之。法興帥左右數百人棄城走，吳郡賊帥聞人⑫遂安遣其將葉孝辯迎之。法興中塗而悔，欲殺孝辯，更向會稽⑬，孝辯覺之。法興窘迫，赴江溺死。子通軍勢復振，帥其羣臣[1]，徙都餘杭⑭。盡收法興之地，北自太湖，南至嶺⑮，東包會稽，西距宣城⑯，皆有之。

廣、新⑰二州賊帥高法澄、沈寶徹殺隋官，據州，附於林士弘⑱，漢陽太守馮盎⑲擊破之。既而寶徹兄子智臣復聚兵於新州，盎引兵擊之。賊始合，盎免冑大呼曰：「爾識我乎？」賊多棄仗肉袒而拜⑳，遂潰。擒寶徹、智臣等，嶺外㉑遂定。

竇建德行臺尚書令恆山㉒胡大恩請降。

【章旨】以上為第八段，寫李子通割據江東。

【注釋】❶京口　為長江下游軍事重鎮，即今江蘇鎮江市。❷蔣元超　隋末江南割據者沈法興部屬。事跡見《新唐書》卷八十七〈沈法興傳〉。❸庱亭　在今江蘇丹陽東。❹吳郡　郡名，治所在今江蘇蘇州。❺府掾　府內屬官。掾為古代屬官的通稱。❻溧水　縣名，縣治在今江蘇溧水縣。❼簡精甲　選精兵。簡，挑選。❽為方陣而前　排方陣進兵。陳，通「陣」。❾狃　拘泥。❿私屬　私屬親兵，名不在軍籍。⓫太湖　湖名，在今江蘇南部。⓬聞人　複姓。為吳郡著姓。⓭會稽　郡名，治所在今浙江紹興。⓮餘杭　郡名，治所在今浙江杭州。⓯嶺　五嶺，我國江西、湖南南部一帶山脈，泛稱五嶺。⓰宣城　郡名，治所在今安徽宣城。⓱廣新　皆為州名，廣州治所在今廣州，新州治所在今廣東新興。⓲林士弘　（？—西元六二二年）隋末在江西一帶起兵反隋，鄱陽（今江西鄱陽）人。傳見《舊唐書》卷五十六、《新唐書》卷八十七。⓳馮盎　（？—西元六四六年）字明遠，高州良德（今廣東高州東北）人，隋末任左武衛大將軍。隋亡，奔還嶺表。貞觀中累平洞寇，封越國公。傳見《舊唐書》卷一百九、《新唐書》卷一百十。⓴肉袒而拜　脫去上衣而拜，以示伏罪。㉑嶺外　五嶺以南，今福建、廣東一帶。㉒恆山　在今河北曲陽西北，與山西接壤處。

【校　記】[1]帥其羣臣　此四字原無。據章鈺校，十二行本、乙十一行本、孔天胤本皆有此四字，張敦仁《通鑑刊本識誤》、張瑛《通鑑校勘記》同，今據補。

【語　譯】這一年，李子通渡過長江攻打沈法興，奪取京口。沈法興派遣他的僕射蔣元超抵抗李子通，在庱亭交戰，蔣元超戰敗身亡。沈法興放棄毗陵，逃往吳郡。於是丹陽、毗陵等郡都投降了李子通。李子通任命沈法興的府掾李百藥為內史侍郎、國子祭酒。

杜伏威派遣行臺左僕射輔公祏率數千士卒攻打李子通，任命將軍闞稜、王雄誕為輔公祏的副將。輔公祏渡過長江攻打丹陽，攻下了丹陽，進軍屯駐溧水，李子通率領數萬部眾抵抗。輔公祏挑選了一千名精兵，手持長刀為前鋒，又命一千人繼踵其後，說：「有退卻的，當即斬殺。」自己帶領其餘的部眾，又在這一千人的後面。李子通列方陣前進，輔公祏的前鋒部隊一千人拼死作戰。輔公祏又張開左右翼來攻擊李子通，李子通軍敗逃跑，輔公祏追逐敵軍，反被李子通打敗，輔公祏返回軍營，堅守壁壘不再出戰。王雄誕說：「李子通沒有壁壘，又滿足於初戰獲勝，我們趁他不加防備，進行攻擊，就可以打敗他。」輔公祏不聽。王雄誕利用自己的私人部隊數百名士兵在夜裡出擊李子通，乘著風勢放火，李子通大敗，數千士卒向王雄誕投降。李子通糧食沒有了，放棄江都，守衛京口，江西地區全部歸屬杜伏威，杜伏威遷居到丹陽。

李子通又向東逃往太湖，收攏逃亡的散兵，獲得二萬人，在吳郡襲擊沈法興，把沈法興打得大敗。沈法興率幾百名身邊人放棄吳郡郡城逃走，吳郡的賊帥聞人遂安派他的將領葉孝辯迎接沈法興。沈法興走到半路後悔了，想殺死葉孝辯，改逃會稽，葉孝辯發覺了這一情況。沈法興處境窘迫，投江溺死。李子通的兵勢又強盛起來，率領他的群臣，把都城遷到餘杭。全部接收了沈法興的地盤，北自太湖，南到五嶺，東面包括會稽，西面到達宣城，全部據為己有。

廣州、新州的賊帥高法澄、沈寶徹殺死隋朝的官吏，佔據州城，歸附林士弘，隋朝的漢陽太守馮盎打敗了高、沈二人。之後沈寶徹哥哥的兒子沈智臣又在新州集結兵力，馮盎率兵攻打沈智臣。賊軍剛剛與馮盎的軍隊交戰，馮盎脫下頭盔大聲呼喊說：「你們認識我嗎？」賊兵很多人放下兵器赤膊下拜，於是賊兵潰散。擒獲了沈寶徹、沈智臣等人，嶺南地區於是平定。

竇建德的行臺尚書令恆山人胡大恩請求降唐。

四年（辛巳　西元六二一年）

春，正月癸酉❶，以大恩為代州❷總管，封定襄郡王，賜姓李氏。代州石嶺之北，自劉武周之亂，寇盜充斥，大恩徙鎮鴈門❸，討擊，悉平之。

稽胡❹酋帥❺劉仚成部落數萬，為邊寇。辛巳❻，詔太子建成統諸軍討之。○王世充梁州總管程嘉會以所部來降。杜伏威遣其將陳正通、徐紹宗帥精兵二千，來會❼秦王世民擊王世充。甲申❽，攻梁，克之。○丙戌❾，黔州❿刺史田世康攻蕭銑五州、四鎮，皆克之。

秦王世民選精銳千餘騎，皆皂衣玄甲⑪，分為左右隊，使秦叔寶、程知節、尉遲敬德、翟長孫分將之。每戰，世民親被⑫玄甲帥之為前鋒，乘機進擊，所向無不摧破，敵人畏之。行臺僕射屈突通、贊皇公⑬竇軌引兵按行營屯⑭，猝與王世充遇，戰不利。秦王世民帥玄甲⑮救之，世充大敗，獲其騎將葛彥璋，俘斬六千餘人。世充遁⑯歸。

李靖說趙郡王孝恭以取蕭銑十策，孝恭上之。二月辛卯⑰，改信州為夔州⑱，以孝恭為總管，使大造舟艦，習水戰⑲。以孝恭未更軍旅⑳，以靖為行軍總管，兼孝恭長史，委以軍事。靖說孝恭悉召巴、蜀酋長子弟，量才授任㉑，置之左右，外示引擢㉒，實以為質。

王世充太子玄應將兵數千人，自虎牢運糧入洛陽。秦王世民遣將軍李君羨㉓邀擊，大破之，玄應僅以身免。

世民使宇文士及奏請進圍東都。上謂士及曰：「歸語爾王㉔：今取洛陽，止於息兵。克城之日，乘輿法物㉕，圖籍器械，非私家所須者，委汝收之㉖，其餘子女玉帛，並以分賜將士。」

辛丑㉗，世民移軍青城宮㉘。壁壘未立，王世充帥眾二萬自方諸門㉙出，憑故馬坊垣塹[30]，臨穀水[31]以拒唐兵，諸將皆懼。世民以精騎陳於北邙，登魏宣武陵以望之，謂左右曰：「賊勢窘[32]矣，悉眾而出，徼幸[33]一戰。今日破之，後不敢復出矣！」命屈突通帥步卒五千度水擊之，戒通曰：「兵交則縱煙。」煙作[34]，世民引騎南下，身先士卒，與通合勢力戰。世民欲知世充陳厚薄[35]，與精騎數十衝之，直出其背，眾皆披靡[36]，殺傷甚眾。既而限以長堤[37]，與諸騎相失，將軍丘行恭獨從世民。世充數騎追及之，世民馬中流矢而斃。行恭回騎射追者，發無不中，追者不敢前。乃下馬以授世民[38]，行恭於馬前步執長刀[39]，距躍大呼[40]，斬數人，突陳而出，得入大軍。世充亦帥眾殊死戰，散而復合者數四，自辰[41]至午[42]，世充兵始退。世民縱兵乘之，直抵城下，俘斬七千人，遂圍之。驃騎將軍段志玄[43]與世充兵力戰，深入，馬倒，為世充兵所擒，兩騎夾持其髻[44]，將渡洛水。志玄踴身而奮[45]，二人俱墜馬。志玄馳歸，追者數百騎，不敢逼[46]。

初，驃騎將軍王懷文為唐軍斥候[47]，為世充所獲。世充欲慰悅[48]之，引置左右。壬寅[49]，世充出右門[50]，臨洛水為陳。懷文忽引槊刺世充，世充衷甲[51]，槊折不能入。左右猝出不意，皆愕眙[52]不知所為。懷文走趣[53]唐軍，至寫口[54]，追獲，殺之。世充歸，解去衷甲，袒示[55]羣臣曰：「懷文以槊刺我，卒[56]不能傷，豈非天所命乎[57]！」

先是，御史大夫鄭頲不樂仕世充[58]，多稱疾不預事[59]，至是謂世充曰：「臣聞佛有金剛不壞身[60]，陛下真是[61]也。臣實多幸[62]，得生佛世[63]，願棄官削髮為沙門[64]，服勤精進[65]，以資[66]陛下之神武。」世充曰：「國之大臣，聲望[67]素重，一旦入道[68]，將駭物聽[69]。俟兵革休息[70]，當從公志。」頲固請，不許。退謂其妻曰：「吾束髮從官[71]，志慕名節[72]，不幸遭遇亂世，流離至此，側身[73]猜忌之朝，累足[74]危亡之地，智力淺薄，無以自全。人生會[75]有死，早晚何殊[76]，姑從吾所好，死亦無憾。」遂削髮被僧服。世充聞之，大怒，曰：「爾以我為必敗，欲苟免邪[77]！不誅之，何以制眾！」遂斬頲於市。頲言笑自若，觀者壯之[78]。

詔贈王懷文上柱國、朔州刺史。

并州安撫使唐儉密奏：「真鄉公李仲文[79]與妖僧志覺[80]有謀反語，又娶陶氏之女以應桃李之謠[81]。諂事可汗[82]，甚得其意，可汗許立為南面可汗[83]。及在并州，贓賄狼籍[84]。」上命裴寂、陳叔達、蕭瑀雜鞫[85]之。乙巳[86]，仲文伏誅。

庚戌[87]，王泰棄河陽走[88]，其將趙夐等以城來降。別將單雄信、裴孝達與總管王君廓相持於洛口，秦王世民帥步騎五千援之。至轘轅，雄信等遁去，君廓追敗之。

壬子[89]，延州總管段德操擊劉仚成，破之，斬首千餘級。○乙卯[90]，王世充懷州刺史陸善宗以城降。

秦王世民圍洛陽宮城，城中守禦甚嚴，大礮飛石重五十斤，擲二百步，八弓弩箭如車輻[91]，鏃[92]如巨斧，射五百步。世民四面攻之，晝夜不息，旬餘不克。城中欲翻城者凡十三輩[93]，皆不果發[94]而死。唐將士皆疲弊思歸，總管劉弘基等請班師[95]。世民曰：「今大舉而來，當一勞永逸。東方諸州已望風款服[96]，唯洛陽孤城，勢不能久，功在垂成[97]，柰何棄之而去！」乃下令軍中曰：「洛陽未破，師必不還，敢言班師者斬！」眾乃不敢復言。上聞之，亦密敕世民使還。世民表稱洛陽必可克，又遣參謀[98]軍事封德彝入朝面論[99]形勢。德彝言於上曰：「世充得地雖多，率皆羈屬[100]，號令所行，唯洛陽一城而已。智盡力窮，克在朝夕。今若旋師[101]，賊勢復振，更相連結，後必難圖！」上乃從之。世民遺世充書，諭以禍福[102]，世充不報[103]。

戊午[104]，王世充鄭州司兵[105]沈悅遣使詣左武候大將軍李世勣請降。左衛將軍王君廓夜引兵襲虎牢，悅為內應，遂拔之，獲其荊王行本及長史戴胄。悅，君理[106]

之孫也。竇建德克周橋(107)，虜孟海公。

【章旨】以上為第九段，寫王世充作困獸之鬥，秦王李世民勸降王世充，未果。

【注釋】❶癸酉 正月十五日。❷代州 州名，治所在今山西代縣。❸鴈門 為代州治所，在今山西代縣。❹稽胡 步落稽之簡稱，為胡之一種。❺酋帥 此稱由酋長、渠帥凝合而成。❻辛巳 正月二十三日。❼會 聯合。❽甲申 正月二十六日。❾丙戌 正月二十八日。❿黔州 州名，治所在今重慶市彭水縣。⓫皂衣玄甲 穿黑衣黑甲。皂、玄，皆為黑色。⓬被 披。⓭贊皇公 爵位。竇軌封贊皇縣公。⓮引兵按行營屯 帶兵巡行營地。⓯帥玄甲 率領玄甲兵。⓰遁 悄悄地溜走。⓱辛卯 二月初三。⓲夔州 州名，治所在今重慶市奉節東。⓳習水戰 操習水戰技術。⓴未更軍旅 未歷軍旅，不懂戰事。㉑授任 授以官職。㉒引擢 提拔。㉓李君羨 洺州武安（今河北永年）人，初為王世充驃騎。後歸唐，太宗引為左右，從討劉武周、王世充有功。累遷華州刺史，封武連郡公。後坐罪被殺。傳見《舊唐書》卷六十九、《新唐書》卷九十四。㉔歸語爾王 回去報告你們的王。㉕乘輿法物 車駕儀仗。㉖委汝收之 委任你收起來。㉗辛丑 二月十三日。㉘青城宮 在洛陽城西禁苑之中。㉙方諸門 東都城西連禁苑，方諸門，出都城而至禁苑之門。㉚憑故馬坊垣塹 依憑舊馬坊的牆垣溝塹。㉛穀水 水名，流經河南陝縣、澠池縣，至洛陽西南入洛水。㉜窘 困窘。㉝徼幸 僥倖。㉞煙作 濃煙升起。㉟欲知世充陳厚薄 想知道王世充的兵陣的厚薄程度。㊱披靡 潰散。㊲限以長堤 為長堤所阻隔。㊳下馬以授世民 下馬以己馬授與世民。㊴步執長刀 步行而執長刀。㊵距躍大呼 跳躍大喊。㊶辰 舊式計時法指上午七點到九點鐘的時間。㊷午 指中午十一點至下午一點。㊸段志玄 （西元五七九—六四二年）臨淄（今山東淄博東北）人，從太宗有戰功，累遷右驍衛大將軍，封褒國公。傳見《舊唐書》卷六十八、《新唐書》卷八十九。㊹髻 在頭頂或腦後盤成各種形狀的頭髮。㊺踴身而奮 躍身奮起。㊻逼 逼進。㊼斥候 偵察，也指偵察敵情的士兵。㊽慰悅 安慰取悅。㊾壬寅 二月十四日。㊿右門 此當作「右掖門」。東都城南面三門，中曰端門，左曰左掖門，右曰右掖門。(51)衷甲 內著鎧甲。(52)愕眙 驚愕相視。(53)走趣 奔往。趣，趨向；奔赴。(54)寫口 地名，據胡三省注，因洛陽城中水流至此處，突然傾瀉而得名。寫，通「瀉」。傾注；傾瀉。(55)袒示 光身展示。

(56)卒 副詞。終於。(57)豈非天所命乎 這不是天命嗎。所，使如此。(58)不樂仕世充 不願出任王世充的官。(59)不預事 不參與政事。(60)金剛不壞身 指佛身。喻佛身如金剛不壞。(61)真是 當真是金剛身。(62)多幸 甚為幸運。(63)得生佛世 能生在佛的世界。(64)削髮為沙門 削髮，斷髮。沙門，一作桑門，譯作勤息、止息。即勤修眾善止息諸惡之義。為出家修佛道的通稱。(65)服勤精進 勤於修行，精進佛道。(66)資 協助。(67)聲望 聲譽威望。(68)入道 皈依佛門。(69)將駭物聽 將會驚駭人們的觀聽。(70)兵革休息 戰爭停止。(71)束髮從官 謂從成童時起就做官。束髮，古代男孩成童時束髮為髻，因以為成童的代稱。(72)名節 名譽節操。(73)側身 置身。(74)累足 即重足。兩足相迭，不敢正立。(75)會 必然；一定。(76)早晚何殊 早死晚死有什麼不一樣。(77)欲苟免邪 想要僥倖免除災禍嗎。(78)觀者壯之 觀看的人稱讚他的壯勇。(79)真鄉公李仲文 （?—西元六二一年）唐初將領，拜太常少卿、行軍總管，封真鄉縣公。事跡見《舊唐書》卷五十五、《新唐書》卷八十六〈劉武周傳〉。(80)志覺 唐初太原尼。《新唐書》卷三十六載：「武德四年（西元六二一年），太原尼志覺死，十日而蘇。」(81)桃李之謠 指「桃李不言，下自成蹊」的諺語。比喻實至名歸，尚事實不尚虛聲。仲文姓李，娶陶氏。陶與桃諧音，故以應「桃李之謠」。(82)可汗 此指突厥可汗。(83)南面可汗 因位置在南，故稱南面可汗。(84)贓賄狼籍 贓貨很多。贓賄，貪汙受賄的物品。狼籍，雜亂不堪。(85)雜鞫 共同審問。(86)乙巳 二月十七日。(87)庚戌 二月二十二日。(88)王泰棄河陽走 去年七月，王世充使王泰守河陽。(89)壬子 二月二十四日。(90)乙卯 二月二十七日。(91)八弓弩箭如車輻 八張弓並連為強弩，箭如車輻。(92)鏃 箭頭。(93)輩 放在數字後面，表示同類的人或物的多數。(94)果發 舉動成功。(95)班師 勝利回軍。(96)款服 納誠降服。(97)垂成 將近成功。(98)參謀 官名，唐代節度使的幕僚有參謀之職，掌參議謀劃。又，唐代天下兵馬元帥之幕僚有行軍參謀。胡三省注：「參謀之職，蓋始於此。」(99)面論 當面奏論。(100)羈屬 羈縻附屬。(101)旋師 還師。(102)諭以禍福 以禍福利害相曉諭。(103)不報 不回覆。(104)戊午 二月三十日。(105)司兵 官名，唐制，主管軍防、門禁、畋獵、驛傳、儀仗等事。在府稱兵曹參軍，在州稱司兵參軍，在縣稱司兵。(106)君理 沈君理仕陳為僕射。(107)周橋 即今山東定陶。隋大業九年（西元六一三年）孟海公起事於此。

【語　譯】四年（辛巳　西元六二一年）

春，正月十五日癸酉，唐任命胡大恩為代州總管，封為定襄郡王，賜姓李。代州石嶺以北，自從劉武周叛亂後，寇盜充斥，李大恩把州的治所遷到雁門，出兵征討，把寇盜全部平定了。

稽胡族的酋長劉仚成有幾萬部落，在唐朝邊境寇掠。正月二十三日辛巳，唐高祖下詔命太子李建成統領各軍討伐稽胡。〇王世充的梁州總管程嘉會帶領部下前來降唐。

杜伏威派遣他的將領陳正通、徐紹宗帶領精兵二千，前來會合秦王李世民攻打王世充。正月二十六日甲申，攻打梁縣，攻下了縣城。〇二十八日丙戌，黔州刺史田世康攻打蕭銑的五個州、四個鎮，全都攻了下來。

秦王李世民挑選一千多精銳騎兵，全部穿黑衣黑甲，分為左右隊，讓秦叔寶、程知節、尉遲敬德、翟長孫分別統領。每次作戰，李世民親自披上黑甲率領他們作為前鋒，乘機進擊，所向無不摧毀，敵人很畏懼這支部隊。行臺僕射屈突通、贊皇公竇軌帶兵巡行軍營，突然與王世充的部隊遭遇，交戰失利。秦王李世民帶領黑甲部隊救援他們，王世充的部隊大敗，俘獲王世充的騎將葛彥璋，俘虜斬殺六千多人。王世充逃了回去。

李靖用取勝蕭銑的十條計策遊說趙郡王李孝恭，李孝恭把十條計策上報朝廷。二月初三日辛卯，把信州改為夔州，任命李孝恭為夔州總管，讓他大造船艦，練習水戰。因為李孝恭未歷軍旅，任命李靖為行軍總管，兼任李孝恭的長史，把軍事事務交付李靖。李靖勸說李孝恭徵召巴、蜀酋長子弟，量才授職，安置在身邊，對外表示提拔，實際上是拿這些人作為人質。

王世充的太子王玄應率領士兵幾千人，從虎牢運糧進入洛陽。秦王李世民派遣將軍李君羨截擊，大敗敵軍，王玄應僅僅單身逃脫。

李世民派宇文士及上奏請求進軍包圍東都洛陽。唐高祖對宇文士及說：「回去告訴你們的秦王：這次攻取洛陽，最終目的在於停止戰事。攻陷東都之日，隋朝皇室的車駕儀仗、圖書簿籍、兵器戰具，不是私人所需要的，委託你收管起來，其餘的男女玉帛，都用來分賜給將士。」

二月十三日辛丑，李世民把軍隊轉移到青城宮。壁壘沒有建好，王世充率領軍隊二萬人從方諸門出城，憑藉舊時馬坊的牆垣溝塹，臨近穀水來抵禦唐軍，唐軍諸將都很害怕。李世民用精銳騎兵在北邙山列陣，自己登上北魏宣武帝的陵墓觀察敵軍，對身邊的人說：「賊軍的形勢已經困窘了，全軍出城，僥倖一戰。今天打敗他，以後不敢再出城了！」李世民命令屈突通率領五千步兵渡過穀水攻擊王世充，並告誡屈突通說：「軍隊交鋒就點燃煙火。」煙升起了，李世民帶領騎兵南下，身先士卒，與屈突通合併兵力，奮勇作戰。李世民想知道王世充兵陣的厚薄程度，就和幾十名精銳騎兵衝擊敵陣，一直衝出到敵陣背後，王世充的兵士全都潰散，李世民殺傷敵兵非常多。之後又因長堤隔開，李世民和隨從的騎兵失去聯繫，將軍丘行恭獨自一人跟著李世民。王世充的幾名騎兵追上了李世民，李世民的戰馬被流箭射中倒斃。丘行恭回馬射擊追趕的敵兵，每射一箭都射中一人，追兵不敢前進。丘行恭於是下馬把自己的馬給與李世民，自己在馬前手執長刀步行前進，跳躍大喊，斬殺數名敵兵，衝出敵陣，得以返回唐朝大軍。王世充也率領部下殊死戰鬥，幾次部隊散了又重新集合起來，從上午八九點鐘一直打到午時過後，王世充的軍隊才開始撤退。李世民縱兵乘勢追擊，直抵東都城下，俘虜斬殺七千人，於是包圍了洛陽。唐驃騎將軍段志玄與王世充的部隊奮力交戰，深入敵陣，戰馬倒下，段志玄被王世充的士兵俘獲，兩名騎兵一邊一個抓著他的髮髻，將要渡過洛水。段志玄躍身奮起，兩名騎兵都從馬上墜下。段志玄驅馬馳歸，追趕的騎兵幾百人，不敢逼近。

當初，驃騎將軍王懷文為唐軍偵察，被王世充抓獲。王世充想安慰取悅他，將他安排在自己身邊。二月十四日壬寅，王世充從右門出軍，在洛水邊布陣。王懷文忽然用長矛刺向王世充，王世充內穿鎧甲，長矛折斷，不能刺入身體。王世充左右的人因為突然出現意外，都驚愕相視，不知所措。王懷文向唐軍方向逃走，到了寫口，被追兵趕上抓獲，殺死了他。王世充回城，脫下衣內鎧甲，袒露身體給群臣看，說：「王懷文用長矛刺我，終沒能傷我，難道不是上天歸命於我嗎！」

在此之前，御史大夫鄭頲不樂意在王世充那裡做官，經常稱病不參與政事，到這時，他對王世充說：「我聽說佛有金剛不壞之身，陛下真是金剛不壞之身。我實在是非常幸運，能夠生於佛的時代，我願意放棄官職為僧，勤於修行，精進佛道，以協助陛下的神武。」王世充說：「你是國家大臣，聲望一向很高，一旦進入佛門，必將驚世駭俗。等到戰爭停止，當遵從你的志向。」鄭頲堅持請求，王世充不答應。鄭頲下朝後對他的妻子說：「我從成童起就做官，志向就是羨慕名譽節操，不幸遭遇亂世，流落到如此地步，置身於互相猜忌的朝廷，重足於危亡之地，我智力淺薄，無法保全自身。人生必有一死，死得早晚又有什麼差別，姑且順從我的愛好，死了也沒有遺憾。」於是他剃髮穿上僧服。王世充聽說了此事，大怒，說道：「你以為我必然失敗，想僥倖免除災禍嗎！不殺你，用什麼來制服眾人！」於是在街市上把鄭頲斬首。鄭頲談笑自如，觀看的人稱讚他的壯勇。

唐高祖下詔贈王懷文上柱國、朔州刺史。

并州安撫使唐儉祕密奏報：「真鄉公李仲文與妖僧志覺有謀反的言論，李仲文又娶陶氏女子以合乎桃李歌謠。他諂媚突厥可汗，非常合乎可汗的心意，可汗答應把他立為南面可汗。還有，李仲文在并州，貪贓很多。」唐高祖命裴寂、陳叔達、蕭瑀共同審訊李仲文。二月十七日乙巳，李仲文伏法。

二月二十二日庚戌，王泰放棄河陽逃走，他的將領趙夐等人率河陽城前來降唐。王世充的別將單雄信、裴孝達和唐總管王君廓在洛口對峙，秦王李世民率五千步兵、騎兵援助王君廓。到達轘轅，單雄信等人逃走，王君廓追擊並打敗了他們。

二月二十四日壬子，唐延州總管段德操攻打劉仚成，打敗了他，斬首一千多級。〇二十七日乙卯，王世充的懷州刺史陸善宗獻出懷州城降唐。

秦王李世民包圍洛陽宮城。城中的防禦極為嚴密，大炮射出的石頭有五十斤，投擲到二百步之外，八弓並連的強弩，箭如車輻，箭鏃如同大斧，可以射出五百步。李世民四面攻城，晝夜不停，十多天沒有攻下。城中有十三批人想翻越城牆，都沒有發動成功而被處死。唐軍將士都很疲憊，想回關中，總管劉弘基等人請求班師。李世民說：「今天軍隊大舉前來，應當一勞永逸。洛陽以東的各州已經望風歸誠，只有洛陽這座孤城，其勢不能持久，功在垂成之際，怎能放棄而離開呢！」於是下令全軍說：「洛陽未破，軍隊一定不返回，敢言班師的斬首！」大家於是不敢再說班師。唐高祖聽說了，也下密詔讓李世民返回。李世民上表說洛陽一定可以攻克，又派參謀軍事封德彝回朝向唐高祖當面說明戰爭形勢。封德彝對唐高祖說：「王世充得到的土地雖然多，但都是羈縻附屬，號令所能施行的地方，只有洛陽一城而已。他智窮力盡，攻下城池就在朝夕之間。現今如果還師，賊軍的勢力又振作起來，再與各地互相聯合，以後必定難以消滅！」唐高祖於是聽從李世民的建議。李世民寫信給王世充，曉以禍福利害，王世充不回覆。

二月三十日戊午，王世充的鄭州司兵沈悅派使者前往唐左武候大將軍李世勣處請求投降。唐左衛將軍王君廓夜裡帶兵偷襲虎牢，沈悅做內應，於是奪取了虎牢，抓獲荊王王行本和長史戴胄。沈悅，是沈君理的孫子。

竇建德攻克周橋，俘虜了孟海公。

【研　析】本卷研析幾個西北割據政權的覆滅，著重評說劉武周。

隋煬帝大業十三年（西元六一七年），全國農民大起義如火如荼，隋朝的一些地方官僚鎮將，看到隋朝大勢已去，也紛紛起兵割據稱雄。西北地區，太原留守李淵、朔方鷹揚郎將梁師都、馬邑鷹揚府校尉劉武周、金城府校尉薛舉、武威鷹揚府司馬李軌應時而起。李淵起兵，一路順風進入關中，攻克長安，搶得先機，建立了唐朝。梁師都割據雕陰、弘化、延安等郡，佔有陝北、隴東地區。劉武周擁兵馬邑，佔有山西北部。薛舉割據金城，佔有隴右。李軌據有河西。梁師都和劉武周都勾結突厥，侵擾北方，成為唐室大患。劉武周、梁師都、薛舉、李軌四個割據者中，以劉武周勢力最大，一度佔有今山西全境，直接威脅唐王室的安全。唐軍要大舉東出，逐鹿中原，必須消除背後之憂，掃蕩這幾個割據政權，是唐初發展優先考慮的問題。

劉武周，隋河間景城（今河北獻縣東北）人，隨父遷居馬邑（在今山西朔州）。劉武周為人驍悍，擅長騎馬射箭，他應徵入伍打遼東，有戰功，任建節校尉，回到馬邑任鷹揚校尉。大業十三年，劉武周殺馬邑太守王仁恭，走上割據之路，前後六年，是北方沿邊最大的一支封建割據勢力。

劉武周起兵馬邑，隨後攻佔雁門、樓煩、定襄，以及隋煬帝行宮汾陽宮。劉武周奉送汾陽宮美女珍寶給突厥始畢可汗，突厥回贈以馬匹，並授以「定楊可汗」的封號。於是劉武周自稱皇帝，年號天興。不久，割據上谷的宋金剛被竇建德打敗，宋金剛率殘部投靠劉武周，劉武周的勢力大增。

唐武德二年（西元六一九年），四月，劉武周引突厥之眾，以宋金剛為前鋒，大舉南犯，連克榆次、石州、浩州、介州，又打敗唐軍晉州道行軍總管裴寂，佔領晉州（今山西臨汾），齊王李元吉棄并州（今山西太原）

逃回長安。此時夏縣人呂崇茂殺其縣令響應劉武周，隋河東守將王行本也配合劉武周。山西全境告急，關中大震。李淵計劃放棄太原河東諸地。劉武周成了唐統一的一大障礙。

秦王李世民認為「太原，王業所基，國之根本，河東富實，京邑所資」，決計大舉討伐劉武周。是年十一月，李世民率領精兵三萬，從龍門乘冰堅渡過黃河，屯於柏壁與宋金剛對峙。武德三年，四月，宋金剛「軍中糧盡」而退逃，李世民乘勢猛追，在雀鼠谷（今山西靈石一帶）一日八戰，大敗宋金剛，又窮追宋金剛到介州，殺得宋金剛片甲不留，落荒逃走，率領百餘騎逃入突厥。此時唐軍又收復了蒲州（今山西永濟），劉武周全線敗退，也率領五百餘殘兵逃依突厥，後被突厥所殺。至此，盛極一時的劉武周被覆滅。薛舉、李軌先於劉武周被唐軍討滅。最後只有一個梁師都在突厥保護下暫時存在，已無礙大局。一年以後，李世民率領唐軍大舉東出，掃蕩中原，混一華夏提上了議事日程。

# 卷第一百八十九

## 唐紀五

起重光大荒落（辛巳　西元六二一年）三月，盡十二月，不滿一年。

【題解】本卷記事起西元六二一年三月，迄十二月，凡十個月，當唐高祖武德四年。是年，秦王李世民建立了蓋世之功，他以少擊眾，連破河北竇建德之軍和王世充東都之眾，誅滅了竇建德、王世充這兩個梟雄，河南、河北悉平。唐軍乘勝擴大戰果，江南蕭銑授首，淮南、江東為杜伏威所平，北方突厥犯邊屢敗。唐王室已基本統一了天下。可惜李世民和唐高祖未能寬大竇建德、蕭銑、孟海公的部屬眾將，又收捕竇建德部屬過急，以致逼反劉黑闥、徐圓朗，於是戰火又起於河北、山東。特別是竇建德優撫唐降將，李世勣、李神通皆不殺，而唐高祖不赦竇建德等，大為失策。罪大惡極之王世充卻被赦免，而為仇家所殺，殊不可解。

此時李世民已功高震主，又大肆網羅文武之才，設文學館，會聚了房玄齡、杜如晦等十八學士，極一時之盛。

### 高祖神堯大聖光孝皇帝中之中

武德四年（辛巳　西元六二一年）

三月庚申❶，以靺鞨❷渠帥❸突地稽為燕州❹總管。

太子建成獲稽胡千餘人，釋其酋帥數十人，授以官爵，使還，招其餘黨，劉仚成亦降。建成詐稱增置州縣，築城邑，命降胡年二十以上皆集，以兵圍而殺之，死者六千餘人。仚成覺變，亡奔梁師都。

行軍總管劉世讓攻竇建德黃州❺，拔之。洺州嚴備，世讓不得進。會突厥將入寇，上召世讓還。

竇建德所署普樂❻令平恩❼程名振❽來降，上遙除❾名振永寧❿令，使將兵徇河北。名振夜襲鄴⓫，俘其男女千餘人。去鄴八十里，閱婦人乳有湩者⓬九十餘人，悉縱遣⓭之。鄴人感其仁，為之飯僧⓮。

突厥頡利可汗承父兄之資⓯，士馬雄盛⓰，有憑陵⓱中國之志。妻隋義成公主⓲，公主從弟善經⓳，避亂在突厥，與王世充使者王文素⓴共說頡利曰：「昔啓民為兄弟所逼，脫身奔隋，賴文皇帝㉑之力，有此土宇㉒，子孫享之。今唐天子非文皇帝子孫，可汗宜奉楊政道㉓以伐之，以報文皇帝之德。」頡利然之㉔。上以中國未寧，待突厥甚厚，而頡利求請無厭㉕，言辭驕慢。甲戌㉖，突厥寇汾陰㉗。

唐兵圍洛陽，掘塹築壘㉘而守之。城中乏食，絹一匹直㉙粟三升，布十匹直鹽一升，服飾珍玩，賤如土芥㉚。民食草根木葉皆盡，相與澄取浮泥㉛，投米屑㉜作餅食之，皆病，身腫腳弱㉝，死者相枕倚於道。皇泰主之遷民入宮城㉞也，凡三萬家，至是無三千家。雖貴為公卿，糠覈㉟不充；尚書郎㊱以下，親自負戴㊲，往往餒死。

竇建德使其將范願㊳守曹州，悉發孟海公㊴、徐圓朗㊵之眾，西救洛陽。至滑州，王世充行臺僕射韓洪㊶開門納之。己卯㊷，軍于酸棗㊸。

壬午㊹，突厥寇石州㊺，刺史王集擊卻之。

【章旨】以上為第一段，寫突厥既受唐室羈縻，又不斷擾邊，援助反唐的割據勢力，劉武周敗亡後，突厥又策應王世充。

【注釋】❶庚申　三月初二。❷靺鞨　古族名，北魏時稱勿吉，隋唐時稱靺鞨。分布在松花江、牡丹江流域及黑龍江中下游，東至日本海。❸渠帥　大帥；首領。❹燕州　州名，治所在今遼寧朝陽。按，隋煬帝初，突地稽率部來降，在營州境內汝羅故城置遼西郡安置靺鞨降人，其地武德元年改稱燕州。❺黃州　州名，治所在今湖北新洲。❻普樂　縣名，縣治在今河北雞澤南。❼平恩　縣名，治所在今河北曲周東南。❽程名振　（？—西元六六二年）洛州平恩（今河北曲周東南）人，隋大業末仕竇建德為普樂令，歸唐，授永寧令。歷洛州刺史、平壤道行軍總管等，號為名將。傳見《舊唐書》卷八十三、《新唐書》卷一百十一。❾除　任。❿永寧　縣名，縣治在今河南洛寧東。⓫鄴　縣名，縣治在今河南安陽。⓬乳有湩者　乳有乳汁，即可哺乳其嬰兒者。湩，乳汁。⓭縱遣　釋放並遣歸。⓮飯僧　施飯僧人以祈福。⓯頡利可汗承父兄之資　頡利為啓民可汗之子，始畢、處羅可汗之弟，故曰承父兄之資。⓰士馬雄盛　士兵戰馬強盛。⓱憑陵　仗勢侵犯。⓲義成公主　（？—西元六三〇年）隋朝宗室女，文帝時以她嫁突厥啓民可汗。啓民死，又連嫁始畢、處羅、頡利可汗。貞觀四年（西元六三〇年），李靖滅突厥，被殺。事跡見《隋書》卷八十四〈突厥傳〉。⑲善經　義成公主叔伯兄弟。⑳王文素　王世充部屬，曾被世充遣往突厥，慫恿突厥南侵。事跡見《新唐書》卷二百十五〈突厥傳〉。㉑文皇帝　即隋朝開國皇帝楊堅（西元五四一—六○四年），弘農華陰（今陝西華陰）人，西元五八一—六○四年在位。事見《隋書》卷一。㉒土宇　疆土。㉓楊政道　隋煬帝之孫。當時與蕭后同在突厥。事跡見《隋書》卷五十九〈齊王暕傳〉。㉔然之　同意。㉕求請無厭　索求沒有滿足的時候。㉖甲戌　三月十六日。㉗汾陰　縣名，縣治在今山西萬榮西南。㉘掘塹築壘　挖溝塹築牆壘。㉙直　通「值」。㉚土芥　泥土草芥。㉛浮泥　浮在水上的泥。㉜投米屑　摻以米屑。㉝身腫腳弱　身體腫脹，兩腳軟弱。㉞遷民入宮城　據本書卷一百八十三，隋義寧元年（西元六一七年）四月，皇泰主遷民入宮城。㉟糠覈　麥糠中的粗屑。㊱尚書郎　官名，尚書省各曹的侍郎、郎中等官，通稱為尚書郎。㊲負戴　肩背頭頂。㊳范願　竇建德部將。㊴孟海公　（？—西元六二一年）隋末起事反隋，濟陰（今山東曹縣西北）人。事跡見《舊唐書》卷五十四〈竇建德傳〉。㊵徐圓朗　（？—西元六二三年）隋末起事反隋，魯郡（今山東曲阜）人。傳見《舊唐書》卷五十五、《新唐書》卷八十六。㊶韓洪　王世充行臺僕射。事跡見《舊唐書》卷五十四〈竇建德傳〉。㊷己卯　三月二十一日。㊸酸棗　縣名，縣治在今河南延津。㊹壬午　三月二十四日。㊺石州　州名，治所在今山西離石。

【語譯】高祖神堯大聖光孝皇帝中之中

武德四年（辛巳　西元六二一年）

三月初二日庚申，唐任命靺鞨人的大首領突地稽為燕州總管。

太子李建成俘獲稽胡一千餘人，釋放了他們的首領數十人，授給他們官爵，讓他們返回，招降他們的餘黨，劉仚成也向唐投降。李建成欺騙他們說增設州縣，修築城邑，命投降的胡人年齡在二十歲以上的都集中起來，用軍隊包圍，殺死了他們，死去的有六千餘人。劉仚成發覺事情有變，逃亡投奔梁師都。

唐行軍總管劉世讓攻打竇建德的黃州，攻取了此城。竇建德的洺州嚴加防備，劉世讓無法前進。適逢突厥將要入侵，唐高祖把劉世讓召回。

竇建德任命的普樂縣令平恩人程名振前來降唐，唐高祖遠離此地任命程名振為永寧令，讓他率兵略地河北。程名振夜裡襲擊鄴城，俘獲城中男女一千餘人。距離鄴城八十里處，檢視被俘的婦女乳房裡有奶汁的，有九十多人，把她們全部釋放遣送回家。鄴城人為他的仁愛而感動，就施飯佛僧，為程名振祈福。

突厥的頡利可汗繼承父兄的基業，士馬強盛，有了侵陵中國的想法。他的妻子是隋朝的義成公主，公主的堂弟名叫善經，在突厥避亂，與王世充的使者王文素一起勸頡利說：「從前啓民受到兄弟的逼迫，脫身投奔隋朝。依靠隋文帝的力量，有了這片疆土，子孫享用。現在唐朝天子不是隋文帝的子孫，可汗應該擁戴楊政道去討伐他們，用以報答隋文帝的恩德。」頡利同意這個建議。唐高祖因為中國尚未安寧，對待突厥非常優厚，但頡利可汗的索求沒有滿足的時候，言辭傲慢。三月十六日甲戌，突厥侵犯汾陰。

唐軍包圍洛陽，挖掘塹壕，修築壁壘，進行堅守。洛陽城中缺乏糧食，一匹絹值三升粟，十匹布值一升鹽，服飾珍玩，賤得如同泥土芥草。民眾把草根樹葉都吃光了，就一起淘取水上浮泥，放進米屑做成餅子吃，人們都病了，身體腫脹，腿腳軟弱，餓死的人相互靠著枕著堆積在道路上。皇泰主當初遷徙民眾進入宮城時，一共有三萬家，至此剩下的沒有三千家。雖然貴為公卿，連麥糠都吃不飽；尚書郎以下的官員，親自肩背頭頂，往往餓死。

竇建德讓他的將領范願守衛曹州，全部調發孟海公和徐圓朗的軍隊，西去救援洛陽。到達滑州，王世充的行臺僕射韓洪打開城門讓他們進城。三月二十一日己卯，屯駐在酸棗。

三月二十四日壬午，突厥侵犯石州，唐刺史王集擊退了突厥。

竇建德陷管州，殺刺史郭士安。又陷滎陽❶、陽翟❷等縣，水陸並進，汎舟運糧❸，泝河❹西上。王世充之弟徐州行臺世辯遣其將郭士衡將兵數千會之，合十餘萬，號三十萬，軍於成皋❺之東原，築宮板渚❻，遣使與王世充相聞❼。

先是，建德遺秦王世民書，請退軍潼關❽，返鄭侵地❾，復修前好。世民集將佐議之，皆請避其鋒。郭孝恪曰：「世充窮蹙，垂將面縛❿，建德遠來助之，此天意欲兩亡之⓫也。宜據武牢⓬之險以拒之，伺間而動，破之必矣。」記室⓭薛收⓮曰：「世充保據東都，府庫充實，所將之兵，皆江、淮精銳，即日之患⓯，但乏⓰糧食耳。以是之故⓱，為我所持⓲，求戰不得，守則難久。建德親帥大眾，遠來赴援，亦當極其精銳⓳，致死於我[1]。若縱之至此，兩寇合從⓴，轉㉑河北㉒之粟以饋㉓洛陽，則戰爭方始，偃兵㉔無日，混一㉕之期，殊未有涯㉖也。今宜分兵守洛陽，深溝高壘，世充出兵，慎勿與戰。大王親帥驍銳，先據成皋，厲兵訓士㉗，以待其至，以逸待勞㉘，決可克也。建德既破，世充自下，不過二旬，兩主就縛㉙矣。」世民善之。收，道衡㉚之子也。

蕭瑀、屈突通、封德彝皆曰：「吾兵疲老，世充憑守堅城，未易猝拔㉛。建德席勝㉜而來，鋒銳氣盛，吾腹背受敵，非完策也。不若退保新安㉝，以承其弊㉞。」世民曰：「世充兵摧㉟食盡，上下離心，不煩力攻㊱，可以坐克。建德新破海公，將驕卒惰㊲。吾據武牢，扼其咽喉。彼若冒險爭鋒，吾取之甚易。若狐疑㊳不戰，旬月之間㊴，世充自潰。城破兵彊，氣勢自倍，一舉兩克，在此行矣。若不速進，賊入武牢，諸城新附，必不能守。兩賊併力[40]，其勢必彊，何弊之承[41]！吾計決矣！」通等又請解圍據險以觀其變，世民不許。中分麾下[42]，使通等副齊王元吉圍守東都，世民將驍勇[43]三千五百人東趣武牢。時正晝[44]出兵，歷北邙，抵河陽，趨鞏而去[45]。王世充登城望見，莫之測也，竟不敢出。

癸未[46]，世民入武牢。甲申[47]，將驍騎五百，出武牢東二十餘里，覘[48]建德之營。緣道[49]分留從騎，使李世勣、程知節、秦叔寶分將之，伏於道旁，纔餘四騎，與之偕進[50]。世民謂尉遲敬德曰：「吾執弓矢，公執槊相隨，雖百萬眾若我何[51]！」又曰：「賊見我而還，上策也。」去建德營三里所，建德遊兵遇之，以為斥候[52]也。世民大呼曰：「我秦王也。」引弓[53]射之，斃其一將。建德軍中大驚，出五六千騎逐之，從者咸失色[54]。世民曰：「汝弟前行[55]，吾自與敬德為殿[56]。」於是按轡徐行。追騎將至，則引弓射之，輒斃[57]一人。追者懼而止，止而復來，如是再三，每來必有斃者。世民前後射殺數人，敬德殺十許人，追者不敢復逼。世民逡巡[58]稍卻以誘之，入於伏內[59]，世勣等奮擊，大破之，斬首三百餘級，獲其驍將殷秋、石瓚以歸。乃為書報建德，諭以「趙、魏之地，久為我有，為足下[60]所侵奪。但以淮安見禮，公主得歸[61]，故相與坦懷釋怨。世充頃與足下修好，已嘗反覆(62)，今亡在朝夕，更飾辭(63)相誘，足下乃以三軍之眾，仰哺他人(64)，千金之資，坐供外費(65)，良非(66)上策。今前茅(67)相遇，彼遽崩摧(68)，郊勞未通(69)，能無懷愧？故抑止鋒銳，冀聞擇善(70)，若不獲命(71)，恐雖悔難追。」

【章旨】以上為第二段，寫竇建德傾巢出動救王世充。

【注釋】❶滎陽　縣名，縣治在今河南滎陽。❷陽翟　縣名，縣治在今河南禹州。❸汎舟運糧　用船隻運糧。❹泝河　逆流而上。❺成皋　縣名，縣治在今河南滎陽西北汜水鎮。❻板渚　古津渡名，為板城渚口的簡稱。在今河南滎陽汜水鎮東北黃河側。❼相聞　互通消息。❽潼關　關名，在今陝西潼關縣境。❾返鄭侵地　返還所侵佔的鄭的土地。❿面縛　雙手反縛於背後。⓫兩亡之　滅亡他們兩位。⓬武牢　唐諱虎，改虎牢為武牢。⓭記室　官名，掌書記之官。⓮薛收　（西元五九一—六二四年）字伯褒，唐初為秦王府主簿，為李世民掌管書檄文案事。又授天策府記室參軍。參與平劉黑闥有功，封汾陰縣男。傳見《舊唐書》卷七十三、《新唐書》卷九十八。⓯即日之患　目前之患。⓰但乏　只缺。⓱以是之故　因為這個原因。⓲為我所持　被我軍控制。⓳極其精銳　盡其精銳。⓴合從　聯合在一起。㉑轉　轉運。㉒河北　泛指黃河以北。㉓饋　以物送人。㉔偃兵　息兵。㉕混一　同一；統一。㉖殊未有涯　沒有邊際。㉗厲兵訓士　訓練士卒。㉘以逸待勞　指養精蓄銳，等待痛擊遠來進犯的疲憊之敵。逸，安閒。勞，疲勞。㉙兩主就縛　謂世充、建德將被活捉。㉚道衡　（西元五四〇—六〇九年）隋朝大臣，被煬帝所殺。隋之伐陳，道衡知其必勝。其子薛收亦能審時度勢。傳見《隋書》卷五十七。㉛猝拔　驟然奪取。㉜席勝　藉勝利之勢。㉝新安　郡名，治所在今河南新安。㉞以承其弊　等待他們衰敗。㉟兵摧　兵敗。㊱不煩力攻　不需用力攻擊。㊲將驕卒惰　將校驕傲，士卒怠惰。㊳狐疑　猶豫。㊴旬月之間　一個月之間。㊵併力　合力。㊶何弊之承　有何疲弊可乘。㊷中分麾下　平分部下。麾下，將帥的部下。㊸驍勇　勇敢之士。㊹正晝　大白天。㊺趨鞏而去　急向鞏縣而去。鞏，縣名，縣治在今河南鞏縣東北。鞏縣在東都之東。時世民大軍據都城西北以臨世充而圍之，故出兵向武牢，歷北邙，抵河陽（今河南孟州）而趨鞏。㊻癸未　三月二十五日。㊼甲申　三月二十六日。㊽覘　偷看；偵察。㊾緣道　沿途。㊿偕進　同行；俱進。(51)若我何　能將我怎樣。(52)斥候　偵察敵情的士兵。(53)引弓　拉開弓。(54)咸失色　都驚駭面無人色。

(55)汝弟前行　你只管往前走。弟，副詞。只管。(56)殿　行軍走在最後的。(57)輒斃　便斃。(58)逡巡　有顧慮而徘徊或退卻。(59)入於伏內　進入埋伏區。(60)足下　對人的敬稱。(61)淮安見禮二句　武德二年，竇建德盡取趙魏，虜淮安王神通及同安公主，待淮安以客禮，次年八月，遣公主歸。(62)世充頃與足下修好二句　工世充近來與您結好，過去曾反覆無常。(63)飾辭　花言巧語。(64)仰哺他人　仰賴他人之哺。意為受制於人。(65)千金之資二句　大量的錢財供作在外興師的費用。《兵法》云：興師十萬，日費千金。外費，興師在外之費。(66)良非　實在不是。(67)前茅　這裡指先頭部隊。(68)彼遽崩摧　他們立即就會敗亡。(69)郊勞未通　古時，諸侯相見有郊勞之禮。此指建德來救世充，阻於唐兵，使命不得通。郊勞，到郊外迎接、慰勞。(70)冀聞擇善　希望聽到你能擇善而從。(71)若不獲命　如果不能得到回覆從命的音訊。

【校記】[1]致死於我　原無此四字。據章鈺校，十二行本、乙十一行本、孔天胤本皆有此四字，張敦仁《通鑑刊本識誤》、張瑛《通鑑校勘記》同，今據補。

【語譯】竇建德攻陷管州，殺死刺史郭士安。又攻陷滎陽，陽翟等縣，水陸並進，用舟船運送糧食，逆黃河西進。王世充的弟弟徐州行臺王世辯派遣他的將領郭士衡率兵數千與竇建德會合，合起來十餘萬人，號稱三十萬，駐軍在成皋的東原，在板渚建築宮殿，派遣使者與王世充互通信息。

在此之前，竇建德送書信給秦王李世民，請求撤軍到潼關，返還所侵佔的鄭國土地，修復以前的友好關係。李世民召集將佐商議此事，全都請求避開竇建德的軍鋒。郭孝恪說：「王世充處境困窘，即將就縛。竇建德遠道前來救援他，這是天意讓他們兩家滅亡。我軍應該佔據虎牢關的險要之地抵禦竇建德，伺機而動，打敗他們是必然的了。」記室薛收說：「王世充據守東都，府庫充盈，所率領的士兵，都是江、淮精銳，目前的憂患，只是缺乏糧食罷了。因為這個緣故，被我軍控制，求戰不得，守城則難以持久。竇建德親自率領人軍，遠道前來救援，也當盡其精銳，與我死戰。如果放他到此地，兩股敵軍聯合起來，轉運河北的糧食送到洛陽，那麼，戰爭算是剛開始，息兵無日，統一天下的日期，就更沒有邊際了。現在應該分兵守著洛陽，挖深溝壕，建高壁壘，工世充如果出兵挑戰，一定要小心不與他作戰。大王親自率領驍勇精銳士卒，先去佔據成皋，訓練士卒，以等待竇建德的到來，我們以逸待勞，一定可以戰勝他們。擊敗竇建德之後，王世充自然投降，不超過二十天，兩人就會束手就擒了。」李世民認為這個方案非常好。薛收，是薛道衡的兒子。

蕭瑀、屈突通、封德彝都說：「我們的士兵疲憊，王世充據守堅固的城池，不易很快攻取。竇建德乘勝而來，兵鋒銳利，士氣旺盛。我們腹背受敵，不是完美的策略。不如退守新安，等待他們衰敗。」李世民說：「王世充兵敗糧盡，上下離心，不需用力強攻，可以坐等攻下城池。竇建德剛打敗孟海公，將領驕傲，士卒懈惰。我佔據虎牢，扼住他的咽喉。他如果冒險前來爭鋒作戰，我擊敗他非常容易。如果他猶豫不來交戰，一個月之間，王世充自然崩潰。洛陽城破，我們兵勢強盛，氣勢自然加倍增長，一舉兩得，就在這次行動了。如果不迅速進軍，敵軍進入虎牢，各地的城池都是剛剛降附的，必不能守住。兩股敵軍的力量合併起來，其勢頭必定強盛，有什麼弊端可乘！我的計策決定下來了！」屈突通等人又請求撤除包圍，佔據險要，觀形勢的變化，李世民不同意。將部下軍隊分為兩部，讓屈突通等人輔佐齊王李元吉圍守東都洛陽，李世民率驍勇士兵三千五百人東赴虎牢。當時是在大白天出兵，經過北邙山，直抵河陽，向著鞏縣進軍。王世充登上城牆望見唐軍行動，無法估計唐軍的目的，最終也不敢出城。

三月二十五日癸未，李世民進入虎牢。二十六日甲申，他率領驍騎五百人，出兵到虎牢以東二十餘里，偵察竇建德的營地。沿路分兵留下隨從的騎兵，讓李世勣、程知節、秦叔寶分別率領，埋伏在道旁，只剩下四個騎兵，與李世民一起前進。李世民對尉遲敬德說：「我手執弓箭，你手執長矛跟隨我，雖然是百萬敵兵，又能拿我怎麼樣！」又說：「賊兵看見我就回還，這是上策。」離竇建德的營地三里處，竇建德的游兵遇到李世民，以為是唐軍的偵察兵。李世民大喊說：「我是秦王。」拉弓射他們，射死一個將領。竇建德的軍中大驚，出動五六千騎兵追趕李世民，李世民的隨從都嚇得面無人色。李世民說：「你們只管前進，我自會與尉遲敬德殿後。」於是拉住馬韁徐徐而行。追趕的騎兵即將到達，李世民就拉弓射他們，便射死一人。追兵害怕了，停下來，停一會兒又來追趕，如此多次，每次追來必有人被射死。李世民前後射死數人，尉遲敬德殺死十幾人，追兵不敢再來逼近。李世民來回走動稍稍退卻以引誘追兵，等追兵進入埋伏圈內，李世勣等人奮起攻擊，大破敵軍，斬首三百餘級，俘獲敵軍驍將殷秋、石瓚後返回。於是寫信給竇建德，勸諭他說：「趙、魏之地，長期以來為我所有，被你侵佔奪去。只是因為淮安王李神通受到你的禮遇，同安公主得以回歸，所以相互胸懷坦誠，放棄怨仇。王世充近來與你結好，過去曾反覆無常，現在他的滅亡就在旦夕，又用花言巧語引誘你，你就率三軍之眾，仰賴他人之哺，大量錢財，供作在外興師的費用，實在不是上策。現在前鋒部隊已經相遇，你軍瞬間崩潰，你與王世充不能在郊外相見致禮，能沒有慚愧嗎？所以我暫時停止前鋒部隊的行動，希望聽到你能擇善而從，如果不能聽到你回覆從命的音訊，恐怕雖是後悔也來不及了。」

立秦王世民之子泰為衛王。

夏，四月己丑❶，豐州總管張長遜❷入朝。時言事者❸多云長遜久居豐州，為突厥所厚，非國家之利❹。長遜聞之，請入朝，上許之。會❺太子建成北伐稽胡❻，長遜帥所部會之，因入朝，拜右武候將軍。益州行臺左僕射竇軌帥巴、蜀兵來會秦王擊王世充，以長遜檢校益州行臺右僕射。

己亥❼，突厥頡利可汗寇鴈門，李大恩擊走之。○壬寅❽，王世充騎將楊公卿、單雄信引兵出戰。齊王元吉擊之，不利，行軍總管盧君諤戰死。○太子還長安。○王世充平州❾刺史周仲隱以城來降。

戊申❿，突厥寇并州。初，處羅可汗與劉武周相表裏⓫，寇并州。上遣太常卿鄭元璹⓬往諭以禍福，處羅不從。未幾，處羅遇疾卒，國人疑元璹毒之，留不遣⑬。上又遣漢陽公瓌⑭賂頡利可汗以金帛，頡利欲令瓌拜，瓌不從，亦留之。又留左驍衛大將軍⑮長孫順德⑯。上怒，亦留其使者。瓌，孝恭之弟也。

甲寅⑰，封皇子元方⑱為周王，元禮⑲為鄭王，元嘉⑳為宋王，元則㉑為荊王，元茂㉒為越王。

竇建德迫於武牢不得進，留屯累月㉓，戰數不利，將士思歸。丁巳㉔，秦王世民遣王君廓將輕騎千餘抄其糧運㉕，又破之，獲其大將軍張青特。

凌敬㉖言於建德曰：「大王悉兵濟河㉗，攻取懷州、河陽㉘，使重將守之，更鳴鼓建旗，踰太行，入上黨㉙，徇汾、晉，趣蒲津㉚，如此有三利：一則蹈㉛無人之境，取勝可以萬全。二則拓地㉜收眾，形勢益彊。三則關中震駭，鄭圍自解。為今之策，無以易此㉝。」建德將從之。而王世充遣使告急相繼於道，王琬、長孫安世㉞朝夕涕泣，請救洛陽。又陰以金玉啗㉟建德諸將，以撓其謀。諸將皆曰：「凌敬書生，安知戰事，其言豈可用也！」建德乃謝敬曰：「今眾心甚銳㊱，天贊㊲我也。因之決戰，必將大捷，不得從公言。」敬固爭之。建德怒，令扶出。其妻曹氏謂建德曰：「祭酒之言㊳不可違也。今大王自滏口㊴乘唐國之虛，連營漸進以取山北㊵；又因突厥西抄關中，唐必還師自救，鄭圍何憂不解！若頓兵㊶

於此，老師費財㊷，欲求成功，在於何日？」建德曰：「此非女子所知。吾來救鄭，鄭今倒懸㊸，亡在朝夕㊹，吾乃捨之而去，是畏敵而棄信也，不可。」

【章　旨】以上為第三段，寫竇建德初戰不利而惱羞成怒，拒諫不納善策，表現了政治上的不成熟。

【注　釋】❶己丑　四月初二。❷張長遜　（？—西元六三七年）櫟陽（今陝西臨潼北）人，隋五原太守。入唐，累官遂夔二總管，政以惠稱。傳見《舊唐書》卷五十七、《新唐書》卷八十八。❸時言事者　指當時議論政事的人。❹非國家之利　對國家沒有好處。❺會　正趕上。❻稽胡　中國古代民族名，源於南匈奴。南北朝時居今山西、陝西北部山谷間。隋唐以來漸與漢族相融合。❼己亥　四月十二日。❽壬寅　四月十五日。❾平州　胡三省注云：「洛州河陰縣，古平陰也。王世充當於此置平州。」治所在今河南洛陽東北。❿戊申　四月二十一日。⓫相表裏　謂相互配合，內外相應。表指外，裏指內。⓬鄭元璹　（？—西元六四六年）字德芳，鄭州滎澤（今河南鄭州）人，隋末為郡守。歸唐拜太常卿、鴻臚卿。多次充使入蕃，有幹略。後為宜州刺史，封沛國公。傳見《舊唐書》卷六十二、《新唐書》卷一百。⓭留不遣　留下不遣回。⓮漢陽公瓌　李瓌，高祖從父兄子。武德元年，封漢陽郡公。五年，進爵為王。出使突厥，撫慰嶺南，皆有功。貞觀四年拜宣州刺史，加散騎常侍。傳見《舊唐書》卷六十、《新唐書》卷七十八。⓯驍衛大將軍　將軍名號。隋唐置左右驍衛府，置上將軍各一人，大將軍各一人，將軍各二人。⓰長孫順德　太宗文德皇后之族叔，素為高祖所親厚。從征累有戰功，高祖拜左驍衛大將軍，封薛國公。傳見《舊唐書》卷五十八、《新唐書》卷一百五。⓱甲寅　四月二十七日。⓲元方　（？—西元六二九年）唐高祖第九子。⓳元禮　（？—西元六七二年）高祖第十子。⓴元嘉　（西元六一七—六八八年）高祖第十一子。㉑元則　（？—西元六五一年）高祖第十二子。以上諸人傳均見《舊唐書》卷六十四、《新唐書》卷七十九。㉒元茂　兩《唐書》無傳。㉓留屯累月　停留駐紮連月。㉔丁巳　四月三十日。㉕抄其糧運　抄掠其運糧隊。㉖凌敬　竇建德謀臣，為國子祭酒。建德救王世充，凌敬陳解圍之策，建德不納，遂致敗。事跡見《舊唐書》卷五十四〈竇建德傳〉。㉗悉兵濟河　全軍渡河。㉘河陽　縣名，縣治在今河南孟州南。㉙上黨　縣名，縣治在今山西長治。㉚蒲津　關名，又稱蒲坂津，在今山西永濟蒲州鎮與陝西大荔朝邑鎮之間黃河上。㉛蹈　踏。㉜拓地　開闢土地；拓展疆域。㉝無以易此　沒有能用來取代這一方案的。㉞長孫安世　（？—

西元六二一年）長孫無忌堂兄。仕王世充，署為內史令。東都平，死於獄中。事跡見《舊唐書》卷六十五〈長孫無忌傳〉。㉟啗　以利益引誘人。㊱甚銳　很銳利。此謂鬥志高昂。㊲贊　助。㊳祭酒之言　指竇建德國子祭酒凌敬之言。㊴滏口　古隘道名，太行八陘之一，在今河北磁縣西北石鼓山。㊵山北　胡三省注云：「建德都洺州，時在山南，并、代、汾、晉，皆山北也。」山北當指今山西一帶。㊶頓兵　屯駐軍隊。㊷老師費財　軍隊疲怠，財物消耗。老，衰竭；疲怠。㊸倒懸　比喻處境的痛苦和危急，像人被倒掛著一樣。㊹亡在朝夕　言時間之短促。

【語　譯】唐高祖冊立秦王李世民的兒子李泰為衛王。

夏，四月初二日己丑，豐州總管張長遜進京朝見。當時議論政事的人大多說張長遜長期住在豐州，受到突厥的優厚待遇，不利於國家。張長遜聽說這種議論，請求進京朝見，唐高祖同意了他的請求。適逢太子李建成北伐稽胡，張長遜率領所轄部隊與太子會合，乘機進京朝見，朝廷任命他為右武候將軍。益州行臺左僕射竇軌率領巴、蜀士卒前來與秦王會合，攻擊王世充，唐任命張長遜為檢校益州行臺右僕射。

四月十二日己亥，突厥頡利可汗侵犯雁門，李大恩打退了他們。〇十五日壬寅，王世充騎兵將領楊公卿、單雄信率軍出戰。齊王李元吉攻擊他們，作戰失利，行軍總管盧君諤戰死。〇太子李建成返回長安。〇王世充的平州刺史周仲隱獻城降唐。

四月二十一日戊申，突厥侵犯并州。當初，處羅可汗與劉武周裡外相應，侵犯并州。唐高祖派遣太常卿鄭元璹前往突厥說明禍福利害關係，處羅不聽。不久，處羅得病死去，突厥人懷疑是鄭元璹毒死處羅，留下鄭元璹不送他返回唐朝。唐高祖又派遣漢陽公李瓌用黃金、絲帛賄賂頡利可汗，頡利想讓李瓌下拜，李瓌不聽從，也把他留下了。又留下了左驍衛大將軍長孫順德。唐高祖很生氣，也留下突厥的使者。李瓌，是李孝恭的弟弟。

四月二十七日甲寅，唐高祖封皇子李元方為周王，李元禮為鄭王，李元嘉為宋王，李元則為荊王，李元茂為越王。

竇建德迫於在虎牢不能前進，停留駐紮好幾個月，多次作戰失利，將士們都想返回。四月三十日丁巳，秦王李世民派遣王君廓率領輕騎兵一千餘人抄襲他的運糧部隊，又擊敗了他們，抓獲他的大將軍張青特。

凌敬對竇建德說：「大王全軍渡過黃河，攻取懷州、河陽，派重將防守它們，再敲響戰鼓，樹起軍旗，越過太行山，進入上黨地區，攻佔汾州、晉州，奔赴蒲津，這樣做有三個好處：第一是踏入無人之境，取得勝利是萬無一失的。第二是擴張地盤，聚集士卒，形勢就會更加強大。第三是關中震恐，鄭國的包圍自然解除。作為目前的策略，沒有能用來取代這一方案的。」竇建德將要聽從這一建議。但王世充派遣使者告急，在路上絡繹不絕。王琬、長孫安世早晚哭泣，請求援救洛陽。又暗中用黃金玉器賄賂竇建德的諸位將領，以求阻撓竇建德聽從凌敬的計謀。諸將都說：「凌敬是個書生，哪裡懂得戰爭之事，他的話怎麼可以採用！」竇建德於是謝絕凌敬說：「現在軍心鬥志高昂，是上天在幫助我。利用這種氣勢進行決戰，必將大捷，不能聽從你的話。」凌敬進行力爭。竇建德很生氣，令人把凌敬扶出去。他的妻子曹氏對他說：「凌祭酒的話不可不聽。現在大王從滏口出擊，利用唐國的空虛，連營漸進，奪取山北；又利用突厥在西方抄掠關中，唐必定回師自救，鄭國的包圍還擔心不能解除嗎！如果把軍隊屯駐此地，使軍隊疲勞，消耗財物，想求得成功，究竟會在哪一天啊？」竇建德說：「這種事情不是女人所知道的。我來援救鄭國，鄭國現在猶如倒懸，亡在旦夕，我卻拋棄他而離開，這是畏懼敵人而拋棄信用，不能這樣做。」

諜者❶告曰：「建德伺唐軍芻❷盡，牧馬於河北❸，將襲武牢。」五月戊午❹，秦王世民北濟河，南臨廣武❺，察敵形勢。因留馬千餘匹，牧於河渚❻以誘之，夕還武牢。己未❼，建德果悉眾而至，自板渚出牛口❽置陳，北距大河❾，西薄❿汜水⓫，南屬鵲山⓬，亙⓭二十里，鼓行而進⓮。諸將皆懼，世民將數騎升高丘⓯

而望之，謂諸將曰：「賊起山東，未嘗見大敵，今度險而囂⑯，是無紀律，逼城而陳⑰，有輕我心。我按甲不出⑱，彼勇氣自衰，陳久卒飢，勢將自退，追而擊之，無不克者。與公等約，甫過⑲日中，必破之矣！」

建德意輕唐軍，遣三百騎涉汜水，距唐營一里所止。遣使與世民相聞曰：「請選銳士數百與之劇⑳。」世民遣王君廓將長槊二百以應之，相與交戰，乍進乍退，兩無勝負，各引還。王琬㉑乘隋煬帝驄馬㉒，鎧仗甚鮮㉓，迥出陳前以誇眾㉔。世民曰：「彼所乘真良馬也！」尉遲敬德請往取之，世民止之曰：「豈可以一馬喪猛士！」敬德不從，與高甑生、梁建方三騎直入其陳，擒琬，引其馬馳歸，眾無敢當㉕者。世民使召河北馬，待其至乃出戰。

建德列陳，自辰至午㉖，士卒飢倦，皆坐列㉗，又爭飲水，逡巡㉘欲退。世民命宇文士及將三百騎經建德陳西㉙，馳而南上，戒之曰：「賊若不動，爾宜引歸，動則引兵東出。」士及至陳前，陳果動，世民曰：「可擊矣！」時河渚馬亦至，乃命出戰。世民帥輕騎先進，大軍繼之，東涉汜水，直薄其陳。建德羣臣方朝謁，唐騎猝來，朝臣趨就建德。建德召騎兵使拒唐兵，騎兵阻朝臣不得過，建德揮朝臣令卻㉚。進退之間，唐兵已至，建德窘迫，退依東陂㉛。竇抗㉜引兵擊之，戰小不利。世民帥騎赴之，所向皆靡。淮陽王道玄㉝挺身陷陳，直出其後，復突陳而歸，再入再出，飛矢集其身如蝟毛㉞，勇氣不衰，射人，皆應弦而仆。世民給以副馬，使從己。於是諸軍大戰，塵埃漲天㉟。世民帥史大柰㊱、程知節、秦叔寶、宇文歆等卷旆㊲而入，出其陳後，張唐旗幟。建德將士顧㊳見之，大潰。追奔三十里，斬首三千餘級。

建德中矟，竄匿㊴於牛口渚。車騎將軍白士讓、楊武威逐之，建德墜馬，士讓援矟欲刺之，建德曰：「勿殺我，我夏王也，能富貴汝㊵。」武威下擒之，載以從馬㊶，來見世民。世民讓之曰：「我自討王世充，何預汝事㊷，而來越境，犯我兵鋒！」建德曰：「今不自來，恐煩遠取。」建德將士皆潰去，所俘獲五萬人，世民即日散遣之，使還鄉里。

封德彝入賀，世民笑曰：「不用公言，得有今日。智者千慮，不免一失乎！」德彝甚慚。○建德妻曹氏與左僕射齊善行將數百騎遁歸洺州。

【章旨】以上為第四段，寫秦王李世民大破竇建德軍。

【注釋】❶諜者　偵探；間諜。❷芻　餵牲口用的草。❸牧馬於河北　在黃河以北放牧馬匹。❹戊午　五月初一。❺廣武　古城名，故址在今河南滎陽東北廣武山上。有東、西兩城，相距約二百步，中隔廣武澗。此為西廣武。❻渚　水中的小塊陸地；小洲。❼己未　五月初二。❽牛口　即牛口渚。在今河南滎陽西北汜水鎮附近黃河南岸。❾北距大河　北到黃河。❿薄　靠近。⓫汜水　水名，發源於河南鞏縣東南，北流經滎陽汜水鎮西注入黃河。⓬南屬鵲山　南連接鵲山。鵲山，地名，在今河南滎陽西南。⓭亙　橫貫；延續不斷。⓮鼓行而進　擊鼓進軍。⓯升高丘　登上高丘。⓰囂　喧譁。⓱逼城而陳　接近城池布陣。⓲按甲不出　按兵不出。甲，甲兵；武裝的軍隊。⓳甫過　剛過。⓴與之劇　與之遊戲。劇，戲。㉑王琬　王世充兄子。世充稱帝，封為代王。武德四年（西元六二一年）被李世民所擒。事跡見《舊唐書》卷五十四〈竇建德傳〉、《新唐書》卷八十五〈王世充傳〉。㉒驄馬　青白色的馬。㉓甚鮮　鮮麗而光彩奪目。㉔迴出陳前以誇眾　遠立在陣前以誇示眾卒。㉕當　抵擋。㉖自辰至午　從早晨到正午。辰為早上七時至九時；午為十一時至下午一時。㉗坐列　隊伍都坐在地上。言無鬥志。㉘逡巡　有所顧慮而徘徊或不敢前進。㉙世民命宇文士及將三百騎句　意在試探敵人。㉚揮朝臣令卻　指揮朝臣，令其後退。㉛陂　山坡；斜坡。㉜竇抗　（？—西元六二一年）字道生，在隋以帝甥早貴，累遷幽州總管。高祖時曾為左武候大將軍等職。傳見《舊唐書》卷六十一、《新唐書》卷九十五。㉝道玄　（西元六〇三—六二一年）高祖從父兄子，封淮陽王。傳見《舊唐書》卷六十、《新唐書》卷七十八。㉞如蝟毛　像刺蝟的毛一樣。比喻中箭之多。㉟漲天　滿天。㊱史大柰　（？—西元六三八年）本西突厥特勤（特勤為可汗子弟的官銜）。入隋事煬帝，署為金紫光祿大夫。後隸唐高祖，以功多賜姓史。秦王時封竇國公，官至右武衛大將軍。傳見《舊唐書》卷一百九十四下、《新唐書》卷一百十。㊲旆　古時末端形狀像燕尾的旗。㊳顧　回頭看。㊴竄匿　逃竄藏匿。㊵我夏王也二句　我是夏王，若將我獻上，你們可以得到富貴。㊶從馬　跟隨的馬。㊷何預汝事　干你什麼事。

【語譯】唐軍偵探人員報告說：「竇建德伺探唐軍芻草沒了，在黃河以北牧馬，將要襲擊虎牢。」五月初一日戊午，秦王李世民向北渡過黃河，南臨廣武，觀察敵方形勢。於是留下一千餘匹馬，在河邊放牧以引誘竇建德，晚上返回虎牢。初二日己未，竇建德果然全軍到來，從板渚經牛口出來布下軍陣，北面到黃河，西面逼近汜水，南面連接鵲山，綿延二十里，擊鼓進軍。唐軍諸將都很害怕，李世民率數名騎兵登上高丘眺望，對諸將說：「賊軍自山東興起，未嘗見到強大的敵軍。現在越過險要，甚囂塵上地行軍，這是沒有紀律的軍隊。逼近城池布陣，有輕視我方之心。我按兵不出，對方的勇氣自然衰減，布陣時間長了，士卒飢餓，勢必自行撤退，我軍對他們進行追擊，沒有不勝利的。我與你們約定，剛過中午，一定打敗敵軍！」

竇建德心中輕視唐軍，派遣三百騎兵渡過汜水，距離唐軍營地一里處停止。派遣使者告訴李世民說：「請挑選精銳戰士數百人，讓我方與他們作遊戲。」李世民派遣王君廓率領持長矛的士兵二百人應戰，雙方相互交戰，忽進忽退，雙方沒有勝負，各自引兵返回。王琬騎著隋煬帝的驄馬，鎧甲兵器甚為鮮豔，迥然出現在陣前，向唐軍將士誇耀。李世民說：「他乘的馬真是一匹好馬啊！」尉遲敬德請求前去奪取過來。李世民制止他說：「怎可為了一匹馬而喪失一位猛士！」尉遲敬德不聽，與高甑生、梁建方三匹戰騎逕直衝入敵陣，生擒王琬，帶著他的馬奔馳回來，竇建德軍中無人敢於抵擋。李世民讓他去把河北的馬召來，等他來了，這才出戰。

竇建德擺開陣勢，從早晨到正午，士卒們又飢又累，都坐在地上，又爭著喝水，兵士們逡巡不前，想後退。李世民命宇文士及率領三百騎兵經過竇建德的陣前向西前進，奔馳南去，告誡他說：「敵軍如果不動，你應該帶兵回來，如果敵軍出動，你就帶兵向東出擊。」宇文士及到了竇建德的陣前，敵陣果然騷動起來，李世民說：「可以攻擊了！」當時河北放牧的馬也到了，於是下令出戰。李世民率領輕騎兵首先前進，大軍繼踵其後，向東渡過汜水，直接逼近竇建德的軍陣。竇建德的群臣正在朝拜竇建德，唐騎兵突然到來，大臣們都跑到竇建德周圍。竇建德叫騎兵前去抵禦唐兵，但騎兵卻被大臣們擋住無法過去，竇建德揮手讓群臣退下。正在進退之際，唐騎兵已經到達，竇建德非常窘迫，後退到東陂作為依靠。竇抗帶兵攻擊敵軍，作戰稍為失利。李世民率騎兵衝過去，所向披靡。淮陽王李道玄挺身攻入敵陣之中，逕直衝出敵陣來到其陣後，又衝過敵陣返回，兩次衝進，兩次衝出，飛箭聚集在他身上如同刺蝟毛，但勇氣不減，拉弓射人，都隨著弦聲而被射倒。李世民給他一匹備用的戰馬，讓他跟隨自己。這時諸軍大戰，塵埃滿天。李世民率領史大柰、程知節、秦叔寶、宇文歆等人捲起大旗衝入敵陣，衝出敵陣來到陣後，打開唐軍的旗幟。竇建德的將士回頭看到唐軍旗幟，大規模崩潰。唐軍追擊逃兵三十里，斬首三千餘級。

竇建德被長矛刺中，逃竄藏匿在牛口渚。唐車騎將軍白士讓、楊武威追趕他，竇建德從馬上墜落，白士讓舉起長矛想刺他，竇建德說：「不要殺我，我是夏王，能讓你得到富貴。」楊武威下馬生擒竇建德，用隨從的馬匹載著他，來見李世民。李世民斥責竇建德說：「我自是來討伐王世充，關你什麼事，卻來越過邊境，冒犯我軍的兵鋒！」竇建德說：「今天我不自己來，恐怕麻煩你遠道來俘獲我。」竇建德的將士全部潰散而去，唐軍俘獲了五萬人，李世民當天遣散了他們，讓他們返回家鄉。

封德彝前來祝賀，李世民笑著說：「不採納你的意見，得以有了今日的勝利。智者千慮，不免有一次失誤呀！」封德彝非常慚愧。○竇建德的妻子曹氏與左僕射齊善行率領數百騎兵逃歸洛州。

甲子❶，世充偃師、鞏縣皆降。○乙丑❷，以太子左庶子鄭善果為山東道撫慰大使❸。

世充將王德仁❹棄故洛陽城❺而遁，亞將❻趙季卿以城降。秦王世民囚竇建德、王琬、長孫安世、郭士衡❼等至洛陽城下，以示世充。世充與建德語而泣，仍遣❽安世等入城言敗狀。世充召諸將議突圍，南走襄陽❾。諸將皆曰：「吾所恃者夏王❿。夏王今已為擒，雖得出，終必無成。」丙寅⓫，世充素服帥其太子、羣臣、二千餘人詣軍門⓬降。世民禮接之，世充俯伏流汗⓭。世民曰：「卿常以童子見處⓮。今見童子，何恭之甚邪？」世充頓首⓯謝罪。於是部分⓰諸軍，先入洛陽，分守市肆⓱，禁止侵掠，無敢犯者。

丁卯⓲，世民入宮城，命記室房玄齡先入中書、門下省，收隋圖籍制詔，已為世充所毀，無所獲。命蕭瑀、竇軌等封府庫，收其金帛，頒賜將士。收世充之黨罪尤大者⑲段達、王隆⑳、崔洪丹、薛德音㉑、楊汪㉒、孟孝義、單雄信、楊公卿、郭什柱、郭士衡、董叡、張童兒、王德仁、朱粲、郭善才等十餘人，斬於洛水之上。

初，李世勣與單雄信友善，誓同生死。及洛陽平，世勣言雄信驍健絕倫，請盡輸己之官爵㉓以贖之，世民不許。世勣固請不能得，涕泣而退。雄信曰：「我固知汝不辦事㉔。」世勣曰：「吾不惜餘生，與兄俱死，但既以此身許國㉕，事無兩遂。且吾死之後，誰復視㉖兄之妻子乎？」乃割股肉以啗雄信，曰：「使此肉隨兄為土㉗，庶幾不負昔誓也！」

士民疾㉘朱粲殘忍，競投瓦礫㉙擊其尸，須臾如冢㉚。囚韋節、楊續㉛、長孫安世等十餘人送長安。士民無罪為世充所囚者，皆釋之，所殺者祭而誄之㉜。

初，秦王府屬杜如晦叔父淹事王世充，淹素與如晦兄弟不協，譖如晦兄殺之㉝，又囚其弟楚客，餓幾死，楚客終無怨色。及洛陽平，淹當死，楚客涕泣請如晦救之，如晦不從。楚客曰：「曩者㉞叔已殺兄，今兄又殺叔，一門之內，自相殘而盡，豈不痛哉！」欲自剄㉟。如晦乃為之請於世民，淹得免死。

秦王世民坐閶闔門㊱，蘇威請見，稱老病不能拜。世民遣人數㊲之曰：「公隋室宰相，危不能扶，使君弒㊳國亡。見李密、王世充皆拜伏㊴舞蹈㊵，今既老病，無勞㊶相見。」及至長安，又請見，不許。既老且貧，無復官爵㊷，卒於家，年八十二。

秦王世民觀隋宮殿，歎曰：「逞侈心㊸，窮人欲㊹，無亡得乎㊺！」命撤端門樓㊻，焚乾陽殿㊼，毀則天門㊽及闕㊾，廢諸道場㊿，城中僧尼，留有名德者各三十人，餘皆返初(51)。

【章　旨】以上為第五段，寫王世充覆滅，秦王李世民入洛陽善後。

【注　釋】❶甲子　五月初七。❷乙丑　五月初八。❸大使　官名，帝王特派的臨時使節。唐貞觀初，特派巡視各地的使節也稱大使。❹王德仁　（?—西元六二一年）隋末群雄之一。事跡見《舊唐書》卷五十三〈李密傳〉、《新唐書》卷八十五〈王世充傳〉。❺故洛陽城　指漢魏故都之城，在今河南洛陽白馬寺東。❻亞將　副將。❼郭士衡　王世充部將，武德四年（西元六二一年）被李世民所殺。事跡見《新唐書》卷八十五〈王世充傳〉。❽仍遣　因而派遣。❾南走襄陽　南奔襄陽就王弘烈、王泰。❿夏王　指竇建德。武德元年（西元六一八年）稱夏王，改年號為五鳳，國號夏。⓫丙寅　五月初九。⓬軍門　軍營之門。⓭俯伏流汗　低頭伏地，流著汗。⓮常以童子見處　常把我看作童子。童子，指幼稚無知的兒童。⓯頓首　磕頭；頭叩地而拜。⓰部分　部署。⓱市肆　市中店鋪。⓲丁卯　五月初十。⓳世充之黨罪尤大者　其下所述諸人中，楊公卿、董叡、張童兒，《舊唐書．王世充傳》作陽公卿、董濬、張童仁。⓴王隆　王世充部將，與世充同宗族。世充稱帝，封為淮陽王。事跡見《舊唐書》卷五十四〈王世充傳〉。㉑薛德音　薛道衡從子，有雋才，以文學知名。仕隋為著作佐郎。王世充稱帝，署為黃門侍郎。事跡見《舊唐書》卷五十四〈王世充傳〉。㉒楊汪　字元度，弘農華陰（今陝西華陰）人，隋朝名臣。傳見《隋書》

卷五十六。㉓輸己之官爵　捐棄自己的官爵。㉔不辦事　辦不了事。㉕許國　許給了國家。㉖視　看望；照顧。㉗隨兄為土　隨兄之死而同變為土。㉘疢　痛恨。㉙瓦礫　礫瓦石塊。㉚須臾如冢　轉眼間磚石堆積如墳冢。㉛楊續　楊恭仁弟。貞觀中，為鄆州刺史。傳見《舊唐書》卷六十二。㉜祭而誄之　祭奠並為文哀悼之。誄，本指敘述死者生前事跡，表示哀悼。㉝譖如晦兄殺之　誣陷杜如晦的哥哥，使之被殺。㉞曩者　以往；從前。㉟剄　用刀割脖子。㊱閶闔門　據胡三省注，西晉建都洛陽，其城西面北來第三門為閶闔門。而隋營東都，《唐六典》中則無閶闔門的記載，閶闔門是唐所改。㊲數　斥責。㊳弒　臣殺死君主或子女殺死父母。㊴拜伏　伏地而拜。㊵舞蹈　古代臣子朝見皇帝時的一種儀節。㊶無勞　不必勞駕。㊷無復官爵　再無官爵。㊸逞侈心　放縱奢侈之心。㊹窮人欲　極盡人的欲望。㊺無亡得乎　不亡國，可能嗎。㊻端門樓　東都皇城南面有三門，中門為端門。端門上的城樓曰端門樓。㊼乾陽殿　宮殿名，在東都宮城之內。後來唐在隋乾陽殿遺址重建乾元殿。㊽則天門　東都宮城南面有三門，中門為應天門，即隋之則天門。㊾闕　宮門前兩邊供瞭望的樓。㊿道場　佛教禮拜、誦經、行道的場所。又隋代寺院名。大業九年（西元六一三年），詔改天下寺曰道場。(51)返初　還俗。

【語　譯】五月初七日甲子，王世充所屬的偃師、鞏縣都向唐投降。○初八日乙丑，任命太子左庶子鄭善果為山東道撫慰大使。

王世充的將領王德仁放棄舊洛陽城遁逃，亞將趙季卿獻城投降。秦王李世民囚禁了竇建德、王琬、長孫安世、郭士衡等人，押到洛陽城下，讓王世充看。王世充和竇建德相語哭泣，因而派遣長孫安世等人入城說明戰敗的情形。王世充召集諸將商議突圍，向南逃到襄陽。諸將都說：「我們所依靠的是夏王。夏王現在已被生擒，我們雖然能夠出城，最終必無所成。」五月初九日丙寅，王世充素服，率領他的太子、群臣以及二千餘人來到唐軍營門投降。李世民按禮節接見他們，王世充低頭伏地，流著汗。李世民說：「你經常把我看作童子。今天見了童子，為何恭敬得這樣厲害呢？」王世充磕頭謝罪。於是李世民部署各軍，首先進入洛陽城，分別守衛街市商肆，禁止侵掠，沒有人敢觸犯禁令。

五月初十日丁卯，李世民進入宮城，命令記室房玄齡首先進入中書省、門下省，沒收隋朝的圖書文籍及皇帝的詔書，但都已經被王世充銷毀，一無所獲。又命令蕭瑀、竇軌等人封存倉庫，沒收其中的黃金、絲帛，頒賜給將士。逮捕王世充同黨中罪行特別重大的人段達、王隆、崔洪丹、薛德音、楊汪、孟孝義、單雄信、楊公卿、郭什柱、郭士衡、董叡、張童兒、王德仁、朱粲、郭善才等十餘人，在洛水之上斬殺了他們。

當初，李世勣與單雄信是好朋友，發誓同生共死。等到平定了洛陽，李世勣說單雄信驍健絕倫，請用自己的全部官爵來為他贖罪，李世民不同意。李世勣堅決為他求情沒有成功，哭泣著退下來。單雄信說：「我本來就知道你辦不了事。」李世勣說：「我不會愛惜自己的餘生，可以與兄一起死，但既然以身許國了，事情不能兩相如願。況且我死之後，誰來照看兄長的妻子兒女呢？」於是割下大腿上的肉給單雄信吃，說：「讓此肉伴隨兄長變成土，差不多也可以算是不負以前的誓言了！」

士民百姓痛恨朱粲的殘忍，競相投擲瓦礫砸擊朱粲的屍體，一會兒瓦礫如冢。囚禁了韋節、楊續、長孫安世等十餘人送往長安。士民無罪而被王世充囚禁在監獄的人，全都釋放，被王世充殺害的人，則為他們進行祭祀並致哀詞。

當初，秦王府中的屬官杜如晦的叔父杜淹供職於王世充，杜淹一向與杜如晦兄弟關係不好，他誣陷杜如晦的哥哥，使之被殺，又囚禁了他弟弟杜楚客，飢餓得幾乎死去，杜楚客始終沒有怨恨的臉色。等到洛陽平定後，杜淹罪當處死，杜楚客哭著請求杜如晦救他，杜如晦不聽。杜楚客說：「從前叔叔已經殺了哥哥，現在哥哥又要殺叔叔，一家之內，自相殘殺而盡，難道不痛心嗎！」杜楚客想要自刎。杜如晦於是替杜淹向李世民求情，杜淹得以免死。

秦王李世民坐在閶闔門下，蘇威請求謁見，自稱年老有病不能下拜。李世民派人斥責他說：「你是隋王室的宰相，隋有危難你不能匡救，使得君主被弒國家滅亡。你見到李密、王世充時都伏地而拜，行舞蹈禮，現在既然年老有病，就不必勞駕來相見了。」等到了長安，又請求謁見，李世民不同意。蘇威年既老邁，家又貧困，再無官爵，死在家中，年八十二。

秦王李世民觀看隋王朝的宮殿，感歎說：「放縱奢侈之心，極盡人的欲望，想不亡國，可能嗎！」下令撤除端門樓，焚毀乾陽殿，拆毀則天門及其高闕，廢除各處的道場，城中的僧人尼姑，留下有聲名德行者各三十人，其餘的全都還俗。

前真定❶今周法明❷，法尚❸之弟也，隋末結客❹，襲據黃梅❺，遣族子孝節攻蘄春❻，兄子紹則攻安陸❼，子紹德攻沔陽❽，皆拔之。庚午❾，以四郡來降。

壬申❿，齊善行⓫以洺、相、魏等州來降。時建德餘眾走至洺州，欲立建德養子為主，徵兵以拒唐。又欲剽掠居民，還向海隅⓬為盜。善行獨以為不可，曰：「隋末喪亂，故吾屬⓭相聚草野，苟求生耳⓮。以夏王之英武，平定河朔⓯，士馬精彊，一朝為擒，易如反掌，豈非天命有所屬⓰，非人力所能爭邪！今喪敗如此，守亦無成⓱，逃亦不免，等為亡國⓲，豈可復遺毒於民！不若委心⓳請命於唐。必欲得繒⓴帛者，當盡散府庫之物，勿復殘民也！」於是運府庫之帛數十萬段，置萬春宮㉑東街，以散將卒，凡三晝夜乃畢。仍布兵守坊巷，得物者即出，無得更入人家㉒。士卒散盡，然後與僕射裴矩、行臺曹旦，帥其百官奉建德妻曹氏及傳國八璽㉓并破宇文化及所得珍寶請降于唐。上以善行為秦王左二護軍㉔，仍厚賜之。

初，竇建德之誅宇文化及也，隋南陽公主有子曰禪師，建德虎賁郎將於士澄問之曰：「化及大逆，兄弟之子皆當從坐㉕，若不能捨禪師，當相為留之㉖。」公主泣曰：「虎賁既隋室貴臣㉗，茲事何須見問。」建德竟殺之。公主尋請為尼。及建德敗，公主將歸長安，與宇文士及遇於洛陽。士及請與相見，公主不可。士及立於戶外，請復為夫婦。公主曰：「我與君仇家，今所以不手刃君者㉘，但謀逆之日，察君不預知㉙耳。」訶㉚令速去。士及固請，公主怒曰：「必欲就死㉛，可相見也。」士及知不可屈，乃拜辭而去。

乙亥㉜，以周法明為黃州總管。○戊寅㉝，王世充徐州行臺杞王世辯㉞以徐、宋等三十八州詣河南道安撫大使任瓌㉟請降。世充故地悉平㊱。○竇建德博州㊲刺史馮士羨復推淮安王神通為慰撫山東使，徇下㊳三十餘州。建德之地悉平。○己卯㊴，代州㊵總管李大恩㊶擊苑君璋㊷，破之。

【章旨】以上為第六段，寫王世充、竇建德所領之地全部降唐，河南、河北被平定。

【注釋】❶真定　縣名，縣治在今河北正定。❷周法明　（？—西元六二三年）隋末群雄之一，初附李密。武德四年（西元六二一年）降唐，署為黃州總管。武德六年被張善安襲殺。事跡見《舊唐書》卷五十三〈李密傳〉。❸法尚　周法明之兄，字德邁，初事陳，為將軍。入隋，多立戰功。煬帝時，轉刺史、太守，進位金紫光祿大夫，拜左武衛將軍。傳見《隋書》卷六十五。❹結客　結交賓客。❺黃梅　縣名，縣治在今湖北黃梅西北。❻蘄春　縣名，縣治在今湖北蘄春北。❼安陸　縣名，縣治在今湖北安陸西北。❽沔陽　郡名，治所在今湖北仙桃西南沔城。❾庚午　五月十三日。❿壬申　五月十五日。⓫齊善

行　初為竇建德所署左僕射。建德敗，率官屬等降唐。貞觀時為夔州（今重慶市奉節東）都督。事跡見《舊唐書》卷五十四〈竇建德傳〉。⑫海隅　海邊。⑬吾屬　我們這些人。⑭苟求生耳　苟且以求活命罷了。耳，助詞。罷了。⑮河朔　即河北。⑯所屬　所歸。⑰守亦無成　守亦不能成功。⑱等為亡國　同樣是亡國。⑲委心　將心交給。⑳繒　帛的總名。㉑萬春宮　此宮為竇建德所築。㉒人家　民家。㉓八璽　皇帝的印稱為璽。據《隋書・禮儀志》：皇帝有八璽。其中神璽、傳國璽，皆寶而不用。又有六璽：其一「皇帝行璽」，封命諸侯及三公用之。其二「皇帝之璽」，與諸侯及三公書用之。其三「皇帝信璽」，發諸夏之兵用之。其四「天子行璽」，封命蕃國之君用之。其五「天子之璽」，與蕃國之君書用之。其六「天子信璽」，徵蕃國之兵用之。六璽皆用白玉做成，方一寸五分，高一寸，螭獸鈕。武德二年，竇建德破宇文化及，得八璽及珍寶。㉔秦王左二護軍　秦王所統，置左三府、右三府，各有統軍、護軍。㉕從坐　連坐入罪。㉖當相為留之　當為你留住他的生命。㉗貴臣　顯貴之臣。隋大業初，造龍舟，於士澄已為上儀同，往江南採木，故稱他為「貴臣」。㉘手刃君者　親手殺你。㉙不預知　事先不知道。㉚訶　亦作「呵」，大聲斥責。㉛必欲就死　一定想要我死。㉜乙亥　五月十八日。㉝戊寅　五月二十一日。㉞王世辯　又名王辯，王世充從弟（即叔伯兄弟）。從世充征戰，為虎賁郎將。武德四年，世充稱帝，封為杞王、徐州行臺。事跡見《舊唐書》卷五十四〈王世充傳〉。㉟任瓌　（？－西元六二九年）字瑋，廬州合肥（今安徽合肥）人，在隋任韓城尉。入唐，授穀州刺史。王世充數攻新安，瓌拒破之，以功累封管國公。後平徐圓朗、輔公祏多有功。傳見《舊唐書》卷五十九、《新唐書》卷九十。㊱故地悉平　舊有轄地全部平定。㊲博州　州名，治所在今山東聊城。㊳徇下　巡行略取。㊴己卯　五月二十二日。㊵代州　州名，治所在今山西代縣。㊶李大恩　（？－西元六二二年）本姓胡。原為竇建德行臺尚書令，武德四年（西元六二一年）降唐。事跡見《舊唐書》卷一百九十四〈突厥傳〉。㊷苑君璋　馬邑（今山西朔州）人，初從頡利，後降唐，拜安州都督，封芮國公。傳見《舊唐書》卷五十五、《新唐書》卷九十二。

**【語　譯】**以前的真定令周法明，是周法尚的弟弟，隋朝末年結交賓客，偷襲並佔據了黃梅縣，派遣同族姪子周孝節攻打蘄春，派哥哥的兒子周紹則攻打安陸，派自己的兒子周紹德攻打沔陽，都攻取了這些地方。五月十三日庚午，率此四郡前來降唐。

五月十五日壬申，齊善行率洺州、相州、魏州等前來投降。當時竇建德的餘部逃到洺州，想把竇建德的養子立為君主，徵召士卒來抗拒唐朝。又想剽掠居民，返回海邊做強盜。只有齊善行一人認為不可以這樣做，說：「隋末喪亂，所以我們相聚草野，苟且求生罷了。靠著夏王的英武，平定了河北地區，士馬精強，可是一個早上就被唐兵活捉，易如反掌，難道不是天命有所歸屬，不是人力所能爭奪的嗎！現在失敗到如此地步，守衛也不能成功，逃跑也不能免於一死，同樣是亡國，怎能再次給百姓留下毒害！不如把心交給唐，請求給予我們命令。一定想得到繒帛的人，應該把府庫中的物品全部發放給他們，不要再來殘害民眾了！」於是運出府庫中的絲帛數十萬段，放在萬春宮東街，散給軍官與士兵，一共三晝夜才散發完。還部署士兵守衛街巷，得到物品的人立即出城，不能再進入百姓家中。士卒全部散去，然後與僕射裴矩、行臺曹旦，率領百官護奉著竇建德的妻子曹氏以及傳國的八塊玉璽，以及打敗宇文化及時所得的珍寶，向唐請求投降。唐高祖任命齊善行為秦王左二護軍，還給予優厚賞賜。

當初，竇建德誅殺宇文化及時，隋南陽公主有個兒子叫禪師，竇建德虎賁郎將於士澄問公主說：「宇文化及大逆不道，他兄弟的兒子都應當連坐處死，若捨不得禪師，我當為你求情留下他。」公主哭著說：「虎賁既是隋王室的貴臣，此事何需來問我。」竇建德最終還是殺了禪師。公主不久請求做尼姑。等到竇建德失敗，公主將回長安，與宇文士及在洛陽相遇。宇文士及請求與公主相見，公主不同意。宇文士及站在門外，請求再次成為夫婦。公主說：「我與你是仇家，現在所以不親手殺了你，只是你們謀反之日，知道你預先是不知道的罷了。」呵斥他，讓他快些離去。宇文士及堅持請求，公主生氣地說：「一定想要我死，那就可以與君相見。」宇文士及知道公主不能屈服，這才拜辭離去。

五月十八日乙亥，任命周法明為黃州總管。〇二十一日戊寅，王世充的徐州行臺杞王王世辯率徐州、宋州等三十八州前往河南道安撫大使任瓌處請求投降。王世充的舊地全部平定。〇竇建德的博州刺史馮士羨又推舉淮安王李神通為慰撫山東使，巡行略取三十多個州。竇建德的地盤全部平定。〇二十二日己卯，代州總管李大恩攻打苑君璋，打敗了他。

突厥寇邊，長平靖王叔良督五將擊之，叔良中流矢，師旋。六月戊子❶，卒於道。

戊戌❷，孟海公餘黨蔣善合以鄆州❸、孟啖鬼以曹州❹來降。啖鬼，海公之從兄也。○庚子❺，營州❻人石世則執總管晉文衍，舉州叛，奉靺鞨突地稽為主❼。○黃州總管周法明攻蕭銑安州❽，拔之，獲其總管馬貴遷。○乙巳❾，以右驍衛將軍盛彥師為宋州❿總管，安撫河南。○乙卯⓫，海州⓬賊帥臧君相以五州來降，拜海州總管。

秋，七月庚申⓭，王世充行臺王弘烈、王泰、左僕射豆盧行褒、右僕射蘇世長⓮以襄州⓯來降。上與行褒、世長皆有舊，先是，屢以書招之，行褒輒殺使者⓰。既至長安，上誅行褒而責世長。世長曰：「隋失其鹿，天下共逐之。陛下既得之矣，豈可復忿同獵之徒⓱，問爭肉⓲之罪乎！」上笑而釋之，以為諫議大夫。嘗從校獵⓳高陵⓴，大獲禽獸。上顧羣臣曰：「今日畋，樂乎？」世長對曰：「陛下遊獵，薄廢㉑萬機，不滿十旬㉒，未足為樂！」上變色，既而笑曰：「狂態復發邪？」對曰：「於臣則狂㉓，於陛下甚忠。」嘗侍宴披香殿㉔，酒酣，謂上曰：「此殿煬帝之所為邪？」上曰：「卿諫似直而實多詐，豈不知此殿朕所為，而謂之煬帝乎㉕？」對曰：「臣實不知，但見其華侈如傾宮、鹿臺㉖，非興王㉗之所為故也。若陛下為之，誠非所宜㉘。臣昔侍陛下於武功，見所居宅僅庇風雨，當時亦以為足。今因㉙隋之宮室，已極侈矣，而又增之，將何以矯㉚其失乎？」上深然之。

甲子㉛，秦王世民至長安。世民被黃金甲，齊王元吉、李世勣等二十五將從其後，鐵騎㉜萬匹，甲士三萬人[1]，前後部鼓吹㉝，俘王世充、竇建德及隋乘輿、御物㉞獻于太廟㉟，行飲至㊱之禮以饗之。

乙丑㊲，高句麗㊳王建武遣使入貢㊴。建武，元㊵之弟也。

上見王世充而數之。世充曰：「臣罪固當誅，然秦王許臣不死。」丙寅㊶，詔赦世充為庶人㊷，與兄弟子姪徙[2]處蜀㊸。斬竇建德於市。

丁卯㊹，以天下略定，大赦，百姓給復一年㊺。陝、鼎、函、虢、虞、芮六州㊻轉輸勞費㊼，幽州管內㊽久隔寇戎㊾，並給復二年。律、令、格、式㊿，且用開皇舊制。赦令既下，而王、竇餘黨(51)尚有遠徙者。治書侍御史(52)孫伏伽(53)上言：「兵、食可去，信不可去(54)。陛下已赦而復徙之，是自違本心(55)，使臣民何所憑依？且世充尚蒙寬宥(56)，況於餘黨，所宜縱釋(57)。」上從之。

王世充以防夫❺❽未備，置雍州廨舍❺❾。獨孤機❻⓿之子定州刺史修德❻❶帥兄弟至其所，矯稱敕呼❻❷鄭王。世充與兄世惲❻❸趨出，修德等殺之。詔免修德官。其餘兄弟子姪等，於道亦以謀反誅。

【章　旨】以上為第七段，寫竇建德、王世充之死。秦王李世民凱旋還京。

【注　釋】❶戊子　六月初二日。❷戊戌　六月十二日。❸鄆州　州名，治所在今山東鄆城東。❹曹州　州名，治所在今山東定陶。❺庚子　六月十四日。❻營州　州名，治所在今遼寧朝陽。❼奉靺鞨突地稽為主　《舊唐書・靺鞨傳》：「有酋帥突地稽者，隋末率其部千餘家內屬，處之於營州，煬帝授以遼西太守。武德初遣間使朝貢，以其部落置燕州，仍以突地稽為總管。」故石世則叛後，遂奉以為主。❽安州　州名，治所在今湖北安陸。❾乙巳　六月十九日。❿宋州　州名，治所在今河南商丘。⓫乙卯　六月二十九日。⓬海州　州名，治所在今江蘇連雲港市西南海州鎮。⓭庚申　七月初五。⓮蘇世長　武功（今陝西武功）人，唐高祖時擢拜諫議大夫。傳見《舊唐書》卷七十五、《新唐書》卷一百三。⓯襄州　州名，治所在今湖北襄樊。⓰輒殺使者　總是殺了使者。輒，總是；就。⓱同獵之徒　一同打獵之人。⓲爭肉　指爭鹿。為避重複，改鹿為肉。⓳校獵　用木欄遮阻，獵取禽獸。校，以木相貫穿組成圍闌，用來圍阻獸類。⓴高陵　縣名，唐京兆府所屬畿縣，位於唐長安城東北八十里。縣治在今陝西高陵西南。㉑薄廢　荒廢。薄，淡薄。㉒十旬　一旬為十天。十旬為一百天。㉓於臣則狂　對於臣來說是狂亂。㉔披香殿　宮殿名，胡三省注引程大昌《雍錄》云：「慶善宮有披香殿。」又云：「慶善宮，高祖舊第也。在武功渭水北。」按，下文世長言「昔侍陛下於武功」，「見所居宅僅庇風雨」，則此披香殿不應在武功之慶善宮，而應是高祖在長安新築。㉕而謂之煬帝乎　而說它是煬帝所造的呢。㉖傾宮鹿臺　均為商紂王所築。㉗興王　興業之王。㉘誠非所宜　實在不適宜。㉙因　藉。㉚矯　矯正。㉛甲子　七月初九。㉜鐵騎　指騎兵。㉝鼓吹　軍樂。㉞御物　皇帝所用之物。㉟太廟　帝王為祭祀其祖先而建立的廟。㊱飲至　古時有朝、會、盟、伐諸事，既歸而飲於宗廟，謂之飲至。㊲乙丑　七月初十。㊳高句麗　或作高句驪，也稱句麗、句驪、高麗。古國名，相傳西元前三七年朱蒙創立，轄境相當於今鴨綠江及其支流渾江流域一帶。㊴入貢　進貢品。㊵元　高元，高麗王。㊶丙寅　七月十一日。㊷庶人　平民百姓。㊸徙處蜀　遷徙安置在蜀地。㊹丁卯　七月十二日。㊺給復一年　免百姓一年之賦役。㊻陝鼎函虢虞芮六州　陝，州名，治所在今河南三門峽市西舊陝縣。鼎，州名，治所在今河南靈寶北故函谷關地。函，州名，治所在今河南洛寧東北。虢，州名，治所在今河南盧氏。虞，州名，治所在今山西運城東北安邑。芮，芮城縣，縣治在今山西芮城東張村。㊼轉輸勞費　轉運糧草辛勞耗費。㊽管內　轄境之內。㊾久隔寇戎　久為戎狄寇盜所阻隔。㊿律令格式　律、令，法令。格、式，古代規定官署辦事規則和公文程式的行政法規。隋以後，律、令、格、式並行。(51)王竇餘黨　王世充、竇建德的殘餘黨羽。(52)治書侍御史　官名，漢宣帝令侍御史二人治書侍側，後因以置之，稱治書侍御史。負責評議獄案，論斷罰罪輕重。魏晉至隋多沿置。唐改為御史中丞。(53)孫伏伽　(?—西元六五八年)　貝州武城（今河北清河縣西北）人，唐武德初拜治書侍御史，累遷大理寺卿，後出為陝州刺史。傳見《舊唐書》卷七十五、《新唐書》卷一百三。(54)兵食可去二句　此語出自《論語・顏淵》。意思是說治理國家，軍備、糧食可以去掉，信用不可去掉。(55)自違本心　違背自己想要赦免的本心。(56)寬宥　寬恕；寬赦。(57)縱釋　釋放。(58)防夫　監護的役夫。(59)雍州廨舍　在長安外郭城朱雀街西之光德坊，後改為京兆府廨。(60)獨孤機　曾仕越王侗。武德二年正月，與其從兄獨孤武都等人謀歸唐，事泄，被王世充所殺。事跡見《新唐書》卷八十五〈王世充傳〉。(61)修德　即獨孤修德。獨孤機之子，唐羽林將軍。事跡見《新唐書》卷八十五〈王世充傳〉。(62)矯稱敕呼　詐稱詔命召呼。(63)世惲　王世惲（?—西元六二一年），王世充之兄。事跡見《新唐書》卷八十五〈王世充傳〉。

【校　記】[1]甲士三萬人　此句原無。據章鈺校，十二行本、乙十一行本、孔天胤本皆有此句，張敦仁《通鑑刊本識誤》同，今據補。[2]徙　原無此字。據章鈺校，十二行本、乙十一行本、孔天胤本皆有此字，今據補。

【語　譯】突厥侵犯邊境，長平靖王李叔良督率五將攻擊突厥，李叔良被流箭射中，軍隊撤退。六月初二日戊子，李叔良死於途中。

六月十二日戊戌，孟海公的餘黨蔣善合率鄆州、孟噉鬼率曹州前來降唐。孟噉鬼，是孟海公的堂兄。〇十四日庚子，營州人石世則抓住總管晉文衍，率全州反叛，尊奉靺鞨突地稽為君主。〇黃州總管周法明攻打蕭銑的安州，攻取了安州，抓獲了蕭銑的總管馬貴遷。〇十九日乙巳，唐任命右驍衛將軍盛彥師為宋州總管，安撫河南。〇二十九日乙卯，海州賊帥臧君相率五個州投降唐朝，唐任命為海州總管。

秋，七月初五日庚申，王世充的行臺王弘烈、王泰、左僕射豆盧行褒、右僕射蘇世長率襄州前來降唐。唐高祖與豆盧行褒、蘇世長皆有舊交情，此前，屢次寫信招呼二人，豆盧行褒總是殺了唐高祖派來的使者。此時到了長安後，唐高祖誅殺了豆盧行褒，而對蘇世長加以斥責。蘇世長說：「隋朝喪失了它的王權，天下的人都來追逐。陛下既已得到了王權，怎能又憤恨同時逐獵的人們，責問他們爭奪這塊肥肉的罪行呢！」唐高祖笑著釋放了他，讓他擔任諫議大夫。蘇世長曾跟從唐高祖在高陵圍獵，抓獲很多禽獸。唐高祖回頭對群臣說：「今天打獵，高興嗎？」蘇世長回答說：「陛下遊獵，荒廢了國家眾多的政事，不滿一百天，還不足以為樂！」唐高祖變了臉色，又轉而笑著說：「你的狂態復發了嗎？」蘇世長回答說：「對臣子來說則是狂，對陛下來說是非常忠誠。」曾經在披香殿陪侍唐高祖宴飲，酒喝得正酣時，蘇世長對唐高祖說：「此殿是隋煬帝修建的嗎？」唐高祖說：「你的諫言像是直率，而實際上多是狡詐，難道不知道這個殿是朕所修建的，卻說是隋煬帝修建的？」蘇世長回答說：「臣實在是不知道，只是看到宮殿的華麗奢侈如同傾宮、鹿臺，這不是興業帝王的所為。如果是陛下建的宮殿，實在是不適宜的。臣從前在武功服侍陛下，看到所居住的房屋僅能遮蔽風雨，當時也認為很滿足。現在藉用隋朝的宮室，已經是極為奢侈了，卻又增建，將用什麼來矯正隋朝的過失呢？」唐高祖深表贊同。

七月初九日甲子，秦王李世民到達長安。李世民身披黃金甲，齊王李元吉、李世勣等二十五將跟隨其後，鐵騎上萬匹，披甲士卒三萬人，前後部署軍樂，把俘虜王世充、竇建德以及隋朝皇帝的乘車、御用物品獻於太廟，舉行飲至之禮。

七月初十日乙丑，高句麗的國王高建武派遣使者來朝上貢。高建武，是高元的弟弟。

唐高祖看到王世充就列數他的罪行。王世充說：「臣的罪行固然應當誅死，然而秦王答應臣不被處死。」

七月十一日丙寅，下詔赦免王世充，廢為庶人，與兄弟子姪遷徙安置在蜀地。在街市上斬殺竇建德。

七月十二日丁卯，因為天下大體平定，舉行大赦，百姓都免除賦役一年。陝州、鼎州、函州、虢州、虞州、芮州共六州，轉輸糧草，辛勞耗費，幽州管轄區內長久被戎狄盜寇所隔絕，一併免除賦役兩年。國家的律、令、格、式，暫且採用開皇舊制。大赦令下達後，王世充、竇建德的餘黨還有被遷徙到遠方的。治書侍御史孫伏伽上奏說：「兵與食可以去掉，信用不可以去掉。陛下已經大赦，可是還遷徙這些人，這是自己違背自己本來的想法，讓臣民依據什麼呢？並且王世充都還受到寬恕，何況他的餘黨，對他們也應當釋放。」唐高祖聽從了這一建議。

因為對王世充尚未準備好隨行的監護役夫，就把他安置住在長安城內的雍州廨舍內。獨孤機的兒子定州刺史獨孤修德帶領他的兄弟到王世充的住處，假稱有皇帝的敕書要見鄭王。王世充與哥哥王世惲從廨舍內趕著出來，獨孤修德等人殺死了王世充兄弟。唐高祖下詔罷免獨孤修德的官職。王世充其他的兄弟子姪等，也在遷徙到蜀地的路上以謀反的罪名處死。

隋末錢幣濫薄❶，至裁皮糊紙為之，民間不勝其弊。至是，初行開元通寶錢，重二銖四參❷，積十錢重一兩，輕重大小最為折衷❸，遠近便之。命給事中❹歐陽詢❺撰其文并書，迴環可讀❻。

以屈突通為陝東道大行臺右僕射，鎮洛陽。以淮陽王道玄為洛州❼總管。○李世勣父蓋竟無恙而還❽，詔復其官爵。○竇軌❾還益州。軌將兵征討，或經旬月不解甲。性嚴酷，將佐有犯，無貴賤❿立斬之，鞭撻⓫吏民，常流血滿庭，所部重足屏息⓬。

癸酉⓭，置錢監於洛、并、幽、益等諸州，秦王世民、齊王元吉賜三鑪，裴寂賜一鑪，聽鑄錢⑭。自餘敢盜鑄者，身死，家口配沒⑮。

河北既平，上以陳君賓⑯為洺州刺史。將軍秦武通⑰等將兵屯洺州，欲使分鎮東方諸州。又以鄭善果等為慰撫大使，就洺州選補⑱山東州縣官。

竇建德之敗也，其諸將多盜匿庫物⑲，及居閭里⑳，暴橫為民患。唐官吏以法繩之㉑，或加捶撻，建德故將皆驚懼不安。高雅賢㉒、王小胡㉓家在洺州，欲竊其家以逃，官吏捕之，雅賢等亡命至貝州。會上徵建德故將范願、董康買、曹湛及雅賢等，於是願等相謂曰：「王世充以洛陽降唐，其將相大臣段達、單雄信等皆夷滅㉔。吾屬㉕至長安，必不免矣。吾屬自十年以來，身經百戰，當死久矣，今何惜餘生，不以之立事㉖？且夏王得淮安王，遇以客禮，唐得夏王即殺之。吾屬皆為夏王所厚，今不為之報仇，將無以見天下之士！」乃謀作亂。卜之，以劉氏為主吉㉗，因相與之漳南㉘，見建德故將劉雅，以其謀告之。雅曰：「天下適㉙安定，吾將老於耕桑㉚，不願復起兵。」眾怒，且恐泄其謀，遂殺之。故漢東公劉黑闥時屏居漳南㉛，諸將往詣㉜之，告以其謀，黑闥欣然從之。黑闥方種蔬，即殺耕牛與之共飲食定計，聚眾得百人。甲戌㉝，襲漳南縣據之。

是時，諸道有事則置行臺尚書省，無事則罷之。朝廷聞黑闥作亂，乃置山東道行臺[34]於洛州，魏、冀、定、滄並置總管府。丁丑[35]，以淮安王神通為山東道行臺右僕射。

辛巳[36]，褒州[37]道安撫使郭行方攻蕭銑鄀州[38]，拔之。

孟海公與竇建德同伏誅，戴州刺史孟啖鬼不自安，挾海公之子義以曹、戴二州反，以禹城[39]令蔣善合為腹心。善合與其左右同謀斬之。

八月丙戌朔[40]，日有食之。○丁亥[41]，命太子安撫北邊。

丁酉[42]，劉黑闥陷鄃縣[43]，魏州刺史權威、貝州刺史戴元祥與戰，皆敗死，黑闥悉取其餘眾及器械。竇建德舊黨稍稍[44]出歸之，眾至二千人，為壇於漳南，祭建德，告以舉兵之意，自稱大將軍。詔發關中步騎三千，使將軍秦武通、定州總管藍田[45]李玄通[46]擊之。又詔幽州總管李藝引兵會擊黑闥。

癸卯[47]，突厥寇代州，總管李大恩遣行軍總管王孝基拒之，舉軍[48]皆沒。甲辰[49]，進圍崞縣[50]。乙巳[51]，王孝基自突厥逃歸。李大恩眾少，據城自守，突厥不敢逼，月餘引去。

上以南方寇盜尚多，丙午[52]，以左武候將軍[53]張鎮周為淮南道行軍總管，大將軍陳智略為嶺南道行軍總管，鎮撫之。

丁未㊴，劉黑闥陷歷亭㊵，執屯衛將軍王行敏，使之拜，不可，遂殺之。

【章旨】以上為第八段，寫竇建德舊將劉黑闥反於河北。

【注釋】❶錢弊濫薄　錢幣惡濫質薄。❷二銖四參　胡三省注引《漢書·律曆志》云權輕重者不失黍絫。應劭注：「十黍為絫，十絫為銖。」據此，胡注認為「二銖四絫，二百四十黍也。『參』，當作『絫』，蓋筆誤也。」❸折衷　增損而得其中。❹給事中　官名，隋、唐屬門下省的要職，在侍中及門下侍郎之下，職掌駁正政令的違失。❺歐陽詢　（西元五五七—六四一年）唐書法家，字信本，潭州臨湘（今湖南長沙）人。傳見《舊唐書》卷一百八十九、《新唐書》卷一百九十八。❻迴環可讀　意為無論怎麼讀，其義皆通。《舊唐書·食貨志》云：「其詞先上後下，次左後右讀之，自上及左，迴環讀之，其義亦通。」❼洛州　州名，治所在今河南洛陽東北。❽蓋竟無恙而還　李蓋於武德二年十月在黎陽被竇建德所虜，現平安返回。❾竇軌（？—西元六三〇年）竇威兄子，字士則。傳見《舊唐書》卷六十一、《新唐書》卷九十五。❿無貴賤　無論貴賤。⓫撻　打。⓬重足屏息　形容非常恐懼的樣子。重足，疊足而立，恐懼得不敢移動。屏息，閉住呼吸。⓭癸酉　七月十八日。⓮聽鑄錢　聽任其自鑄錢以牟利。⓯家口配沒　家人籍沒並流放。⓰陳君賓　唐初良吏。傳見《舊唐書》卷一百八十五、《新唐書》卷一百九十七。⓱秦武通　唐初戰將，從太宗討平割據勢力，多有功。⓲就洛州選補　到洛州就近選補。⓳庫物　府庫財物。⓴閭里　鄉里。㉑以法繩之　以法律制裁他們。繩，按一定的標準去衡量、糾正。㉒高雅賢　原為竇建德部將。建德敗，降唐。復反叛，投劉黑闥。武德五年（西元六二二年）黑闥稱王，以雅賢為左領軍。㉓王小胡　原為竇建德部屬，後投劉黑闥。黑闥稱王，署為左領軍。高雅賢、王小胡事跡均見《新唐書》卷八十六〈劉黑闥傳〉。㉔夷滅　誅滅。㉕吾屬　我輩。㉖立事　建立事業。㉗以劉氏為主吉　以劉姓人為首領吉利。㉘因相與之漳南　因而一同前往漳南。漳南，在今河北故城東北。㉙適　方才。㉚吾將老於耕桑　我將耕桑終老。㉛屏居漳南　屏絕人事，匿居漳南。㉜詣　前往；去到。㉝甲戌　七月十九日。㉞行臺　官署名，東漢以後，中央政務由三公改歸臺省，臺省設於地方之派出機構，謂之行臺。隋與唐初，稱行臺省。置令、僕射等官，總理一方軍政。㉟丁丑　七月二十二日。㊱辛巳　七月二十六日。㊲襄州　胡三省注認為當作「襄州」。㊳鄀州　州名，治所在今湖北荊門西北。㊴禹城　縣名，縣治在今山東禹城西南。㊵丙戌朔　八月初一。㊶丁亥　八月初二。㊷丁酉　八月十二日。㊸鄃縣　縣名，縣治在今山東夏津附近。㊹稍稍　漸漸。㊺藍田　縣名，縣治在今陝西藍田。㊻李玄通　藍田人，為隋鷹揚郎將。降高祖，拜定州總管。傳見《舊唐書》卷一百八十七、《新唐書》卷一百九十一。㊼癸卯　八月十八日。㊽舉軍　全軍。㊾甲辰　八月十九日。㊿崞縣　縣名，縣治在今山西原平北崞陽鎮。(51)乙巳　八月二十日。(52)丙午　八月二十一日。(53)武候將軍　官名，隋置左右武候府，尋改為左右武候衛。唐初因之，掌宮中及京城巡警，為禁衛之一。左右武候衛置大將軍各一人，正三品；將軍各二人，從三品。龍朔二年（西元六六二年），左右武候衛改為左右金吾衛。(54)丁未　八月二十二日。(55)歷亭　縣名，縣治在今山東武城東北。

【語　譯】隋朝末年錢幣惡濫質薄，以至於裁皮糊紙做錢，民間深受其害。到這時，開始使用開元通寶錢，重二銖四絫，十錢合重一兩，制錢的輕重大小最為適宜，遠近都覺得方便使用。命令給事中歐陽詢撰寫錢上的文字，並親自書寫，錢上文字可以迴環閱讀。

任命屈突通為陝東道大行臺右僕射，鎮守洛陽。任命淮陽王李道玄為洛州總管。〇李世勣的父親李蓋最終毫無受到傷害而返回，唐高祖下詔恢復他的官爵。〇竇軌回到益州。竇軌率兵征討時，有時一連十天一月不脫鎧甲。他的性格嚴酷，將佐有犯禁的，不論貴賤立刻斬首，用鞭子抽打官吏和民眾，常常血流滿庭院，所轄部下疊足而立，不敢出大氣。

七月十八日癸酉，在洛州、并州、幽州、益州等地設置錢監，對秦王李世民、齊王李元吉各自賜給三座鑄錢爐，賜給裴寂一座鑄錢爐，允許他們鑄錢。其他人膽敢盜鑄錢的，本人處死，全家人籍沒流放。

河北平定之後，唐高祖任命陳君賓為洺州刺史。將軍秦武通等人率軍屯駐洺州，想讓他分兵鎮守東方各州。又任命鄭善果等人為慰撫大使，到洺州選補山東州縣官員。

竇建德失敗時，他的手下諸將大多盜竊府庫財物，他們居住鄉里，殘暴橫行，成為民眾之害。唐朝的官吏把他們繩之以法，有的加以鞭撻，竇建德的舊時軍官都驚懼不安。高雅賢、王小胡的家在洺州，想偷竊了他們家的財物再逃走，官吏逮捕了他們，高雅賢等人逃亡到貝州。適逢唐高祖徵召竇建德的舊將范願、董康買、曹湛及高雅賢等人，於是范願等人相互說：「王世充拿洛陽投降唐朝，他的將相大臣段達、單雄信等人都被滅族。我們到了長安，一定不能免死。我們這夥人十年以來，身經百戰，很久以前就應該死了，現在還用得著憐惜餘生，而不捨命幹一番人事嗎？況且夏王竇建德俘獲唐的淮安王，用客人的禮節對待他，唐俘獲夏王就殺死他。我們都受夏王的優厚待遇，現在不替他報仇，將沒有臉面來見天下的士人！」於是謀劃作亂。對此事進行占卜，說以姓劉的人為首領吉利，因而一起前往漳南，見到竇建德原來的將領劉雅，把他們謀反的計畫告訴了他。劉雅說：「天下方才安定，我想耕桑終老，不願意再起兵。」大家很生氣，並且怕他洩露他們的謀反計畫，就殺了劉雅。原漢東公劉黑闥當時隱居在漳南，這些將領前去見他，告訴了他們的謀反計畫，劉黑闥欣然同意了這一計畫。劉黑闥正在種菜，當即殺了耕牛，與大家一起飲食，定下大計，聚集徒眾得到一百人。七月十九日甲戌，襲擊漳南縣，佔據了縣城。

這時，各道有事就設置行臺尚書省，無事就撤除行臺。朝廷聽說劉黑闥作亂，於是在洺州設置山東道行臺，魏州、冀州、定州、滄州一併設置總管府。七月二十一日丁丑，任命淮安王李神通為山東道行臺右僕射。

七月二十六日辛巳，襄州道安撫使郭行方攻打蕭銑的鄀州，攻取了州城。

孟海公與竇建德一起被唐朝處死，戴州刺史孟啖鬼心中不安，挾持孟海公的兒子孟義利用曹州、戴州反叛，以禹城令蔣善合作為心腹。蔣善合與他的身邊人一同謀劃殺了孟啖鬼和孟義。

八月初一日丙戌，發生日蝕。○初二日丁亥，唐朝命令太子李建成安撫北部邊境。

八月十二日丁酉，劉黑闥攻陷鄃縣，魏州刺史權威、貝州刺史戴元祥與劉黑闥交戰，都戰敗死去，劉黑闥全部獲取了他們的餘部和器械。竇建德的舊日黨羽逐漸出來歸附劉黑闥，部眾達到二千人，在漳南建立土壇，祭祀竇建德，把這次起兵的用意告訴他，自己號稱大將軍。唐高祖下詔徵發關中步兵、騎兵三千人，派將軍秦武通、定州總管藍田人李玄通攻打劉黑闥。又下詔命幽州總管李藝率軍與李玄通會合攻擊劉黑闥。

八月十八日癸卯，突厥侵犯代州，總管李大恩派遣行軍總管王孝基進行抵禦，全軍都被消滅。十九日甲辰，突厥進軍包圍崞縣。二十日乙巳，王孝基從突厥逃回。李大恩兵少，據城自守，突厥不敢進逼，一個多月後撤軍離去。

唐高祖因南方叛軍尚多，八月二十一日丙午，任命左武候將軍張鎮周為淮南道行軍總管，大將軍陳智略為嶺南道行軍總管，鎮撫南方各地。

八月二十二日丁未，劉黑闥攻陷歷亭，抓住了屯衛將軍王行敏，讓他下拜，不下拜，於是殺死了他。

初，洛陽既平，徐圓朗❶請降，拜兗州總管，封魯郡公。劉黑闥作亂，陰與圓朗通謀。上使葛公❷盛彥師安集❸河南，行至任城，辛亥❹，圓朗執彥師，舉兵反。黑闥以圓朗為大行臺元帥，兗、鄆、陳、杞、伊、洛、曹、戴等八州豪右❺皆應之。圓朗厚禮彥師，使作書與其弟，令舉虞城❻降。彥師為書曰：「吾奉使無狀❼，為賊所擒，為臣不忠，誓之以死。汝善侍老母，勿以吾為念。」圓朗初色動❽，而彥師自若。圓朗乃笑曰：「盛將軍有壯節❾，不可殺也。」待之如舊。河南道安撫大使任瓌行至宋州，屬❿圓朗反，副使柳濬⓫勸瓌退保汴州。瓌笑曰：「柳公何怯也！」圓朗又攻陷楚丘⓬，引兵將圍虞城，瓌遣部將崔樞⓭、張公謹⓮自鄢陵帥諸豪右質子⓯百餘人守虞城。濬曰：「樞與公謹皆王世充將，諸州質子父兄皆反，恐必為變。」瓌不應。樞至虞城，分質子使與土人合隊共守城。賊稍近，質子有叛者，樞斬其隊帥。於是諸隊帥皆懼，各殺其質子。樞不禁，梟其首於門外，遣使白瓌。瓌陽⓰怒曰：「吾所以使與質子俱者，欲招其父兄耳，何罪而殺之！」退謂濬曰：「吾固知崔樞能辦此也。縣人既殺質子，與賊深仇，吾何患乎！」賊攻虞城，果不克而去。

初，竇建德以鄱陽⑰崔元遜⑱為深州⑲刺史。及劉黑闥反，元遜與其黨數十人謀於野，伏⑳甲士於車中，以禾覆其上，詐為農人[1]，直入聽事，自禾中呼譟而出，執刺史裴晞殺之，傳首黑闥。

九月乙卯㉑，文登㉒賊帥淳于難請降，置登州㉓，以難為刺史。○突厥寇并州，遣左屯衛大將軍㉔竇琮㉕等擊之。○戊午㉖，突厥寇原州㉗，遣行軍總管尉遲敬德等擊之。○辛酉㉘，徐圓朗自稱魯王。

【章　旨】以上為第九段，寫徐圓朗反於山東。

【注　釋】❶徐圓朗　（？—西元六二三年）隋叛將，兗州（今山東兗州）人，降唐，任兗州總管，封魯郡公。傳見《舊唐書》卷五十五、《新唐書》卷八十六。❷葛公　《舊唐書．劉黑闥附徐圓朗傳》作葛國公。蓋以古地名為封號。❸安集　安定。❹辛亥　八月二十六日。❺豪右　豪門大族。❻虞城　縣名，縣治在今河南虞城北舊縣城西南。❼奉使無狀　奉命出使沒有成績。❽初色動　起初臉有怒色。❾壯節　壯烈的節操。❿屬　正好；適逢。⓫柳濬　事跡見《舊唐書》卷五十九、《新唐書》卷九十〈任瓌傳〉。⓬楚丘　縣名，縣治在今山東曹縣東南。⓭崔樞　原為王世充洧州刺史，武德元年（西元六一八年）歸唐，累遷刺史、司農卿等。事跡見《舊唐書》卷六十八〈張公謹傳〉。⓮張公謹　字弘慎，王世充長史。武德元年與崔樞一起投唐，李世民引為幕府，玄武門事變建功。後官至代州、襄州都督。⓯質子　猶人質。古時派往別國（或別處）去作質押的人，多為王子或世子。⓰陽　佯；假裝。⓱鄱陽　郡名，治所在今江西鄱陽。按，《新唐書》卷八十六載，崔元遜為饒陽（今河北饒陽）人。《通鑑》作「鄱陽」，蓋為筆誤。⑱崔元遜　劉黑闥部將。武德四年（西元六二一年）殺深州刺史裴晞，叛附黑闥，被署為深州刺史。事跡見《新唐書》卷八十六〈劉黑闥傳〉。⑲深州　州名，治所在今河北饒陽。⑳伏　埋伏。㉑乙卯　九月初一。㉒文登　縣名，縣治在今山東文登。㉓登州　州名，治所在今山東牟平。㉔左屯衛大將軍　官名，左屯衛為禁衛軍之一，大將軍為其長官，正三品。㉕竇琮　竇軌弟，武德初為左屯衛大將軍。傳見《舊唐書》卷六十一、《新唐書》卷九十五。㉖戊午　九月初四。㉗原州　州名，治所在今寧夏固原。㉘辛酉　九月初七。

【校　記】①詐為農人　原無此四字。據章鈺校，十二行本、乙十一行本、孔天胤本皆有此四字，張瑛《通鑑校勘記》同，今據補。

【語　譯】當初，洛陽平定之後，徐圓朗請求投降，除為兗州總管，封為魯郡公。劉黑闥作亂，暗中與徐圓朗勾結策劃。唐高祖讓葛公盛彥師安定河南地區，走到任城，八月二十六日辛亥，徐圓朗抓住了盛彥師，舉兵反叛。劉黑闥任命徐圓朗為大行臺元帥，兗州、鄆州、陳州、杞州、伊州、洛州、曹州、戴州等八個州的地方豪強全都響應劉黑闥。徐圓朗以優厚禮節對待盛彥師，讓他寫信給他弟弟，令他率虞城投降。盛彥師寫信說：「我奉命出使沒有成績，被叛賊擒獲，作臣子沒有盡忠，發誓以死回報朝廷。你好好服侍老母親，不要以我為念。」徐圓朗起初臉有怒色，而盛彥師神色自若。徐圓朗於是笑著說：「盛將軍有壯烈的節操，不可殺啊。」對待他仍像以前一樣。

河南道安撫大使任瓌走到宋州時，適逢徐圓朗反叛，副使柳濬勸任瓌退守汴州。任瓌笑著說：「柳公多麼膽怯啊！」徐圓朗又攻陷了楚丘，率軍將要包圍虞城，任瓌派遣部將崔樞、張公謹從鄢陵率領當地各位豪強作為人質的兒子一百多人守衛虞城。柳濬說：「崔樞與張公謹都是王世充的將領，各州人質的父兄們都起來反叛，恐怕他們二人也必定叛亂。」任瓌不作回答。崔樞到了虞城，把人質分開與當地人混合編隊一起守城。賊軍逐漸靠近虞城，人質有叛變的，崔樞就把反叛人質的隊長斬首。這樣一來各個隊長都害怕了，各自殺了他隊中的人質。崔樞也不禁止，把這些人質的首級掛在城門外示眾，派使者告訴任瓌。任瓌假裝生氣地說：「我所以讓你與這些人一起守城，是想招來他們的父兄而已，他們有什麼罪而殺了他們！」退下來對柳濬說：「我本來就知道崔樞能辦好此事。當地人既已殺了人質，與叛賊結下深仇，我還擔心什麼呢！」賊軍攻打虞城，果然不能攻克而離去了。

當初，竇建德任命鄱陽人崔元遜為深州刺史。到劉黑闥反叛時，崔元遜與其黨羽數十人在野外謀劃，在車中埋伏甲士，用禾稈覆蓋在上面，假裝成農民，直接進入州衙門廳堂，從禾稈中呼喊而出，捉住刺史裴晞殺了他，把他的首級傳送給劉黑闥。

九月初一日乙卯，文登縣的賊軍首領淳于難請求投降，設置登州，任命淳于難為登州刺史。〇突厥侵犯并州，唐派遣左屯衛大將軍竇琮等人攻擊突厥。〇初四日戊午，突厥侵犯原州，唐派遣行軍總管尉遲敬德等人攻擊突厥。〇初七日辛酉，徐圓朗自稱魯王。

隋末，歙州❶賊汪華❷據黟❸、歙等五州，有眾一萬，自稱吳王。甲子❹，遣使來降，拜歙州總管。

隋末，弋陽❺盧祖尚❻糾合壯士，以衛鄉里，部分嚴整，羣盜畏之。及煬帝遇弒，鄉人奉之為光州❼刺史，時年十九，奉表❽於皇泰主。及王世充自立，祖尚來降。丙子❾，以祖尚為光州總管。

己卯❿，詔括天下戶口⓫。〇徐圓朗寇濟州，治中⓬吳伋論擊走之。

癸未⓭，詔以太常⓮樂工皆前代因罪配沒⓯，子孫相承，多歷年所⓰，良可哀愍⓱，宜並蠲除⓲為民，且令執事⓳，若仕宦入流⓴，勿更追集㉑。

甲申㉒，靈州總管楊師道㉓擊突厥，破之。師道，恭仁之弟也。

詔發巴、蜀兵，以趙郡王孝恭為荊湘道㉔行軍總管，李靖攝行軍長史㉕，統十二總管，自夔州㉖順流東下；以廬江王瑗為荊郢道行軍元帥，出襄州道[1]；黔州㉗刺史田世康出辰州㉘道，黃州總管周法明出夏口㉙道，以擊蕭銑。是月，孝恭發夔州。時峽江㉚方漲，諸將請俟水落進軍。李靖曰：「兵貴神速。今吾兵始集，銑尚未知。若乘江漲，倏忽㉛抵其城下，掩其不備，此必成擒，不可失也！」孝恭從之。

淮安王神通將關內兵至冀州㉜，與李藝兵合。又發邢、洺、相、魏、恆、趙等兵合五萬餘人，與劉黑闥戰於饒陽㉝城南，布陳十餘里。黑闥眾少，依隄單行而陳㉞以當之。會風雪，神通乘風擊之，既而風返，神通大敗，士馬軍資失亡三分之二。李藝居西偏，擊高雅賢，破之，逐奔㉟數里，聞大軍不利，退保藁城㊱。黑闥就擊之，藝亦敗，薛萬均、萬徹皆為所虜，截髮驅之。萬均兄弟亡歸，藝引兵歸幽州。黑闥兵勢大振。

【章　旨】以上為第十段，寫唐高祖發巴蜀兵討蕭銑。劉黑闥在河北大敗唐軍。

【注釋】❶歙州 州名，治所在今安徽歙縣。❷汪華 隋末歙州地方割據者，據本郡稱王十年，被杜伏威所獲。武德四年降唐。事跡見《舊唐書》卷五十六〈杜伏威傳〉。❸黟 縣名，縣治在今安徽黟縣。❹甲子 九月初十。❺弋陽 郡名，治所在今河南光山縣。❻盧祖尚 （？—西元六二八年）字季良，樂安（今河南光山縣）人，貞觀中為交州刺史。傳見《舊唐書》卷六十九、《新唐書》卷九十四。❼光州 州名，治所在今河南光山縣。❽奉表 上表。❾丙子 九月二十二日。❿己卯 九月二十五日。⓫括天下戶口 調查統計天下戶口。⓬治中 官名，漢代設置，為州刺史的助理。因主眾曹文書，居中治事，故名治中。隋為郡的佐官，唐改為司馬。⓭癸未 九月二十九日。⓮太常 官署名，掌國家禮樂、郊廟、社稷之事。設卿一人，正三品，少卿二人，正四品。卿為長官，少卿為之貳。⓯皆前代因罪配沒 六朝時，多以籍沒之人配為樂戶。在唐代，仍以籍沒者配充。⓰年所 年代。⓱愍 憐憫。⓲蠲除 免除。⓳且令執事 姑且令各司其業。⓴若仕宦入流 入流謂入九品之流內者，此為唐代特殊術語。全句意為若仕宦已至流內之九品以上者。㉑勿更追集 不要再追究身分。㉒甲申 九月三十日。㉓楊師道 （？—西元六四七年）字景猷，高祖時，官太常卿。貞觀中拜侍中，後遷中書令，罷為吏部尚書。傳見《舊唐書》卷六十二、《新唐書》卷一百。㉔荊湘道 荊州南郡，湘州長沙郡。以南朝荊、湘所部言之。下荊郢道類此。㉕行軍長史 官名，唐於出征之將帥及節度使之下置行軍長史，作為長官之副，總管府衙事務。㉖夔州 州名，治所在今重慶市奉節。㉗黔州 州名，治所在今重慶市彭水縣。㉘辰州 州名，治所在今湖南沅陵。㉙夏口 地名，在今湖北武漢黃鵠山上。為歷代兵家爭奪之地。㉚峽江 長江自重慶市奉節瞿唐峽以下，謂之峽江。㉛倏忽 極快地；忽然。㉜冀州 州名，治所在今河北冀州。㉝饒陽 縣名，縣治在今河北饒陽東北。㉞依隄單行而陳 依滹沱河之堤防，而單行為陣。㉟逐奔 追逐敗兵。㊱藁城 縣名，縣治在今河北藁城。

【校記】①出襄州道 此四字原無。據章鈺校，十二行本、乙十一行本、孔天胤本皆有此四字，張敦仁《通鑑刊本識誤》、張瑛《通鑑校勘記》同，今據補。

【語譯】隋朝末年，歙州的賊人汪華佔據黟州、歙州等五個州，有士卒一萬人，自稱吳王。九月初十日甲子，派遣使者前來投降，唐任命他為歙州總管。

隋朝末年，弋陽人盧祖尚集合壯士，保衛鄉里，指揮嚴整，當地強盜們都怕他。等到隋煬帝被殺害，鄉民把他奉為光州刺史，時年十九歲，上表皇泰主。等到王世充自立為王，盧祖尚前來降唐。九月二十二日丙子，唐任命盧祖尚為光州總管。

九月二十五日己卯，唐高祖下詔調查統計天下的戶數和人口數。○徐圓朗侵犯濟州，治中吳伋論把他打退了。

九月二十九日癸未，唐下詔認為太常寺的樂工都是隋代因為犯罪而被取消戶籍分配來做樂工的，其子孫世代繼承其業，已經經歷了很久的年代，實在可哀憐，應該一併廢除樂工身分而為平民，姑令各司其業，若仕宦已至流內九品以上的，不要再追究身分。

九月三十日甲申，靈州總管楊師道攻打突厥，打敗了他們。楊師道，是楊恭仁的弟弟。

唐高祖下詔徵發巴、蜀地區的士兵，任命趙郡王李孝恭為荊湘道行軍總管，李靖暫代行軍長史，統領十二總管，從夔州順著長江東下；任命盧江王李瑗為荊郢道行軍元帥，從襄州道出發；黔州刺史田世康從辰州出兵，黃州總管周法明從夏口出兵，一同攻打蕭銑。這個月，李孝恭從夔州出發。當時峽江正在上漲，諸將領請求等江水消退時進軍。李靖說：「兵貴神速。現在我軍剛剛集中，蕭銑還不知道。如果乘著江水上漲，突然抵達他的城下，掩其不備，這樣一定能夠擒獲他，戰機不可喪失！」李孝恭聽從了這個建議。

淮安王李神通率領關內的部隊到達冀州，與李藝的軍隊會合。又徵發邢州、洺州、相州、魏州、恆州、趙州等地的士兵，合在一起五萬餘人，與劉黑闥在饒陽城南交戰，布陣十多里。劉黑闥的兵力少，順著河堤排成單行陣來與唐軍對峙。正好這時颳風下雪，李神通乘著風勢攻打劉黑闥，不久風向反轉，李神通大敗，士兵、馬匹和軍需物資喪失了三分之二。李藝處在隊伍的西翼，攻打高雅賢，打敗了他，追趕敗兵數里，聽說大軍作戰失利，退守藁城。劉黑闥前來攻擊，李藝也戰敗了，薛萬均、薛萬徹都被俘虜，剪了頭髮驅趕著走路。薛萬均兄弟逃亡回來，李藝率兵返回幽州。劉黑闥的兵勢大振。

上以秦王世民[1]功大，前代官皆不足以稱之，特置天策上將❶，位在王公上。

冬，十月，以世民為天策上將，領司徒、陝東道大行臺尚書令[2]，增邑二萬戶[3]，仍開天策府[4]，置官屬。以齊王元吉為司空。

世民以海內[5]浸平[6]，乃開館於宮西，延[7]四方文學之士，出教[8]以王府屬[9]杜如晦、記室房玄齡[10]、虞世南、文學褚亮[11]、姚思廉[12]、主簿李玄道[13]、參軍[14]蔡允恭[15]、薛元敬[16]、顏相時[17]、諮議典籤蘇勗、天策府從事中郎于志寧[18]、軍諮祭酒蘇世長、記室薛收[19]、倉曹李守素[20]、國子助教陸德明、孔穎達、信都[21]蓋文達[22]、宋州總管府戶曹[23]許敬宗[24]，並以本官兼文學館學士[25]，分為三番[26]，更日[27]直[28]宿，供給珍膳[29]，恩禮優厚。世民朝謁[30]公事之暇，輒至館中，引[31]諸學士討論文籍[32]，或夜分[33]乃寢。又使庫直[34]閻立本圖像[35]，褚亮為贊[36]，號十八學士。士大夫得預其選者，時人謂之「登瀛州[37]」。允恭，大寶[38]之弟子。元敬，收之從子[39]。相時，師古之弟。立本，毗[40]之子也。

初，杜如晦為秦王府兵曹參軍，俄遷陝州長史。時府僚多補外官[41]，世民患之。房玄齡曰：「餘人不足惜，至於杜如晦，王佐之才[42]。大王欲經營四方，非如晦不可。」世民驚曰：「微公言[43]，幾失[44]之。」即奏為府屬。與玄齡常從世民征伐，參謀帷幄[45]，軍中多事，如晦剖決如流[46]。世民每破軍克城，諸將佐爭取寶貨，玄齡獨收采㊼人物，致之㊽幕府。又將佐有勇略者，玄齡必與之深相結㊾，使為世民盡死力。世民每令玄齡入奏事，上歎曰：「玄齡為吾兒陳事，雖隔千里，皆如面談㊿。」

【章旨】以上為第十一段，寫秦王李世民網羅人才，部屬猛將如雲，又設文學館網羅天下文士，有十八學士，人才濟濟，房玄齡、杜如晦為之魁。

【注釋】❶天策上將　官名，李淵以秦王世民平王世充及竇建德，功殊今古，特拜為天策上將，位在王公上，並開府。及世民為太子，乃廢。❷領司徒陝東道大行臺尚書令　兼任司徒府事和陝東道大行臺尚書令。領，兼任。❸增邑二萬戶　唐爵九等，王食邑萬戶，現增邑至二萬戶。❹天策府　胡三省注：「天策府置長史、司馬各一人，從事中郎二人，並掌通判府事。軍諮祭酒二人，謀軍事，贊相禮儀，應接賓客。典籤四人，掌宣傳導引之事。主簿二人，掌省覆教命。錄事二人，記室參軍事二人，掌書疏表啟，宣行教命。功、倉、兵、騎、鎧、士六曹參軍各二人，參軍事六人。」❺海內　四海之內，指全國。❻浸平　漸平。❼延　延聘。❽教　諸王出命曰「教」。❾王府屬　唐王府置屬，屬類似漢代的掾屬，掌通判諸曹事務。❿房玄齡（西元五七九—六四八年）唐初大臣，字喬，齊州臨淄（今山東淄博）人，貞觀元年（西元六二七年）為中書令，後為尚書左僕射，監修國史。傳見《舊唐書》卷六十六、《新唐書》卷九十六。⓫褚亮（西元五六〇—六四七年）唐初學者，字希明，原籍陽翟（今河南禹州），徙居錢塘（今浙江杭州），歷陳、隋、唐三朝。入唐，初授秦王文學。從太宗征伐，參與計謀。貞觀中，官至散騎常侍，封陽翟縣侯，並為文學館學士。傳見《舊唐書》卷七十二、《新唐書》卷一百二。⓬姚思廉（西元五五七—六三七年）唐初史學家，字簡之，本吳興（今屬浙江）人，後遷往關中，為萬年（今陝西西安東部）人，在隋為代王侑侍讀。入唐，世民引為文學館學士。貞觀時，官至散騎常侍。傳見《舊唐書》卷七十三、《新唐書》卷一百二。⓭李玄道　隴西人，世居鄭州。貞觀初累遷給事中，封姑臧縣男，出為幽州長史，佐都督王君廓。後為常州刺史。傳見《舊唐書》卷七十二、《新唐書》卷一百二。⓮參軍　官名，唐制，諸衛及王府官俱有錄事參軍事，外府州亦分別置司錄及錄事參軍，皆簡稱參軍。⓯蔡允恭　江陵（今湖北江陵）人，仕隋為起居舍人。後太宗引為秦王府參軍，貞觀初除太子洗馬。傳見《舊唐書》卷一百九十上、《新唐書》卷二百一。⓰薛元敬　薛收從子，武德中為天策府記室參軍。傳見《舊唐書》卷七十三、《新唐書》卷九十八。⓱顏相時　顏師古弟，字睿，貞觀中累遷諫議大夫，有諍臣之風，轉禮部侍郎。傳見《舊唐書》卷七十三、《新唐書》卷一百九十八。⓲于志寧　（西元五八八—六六五年）唐初大臣，字仲謐，京兆高陵（今陝西高陵）人。傳見《舊唐書》卷七十八、《新唐書》卷一百四。⓳薛收　（西元五九一—六二四年）薛道衡子，字伯褒，高祖時，為秦王府主簿。授天策府記室參軍。傳見《舊唐書》卷七十三、《新唐書》卷九十八。⓴李守素　趙州（今河北趙縣）人，秦王署天策府倉曹參軍。傳見《舊唐書》卷七十二、《新唐書》卷一百二。㉑信都　縣名，縣治在今河北冀州。㉒蓋文達　（？—西元六四四年）信都（今河北冀州）人，貞觀初由秦王文學館學士擢諫議大夫。傳見《舊唐書》卷一百八十九、《新唐書》卷一百九十八。㉓戶曹　官名，唐時於府置戶曹參軍，於州置司戶參軍，於縣置司戶，掌戶口籍帳之事。㉔許敬宗　（西元五九二—六七二年）字延族，杭州新城（今浙江富陽西南）人，太宗時官至中書侍郎。高宗時，任禮部尚書，轉升侍中。顯慶三年（西元六五八年），任中書令。傳見《舊唐書》卷八十二、《新唐書》卷二百二十三。㉕學士　官名，南北朝以後，以學士為司文學撰述之官。唐初諸王及節帥亦可置學士，以師友相待，無定員、品秩。開元時始置學士院，官員稱翰林學士，亦本為文學侍從之臣，因接近皇帝，往往參與機要。㉖番　次。㉗更日　隔日。㉘直　通「值」。㉙供給珍膳　古代官吏於寺署治事時，由公家供給飲食。㉚朝謁　朝參謁見。㉛引　接引。㉜文籍　文章典籍。㉝夜分　夜半。㉞庫直　官名，隸屬於親事府。諸親王府並置親事府，掌守衛陪從。以六七品官之子，年在十八以上者為親事。凡王公以下文武職事三品以上帶勳官者，給與差用。㉟閻立本圖像　《舊唐書·閻立德附立本傳》：「立本雖有應務之才，而尤善圖畫，工於寫真，秦府十八學士圖，及貞觀中凌煙閣功臣圖，並立本之跡也，時人咸稱其妙。」由此可見立本之十八學士圖在藝術上的價值。圖像，畫像。㊱為贊　作贊辭。㊲登瀛州　相傳海中有三神山，蓬萊、方丈、瀛洲，人不能至，至則成仙。登瀛洲猶登仙籍。㊳大寶　即蔡大寶。北周時人，字敬位，有智謀，善屬文。輔後梁主蕭詧，累官尚書僕射。詧稱帝江陵，徵為侍中、尚書令。傳見《周書》卷四十八。㊴從子　姪子。㊵毗　即閻毗。隋朝大臣，煬帝時拜朝請大夫，從征遼東。毗性巧思，善書畫。傳見《隋書》卷六十八。㊶外官　朝外之官，指地方官。㊷王佐之才　弼佐創建王業之才。㊸微公言　不是你說。微，非；不是。㊹幾失　差點失去。㊺帷幄　軍帳。㊻剖決如流　剖析決斷快如流水。㊼采　通「採」。㊽致之　獻之於。㊾深相結　深相交結。㊿如面談　如同當面談話一般詳明。

【校　記】①世民　原無此二字。據章鈺校，十二行本、乙十一行本、孔天胤本皆有此二字，今據補。

【語　譯】唐高祖因為秦王李世民的功勞大，前代的官職都不足以匹配如此大的功勞，特地設置了天策上將，地位在王公之上。冬，十月，封李世民為天策上將，兼任司徒、陝東道大行臺尚書令，增加封邑二萬戶，仍然開設天策上將府，設置屬官，任命齊王李元吉為司空。

李世民認為海內逐漸太平，就在宮西開設文學館，延納四方文學人士，發布王命，以王府僚屬杜如晦、記室房玄齡、虞世南、文學褚亮、姚思廉、主簿李玄道、參軍蔡允恭、薛元敬、顏相時、諮議典籤蘇勗、天策府從事中郎于志寧、軍諮祭酒蘇世長、記室薛收、倉曹李守素、國子助教陸德明、孔穎達、信都人蓋文達、宋州總管府戶曹許敬宗，均以本官兼任文學館學士，分為三班，隔天值宿，供給珍美的膳食，禮遇優厚。李世民在朝參謁見皇帝和辦理公事的餘暇，總是來到館中，接見各位學士討論文籍，有時到半夜才就寢。又讓庫直閻立本為諸位學士畫像，褚亮為畫像撰寫贊語，號稱十八學士。士大夫能參與這個人選的，當時人稱之為「登瀛洲」。蔡允恭，是蔡大寶弟弟的兒子。薛元敬，是薛收的姪子。顏相時，是顏師古的弟弟。閻立本，是閻毗的兒子。

當初，杜如晦擔任秦王府的兵曹參軍，不久遷任陝州長史。當時王府的僚屬大多補任地方官，李世民很擔心此事。房玄齡說：「其他的人不值得可惜，至於杜如晦，他是王佐之才。大王如果想經營四方，非杜如晦不可。」李世民驚訝地說：「不是你說，差點失去了他。」當即上奏任命為王府屬。杜如晦與房玄齡經常隨從李世民征伐，參謀帷幄，軍中事務多，杜如晦分析解決這些事務如同流水。李世民每次打敗敵軍攻克城池，各位將佐爭相奪取寶物財貨，只有房玄齡網羅人才，獻給秦王幕府。另外將佐有智略的，房玄齡必定與他深相交結，讓他為李世民盡死力。李世民每次讓房玄齡入朝向唐高祖奏事，唐高祖都感歎地說：「房玄齡替我兒陳述政事，雖然阻隔千里，都像當面交談一樣。」

李玄道嘗事李密❶為記室。密敗，官屬為王世充所虜，懼死，皆達曙不寐❷。獨玄道起居自若，曰：「死生有命，非憂可免！」眾服其識量❸。

庚寅❹，劉黑闥陷瀛州，殺刺史盧士叡❺。觀州❻人執刺史雷德備❼，以城降之。○辛卯❽，蕭銑鄂州❾刺史雷長穎❿以魯山⓫來降。

趙郡王孝恭帥戰艦二千餘艘東下。蕭銑以江水方漲，殊不為備⓬。孝恭等拔其荊門、宜都二鎮⓭，進至夷陵⓮。銑將文士弘⓯將精兵數萬屯清江⓰，癸巳⓱，孝恭擊走之，獲戰艦三百餘艘，殺溺死者萬計⓲，追奔至百里洲⓳。士弘收兵復戰，又敗之，進入北江⓴。銑江州㉑總管蓋彥舉以五州來降。

毛州㉒刺史趙元愷性嚴急，下不堪命㉓。丁卯㉔，州民董燈明等作亂，殺元愷以應劉黑闥。○盛彥師自徐圓朗所逃歸。王薄因說㉕青、萊㉖、密㉗諸州，皆下之。

蕭銑之罷兵營農㉘也，纔留宿衛數千人。聞唐兵至，文士弘敗，大懼，倉猝徵兵，皆在江、嶺之外㉙，道塗阻遠，不能遽集㉚，乃悉見兵出拒戰㉛。孝恭將擊之，李靖止之曰：「彼救敗之師，策非素立㉜，勢不能久。不若且泊南岸㉝，緩之一日，彼必分其兵，或留拒我，或歸自守，兵分勢弱，我乘其懈而擊之，蔑不勝矣㉞。今若急之，彼則併力死戰，楚兵剽銳㉟，未易當㊱也。」孝恭不從，留靖守營，自帥銳師出戰，果敗走，趣南岸。銑眾委舟㊲收掠軍資，人皆負重。靖見其眾亂，縱兵奮擊，大破之，乘勝直抵江陵，入其外郭㊳。又攻水城，拔之，大獲舟艦，李靖使孝恭盡散之江中。諸將皆曰：「破敵所獲，當藉其用，柰何棄以資敵？」靖曰：「蕭銑之地，南出嶺表，東距洞庭㊴。吾懸軍深入，若攻城未拔，援軍四集，吾表裏受敵，進退不獲，雖有舟楫㊵，將安用之？今棄舟艦，使塞江㊶而下，援兵見之，必謂江陵已破，未敢輕進，往來覘伺㊷，動淹旬月㊸，吾取之必矣。」銑援兵見舟艦，果疑不進。其交州㊹總管[1]丘和㊺、長史高士廉、司馬杜之松將朝江陵㊻，聞銑敗，悉詣孝恭降。

孝恭勒兵圍江陵，銑內外阻絕，問策於中書侍郎岑文本㊼，文本勸銑降。銑乃謂羣下曰：「天不祚㊽梁，不可復支㊾矣！若必待力屈㊿，則百姓蒙患(51)，柰何以我一人之故陷百姓於塗炭(52)乎！」乙巳(53)，銑以太牢(54)告(55)于太廟(56)，下令開門出降，守城者皆哭。銑帥羣臣緦縗布幘(57)詣軍門，曰：「當死者唯銑耳，百姓無罪，願不殺掠。」孝恭入據其城。諸將欲大掠，岑文本說孝恭曰：「江南之民，自隋末以來，困於虐政，重以羣雄虎爭(58)，今之存者，皆鋒鏑(59)之餘，跂踵延頸(60)以望真主(61)。是以蕭氏君臣、江陵父老決計歸命(62)，庶幾有所息肩(63)。今若縱兵俘掠，使士民失望[2]，恐自此以南，無復向化(64)之心矣！」孝恭稱善，遽禁止之。諸將又言：「梁之將帥與官軍拒鬬死者，其罪既深，請籍沒其家(65)，以賞將士。」李靖曰：「王者之師，宜使義聲先路(66)。彼為其主鬬死，乃忠臣也，豈可同叛逆之科(67)籍其家乎！」於是城中安堵(68)，秋毫無犯。南方州縣聞之，皆望風款附(69)。銑降數日，援兵至者十餘萬，聞江陵不守，皆釋甲而降。

孝恭送銑於長安，上數之。銑曰：「隋失其鹿，天下共逐之。銑無天命，故至此。若以為罪，無所逃死(70)。」竟斬於都市(71)。詔以孝恭為荊州總管，李靖為上柱國，賜爵永康縣公，仍使之安撫嶺南，得承制拜授(72)。

先是，銑遣黃門侍郎江陵劉洎略地嶺表，得五十餘城，未還而銑敗，洎以所得城來降，除南康州(73)都督府長史。○戊申(74)，徐圓朗昌州治中劉善行以須昌(75)來降。

庚戌(76)，詔陝東道大行臺尚書省自令、僕至郎中(77)、主事(78)，品秩(79)皆與京師同，而員數差少(80)，山東行臺及總管府、諸州並隸焉。其益州、襄州、山東、淮南、河北等道令、僕以下，各降京師一等(81)，員數又減焉。行臺尚書令得承制補署。其秦王、齊王府官之外，各置左右六護軍府(82)及左右親事、帳內府(83)。

【章　旨】以上為第十二段，寫唐軍平定江南，蕭銑覆滅。

【注　釋】❶嘗事李密　為李密做事。❷達曙不寐　徹夜不眠。達曙，至旦。❸識量　見識器量。❹庚寅　十月初六。❺盧士叡　（?—西元六二一年）隋末率數百人從高祖起兵，拜右光祿大夫、瀛州刺史。劉黑闥破瀛州，被殺。傳見《新唐書》卷一百九十一。❻觀州　州名，治所在今河北景縣東北。❼雷德備　唐初為觀州刺史。❽辛卯　十月初七。❾鄂州　州名，治所在今湖北武漢武昌。❿雷長穎　《新唐書》卷八十七〈蕭銑傳〉作「雷長潁」，為蕭銑部將、鄂州刺史。武德四年以魯山降唐。⓫魯山　在今湖北漢陽東。⓬殊不為備　絲毫不防備。殊，非常；很。⓭荊門宜都二鎮　鎮名，蕭銑置荊門、宜都兩鎮於峽州夷道縣。在今湖北宜都西北。⓮夷陵　縣名，縣治在今湖北宜昌。⓯文士弘　隋末江淮地方割據者蕭銑的將領，作戰勇猛，被稱為健將。事跡見《新唐書》卷八十七〈蕭銑傳〉。⓰清江　郡名，治所在今湖北長陽西。⓱癸巳　十月初九。⓲殺溺死者萬計　殺死及溺死者，以萬為單位計數。⓳百里洲　地名，在今湖北枝江縣南。⓴北江　百里洲在枝江縣江中，江水至此分流，出百里洲而東流者謂之北江。㉑江州　州名，唐武德二年（西元六一九年）置，治所在今湖北宜都。㉒毛州　胡三省注：「魏州館陶縣舊置毛州，隋大業初，州廢，竇建德復置，唐因之，領魏州之館陶、冠氏，博州之堂邑，貝州之臨清、清水。」㉓下不堪命　部下不能忍受。㉔丁卯　十月乙酉朔，無丁卯。疑為丁酉，十月十三日。㉕因說　因而遊說。㉖萊　州名，治所在今山東萊州。㉗密　州名，治所在今山東諸城。㉘罷兵營農　停止打仗經營農耕。㉙江嶺之外　謂在江南及嶺南。㉚遽集　迅速集中起來。㉛悉見兵出拒戰　全部現有的士兵出來抵抗。見，通「現」。㉜策非素立　計策不是平素計畫好的。素，一向；向來。㉝南岸　江陵南岸即馬頭岸。㉞蔑不勝矣　沒有不戰勝的。㉟剽銳　剽悍驍銳。㊱當　抵擋。㊲委舟　棄舟。㊳外郭　外城。古代城多為二重，外重則稱為郭城。㊴洞庭　即今湖南洞庭湖。㊵楫　舟旁撥水之具，長者曰棹，短者曰楫。㊶塞江　充塞江上。㊷覘伺　窺伺；觀察。㊸動淹旬月　一動要淹滯一個月。㊹交州　州名，治所在今越南河內西北。㊺丘和　（西元五五一—六三七年）洛陽（今河南洛陽）人，後徙郿（今陝西眉縣）。唐高祖時，拜稷州刺史。傳見《舊唐書》卷五十九、《新唐書》卷九十。㊻將朝江陵　將來江陵朝見蕭銑。㊼岑文本　（西元五九五—六四五年）字景仁，棘陽（今河南南陽南）人，貞觀中，擢中書舍人，官至中書令。傳見《舊唐書》卷七十、《新唐書》卷一百二。㊽祚　賜福；福佑。㊾支　支撐。㊿力屈　力量衰敗。(51)蒙患　受難。(52)塗炭　爛泥和炭火。比喻陷於災難困苦境遇。(53)乙巳　十月二十一日。(54)太牢　謂牛、羊、豕三牲。(55)告　祭告。(56)太廟　帝王祭祀其祖先而建立的廟。(57)緦縗布幘　舊時的喪服，用麻布製成。

緦，細麻布。繚，以粗麻布為之，披於胸前。幘，包髮之巾。緦繚布幘，為亡國者謝罪的穿戴。(58)重以羣雄虎爭　加以群雄如虎相爭。(59)鋒鏑　鋒刃箭鏃。(60)跂踵延頸　抬起腳後跟伸長脖子。(61)真主　此為隋唐稱新興天子的一種稱謂，當時甚為風行。(62)決計歸命　決心歸附。(63)息肩　釋去負荷，得以休息。(64)向化　歸化，即歸附降唐。(65)籍沒其家　登記抄沒家產。(66)義聲先路　正義之聲先聞於遠方。(67)同叛逆之科　等同於叛逆之罪。(68)安堵　安居。(69)款附　納誠歸附。(70)逃死　逃避死罪。(71)都市　都邑之市，亦即京城之市。(72)得承制拜授　可承制任命官職。即先行拜授，然後上表，而詔除之。(73)南康州　州名，治所在端溪縣（今廣東德慶）。(74)戊申　十月二十四日。(75)須昌　縣名，縣治在今山東東平西北。胡三省注：「圓朗蓋以鄆州之須昌置昌州。」(76)庚戌　十月二十六日。(77)郎中　官名，唐時尚書省各部均置郎中，分掌各司事務，為尚書、侍郎、丞以下的高級部員。(78)主事　官名，隋代諸省各設主事令史，煬帝大業三年（西元六〇七年）省去令史名稱，只稱主事，每十個令史設一主事。唐沿置，為各部雇員，不在正規職官之內。(79)品秩　官吏的品級俸祿。(80)差少　較少。(81)各降京師一等　此處承上文，是說品秩各降京師一等。(82)左右六護軍府　據胡三省注，左右六護軍府，僅在秦王、齊王府設置，其他王府不得設置。(83)親事帳內府　親事府，官署名，唐代於親王府內置親事府，掌統親事以守衛陪從。帳內府，官署名，唐代於親王府內置帳內府，掌統帳內以為儀衛陪從。其帳內以八品、九品官之子年十八以上者為之。親王親事府及帳內府各置典軍二人，正五品上，副典軍二人，從五品上。

**【校　記】** [1]總管　原作「刺史」。據章鈺校，十二行本、乙十一行本、孔天胤本皆作「總管」，張敦仁《通鑑刊本識誤》同，今據改。按，《舊唐書》卷五十六、《新唐書》卷八十七〈蕭銑傳〉皆載丘和此時為總管，與十二行等本相合。[2]使士民失望　原無此句。據章鈺校，十二行本、乙十一行本、孔天胤本皆有此句，張敦仁《通鑑刊本識誤》、張瑛《通鑑校勘記》同，今據補。

**【語　譯】** 李玄道曾經在李密處做事，擔任記室。李密失敗，官屬被王世充俘虜，大家怕死，都通宵不眠。只有李玄道起居自如，說：「死生有命，不是擔心可以免掉的！」大家佩服他的見識器量。

十月初六日庚寅，劉黑闥攻陷瀛州，殺死刺史盧士叡。觀州人抓住刺史雷德備，率州城投降劉黑闥。〇初七日辛卯，蕭銑的鄂州刺史雷長穎率魯山前來降唐。

趙郡王李孝恭率戰艦二千餘艘順著長江東下。蕭銑以為江水正在上漲，絲毫不做準備。李孝恭等人攻下蕭銑的荊門、宜都二鎮，進軍到夷陵。蕭銑的將領文士弘率精兵數萬屯駐清江，十月初九日癸巳，李孝恭把他打跑了，獲得戰艦三百餘艘，殺死溺死的人以萬計，追趕逃兵到達百里洲。文士弘收拾部隊又來作戰，唐軍再次打敗了文士弘，進入北江。蕭銑的江州總管蓋彥舉率五個州前來降唐。

毛州刺史趙元愷生性嚴厲急躁，部下不能忍受。丁卯日，州民董燈明等人作亂，殺了趙元愷來響應劉黑闥。〇盛彥師從徐圓朗處逃回。王薄因而遊說青州、萊州、密州等地，都向唐投降了。

蕭銑停止用兵經營農業的時候，只留下宿衛數千人。聽說唐兵到來，文士弘戰敗，大為恐懼，倉猝徵兵，兵員都在江、嶺之外，道路阻隔遼遠，不能迅速集合起來，於是就率全部現有的兵士出來抵抗。李孝恭將要攻擊敵軍，李靖制止他說：「對方是挽救失敗的部隊，計策不是平素制定好的，勢必不能持久。不如暫且在南岸停船，延緩一天，他們必然把兵力分開，有的會留下來抵禦我軍，有的回去守城，兵分勢弱，我軍乘其懈怠進行攻擊，沒有不取勝的。現在如果急攻他們，他們一定合力死戰，楚兵剽悍驍銳，不易抵擋。」李孝恭不聽，留下李靖守衛營寨，自己率領精銳部隊出戰，果然戰敗逃走，奔往南岸。蕭銑的部隊棄船抄掠軍需物資，人人都背著沉重的東西。李靖看到蕭銑的部隊混亂，縱兵奮擊，大敗蕭銑軍，乘勝直抵江陵，進入它的外城。又攻打水城，攻了下來，獲取了很多舟船，李靖讓李孝恭把舟船全都散放到江中。諸將都說：「打敗敵軍所獲得的戰利品，應當加以利用，怎麼放棄了用以資助敵人？」李靖說：「蕭銑的地盤，南到嶺南，東至洞庭湖。我們孤軍深入，如果攻打城池沒有攻克，對方的援兵從四面聚集，我方裡外受敵，進退不得，雖然有舟船，又將有什麼用？現在丟棄舟船，讓它們布滿長江而下，援兵看到了，一定以為江陵已被攻破，不敢輕率進軍，來往窺伺情況，一動就淹滯一個月，這樣我們戰勝他們就是必然的了。」蕭銑的援兵看到江中的舟船，果然猜疑而不敢進軍。蕭銑的交州總管丘和、長史高士廉、司馬杜之松等人將要來江陵朝見蕭銑，聽說蕭銑已經戰敗，全都前來李孝恭那裡投降。

李孝恭統兵包圍江陵，蕭銑內外隔絕，向中書侍郎岑文本詢問計策，岑文本勸蕭銑投降。蕭銑於是對群臣說：「上天不福佑梁，不能再支撐下去了！如果一定等到力量衰敗，百姓就會受到災禍，為什麼因為我一個人的緣故，讓百姓陷於塗炭之中呢！」十月二十一日乙巳，蕭銑用太牢三牲之禮在太廟向祖先祭告，下令打開城門出城投降，守城的人都哭了。蕭銑率群臣穿著喪服前往唐軍營門，說：「應當處死的人只有蕭銑而已，百姓無罪，希望不要殺戮掠奪。」李孝恭入城，佔據了江陵城。各位將領都想大肆抄掠，岑文本勸說李孝恭：「江南的百姓，自隋朝末年以來，困於虐政，加上群雄虎爭，現在生存下來的人，都是刀鋒箭鏑之下剩餘的人，踮著腳跟伸長脖子盼望真命天子，所以蕭氏君臣、江陵父老決定歸降於唐，希望能有所休息。現在如果縱兵搶掠，讓士民失望，恐怕自此以南的地區，不再會有歸降向化的心思了！」李孝恭認為這個建議很好，立即禁止軍隊搶掠。各位將領又說：「梁國的將帥與官軍作戰而死的人，他們的罪行已經很深，請登記抄沒他們的家產，用來獎賞將士。」李靖說：「王者之師，應該讓正義之聲先聞於遠方。他們是為了自己的君主戰鬥而死，乃是忠臣，怎可等同於叛逆的罪行抄沒其家產呢！」這樣江陵城中安居，唐軍秋毫無犯。南方的州縣聽說此事，都望風納誠歸附。蕭銑投降數天之後，各地前來救援的軍隊趕到江陵的有十多萬人，聽說江陵失守，全都脫下鎧甲投降。

李孝恭把蕭銑送到長安，唐高祖指陳他的罪行。蕭銑說：「隋朝喪失它的王權，天下共同追逐王權。蕭銑沒有天命，所以來到這裡。如果以為這是我的罪，沒有地方可以逃脫死罪。」最終把他斬首於都市中。下詔任命李孝恭為荊州總管，李靖為上柱國，賜爵永康縣公，仍令他們略地嶺南，可以用皇帝的名義任命官員。

在此之前，蕭銑派遣黃門侍郎江陵人劉洎到嶺南略取地盤，得到五十多個城池，還沒回來，蕭銑就已戰敗，劉洎率所得到的城池前來降唐，唐任命他為南康州都督府長史。〇十月二十四日戊申，徐圓朗的昌州治中劉善行率須昌前來降唐。

十月二十六日庚戌，唐高祖下詔，陝東道大行臺尚書省從尚書令、尚書僕射以至於郎中、主事，其品級俸祿都與京師相同，而員數較少，山東行臺及總管府、各州都隸屬其下。益州、襄州、山東、淮南、河北等道的尚書令、尚書僕射以下官員的品級俸祿，都分別比京師低一級，員數又有減少。行臺尚書令可以以皇帝名義補充下屬官員。除了秦王、齊王府的官員之外，又分別設置左右六護軍府，以及左右親事府、帳內府。

閏月乙卯❶，上幸稷州❷。己未❸，幸武功舊墅❹。壬戌❺，獵于好畤❻。乙丑❼，獵于九嵕❽。丁卯❾，獵于仲山❿。戊辰⓫，獵于清水谷⓬，遂幸三原⓭。辛未⓮，幸周氏陂。壬申⓯，還長安。〇十一月甲申⓰，上祀圜丘⓱。

杜伏威使其將王雄誕擊李子通，子通以精兵守獨松嶺⓲。雄誕遣其將陳當⓳將千餘人乘高據險以逼之，多張旗幟，夜則縛炬火⓴於樹，布滿山澤。子通懼，燒營走保杭州㉑。雄誕追擊之，又敗之於城下。庚寅㉒，子通窮蹙請降。伏威執子通并其左僕射樂伯通送長安，上釋之。

先是，汪華據黟、歙，稱王十餘年。雄誕還軍擊之，華拒之於新安洞口㉓，甲兵甚銳。雄誕伏精兵於山谷，帥羸弱數千犯其陳。戰纔合，陽不勝，走還營。華進攻之，不能克，會日暮，引還，伏兵已據其洞口，華不得入，窘迫請降。聞人遂安㉔據崑山㉕，無所屬㉖，伏威使雄誕擊之。雄誕以崑山險隘，難以力勝，乃單騎造㉗其城下，陳國威靈㉘，示以禍福。遂安感悅，帥諸將出降。於是伏威盡有淮南、江東之地，南至嶺，東距海。雄誕以功除歙州總管，賜爵宜春㉙郡公。

壬辰㉚，林州㉛總管劉旻擊劉仚成，大破之。仚成僅以身免，部落皆降。

李靖度嶺，遣使分道招撫諸州，所至皆下。蕭銑桂州㉜總管李襲志㉝帥所部諸州[1]來降，趙郡王孝恭即以襲志為桂州總管。明年入朝。以李靖為嶺南撫慰大使，檢校桂州總管，引兵下九十六州，得戶六十餘萬。

【章旨】以上為第十二段，寫杜伏威為唐拓展淮南、江東之地，李靖安集嶺南。

【注釋】❶乙卯　閏十月初二日。❷稷州　州名，武德三年，以京兆之武功、好畤、盩厔置稷州。❸己未　閏十月初六日。❹墅　別墅。❺壬戌　閏十月初九日。❻好畤　縣名，縣治在今陝西永壽西南。❼乙丑　閏十月十二日。❽九嵕　山名，在今陝西禮泉東北。❾丁卯　閏十月十四日。❿仲山　在今陝西涇陽西北。⓫戊辰　閏十月十五日。⓬清水谷　在今陝西宜君縣境內。⓭三原　縣名，縣治在今陝西三原東北。⓮辛未　閏十月十八日。⓯壬申　閏十月十九日。⓰甲申　十一月初一。⓱上祀圜丘　胡三省注引《貞觀禮》：「冬至祀昊天上帝於圜丘。」⓲獨松嶺　地名，在今浙江安吉東南。⓳陳當　胡三省注認為「陳當」之下當有「世」字，唐避太宗諱去「世」字。⓴炬火　火把。㉑杭州　州名，治所在今浙江杭州。㉒庚寅　十一月初七。㉓新安洞口　唐歙州為隋之新安郡，新安洞口即歙州隘道之口。㉔聞人遂安　姓聞人，名遂安。㉕崑山　山名，在今江蘇崑山市。㉖無所屬　無所從屬。㉗造　至。㉘陳國威靈　陳述唐朝的威靈。㉙宜春　郡名，治所在今江西宜春。㉚壬辰　十一月初九。㉛林州　州名，治所在今廣西桂平南。㉜桂州　州名，治所在今廣西桂林。㉝李襲志　字重光，狄道（今甘肅臨洮）人，武德時拜上柱國，歷官桂州都督。傳見《舊唐書》卷五十九、《新唐書》卷九十一。

【校記】[1]諸州　原無此二字。據章鈺校，十二行本、乙十一行本、孔天胤本皆有此二字，今據補。

【語譯】閏十月初二日乙卯，唐高祖臨幸稷州。初六日己未，臨幸武功的舊別墅。初九日壬戌，在好畤打獵。十二日乙丑，在九嵕山打獵。十四日丁卯，在仲山打獵。十五日戊辰，在清水谷打獵，於是臨幸三原。十八日辛未，臨幸周氏陂。十九日壬申，返回長安。〇十一月初一日甲申，唐高祖在圜丘祭祀天帝。

杜伏威派他的將領王雄誕攻打李子通，李子通利用精兵守衛獨松嶺。王雄誕派遣他的將領陳當率領一千餘人，乘高據險逼近李子通，多豎旗幟，夜裡就在樹上綁縛火炬，布滿山澤。李子通害怕了，燒了營帳逃走，據守杭州。王雄誕追擊他，又在城下打敗了李子通。十一月初七日庚寅，李子通走投無路請求投降。杜伏威抓住李子通連同他的左僕射樂伯通送到長安，唐高祖釋放了他們。

在此之前，汪華佔據黟州、歙州，稱王十餘年。王雄誕回軍攻擊汪華，汪華在新安洞口進行抵抗，他的兵力非常精銳。王雄誕在山谷中埋伏精兵，率領老弱士卒數千人來衝擊汪華的陣營。戰鬥剛剛接觸，佯裝不勝，逃回營中。汪華進攻王雄誕，不能攻克，正好天色已晚，就引兵回營，但王雄誕的伏兵已經佔據了汪華的洞口，汪華不能進入，走投無路，請求投降。

聞人遂安佔據崑山，沒有任何歸屬，杜伏威派王雄誕攻擊他。王雄誕因為崑山地勢險隘，難以使用兵力取勝，於是單身騎馬到了崑山城下，說明國家的威靈，曉示禍福。聞人遂安被感發，很高興，率手下諸將出山投降。於是杜伏威全部佔有了淮南、江東地區，南到南嶺，東至東海。王雄誕以軍功封為歙州總管，賜爵宜春郡公。

十一月初九日壬辰，林州總管劉旻攻擊劉企成，大敗劉軍。劉企成僅單身逃脫，其部落全都投降了。

李靖越過南嶺，派遣使者分路招撫各州，所至之處全都投降。蕭銑的桂州總管李襲志率領所轄諸州前來投降唐朝，趙郡王李孝恭當即任命李襲志為桂州總管，第二年入京朝見。任命李靖為嶺南撫慰大使，檢校桂州總管，率軍攻下九十六州，獲得六十餘萬戶。

壬寅❶，劉黑闥陷定州，執總管李玄通。黑闥愛其才，欲以為大將，玄通不可。故吏有以酒肉饋之者，玄通曰：「諸君哀吾幽辱❷，幸以酒肉來相開慰❸，當為諸君一醉。」酒酣，謂守者曰：「吾能劍舞，願假吾刀。」守者與之。玄通舞竟太息❹曰：「大丈夫受國厚恩，鎮撫方面❺，不能保全所守，亦何面目視息世間❻哉！」即引刀自刺，潰腹❼而死。上聞，為之流涕，拜其子伏護為大將。

庚戌❽，杞州人周文舉❾殺刺史王文矩❿，以城應徐圓朗。

幽州大饑，高開道許以粟賑之。李藝遣老弱詣開道就食，開道皆厚遇之。藝喜，於是發民三千人，車數百乘，驢馬千餘匹往受粟。開道悉留之，告絕⓫於藝，復稱燕王⓬，北連突厥，南與劉黑闥相結，引兵攻易州不克，大掠而去。又遣其將謝稜⓭詐降於藝，請兵援接，藝出兵應之。將至懷戎⓮，稜襲擊破之。開道與突厥連兵數入為寇，恆、定、幽、易咸被其患⓯。

十二月乙卯⓰，劉黑闥陷冀州，殺刺史麴稜。黑闥既破淮安王神通，移書⓱趙、魏⓲，故竇建德將卒爭殺唐官吏以應黑闥。庚申⓳，遣右屯衛大將軍義安王孝常將兵討黑闥。黑闥將兵數萬進逼宗城⓴，黎州總管李世勣先屯宗城，棄城走保洺州。甲子㉑，黑闥追擊世勣等，破之，殺步卒五千人，世勣僅以身免。丙寅㉒，洺州土豪翻城應黑闥。黑闥築壇[1]於城東南告天及祭竇建德而後入。後旬日，引兵攻拔相州，執刺史房晃，右武衛將軍張士貴㉓潰圍走。黑闥南取黎、衛二州，半歲之間，盡復建德舊境。又遣使北連突厥，頡利可汗遣俟斤㉔宋邪那帥胡騎從之。右武衛將軍秦武通、洛州刺史陳君賓㉕、永寧㉖令程名振㉗皆自河北遁歸長安。

○丁卯㉘，命秦王世民、齊王元吉討黑闥。

昆彌㉙遣使內附。昆彌，即漢之昆明也。巂州㉚治中吉弘緯通南寧㉛，至其國說之，遂來降。

己巳㉜，劉黑闥陷邢州、趙州。庚午㉝，陷魏州，殺總管潘道毅。辛未㉞，陷莘州㉟。

壬申㊱，徙宋王元嘉為徐王。

【章旨】以上為第十四段，寫劉黑闥連敗唐軍，盡有河北之地。

【注釋】❶壬寅　十一月十九日。❷哀吾幽辱　哀憐我被幽禁受辱。❸開慰　開導安慰。❹舞竟太息　舞畢歎息。❺方面　一方。❻視息世間　意為活在世上。❼潰腹　剖腹。❽庚戌　十一月二十七日。❾周文舉　杞州（今河南杞縣）人，隋末群雄之一。大業末據淮陽（今河南淮陽）起兵，號柳州軍。武德四年（西元六二一年）殺杞州刺史，附於徐圓朗。次年降唐。事跡散見《新唐書・高祖紀》。❿王文矩　唐初杞州刺史。⓫告絕　宣告絕交。⓬復稱燕王　據《舊唐書》卷五十五〈高開道傳〉，武德元年，高開道自立為燕王。後廢罷。故此云「復稱燕王」。⓭謝稜　高開道部將。事跡見《舊唐書・高開道傳》。⓮懷戎　縣名，縣治在今河北涿鹿西南桑乾河南岸。⓯咸被其患　皆遭受其禍。⓰乙卯　十二月初三。⓱移書　傳遞文書。⓲趙魏　皆為戰國時國名，趙國都城在今河北邯鄲，魏國都城在今河南開封。此指河北、河南地域。⓳庚申　十二月初八。⓴宗城　縣名，縣治在今河北威縣東。㉑甲子　十二月十二日。㉒丙寅　十二月十四日。㉓張士貴　盧氏（今河南盧氏）人，貞觀中遷左領軍大將軍，進爵號國公。傳見《舊唐書》卷八十三、《新唐書》卷九十二。㉔俟斤　突厥授與屬部首領的官名。㉕陳君賓　唐初良吏。貞觀初為鄧州刺史，後任為少府少監，終虔州刺史。傳見《舊唐書》卷一百八十五、《新唐書》卷二百九十七。㉖永寧　胡三省注：「當作『永年』。」據《舊唐書》卷八十三〈程務挺傳〉，作「永年」是。㉗程名振　（？—西元六六二年）平恩（今河北曲周）人，程務挺之父，初歸竇建德，後歸唐，從太宗征遼東，拜右驍衛將軍、平壤道行軍總管。事附見《舊唐書》卷八十三、《新唐書》卷一百十一〈程務挺傳〉。㉘丁卯　十二月十五日。㉙昆彌　中國古代民族名，漢至唐主要分布在今雲南西部和中部，東至貴州西部，北及四川西南部分地區。㉚巂州　州名，治所在今四川西昌。㉛南寧　州名，治所在今雲南曲靖西。㉜己巳　十二月十七日。㉝庚午　十二月十八日。㉞辛未　十二月十九日。㉟莘州　州名，治所在今山東莘縣。㊱壬申　十二月二十日。

【校　記】①築壇　原無此二字。據章鈺校，十二行本、乙十一行本、孔天胤本皆有此二字，張敦仁《通鑑刊本識誤》、張瑛《通鑑校勘記》同，今據補。

【語　譯】十一月十九日壬寅，劉黑闥攻陷定州，抓住了總管李玄通。劉黑闥愛惜他的才能，想讓他擔任大將，李玄通不答應。他的舊吏有人送酒肉給他吃，李玄通說：「諸君哀憐我被幽禁受辱，有幸拿酒肉來開導安慰我，當為諸君喝醉一次。」酒喝得正酣，對守衛的士兵說：「我能拿著劍跳舞，希望借給我一把刀。」守衛的士兵給他一把刀。李玄通舞罷歎息說：「大丈夫受到國家的厚恩，鎮撫一方，不能保住所守疆土，還有什麼臉面活在世間呢！」當即引刀自刺，剖腹而死。唐高祖聽說了，為此流下眼淚，拜他的兒子李伏護為大將。

十一月二十七日庚戌，杞州人周文舉殺死刺史王文矩，率城響應徐圓朗。

幽州發生大饑荒，高開道許諾用糧食賑救。李藝派遣老弱到高開道處吃飯，高開道都厚待他們。李藝很高興，於是徵發民眾三千人，車輛數百乘，驢馬一千餘匹，前往接受賑災的糧食。高開道把人馬車輛全部留下，宣告與李藝絕交，又自稱燕王，聯合北面的突厥，南面與劉黑闥連結，率軍攻打易州，沒有攻下，大掠而去。又派他的將領謝稜偽降於李藝，請派兵支援迎接，李藝出兵接應他們。快到懷戎時，謝稜襲擊並打敗了李藝。高開道與突厥合兵多次入境為寇，恆州、定州、幽州、易州都深受其害。

十二月初三日乙卯，劉黑闥攻陷冀州，殺死刺史麴稜。劉黑闥攻破淮安王李神通後，傳書趙、魏地區，原來竇建德的將士爭相殺死唐朝的官吏來響應劉黑闥。初八日庚申，唐派遣右屯衛大將軍義安王李孝常率軍討伐劉黑闥。劉黑闥率軍數萬人進逼宗城，唐黎州總管李世勣早已屯駐宗城，此時放棄宗城退守洺州。十二日甲子，劉黑闥追擊李世勣等人，打敗他們，殺死步卒五千人，李世勣僅自己一人逃脫。十四日丙寅，洺州土豪翻越城牆響應劉黑闥。劉黑闥在城東南築起土壇，舉行了告天及祭祀竇建德的儀式之後進城。之後十天時間，率軍攻取相州，抓獲刺史房晃，右武衛將軍張士貴突圍逃走。劉黑闥南下攻取黎州、衛州，半年之間，全部恢復了竇建德原有的地盤。又派遣使者北連突厥，頡利可汗派遣俟斤宋邪那率領胡人騎兵跟隨著劉黑闥。唐右武衛將軍秦武通、洺州刺史陳君賓、永寧令程名振都從河北逃回長安。○十五日丁卯，唐高祖命秦王李世民、齊王李元吉討伐劉黑闥。

昆彌國派遣使者歸附內地。昆彌，就是漢代的昆明。巂州治中吉弘緯通往南寧，到了昆彌國勸說他們，於是前來投降。

十二月十七日己巳，劉黑闥攻陷邢州、趙州。十八日庚午，攻陷魏州，殺死總管潘道毅。十九日辛未，攻陷莘州。

十二月二十日壬申，把宋王李元嘉改封為徐王。

**【研 析】**本卷研析，著重評價農民起義首領竇建德和梟雄王世充。

先說竇建德。

竇建德，貝州漳南（在今山東武城）人。隋末起義，數年間擁有河北之地。大業十三年（西元六一七年），正月，竇建德在河間樂壽縣（今河北獻縣）築壇祭天，自稱長樂王。隨後改國號為夏，自稱夏王，以洺州為都城。唐武德二年（西元六一九年），王世充在洛陽廢掉隋越王楊侗，自立為帝，竇建德於是「建天子旌旗，出入警蹕，下書言詔，儼然以夏國皇帝身分出現，但仍未正式稱帝。」

武德四年，在全國逐鹿中原最大的三家勢力均在北方，李淵據關中，基本蕩平了西北的割據勢力，建立了唐朝，勢力最強。王世充據河南，國號鄭，稱皇帝。竇建德據河北，國號夏。三方勢力，形成了三足鼎立。

當唐軍大舉東出，王世充不足以抵抗，於是求救於夏王竇建德，而竇建德避免脣亡齒寒，傾全力救鄭。在三足鼎立的形勢下想要爭勝，弱小的兩方聯合對抗最強的一方，策略是完全正確的。問題是竇建德如何救援王世充，戰術策略也不能有誤。夏國內部，君臣發生了尖銳的分歧。

夏國祭酒凌敬認為起義軍應該先渡過黃河，攻下懷州河陽，派大將把守，然後再進兵，越過太行山，進入上黨，攻取河東，這樣做有三大好處：第一，擊其空虛，可以廣地，軍隊不受損；第二，擴大兵源財源；第三，威脅關中，唐軍自救，鄭圍自解。無疑這是最正確的戰術策略。這一策略造成唐軍被夾攻，顧首顧不了尾。由於王世充的使者用金玉賄賂竇建德的將領，唆使他們破壞凌敬的建議，要求夏王正面攻擊唐軍。竇建德剛愎自用，又僥倖一戰取勝，拒絕了凌敬的建議，把凌敬強行逐出門外，終止討論。竇建德的妻子曹氏倒有遠見，勸告丈夫採納凌敬的建議，竇建德也聽不進去，說：「這不是你們女人應知道的事，我已答應援救鄭國，不可失信於人。」於是率領大軍逼近唐軍，對峙於武牢關，列陣汜水，長達二十多里。

夏軍的這一陣勢，正中唐軍李世民的下懷，李世民登上武牢城觀察敵情，對部將們說：「山東士兵，沒有紀律，傲慢輕敵，等他們飢渴力竭之時出擊，一定能打敗他們。」到了中午，夏軍果然飢渴難耐，大家爭著搶水喝。李世民發起了全線攻擊，很快夏軍被衝得七零八落，全線潰退，竇建德被活捉。本來王世充還可以抵抗一陣，由於援軍的全軍覆沒，鄭軍喪失了鬥志，王世充很快投降。李世民一戰消滅了兩個強敵，可以說是竇建德的一招不慎，自己國破身亡，也加速了王世充的滅亡，教訓是極為深刻的。

在隋末農民起義的首領中，竇建德是最有成就的一支起義軍，夏國的政績也最好。史稱夏王「勸課農桑，境內無盜，商旅野宿」，頗有一番昇平氣象。竇建德的軍隊，戰鬥力也很強。漫天王王須拔、歷山飛魏刀兒、孟海公、宇文化及等均被竇建德吞滅，為什麼與唐軍交戰，一觸即潰，全軍覆沒呢？概括起來，有四大原因。第一，傲慢輕敵，犯兵家大忌。宇文化及這支窮寇，雖然被李密與竇建德輪番攻擊消滅，而宇文化及也給李密、竇建德帶來了重創。李密因勝而驕敗於王世充，竇建德因勝而驕敗於李世民。這都是驕兵必敗。古往今來，多少良將吃了這個虧，竇建德也沒有例外。第二，竇建德援鄭，親率大軍御駕親征。御駕親征在第一線，是軍隊的極大拖累。竇建德帶領百官，暴露在第一線，給唐軍帶來了可乘之機。第三，竇建德剛愎自用是致命的失敗之因。竇建德不聽凌敬之言，只是一個表面現象。竇建德在稱王之後，如同秦末的陳勝一樣，逐漸背離了農民的感情，疏遠了同生共死的患難兄弟。竇建德為了讓部下忠於自己，竟然矯情飾志，打起了忠於隋朝的旗幟。竇建德破了聊城，擒拿了宇文化及，不是先安撫百姓，而是以臣子的身分參拜蕭皇后，重用隋朝的降官。隋河間郡丞王琮頑固對抗農民軍，竇建德的部屬恨之入骨。王琮投降後，竇建德稱他為「義士」，授他做瀛州刺史，還下令軍中敢為難王琮者，「罪三族」。竇建德攻克了相州、衛州、黎陽，俘虜了李淵的左武衛大將軍李世勣，皇妹同安長公主、淮安王李神通，竇建德待為貴賓，把同安長公主、淮安王李神通禮送出境。對李世勣讓他繼續帶兵，鎮守黎陽。而李世勣卻處心積慮要謀殺竇建德，最後反叛出逃。竇建德又俘獲了侵犯境內的唐趙州刺史張昂、邢州刺史陳君賓、大使張道源等人，也認為他們是唐朝的「忠確士」，全部釋放了他們。可是竇建德對自己的部將聽讒誅殺，卻毫不手軟。竇建德的大將王伏寶，勇略超群，功勳卓著，群帥出於嫉妒，誣陷他謀反，竇建德不加調查，就把他殺了。王伏寶臨死前一再申訴：「我是無辜的，大王為什麼聽信讒言，斬斷自己的左右手呢！」竇建德竟置之不顧。竇建德的納言宋正本，為人坦率，「好直諫」，竇建德也把他殺了。竇建德如此敵我不分，令將士寒心，君臣離心離德，這樣的隊伍，還能打勝仗嗎？第四，唐軍戰鬥力最強，秦王李世民正處於顛峰，君臣一心，眼見勝利在望，士氣高昂，銳不可擋，竇建德正好撞上了，焉能不敗。

竇建德畢竟出身於農民，政治上仍然不成熟。上述失敗之因，本來是可以化解的，竇建德卻用粗暴的態度對待凌敬的建言和妻子的規勸，誰還敢再說話呢！一個孤家寡人，等待他的只有一條路，那就是失敗。竇建德被俘，他的妻子率領夏國百官投唐。然而唐朝並不禮遇竇建德。武德四年七月，李世民把竇建德押到長安斬首，死時年僅四十九歲。

再略說王世充。

王世充，字行滿，本為西域少數民族人。王世充祖父叫頹耨，舉家遷到新豐縣（在今陝西臨潼東）定居。

頹褥死，其妻改嫁霸城人王粲做妾，生子王收。王收仕隋，歷任懷、汴二州長史。王世充因父親關係當上左翊衛，遷御府直長、兵部員外郎等職。大業初年任民部尚書，後轉江都郡丞。

史載王世充頭髮捲曲，聲似豺音，性奸詐多疑，愛好學習，尤喜兵法，通曉《龜策》、《推步》。他任江都郡丞，營建江都宮，備極壯麗。隋煬帝到江南，王世充百般獻媚，投其所好，大受寵愛。

西元六一三年，楊玄感反隋，吳人朱燮、晉陵管崇擁眾十萬響應。王世充招募江都萬餘人參與鎮壓，他招納降者，與之焚香盟誓，不殺俘虜，一些入海為盜的散兵，聞訊來降。王世充受降三萬餘人，然後突然翻臉，將三萬多降兵全部活埋，殘暴之極，令人髮指。王世充就是這樣一個兇殘的屠夫。西元六一六年，他奉煬帝之命率領江都兵入援東都，屯兵洛口與瓦崗軍李密交戰。王世充戰敗，退回東都，屯於含嘉城，龜縮不出。西元六一八年，宇文化及弒煬帝，東都群臣擁立煬帝之子越王楊侗為帝，王世充為吏部尚書，封鄭國公。宇文化及領兵北上，李密首當其衝，為了避免兩線作戰，接受楊侗招安，全力討伐宇文化及，在黎陽大敗宇文化及，準備入朝東都。招安李密，計出內史令元文都、盧楚。王世充害怕元文都等人得勢，更擔心李密入朝，威脅自己的權勢。於是發動兵變，殺害了元文都、盧楚等人，阻止了李密入朝。李密還金墉城，重新與隋朝開戰。就這樣，隋朝還有一線中興的希望被王世充徹底葬送了。

李密打敗宇文化及，精兵良將損失慘重，卻反而得勝而驕，不把王世充看在眼裡，結果偃師一戰，李密全軍覆沒，不得已而降唐。王世充殺元文都以後，就大權獨攬，任尚書、左僕射，總督內外軍事。打敗李密之後，加官太尉、尚書令，十分驕狂，史稱「王世充篡形已成」。西元六一九年四月，王世充逼宮楊侗禪讓，正式僭偽稱帝，國號鄭。不久，王世充暗殺了楊侗，以絕眾望。

王世充待人不誠。李密戰敗，許多大將投降，羅士信、秦叔寶、程知節等知名當世。王世充表示優禮，甚至與羅士信同寢共食。羅士信有一匹駿馬，王世充的姪兒想要，羅士信不給，王世充奪之賜與姪兒。羅士信懷恨在心。程知節看不慣王世充的奸詐，對秦叔寶說：「王公器度淺狹而不實，好與人盟誓，此乃老婦之道，哪裡是撥亂之主。」當唐軍東出，這幾個人都轉而投了唐朝。一個殘暴、奸詐、僭偽的人，自然不是唐軍的對手，等到竇建德戰敗，王世充部屬紛紛降唐，王世充想突圍，沒有人跟隨，無可奈何也出降做了李世民的俘虜。王世充慘澹經營了三年的鄭王朝宣告結束。

王世充被押到長安，被唐高祖免為庶人，發配到蜀地，臨行前，被仇人定州刺史獨孤修德所殺。

王世充大奸似忠，是一個典型的歷史小丑。像王世充這種人，能言善辯，確也有幾分本領，能夠打敗李密，堪稱一個梟雄。王世充不但懂軍事，還能說出一套欺世盜名的理論迷惑一時。《舊唐書・王世充傳》的作者評論說：「世充姦人，遭逢昏主，上則諛佞詭俗以取榮名，下則強辯飾非以制群論。」把這種人物描繪得維妙維肖。不僅僅是歷史上的小丑，即使生活中也不乏王世充這樣的丑類。因此，歷史上的反面人物，也留給人們以啟迪，時時處處提防王世充，就是這個歷史小丑留給我們的反思。

# 卷第一百九十

## 唐紀六

起玄黓敦牂（壬午　西元六二二年），盡閼逢涒灘（甲申　西元六二四年）五月，凡二年有奇。

【題解】本卷記事起西元六二二年，迄西元六二四年五月，凡兩年又五個月史事，當唐高祖武德五年至七年。此時期的最大事件是劉黑闥反於河北，重又掀起了滔天大浪，影響所及，全國動盪。當竇建德敗亡，王世充出降，南方杜伏威歸服，蕭銑破滅，全國基本平定。由於唐王室急於懲惡，未處理好對竇建德、王世充部屬的歸降，逼之過急，劉黑闥於是反於河北，竇建德舊境全線響應，繼之徐圓朗反，杜伏威舊部輔公祏反，嶺南各地皆反，北方突厥侵擾，西北吐谷渾亦推波助瀾，於是全國又處於大戰亂。主戰場在河北，秦王李世民、太子李建成與齊王李元吉相繼征討，唐朝用了兩年多時間，才又重新討平叛亂，教訓是極其深刻的。唐武德七年頒律，制定官吏制度和租庸調法，政治開始步入正軌，治平之世曙光初現。

### 高祖神堯大聖光孝皇帝中之下

武德五年（壬午　西元六二二年）

春，正月，劉黑闥自稱漢東王，改元天造❶，定都洺州。以范願為左僕射，董康買❷為兵部尚書，高雅賢為右領軍，徵王琮❸為中書令，劉斌❹為中書侍郎，竇建德時文武❺悉復本位❻。其設法❼行政，悉師建德，而攻戰勇決過之。

丙戌❽，同安❾賊帥殷恭邃❿以舒州⓫來降。○丁亥⓬，濟州⓭別駕⓮劉伯通執刺史竇務本⓯，以州附徐圓朗。○庚寅⓰，東鹽州⓱治中⓲王才藝殺刺史田華⓳，以城應劉黑闥。

秦王世民軍至獲嘉⓴，劉黑闥棄相州，退保洺州。丙申㉑，世民復取相州，進軍肥鄉㉒，列營洺水之上以逼之。

蕭銑既敗，散兵多歸林士弘，軍勢復振。

己酉㉓，嶺南俚帥㉔楊世略㉕以循、潮二州㉖來降。○唐使者王義童下泉、睦、建三州㉗。

幽州總管李藝將所部兵數萬會秦王世民討劉黑闥。黑闥聞之，留兵萬人，使范願守洺州，自將兵拒藝。夜，宿沙河㉘。程名振載鼓六十具，於城西二里隄上急擊之，城中地皆震動。范願驚懼，馳告黑闥。黑闥遽還，遣其弟十善與行臺張君立㉙將兵一萬擊藝於鼓城㉚。壬子㉛，戰於徐河㉜，十善、君立大敗，所失亡八千人。

洛水㉝人李去惑據城來降，秦王世民遣彭公王君廓將千五百騎赴之，入城共守。二月，劉黑闥引兵還攻洛水，癸亥㉞，行至列人㉟，秦王世民使秦叔寶邀擊，破之。

豫章㊱賊帥張善安以虔、吉㊲等五州來降，拜洪州㊳總管。○戊辰㊴，金鄉㊵人陽孝誠叛徐圓朗，以城來降。○己巳㊶，秦王世民復取邢州。○辛未㊷，井州㊸人馮伯讓以城來降。

丙子㊹，李藝取劉黑闥定、欒、廉、趙四州㊺，獲黑闥尚書劉希道，引兵與秦王世民會洺州。

劉黑闥攻洛水甚急。城四旁皆有水，廣五十餘步，黑闥於城東北築二甬道㊻以攻之。世民三引兵救之，黑闥拒之，不得進。世民恐王君廓不能守，召諸將謀之。李世勣曰：「若甬道達城下，城必不守。」行軍總管鄭勇公㊼羅士信請代君廓守之。世民乃登城南高冢，以旗招君廓。君廓帥其徒力戰，潰圍而出，士信帥左右二百人乘之㊽入城，代君廓固守。黑闥晝夜急攻，會大雪，救兵不得往，凡八日，丁丑㊾，城陷。黑闥素聞㊿其勇，欲生之，士信詞色不屈，乃殺之，時年二十[51]。

【章旨】以上為第一段，寫李世民與李藝聯兵大舉征討劉黑闥，唐軍屢勝，而劉黑闥仍在洺水得勢，羅士信戰歿。

【注釋】❶天造 年號。其意蓋為天所授命。❷董康買 竇建德部將。建德敗，歸劉黑闥。事跡見《舊唐書》卷五十五、《新唐書》卷八十六〈劉黑闥傳〉。❸王琮 原為隋河間郡丞，後降竇建德，授瀛州刺史。建德敗，歸劉黑闥。事跡見兩《唐書・劉黑闥傳》。❹劉斌 隋代著名詩人。隋末歸竇建德，署為中書舍人。建德敗，又歸劉黑闥，專掌文翰。傳見《隋書》卷七十六。❺文武 指文武官員。❻本位 原來的官職。❼設法 設置的法令。❽丙戌 正月初四。❾同安 郡名，治所在今安徽潛山縣。❿殷恭邃 隋末群雄之一，武德五年（西元六二二年）降唐。事跡見《新唐書》卷一〈高祖紀〉。⓫舒州 州名，治所在今安徽潛山縣。隋代的同安郡，唐初改為舒州。⓬丁亥 正月初五。⓭濟州 州名，治所在今山東茌平西南。⓮別駕 官名，為州刺史的佐吏。隋唐改別駕為長史。⓯竇務本 唐初濟州刺史。武德五年（西元六二二年）被屬吏所執，以州附徐圓朗。事跡見《新唐書・高祖紀》。⓰庚寅 正月初八。⓱東鹽州 州名，治所在今河北鹽山縣南。⓲治中 官名，為州刺史的助理。因主眾曹文書，居中治事，故名治中。隋為郡的佐官，唐改為司馬。⓳田華 唐初東鹽州刺史，武德五年（西元六二二年）被屬吏所殺。事跡見《新唐書・高祖紀》。⓴獲嘉 縣名，縣治在今河南獲嘉。㉑丙申 正月十四日。㉒肥鄉 縣名，縣治在今河北肥鄉。㉓己酉 正月二十七日。㉔俚帥 俚族首領。俚，古族名，東漢至隋唐屢見於史籍，常與僚並稱。主要分布在今廣東西南沿海及廣西東南等地。㉕楊世略 隋末群雄之一。大業末據循、潮二州起兵，武德五年（西元六二二年）正月降唐。事跡見《新唐書》卷八十七〈林士弘傳〉。㉖循潮二州 循州，治所在今廣東惠州東北。潮州，治所在今廣東潮安。㉗泉睦建三州 泉州，治所在今福建福州。睦州，治所在今浙江淳安西。建州，治所在今福建建甌。㉘沙河 縣名，縣治在今河北沙河縣。㉙張君立 劉黑闥部將，後投高開道。又與開道愛將張金樹同殺開道，尋被金樹所殺。事跡見《舊唐書》卷五十五〈高開道傳〉。㉚鼓城 縣名，治所在今河北晉州。㉛壬子 正月三十日。㉜徐河 在清苑（今河北保定）北。㉝洺水 縣名，縣治在今河北曲周東南。㉞癸亥 二月十一日。㉟列人 縣名，縣治在今河北肥鄉東北。㊱豫章 郡名，治所在今江西南昌。㊲虔吉 州名。虔州，治所在今江西贛州。吉州，治所在今江西吉水縣東北。㊳洪州 州名，治所在今江西南昌。㊴戊辰　二月十六日。㊵金鄉　縣名，縣治在今山東嘉祥南。㊶己巳　二月十七日。㊷辛未　二月十九日。㊸井州　州名，治所在今河北井陘西北。㊹丙子　二月二十四日。㊺定欒廉趙四州　定州，治所在今河北定州。欒州，治所在今河北隆堯東。廉州，治所在今河北藁城。趙州，治所在今山東趙縣。㊻甬道　兩旁立牆的通道。㊼郯勇公　羅士信屠滅千金堡，參與平定王世充，以功封郯國公，死後謚曰勇。㊽乘之　乘其潰亂混戰之際。㊾丁丑　二月二十五日。㊿素聞　一向聽說。(51)時年二十　《舊唐書》卷一百八十七上〈羅士信傳〉亦云士信年二十遇害，《新唐書》卷一百九十一〈羅士信傳〉則云士信「不屈而死，年二十八」。

【語　譯】高祖神堯大聖光孝皇帝中之下

武德五年（壬午　西元六二二年）

春，正月，劉黑闥自稱漢東王，改年號為天造，定都洺州。任命范願為左僕射，董康買為兵部尚書，高雅賢為右領軍，徵召王琮為中書令，劉斌為中書侍郎，竇建德時期的文武官員全部恢復了原來的職位。劉黑闥設置的法律和實行的政令，全部效法竇建德，而攻戰勇猛果決超過了竇建德。

正月初四日丙戌，同安的賊軍首領殷恭邃率舒州前來降唐。〇初五日丁亥，唐濟州別駕劉伯通逮捕刺史竇務本，率濟州歸附徐圓朗。〇初八日庚寅，唐東鹽州治中王才藝殺了刺史田華，率東鹽州州城響應劉黑闥。

秦王李世民的軍隊到達獲嘉，劉黑闥放棄相州，退守洺州。正月十四日丙申，李世民又收復了相州，進軍肥鄉，在洺水邊布營進逼劉黑闥。

蕭銑敗亡後，散兵大多歸附林士弘，林士弘的軍勢又振作起來。

正月二十七日己酉，嶺南俚族首領楊世略率循、潮二州前來降唐。〇唐朝使者王義童降服泉、睦、建三州。

唐幽州總管李藝率領所轄部隊數萬人與秦王李世民會合討伐劉黑闥。劉黑闥聽說了，留下兵力一萬人，派范願守衛洺州，自己率軍抵抗李藝。夜晚，劉黑闥在沙河縣宿營。程名振車載六十面大鼓，在城西二里處的河堤上猛烈擂鼓，城中的地面都震動了。范願驚恐，飛馳報告劉黑闥。劉黑闥急速返回洺州，派他的弟弟劉十善和行臺張君立率領士兵一萬人在鼓城攻打李藝。正月三十日壬子，在徐河交戰，劉十善、張君立大敗，損失傷亡八千人。

洺水縣人李去惑率領他佔據的城池前來降唐，秦王李世民派彭公王君廓率一千五百名騎兵奔赴洺水，進城與李去惑共同守城。二月，劉黑闥帶兵返回攻打洺水，十一日癸亥，走到列人縣，秦王李世民派秦叔寶截擊，打敗了劉黑闥。

豫章賊軍首領張善安率虔州、吉州等五個州前來降唐，唐任命張善安為洪州總管。〇二月十六日戊辰，金鄉人陽孝誠背叛徐圓朗，率金鄉縣城前來降唐。〇十七日己巳，秦王李世民收復邢州。〇十九日辛未，井州人馮伯讓率井州城前來降唐。

二月二十四日丙子，李藝奪取劉黑闥的定、欒、廉、趙四州，抓獲劉黑闥的尚書劉希道，帶兵與秦王李世民會師洺州。

劉黑闥十分緊急地攻打洺水。洺水城四周都有水，水寬五十多步，劉黑闥在城東北修建二條甬道用來攻城。秦王李世民三次帶兵救援，劉黑闥進行阻擊，李世民不能前進。李世民怕王君廓守不住城池，召集眾將領商議救援之事。李世勣說：「如果甬道到達城下，城池必定不能守住。」行軍總管郯勇公羅士信請求代替王君廓守城。李世民於是登上城南的高墳堆，用旗幟招呼王君廓。王君廓率領部眾奮戰，突圍出城，羅士信率領身邊二百人乘機進城，代替王君廓堅守城池。劉黑闥晝夜猛攻洺水，恰逢大雪，救兵無法前往，總共八天，二月二十五日丁丑，洺水城陷落。劉黑闥一向聽說羅士信勇猛，想讓他活命，羅士信言辭臉色毫不屈服，劉黑闥於是殺了他，當時羅士信年齡二十歲。

戊寅❶，汴州總管王要漢❷攻徐圓朗杞州，拔之，獲其將周文舉。

庚辰❸，延州❹道行軍總管段德操❺擊梁師都石堡城❻，師都自將救之。德操與戰，大破之，師都以十六騎遁去。上益⑦其兵，使乘勝進攻夏州，克其東城，師都以數百人保西城。會突厥救至，詔德操引還。

辛巳⑧，秦王世民拔洺水。三月，世民與李藝營於洺水之南，分兵屯水北。黑闥數挑戰，世民堅壁不應，別遣奇兵絕其糧道。壬辰⑨，黑闥以高雅賢為左僕射，軍中高會⑩。李世勣引兵逼其營，雅賢乘醉，單騎逐之。世勣部將潘毛刺之墜馬，左右繼至，扶歸，未至營而卒。甲午⑪，諸將復往逼其營，潘毛為王小胡所擒。黑闥運糧於冀、貝、滄、瀛諸州，水陸俱進。程名振以千餘人邀之，沈其舟，焚其車。

宋州總管盛彥師帥齊州總管王薄攻須昌⑫，徵軍糧於潭州⑬。刺史李義滿⑭與薄有隙，閉倉不與。及須昌降，彥師收義滿，繫齊州獄。詔釋之。使者未至，義滿憂憤死獄中。薄還，過潭州，戊戌⑮夜，義滿兄子武意執薄殺之，彥師亦坐死⑯。

上遣使賂突厥頡利可汗，且許結昏。頡利乃遣漢陽公瓌、鄭元璹、長孫順德⑰等還。庚子⑱，復遣使來修好，上亦遣其使者特勒⑲熱寒、阿史那德等還。○并州總管劉世讓屯鴈門，頡利與高開道、苑君璋合眾攻之，不克[1]，月餘乃退。

甲辰⑳，以隋交趾㉑太守丘和為交州總管，和遣司馬高士廉㉒奉表請入朝，詔許之，遣其子師利迎之。

秦王世民與劉黑闥相持六十餘日，黑闥潛師襲李世勣營，世民引兵掩其後以救之，為黑闥所圍。尉遲敬德帥壯士犯圍㉓而入，世民與略陽公道宗乘之得出。道宗，帝之從子㉔也。世民度黑闥糧盡，必來決戰，乃使人堰洛水上流㉕，謂守吏曰：「待我與賊戰，乃決㉖之。」丁未㉗，黑闥帥步騎二萬南度洛水，壓唐營而陳。世民自將精騎擊其騎兵，破之，乘勝蹂㉘其步兵。黑闥帥眾殊死戰，自午至昏，戰數合，黑闥勢不能支。王小胡謂黑闥曰：「智力盡矣，宜早亡去。」遂與黑闥先遁，餘眾不知，猶格戰㉙。守吏決堰，洛水大至，深丈餘，黑闥眾大潰，斬首萬餘級，溺死數千人。黑闥與范願等二百騎奔突厥，山東悉平。

高開道寇易州，殺刺史慕容孝幹。

夏，四月己未㉚，隋鴻臚卿甯長真㉛以寧越、鬱林㉜之地請降於李靖，交、愛㉝之道始通。以長真為欽州㉞總管。

【章旨】以上為第二段，寫劉黑闥兵敗逃入突厥，河北大體平定，嶺南高士廉歸附。

【注釋】❶戊寅　二月二十六日。❷王要漢　隋末據汴州起兵，曾降於王世充。武德五年（西元六二二年）歸唐，署為汴州總管。事跡見《舊唐書》卷一百八十七〈夏侯端傳〉、《新唐書》卷一〈高祖紀〉。❸庚辰　二月二十八日。❹延州　州名，治所在今陝西延安東延河東岸。❺段德操　唐初延州總管，善用兵。武德初年，多次重創入寇的梁師都及突厥步騎。事跡見《舊唐書》卷五十六、《新唐書》卷八十七〈梁師都傳〉。❻石堡城　鎮名，在今陝西靖邊東。❼益　增加。❽辛巳　二月二十九日。❾壬辰　三月十一日。❿高會　大會。⓫甲午　三月十三日。⓬須昌　縣名，縣治在今山東東平西北。⓭潭州　胡三省注：「當作『譚州』。」武德二年（西元六一九年）置，治所在今山東章丘西。⓮李義滿　（？—西元六二二年）齊州平陵（今山東章丘西）人，隋末為齊郡通守。唐武德二年降於唐。高祖於平陵置譚州，拜義滿為譚州刺史。事跡見《舊唐書》卷一百八十五上〈李君球傳〉、《新唐書》卷一〈高祖紀〉。⓯戊戌　三月十七日。⓰彥師亦坐死　盛彥師也因李義滿之死而被殺。⓱長孫順德　太宗文德皇后之族叔，素為高祖所親厚。從征累有戰功，拜左驍衛大將軍，封薛國公。傳見《舊唐書》卷五十八、《新唐書》卷一百五。⓲庚子　三月十九日。⓳特勒　應作特勤。突厥語，官名，為突厥回紇可汗子弟的官銜。⓴甲辰　三月二十三日。㉑交趾　郡名，治所在今越南河內。㉒高士廉　（西元五七五—六四七年）名儉，以字顯。武德中為右庶子，遷益州大都督府長史，後為吏部尚書，封許國公，遷右僕射。傳見《舊唐書》卷六十五、《新唐書》卷九十五。㉓犯圍　突圍；衝破包圍。㉔從子　姪子。㉕堰洛水上流　於洛水上游築堰以遏水流。㉖決　開。㉗丁未　三月二十六日。㉘蹀　蹀躞。㉙格戰　緊張激烈的戰鬥。㉚己未　四月初八。㉛甯長真　隋末嶺南地方渠帥，煬帝時授鴻臚卿。隋亡，附於蕭銑。武德初降唐，高祖授欽州都督。傳見《新唐書》卷二百二十下〈南蠻傳〉。㉜寧越鬱林　皆為郡名。寧越郡，治所在今廣西欽州東北欽江西北岸。鬱林郡，治所在今廣西貴港東南鬱江南岸。㉝交愛　皆為州名。交州，治所在今越南河內西北。愛州，治所在今越南清化省清化。㉞欽州　州名，治所在今廣西欽州東北欽江西北岸。欽州即寧越郡。

【校　記】①不克　原無此二字。據章鈺校，十二行本、乙十一行本、孔天胤本皆有此二字，張敦仁《通鑑刊本識誤》、張瑛《通鑑校勘記》同，今據補。

【語　譯】二月二十六日戊寅，唐汴州總管王要漢攻打徐圓朗的杞州，攻取了杞州，抓獲徐圓朗的將領周文舉。

二月二十八日庚辰，唐延州道行軍總管段德操攻打梁師都的石堡城，梁師都親自帶兵救援。段德操與他交戰，大敗梁師都，梁師都帶著十六名騎兵逃走。唐高祖增加段德操的兵力，派他乘勝進攻夏州，攻下了夏州東城，梁師都利用幾百人守衛夏州西城。適逢突厥救兵到達，唐高祖詔令段德操帶兵返回。

二月二十九日辛巳，秦王李世民攻取洛水。三月，李世民和李藝在洛水南面紮營，分出部分兵力屯駐洛水北面。劉黑闥多次挑戰，李世民堅守營壘不應戰，另派奇兵切斷了劉黑闥的運糧道路。十一日壬辰，劉黑闥任命高雅賢為左僕射，軍中舉行盛大宴會。李世勣帶兵逼近劉黑闥軍營，高雅賢趁著酒醉，單槍匹馬追逐李世勣。李世勣的部將潘毛把他刺下馬來，高雅賢的身邊隨從相繼到來，把高雅賢扶回營，沒有走到營地高雅賢就死了。十三日甲午，唐軍諸將領又前去逼近劉黑闥的營地，潘毛被王小胡抓獲。劉黑闥從冀州、貝州、滄州、瀛州各地運糧，水陸並進。程名振用一千多人進行截擊，沉掉了運糧船，燒毀了運糧車。

唐宋州總管盛彥師率領齊州總管王薄攻打須昌，到潭州徵調軍糧。潭州刺史李義滿與王薄有矛盾，關閉糧倉不給軍糧。等到須昌投降，盛彥師逮捕李義滿，關押在齊州監獄。唐高祖下詔釋放李義滿。傳達詔令的使者沒有到達齊州，李義滿憂憤，死在獄中。王薄回師，經過潭州，三月十七日戊戌夜晚，李義滿哥哥的兒子李武意抓住王薄，殺了他，盛彥師也坐罪處死。

唐高祖派遣使者賄賂突厥頡利可汗，並且答應與頡利通婚，頡利於是遣送漢陽公李瓌、鄭元璹、長孫順德等人返回唐朝。三月十九日庚子，又派遣使者前來建立友好關係，唐高祖也遣送突厥使者特勒熱寒、阿史那德等人返回突厥。○唐并州總管劉世讓屯駐雁門，頡利與高開道、苑君璋合兵攻打劉世讓，沒有攻下雁門，一個多月才退軍。

三月二十三日甲辰，唐任命隋朝交趾太守丘和為交州總管，丘和派司馬高士廉攜帶表章請求入京朝見，唐高祖下詔同意了他的請求，派丘和的兒子丘師利前往迎接。

秦王李世民與劉黑闥相持六十多天，劉黑闥暗中出兵襲擊李世勣的軍營，李世民帶兵掩襲劉黑闥身後來救援李世勣，被劉黑闥包圍。尉遲敬德率領壯士衝入包圍，李世民與略陽公李道宗乘機得以從包圍中出來。李道宗，是唐高祖的姪子。李世民估計劉黑闥沒有糧食了，必定前來決戰，於是命人在洺水上游築壩截斷河水，對看守堤壩的官吏說：「等我和敵人交戰時，就扒開堤壩。」三月二十六日丁未，劉黑闥率領兩萬步兵、騎兵向南渡過洺水，緊逼唐軍營寨布陣。李世民親自統率精銳騎兵攻擊劉黑闥的騎兵，打敗了敵軍，乘勝踩踏劉黑闥的步兵。劉黑闥率軍拼死戰鬥，從中午到黃昏，雙方交戰幾個回合，劉黑闥的兵力不能支持下去。

王小胡對劉黑闥說：「我們的智謀和兵力沒有了，應該早些逃走。」於是和劉黑闥率先潛逃，其餘的將士不知道情況，仍在格鬥拼殺。唐看守堤壩的官吏扒開堤壩，洺河大水到來，水深一丈多，劉黑闥的軍隊大敗，被斬首一萬多級，淹死幾千人。劉黑闥與范願等二百騎兵奔往突厥，山東地區全部平定。

高開道侵犯易州，殺死唐易州刺史慕容孝幹。

夏，四月初八日己未，隋朝的鴻臚卿甯長真率寧越、鬱林地區向李靖請求投降，通向交州與愛州的道路始被打通。唐任命甯長真為欽州總管。

以夔州總管趙郡王孝恭為荊州總管。

徐圓朗聞劉黑闥敗，大懼，不知所出。河間❶人劉復禮說圓朗曰：「有劉世徹❷者，其才不世出❸，名高東夏❹，且有非常之相，真帝王之器。將軍若自立，恐終無成。若迎世徹而奉之，天下指揮可定。」圓朗然之，使復禮迎世徹於浚儀❺。或說圓朗曰：「將軍為人所惑，欲迎劉世徹而奉之。世徹若得志，將軍豈有全地❻乎？僕不敢遠引前古，將軍獨不見翟讓之於李密❼乎？」圓朗復以為然。世徹至，已有眾數千人，頓於城外❽，以待圓朗出迎。圓朗不出，使人召之。世徹知事變，欲亡走，恐不免，乃入謁。圓朗悉奪其兵，以為司馬，使徇譙、杞二州。東人❾素聞其名，所向皆下，圓朗遂殺之。

秦王世民自河北引兵將擊圓朗，會上召之，使馳傳[10]入朝，乃以兵屬齊王元吉。庚申[11]，世民至長安，上迎之於長樂[12]。世民具陳取圓朗形勢，上復遣之詣黎陽，會大軍趨濟陰[13]。

丁卯[14]，廢山東行臺[15]。

壬申[16]，代州總管定襄王李大恩為突厥所殺。先是，大恩奏稱突厥饑饉，馬邑可取。詔殿內少監獨孤晟[17]將兵與大恩共擊苑君璋，期[18]以二月會馬邑。失期[19]不至，大恩不能獨進，頓兵新城[20]。頡利可汗遣數萬騎與劉黑闥共圍大恩，上遣右驍衛大將軍李高遷[21]救之。未至，大恩糧盡，夜遁，突厥邀之，眾潰而死，上惜之。獨孤晟坐減死徙邊。

丙子[22]，行臺民部尚書史萬寶攻徐圓朗陳州[23]，拔之。○戊寅[24]，廣州賊帥鄧文進[25]、隋合浦太守甯宣[26]、日南[27]太守李晙[28]並來降。

五月庚寅[29]，瓜州土豪王幹斬賀拔行威[30]以降，瓜州平。○突厥寇忻州[31]，李高遷擊破之。

六月辛亥[32]，劉黑闥引突厥寇山東，詔燕郡王李藝擊之。○癸丑[33]，吐谷渾寇洮、旭、疊三州[34]，岷州總管李長卿擊破之。○乙卯[35]，遣淮安王神通擊徐圓朗。〇丁卯㊱，劉黑闥引突厥寇定州。

秋，七月甲申㊲，為秦王世民營弘義宮㊳，使居之。〇世民擊徐圓朗，下十餘城，聲震淮、泗㊴。杜伏威懼，請入朝。〇世民以淮、濟㊵之間略定，使淮安王神通、行軍總管任瓌、李世勣攻圓朗。乙酉㊶，班師。

丁亥㊷，杜伏威入朝，延升御榻㊸，拜太子太保，仍兼行臺尚書令，留長安，位在齊王元吉上，以寵異㊹之。以闞稜㊺為左領軍將軍。

李子通謂樂伯通曰：「伏威既來，江東未定，我往收舊兵，可以立大功。」遂相與亡至藍田關㊻，為吏所獲，俱伏誅。

劉黑闥至定州，其故將曹湛、董康買亡命在鮮虞㊼，復聚兵應之。甲午㊽，以淮陽王道玄為河北道行軍總管以討之。

丙申㊾，遷州㊿人鄧士政執刺史李敬昂(51)以反。

【章旨】以上為第三段，寫李世民移兵山東討徐圓朗，劉黑闥引突厥入寇，捲土重來。

【注釋】❶河間　郡名，治所在今河北河間。❷劉世徹　彭城（今江蘇徐州）人，才幹出眾。徐圓朗欲奉之，後聽信讒言，忌而殺之。傳見《隋書》卷六十三。❸其才不世出　他的才能不是每個時代都會出現的。❹東夏　指山東、河北一帶。❺浚儀　縣名，縣治在今河南開封。❻全地　安全之地。❼翟讓之於李密　李密先為翟讓部將，後翟讓推李密為主，稱魏公。隨著地位的變化，李密用陰謀手段殺害了翟讓。❽頓於城外　停駐城外。❾東人　東方人。❿馳傳　謂乘傳車而急馳。傳，傳車。⑪庚申　四月初九。⑫長樂　長樂坂在長安城東。⑬濟陰　郡名，治所在今山東定陶。⑭丁卯　四月十六日。⑮廢山東行臺　劉黑闥敗，奔突厥，山東悉平，故廢山東行臺。⑯壬申　四月二十一日。⑰獨孤晟　唐初大臣，武德初署為殿內少監。事跡見《舊唐書》卷一百九十四、《新唐書》卷二百十五〈突厥傳〉。⑱期　約定。⑲失期　誤了期限。⑳新城　據胡三省注，新城當在朔州（今山西朔州）南。㉑李高遷　（?—西元六五四年）岐州（今陝西鳳翔）人，唐初將領。執高君雅有功，以右三統軍從下霍邑。後累遷西麟州刺史。傳見《舊唐書》卷五十七、《新唐書》卷八十八。㉒丙子　四月二十五日。㉓陳州　州名，治所在今河南淮陽。㉔戊寅　四月二十七日。㉕鄧文進　隋末群雄之一，據廣州（今廣東廣州）起兵。武德五年（西元六二二年）降唐。事跡見《新唐書》卷一〈高祖紀〉。㉖甯宣　隋末嶺南地方頭目。隋亡，附於蕭銑。武德初降唐。事跡見《新唐書》卷二百二十二〈南蠻傳〉。㉗日南　郡名，治所在今越南義安榮市。㉘李晙　隋末日南郡太守，武德五年降唐。事跡見《新唐書》卷七十二〈宰相世系二上〉。㉙庚寅　五月初九。㉚賀拔行威　（?—西元六二二年）瓜州（今甘肅敦煌西）人，初為瓜州刺史。後叛亂，戰敗降唐，為瓜州民所殺。事跡見《舊唐書》卷六十二、《新唐書》卷一百〈楊恭仁傳〉。㉛忻州　州名，治所在今山西忻州。㉜辛亥　六月初一。㉝癸丑　六月初三。㉞洮旭疊三州　洮州，治所在今甘肅臨潭。旭州，治所當在甘肅舊慶陽境。疊州，治所在今甘肅迭部。㉟乙卯　六月初五。㊱丁卯　六月十七日。㊲甲申　七月初五。㊳弘義宮　後改為大安宮。在宮城外西偏。㊴淮泗　淮水、泗水流域。㊵淮濟　淮水、濟水。㊶乙酉　七月初六。㊷丁亥　七月初八。㊸延升御榻　引升而坐於帝床之上。㊹寵異　優寵殊異。㊺闞稜　（?—西元六二三年）章丘（今山東章丘）人，杜伏威據江淮，以戰功署左將軍。從伏威入朝，拜越州都督。傳見《舊唐書》卷五十六、《新唐書》卷九十二。㊻藍田關　一名藍關。在今陝西商州西北。㊼鮮虞　縣名，縣治在今河北定州。㊽甲午　七月十五日。㊾丙申　七月十七日。㊿遷州　州名，治所在今湖北竹山縣。(51)李敬昂　唐初遷州刺史。事跡見《新唐書·高祖紀》。

【語譯】唐任命夔州總管趙郡王李孝恭為荊州總管。

徐圓朗聽說劉黑闥失敗，大為恐懼，不知向何處進軍。河間人劉復禮勸徐圓朗說：「有位名叫劉世徹的人，他的才能不是每個時代都會出現的，在東夏有很高的名望，並且有非同常人的相貌，真有帝王的器度。將軍如果自立為王，恐怕最終一事無成。如果迎來劉世徹，尊奉為君主，天下在指揮之間就可以平定。」徐圓朗同意他的意見，派劉復禮在浚儀縣迎接劉世徹。有人勸徐圓朗說：「將軍被人迷惑，打算迎來劉世徹尊奉為君主。劉世徹如果得志了，將軍哪裡有安全之地呢？我不敢遠引前代之事，將軍難道沒有看到翟讓與李密的關係嗎？」徐圓朗又認為這也說得對。劉世徹到來時，已有部眾幾千人，屯駐城外，等待徐圓朗出城迎接。徐圓朗不出城，派人召劉世徹進城。劉世徹知道事情有了變故，打算逃走，又害怕不能免禍，就進城謁見徐圓朗。徐圓朗奪走了他的人馬，任命他為司馬，派他攻略譙、杞二州。東方人一向聽說劉世徹的大名，所到之處全都歸順，徐圓朗於是殺了劉世徹。

秦王李世民從河北帶兵即將攻打徐圓朗，正好唐高祖召見他，讓他急馳傳車入朝，於是李世民把軍隊交給齊王李元吉。四月初九日庚申，李世民到達長安，唐高祖到長樂坂迎接他。李世民詳細說明了攻取徐圓朗的形勢，唐高祖又派他前往黎陽，會同大軍奔赴濟陰。

四月十六日丁卯，唐廢除山東行臺。

四月二十一日壬申，唐代州總管定襄王李大恩被突厥殺害。在此之前，李大恩上奏說突厥發生饑荒，可以攻取馬邑。唐高祖下詔命殿內少監獨孤晟帶兵與李大恩一起攻打苑君璋，約定二月會師馬邑。獨孤晟誤期沒有到達，李大恩不能獨自進軍，屯駐在新城。突厥頡利可汗派幾萬騎兵與劉黑闥一起包圍了李大恩，唐高祖派右驍衛大將軍李高遷救援李大恩。李高遷沒有到達，李大恩糧盡，夜裡逃遁，突厥阻截，李大恩軍隊潰散被殺，唐高祖很痛惜。獨孤晟因此獲罪，減刑免死，流放邊地。

四月二十五日丙子，唐行臺民部尚書史萬寶攻打徐圓朗的陳州，攻取了陳州。〇二十七日戊寅，廣州賊帥鄧文進、隋朝合浦太守甯宣、日南太守李晙一併前來降唐。

五月初九日庚寅，瓜州土豪王幹殺死賀拔行威後降唐，瓜州平定。〇突厥侵犯忻州，李高遷打敗了突厥。

六月初一日辛亥，劉黑闥引導突厥軍隊侵犯山東，唐高祖下詔命燕郡王李藝攻擊突厥的軍隊。〇初三日癸丑，吐谷渾侵犯洮、旭、疊三州，唐岷州總管李長卿打敗了吐谷渾的軍隊。〇初五日乙卯，唐派淮安王李神通攻打徐圓朗。〇十七日丁卯，劉黑闥引導突厥軍隊侵犯定州。

秋，七月初五日甲申，唐為秦王李世民營建弘義宮，讓他居住那裡。〇李世民攻打徐圓朗，攻下十餘城，聲震淮水、泗水地區。杜伏威害怕了，請求入京朝見。〇李世民因為淮、濟之間大體平定，讓淮安王李神通、行軍總管任瓌、李世勣攻打徐圓朗。初六日乙酉，李世民班師回朝。

七月初八日丁亥，杜伏威入京朝見，皇帝請他登上御榻，官拜太子太保，仍然兼任行臺尚書令，把他留在長安，官位在齊王李元吉之上，表示特殊的優寵。唐任命闞稜為左領軍將軍。

李子通對樂伯通說：「杜伏威已來長安，江東還沒有平定，我們前去收拾舊部，可以建立大功。」於是一起逃跑到藍田關，被官吏抓獲，都被處死。

劉黑闥到了定州，他的舊時將領曹湛、董康買逃亡在鮮虞，又召集兵馬響應劉黑闥。七月十五日甲午，唐任命淮陽王李道玄為河北道行軍總管，討伐劉黑闥。

七月十七日丙申，遷州人鄧士政抓住刺史李敬昂，反叛朝廷。

丁酉❶，隋漢陽太守馮盎❷承李靖檄❸，帥所部來降，以其地為高、羅、春、白、崖、儋、林、振八州❹，以盎為高州總管，封耿國公。先是❺，或說❻盎曰：「唐始定中原，未能及遠，公所領二十州地已廣於趙佗❼，宜自稱南越王。」盎曰：「吾家居此五世❽矣，為牧伯者不出吾門❾，富貴極矣，常懼不克負荷❿，為先人羞，敢效⓫趙佗自王一方乎！」遂來降。於是嶺南悉平。

八月辛亥⓬，以洺、荊、交、并、幽五州為大總管府。〇改葬隋煬帝於揚州雷塘⓭。

【章　旨】以上為第四段，嶺南全境歸附。

【注　釋】❶丁酉　七月十八日。❷漢陽太守馮盎　隋仁壽初，潮、成等五州獠人叛亂，隋文帝令盎發江、嶺兵討擊，平定獠人後，授金紫光祿大夫，除漢陽太守。盎傳見《舊唐書》卷一百九、《新唐書》卷一百十。❸承李靖檄　接受李靖檄文。❹高羅春白崖儋林振八州　高州，治所在今廣東陽江縣西。羅州，治所在今廣東化州。春州，治所在今廣東陽春。白州，治所在今廣西博白。崖州，治所在今海南瓊山縣東南。儋州，治所在今海南儋州。林州，治所在今廣西桂平南。振州，治所在今海南三亞西北崖城鎮。❺先是　先此。為追述舊事慣用語。❻或說　有人遊說。❼趙佗　（？—西元前一三七年）南越國王，真定（今河北正定）人，秦末為南海郡（治所在今廣東廣州）尉。秦亡後，據有南海、桂林、象郡，建立南越國。西漢初，封為南越王。事跡見《漢書》卷九十五〈南越傳〉。❽吾家居此五世　據《新唐書》馮盎本傳，馮業始居番禺，業子融事梁為羅州刺史，融子寶聘越大姓洗氏女子妻，遂為首領。從寶至盎三世，加上業、融兩世，則為五世。❾為牧伯者不出吾門　當州牧、方伯者，無不出自我們馮家。❿不克負荷　不能承擔。⓫敢効　豈敢效法。⓬辛亥　八月初二。⓭雷塘　又稱雷陂。在今江蘇揚州城北。

【語　譯】七月十八日丁酉，隋朝漢陽太守馮盎接受了李靖的檄文，率領部屬前來降唐，唐把馮盎的轄地設置為高州、羅州、春州、白州、崖州、儋州、林州、振州共八個州，任命馮盎為高州總管，封給爵位為耿國公。在此之前，有人勸馮盎說：「唐剛剛平定中原，不能顧及邊遠地區，你所管轄的二十州的地域已經超過趙佗，應當自稱南越王。」馮盎說：「我家居住此地五代了，當州牧的無不出自吾家，富貴至極，常怕不能勝任重擔，讓先人蒙羞，怎敢效法趙佗自己稱王一方呢！」於是前來投降。從此嶺南地區全部平定。

八月初二日辛亥，唐把洺州、荊州、交州、并州、幽州共五州設立為大總管府。〇唐把隋煬帝改葬在揚州的雷塘。

甲戌❶，吐谷渾寇岷州，敗總管李長卿。詔益州行臺右僕射竇軌、渭州❷刺史且❸洛生救之。

乙卯❹，突厥頡利可汗寇邊，遣左武衛將軍段德操、雲州總管李子和❺將兵拒之。子和本姓郭，以討劉黑闥有功，賜姓。丙辰❻，頡利十五萬騎入鴈門。己未❼，寇并州，別遣兵寇原州❽。庚申❾[1]，命太子出幽州❿道、秦王世民出秦州⓫道以禦之。李子和趨雲中⓬，掩擊可汗。段德操趨夏州⓭，邀⓮其歸路。

辛酉⓯，上謂羣臣曰：「突厥入寇而復求和，和與戰孰利⓰？」太常卿鄭元璹曰：「戰則怨深，不如和利⓱。」中書令封德彝曰：「突厥恃犬羊之眾⓲，有輕中國之意，若不戰而和，示之以弱，明年將復來。臣愚以為不如擊之，既勝而後與和，則恩威兼著⓳矣。」上從之。

己巳⓴，并州大總管襄邑王神符㉑破突厥於汾東。汾州㉒刺史蕭顗破突厥，斬首五千餘級。○吐谷渾陷[2]洮州㉓，遣武州㉔刺史賀拔亮[3]禦之。

丙子㉕，突厥寇廉州，戊寅㉖，陷大震關㉗。上遣鄭元璹詣頡利。是時，突厥精騎數十萬，自介休至晉州，數百里間，填㉘溢山谷。元璹見頡利，責以負約㉙，與相辨詰㉚，頡利頗慚。元璹因說頡利曰：「唐與突厥，風俗不同，突厥雖得唐地，不能居也。今虜掠所得，皆入國人㉛，於可汗何有㉜？不如旋師，復修和親，可無跋涉㉝之勞，坐受金幣㉞，又皆入可汗府庫，孰與㉟棄昆弟積年之歡㊱，而結子孫無窮之怨乎！」頡利悅，引兵還。元璹自義寧㊲以來，五使突厥，幾死者數焉。

九月癸巳㊳，交州刺史權士通、弘州總管宇文歆、靈州總管楊師道擊突厥於三觀山，破之。○乙未㊴，太子班師。○丙申㊵，宇文歆邀突厥於崇崗鎮，大破之，斬首千餘級。壬寅㊶，定州總管雙士洛㊷擊突厥於恆山㊸之南。丙午㊹，領軍㊺將軍安興貴擊突厥於甘州，皆破之。

劉黑闥陷瀛州，殺刺史馬匡武。鹽州㊻人馬君德以城叛附黑闥。高開道寇蠡州㊼。

【章旨】以上為第五段，寫突厥頡利可汗大舉入寇，唐軍戰敗突厥，復與之和親。

【注釋】❶甲戌　八月二十五日。❷渭州　州名，治所在今甘肅隴西縣東南。❸且　姓。❹乙卯　八月初六日。❺李子和（？—西元六六四年）同州蒲城（今陝西蒲城）人，本姓郭。從太宗平劉黑闥有功，高祖賜姓李氏。傳見《舊唐書》卷五十六、《新唐書》卷九十二。❻丙辰　八月初七日。❼己未　八月初|日。❽原州　州名，治所在今寧夏固原。❾庚申　八月十一日。❿幽州　胡三省注：「當作『豳州』。」豳州，治所在今陝西彬縣。⓫泰州　胡三省注：「當作『泰州』。」泰州，治所在今山西河津縣城東南。⓬雲中　郡名，治所在今內蒙古托克托東北。⓭夏州　州名，治所在今陝西靖邊東北白城子。⓮邀　截擊。⓯辛酉　八月十二日。⓰和與戰孰利　和談與作戰哪樣有利。⓱不如和利　不如議和有利。⓲恃犬羊之眾　依恃犬羊一樣眾多的兵力。⓳恩威兼著　恩德與威勢兼而有之。⓴己巳　八月二十日。㉑襄邑王神符（西元五七八—六五一

年）高祖從父弟。武德元年，進封襄邑郡王。傳見《舊唐書》卷六十、《新唐書》卷七十八。㉒汾州　州名，治所在今山西汾陽。㉓洮州　州名，治所在今甘肅臨潭。㉔武州　州名，治所在今甘肅武都東南。㉕丙子　八月二十七日。㉖戊寅　八月二十九日。㉗大震關　關名，在今甘肅清水縣東隴山東坡。㉘填　滿；充塞。㉙負約　違背約誓。㉚辨詰　辯論詰難。㉛皆入國人　皆歸國人。㉜於可汗何有　於可汗何利之有。㉝跋涉　草行曰跋，水行曰涉。㉞金幣　黃金幣帛。㉟孰與　與……比，哪一個……，哪裡比得上。㊱棄昆弟積年之歡　放棄兄弟累年友好。㊲義寧　隋恭帝楊侑年號(西元六一七－六一八年)。㊳癸巳　九月十五日。㊴乙未　九月十七日。㊵丙申　九月十八日。㊶壬寅　九月二十四日。㊷雙士洛　姓雙，名士洛，唐武德初定州總管，破突厥有功。事跡見《新唐書》卷八十六〈劉黑闥傳〉。㊸恆山　五嶽之北嶽，在今河北曲陽西北，與山西接壤處。避漢文帝諱，改名常山。㊹丙午　九月二十八日。㊺領軍　官名，隋有左右領軍府，與十二府中的其他十府同掌禁衛兵。唐有左、右領軍衛，與十六衛中的其他十四衛同掌禁衛兵，設上將軍、大將軍及將軍。㊻鹽州　州名，治所在今陝西定邊。㊼蠡州　州名，治所在今河北蠡縣。

【校　記】①庚申　原誤作「庚子」。據章鈺校，十二行本、乙十一行本、孔天胤本皆作「庚申」，張瑛《通鑑校勘記》同，今據校正。②陷　原作「寇」。據章鈺校，十二行本、乙十一行本、孔天胤本皆作「陷」，張瑛《通鑑校勘記》同，今從改。③賀拔亮　原作「賀亮」。據章鈺校，十二行本、乙十一行本、孔天胤本皆作「賀拔亮」，張瑛《通鑑校勘記》同，今從改。

【語　譯】八月二十五日甲戌，吐谷渾侵犯岷州，打敗了唐總管李長卿。唐高祖下詔命益州行臺右僕射竇軌、渭州刺史且洛生援救李長卿。

八月初六日乙卯，突厥頡利可汗侵犯邊境，唐派遣左武衛將軍段德操、雲州總管李子和率軍抵抗。李子和本姓郭，由於討伐劉黑闥有功，賜姓李。初七日丙辰，頡利的十五萬騎兵進入雁門。初十日己未，侵犯并州，另外又派兵侵犯原州。十一日庚申，唐高祖命太子李建成從豳州道出兵，命秦王李世民從泰州道出兵抵禦突厥。李子和急速奔赴雲中，突然襲擊頡利可汗。段德操奔赴夏州，阻截突厥的退路。

八月十二日辛酉，唐高祖對群臣說：「突厥入侵而又來求和，和與戰哪個更有利？」太常卿鄭元璹說：「交戰就會仇怨深結，不如講和有利。」中書令封德彝說：「突厥仗著如同犬羊一樣多的兵力，有輕視中原王朝的想法，如果不戰就講和，向他們顯示軟弱，明年將會再來。臣的愚見認為不如攻擊他們，取勝以後再講和，那就恩威兼顧了。」唐高祖聽從了封德彝的意見。

八月二十日己巳，唐并州大總管襄邑王李神符在汾東打敗突厥。汾州刺史蕭顗打敗突厥，斬首五千多級。○吐谷渾攻陷洮州，唐派武州刺史賀拔亮抵禦吐谷渾。

八月二十七日丙子，突厥侵犯廉州，二十九日戊寅，攻陷大震關。唐高祖派鄭元璹前往頡利可汗那裡。當時，突厥人的精銳騎兵幾十萬，從介休到晉州，數百里間，布滿山谷。鄭元璹見到頡利，責備他背叛盟約，與頡利展開辯論，頡利頗為慚愧。鄭元璹趁機勸頡利說：「唐與突厥，風俗不同，突厥雖然得到唐的領土，也不能居住。如今虜掠所得，都給了突厥百姓，對於可汗您得到了什麼？不如回軍，重新議和通婚，可以沒有跋涉的辛勞，坐享黃金幣帛，又都進入可汗的府庫，這與拋棄兄弟之間的累年友好，結成子孫後代的無窮仇怨相比，哪一個更好呢！」頡利很高興，帶兵返回突厥。鄭元璹從義寧年間以來，五次出使突厥，好幾次差一點被殺。

九月十五日癸巳，唐交州刺史權士通、弘州總管宇文歆、靈州總管楊師道在三觀山攻擊突厥，打敗了敵軍。○十七日乙未，太子李建成班師回朝。○十八日丙申，宇文歆在崇崗鎮攔擊突厥，大敗敵軍，斬首一千多級。二十四日壬寅，唐定州總管雙士洛在恆山南麓攻擊突厥。二十八日丙午，唐領軍將軍安興貴在甘州攻打突厥，都打敗了敵軍。

劉黑闥攻陷瀛州，殺了唐刺史馬匡武。鹽州人馬君德率鹽州城反叛，歸附劉黑闥。高開道侵犯蠡州。

冬，十月己酉❶，詔齊王元吉討劉黑闥於山東。壬子❷，以元吉為領軍大將軍、并州大總管。癸丑❸，貝州刺史許善護與黑闥弟十善戰於鄃縣❹，善護全軍皆沒。甲寅⑤，右武候將軍桑顯和擊黑闥於晏城⑥，破之。觀州⑦刺史劉會以城叛附黑闥。○契丹寇北平⑧。

甲子⑨，以秦王世民領左、右十二衛⑩大將軍。

乙丑⑪，行軍總管淮陽壯王道玄⑫與劉黑闥戰于下博⑬，軍敗，為黑闥所殺。時道玄將兵三萬，與副將史萬寶不協⑭。道玄帥輕騎先出犯陳，使萬寶將大軍繼之。萬寶擁兵不進，謂所親曰：「我奉手敕云，淮陽小兒，軍事皆委老夫。今王輕脫⑮妄進，若與之俱，必同敗沒，不如以王餌賊⑯。王敗，賊必爭進，我堅陳以待之，破之必矣。」由是道玄獨進敗沒。萬寶勒兵將戰，士卒皆無鬭志，軍遂大潰，萬寶逃歸。道玄數從秦王世民征伐，死時年十九，世民深惜之，謂人曰：「道玄常從吾征伐，見吾深入賊陳，心慕效⑰之，以至於此。」為之流涕。世民自起兵以來，前後數十戰，常身先士卒，輕騎深入，雖屢危殆⑱，而未嘗為矢刃所傷。

林士弘遣其弟鄱陽王藥師攻循州，刺史楊略與戰，斬之，其將王戎以南昌州⑲降。士弘懼，己巳⑳，請降。尋復走保安成㉑山洞，袁州㉒人相聚應之，洪州總管若干則遣兵擊破之。會士弘死，其眾遂散。

淮陽王道玄之敗也，山東震駭，洺州總管廬江王瑗棄城西走，州縣皆叛附於黑闥，旬日間，黑闥盡復故地，乙亥㉓，進據洺州。十一月庚辰㉔，滄州刺史程大賈為黑闥所迫，棄城走。齊王元吉畏黑闥兵彊，不敢進。

【章　旨】以上為第六段，寫劉黑闥盡復故地與徐圓朗合勢，齊王李元吉征討，畏懦不敢進。

【注　釋】❶己酉　十月初一。❷壬子　十月初四。❸癸丑　十月初五。❹鄃縣　縣名，治所在今山東夏津。❺甲寅　十月初六。❻晏城　縣名，縣治在今河北東鹿西。❼觀州　州名，治所在今河北景縣東北。❽北平　郡名，治所在今河北盧龍。❾甲子　十月十六日。❿十二衛　隋文帝時置十二府，統禁衛兵。後擴充為十六衛。唐沿隋制，名稱略有改變。其十六衛是：左右衛、左右驍騎、左右武衛、左右威衛、左右領軍衛、左右金吾衛、左右監門衛、左右千牛衛。其中左右監門衛、左右千牛衛不領府兵，其餘領府兵者為唐代的十二衛。⓫乙丑　十月十七日。⓬淮陽壯王道玄　李道玄，唐高祖從父兄子，武德元年封淮陽王，卒後諡曰壯。傳見《舊唐書》卷六十、《新唐書》卷七十八。⓭下博　縣名，縣治在今河北深州東南。⓮不協　不和協。⓯輕脫　輕率；輕躁佻脫。⓰以王餌賊　以王（指道玄）為賊之誘餌，藉以獲賊。⓱慕効　羨慕而效法。⓲危殆　危險困殆。⓳南昌州　治所在今江西永修。⓴己巳　十月二十一日。㉑安成　縣名，縣治在今江西安福。㉒袁州　州名，治所在今江西宜春。㉓乙亥　十月二十七日。㉔庚辰　十一月初三。

【語　譯】冬，十月初一日己酉，唐高祖下詔命齊王李元吉在山東討伐劉黑闥。初四日壬子，任命李元吉為領軍大將軍、并州大總管。初五日癸丑，唐貝州刺史許善護在鄃縣與劉黑闥弟弟劉十善交戰，許善護全軍覆沒。初六日甲寅，唐右武候將軍桑顯和在晏城攻打劉黑闥，打敗了他。唐觀州刺史劉會率觀州城反叛，歸附了劉黑闥。〇契丹侵犯北平。

十月十六日甲子，任命秦王李世民統領左、右十二衛大將軍。

十月十七日乙丑，唐行軍總管淮陽壯王李道玄在下博與劉黑闥交戰，唐軍失敗，李道玄被劉黑闥殺死。

當時李道玄率軍三萬，與副將史萬寶不和。李道玄率領輕騎兵率先出戰衝擊敵陣，讓史萬寶率大軍繼踵其後。史萬寶擁兵不進，對他的親信說：「我奉皇帝手書敕令說，淮陽王是個小孩子，軍事全都委託我這個老夫。現在淮陽王輕率妄進，如果和他一起行動，必然共同敗亡，不如拿淮陽王做餌引誘敵人。如果淮陽王失敗，敵人必定爭相前進，我堅守陣地等待敵人，一定能夠打敗敵人。」因此李道玄孤軍深入戰敗陣亡。史萬寶整軍將戰，士兵全無鬥志，唐軍於是大敗，史萬寶逃了回來。李道玄多次跟隨秦王李世民征伐，死時年十九歲，李世民深為痛惜，對人說道：「道玄常隨我征伐，見我深入敵陣，心中羡慕，仿效我，以至於這種地步。」為李道玄的陣亡而流淚。李世民自從太原起兵以來，前後數十戰，常常身先士卒，輕騎深入敵陣，雖然多次遇到危險，卻未曾被刀箭所傷。

林士弘派遣他的弟弟鄱陽王林藥師攻打循州，唐循州刺史楊略與林藥師交戰，殺死了林藥師，林藥師的將領王戎率南昌州投降。林士弘恐懼，十月二十一日己巳，請求投降。不久又逃走，固守安成山洞，袁州百姓相互聚集響應林士弘，唐洪州總管若干則派兵打敗了他們。正好林士弘死了，他的部眾便散去了。淮陽王李道玄敗亡後，山東震驚，唐洺州總管廬江王李瑗棄城西逃，州縣都反叛歸附了劉黑闥，旬日之間，劉黑闥全部收復了舊時的地盤，十月二十七日乙亥，進軍佔據洺州。十一月初三日庚辰，唐滄州刺史程大買被劉黑闥所迫，棄城逃走。齊王李元吉畏懼劉黑闥兵力強盛，不敢進軍。

上之起兵晉陽也，皆秦王世民之謀❶。上謂世民曰：「若事成，則天下皆汝所致，當以汝為太子。」世民拜且辭。及為唐王，將佐亦請以世民為世子。上將立之，世民固辭而止。太子建成性寬簡❷，喜酒色遊畋，齊王元吉多過失，皆無寵於上。世民功名日盛，上常有意以代建成。建成內不自安❸，乃與元吉協謀❹

共傾世民，各引樹黨友❺。

上晚年多內寵，小王且二十人❻，其母競交結諸長子以自固❼。建成與元吉曲意事諸妃嬪，諂諛❽賂遺，無所不至，以求媚於上。或言烝❾於張婕妤、尹德妃，宮禁深祕，莫能明也❿。是時東宮、諸王公、妃主之家及後宮親戚橫長安中，奪人田宅[1]，恣⓫為非法，有司不敢詰⓬。世民居承乾殿⓭，元吉居武德殿⓮後院，與上臺⓯、東宮晝夜通行，無復禁限⓰。太子、二王出入上臺，皆乘馬攜弓刀雜物，相遇如家人禮。太子令、秦齊王教⓱與詔敕並行，有司莫知所從，唯據得之先後為定。世民獨不奉事諸妃嬪，諸妃嬪爭譽⓲建成、元吉而短⓳世民。

世民平洛陽，上使貴妃等數人詣洛陽選閱⓴隋宮人及收府庫珍物。貴妃等㉑私從世民求寶貨㉒及為親屬求官，世民曰：「寶貨皆已籍奏㉓，官當授賢才有功者。」皆不許，由是益怨。世民以淮安王神通有功，給田數十頃。張婕妤之父因婕妤求之於上，上手敕賜之。神通以教㉔給在先，不與。婕妤訴於上曰：「敕賜妾父田，秦王奪之以與神通。」上遂發怒，責世民曰：「我手敕不如汝教邪！」它日，謂左僕射裴寂曰：「此兒久典兵㉕在外，為書生所教，非復昔日子也。」尹德妃父阿鼠驕橫，秦王府屬杜如晦㉖過其門，阿鼠家童數人曳如晦墜馬，毆之，折一指，曰：「汝何人，敢過我門而不下馬！」阿鼠恐世民訴於上，先使德妃奏云：「秦王左右陵暴㉗妾家。」上復怒責世民曰：「我妃嬪家猶為汝左右所陵，況小民乎！」世民深自辯析，上終不信。

世民每侍宴宮中，對諸妃嬪，思太穆皇后㉘早終，不得見上有天下，或歔欷流涕，上顧㉙之不樂。諸妃嬪因密共譖世民曰：「海內幸無事，陛下春秋高㉚，唯宜相娛樂。而秦王每獨涕泣，正是憎疾妾等。陛下萬歲後㉛，妾母子必不為秦王所容，無孑遺㉜矣！」因相與泣，且曰：「皇太子仁孝，陛下以妾母子屬㉝之，必能保全。」上為之愴然。由是無易太子意，待世民浸疏㉞，而建成、元吉日親矣。

【章旨】以上為第七段，寫李世民功高震主，太子李建成與齊王李元吉合謀讒毀李世民，朝廷潛伏危機。

【注釋】❶皆秦王世民之謀　隋義寧元年（西元六一七年），李世民、劉文靜、裴寂合謀推動李淵起兵反隋，事見本書卷一百八十三。❷寬簡　寬鬆簡易。❸內不自安　心不自安。❹協謀　合謀。❺引樹黨友　招引培植黨羽。❻小王且二十人　胡三省注云：「尹德妃生酆王元亨，莫嬪生荊王元景，孫嬪生漢王元昌，宇文昭儀生韓王元嘉、魯王靈夔，瞿嬪生鄧王元裕，楊嬪生江王元祥，小楊嬪生舒王元名，郭婕妤生徐王元禮，劉婕妤生道王元慶，楊美人生虢王元鳳，張美人生霍王元軌，張寶林生鄭王元懿，柳寶林生滕王元嬰，王才人生彭王元則，魯才人生密王元曉，張氏生周王元方，凡十七人。且者，將及未及之辭。」❼以自固　以鞏固自己的地位。❽諂諛　諂媚阿諛。❾蒸　通「烝」。古指同母輩通姦，下淫於上為烝。❿宮禁深祕二句　宮禁深邃隱密，外間不能明其內幕。⓫恣　縱恣。⓬詰　責問。⓭承乾殿　即承慶殿。長安太極宮內殿之一。⓮武德殿　武德殿為太極宮內的重要宮殿。位於兩儀殿之東，東宮之西。⓯上臺　謂皇帝所居住的地方。⓰禁限　禁止限隔。⓱太子令秦齊王教　太子所下命令為令；秦齊二王所下者為教；皇帝頒發的命令為詔敕。⓲譽　稱讚。⓳短　詆毀。⓴選閱　閱視而選擇。㉑貴妃等　唐制，皇后而下有貴妃、淑妃、德妃、賢妃，是為夫人。昭儀、昭容、昭媛、修儀、修容、修媛、充儀、充容、充媛，是為九嬪。婕妤、美人、才人各九，合二十七，是為世婦。寶林、御女、采女各二十七，合八十一，是為御妻。㉒寶貨　珍寶財貨。㉓籍奏　登入簿籍而上奏。㉔教　指秦王之教。㉕典兵　掌兵。㉖杜如晦　（西元五八五－六三〇年）字克明，京兆杜陵（今陝西長安東）人，太宗時，累官至尚書右僕射，封萊國公。傳見《舊唐書》卷六十六、《新唐書》卷九十六。㉗陵暴　欺陵侵暴。㉘太穆皇后　竇皇后謚太穆，高祖未即位先崩，建成、世民、玄霸、元吉，皆其所生。㉙顧視。㉚春秋高　年齡高。㉛萬歲後　即死後。人壽無過萬歲者，故言萬歲後，即死後。㉜無子遺　言必皆誅翦，沒有子然見遺者。㉝屬　囑託。㉞浸疏　逐漸疏遠。

【校記】①奪人田宅　原無此句。據章鈺校，十二行本、乙十一行本、孔天胤本皆有此句，張敦仁《通鑑刊本識誤》、張瑛《通鑑校勘記》同，今據補。

【語譯】唐高祖起兵晉陽時，都是秦王李世民的謀劃。唐高祖對李世民說：「如果事業成功，那麼天下都是你帶來的，應當立你為太子。」李世民拜謝並推辭。等到唐高祖成為唐王時，將領們也請求立李世民為世子。唐高祖將要冊立，李世民堅決推辭才作罷。太子李建成性情寬鬆簡易，喜歡飲酒、女色、打獵，齊王李元吉多有過失，都不受唐高祖的寵愛。李世民的功勳名望日益隆盛，唐高祖常常有意讓他代替李建成為太子。李建成心中不安，就與李元吉合謀，一起排擠李世民，他們各自招引培植黨羽。

唐高祖晚年在內宮寵幸許多妃嬪，年幼的小王近二十人，他們的母親競相交結各位年長的王子以鞏固自己的地位。李建成和李元吉都用盡心機奉侍各位妃嬪，諂媚阿諛，賄賂饋贈，無所不至，想通過她們獲得唐高祖的青睞。有人說他們與張婕妤、尹德妃私通，宮禁深邃隱祕，無人能夠明瞭。當時，太子的東宮、各王公、妃主之家以及後宮妃嬪的親屬橫行長安，搶奪百姓的田宅，恣意幹非法之事，主管官衙不敢責問。李世民住在承乾殿，李元吉住在武德殿後院，與皇帝的寢宮、太子東宮晝夜通行，不再有所限制。太子與秦王、齊王出入皇帝寢宮，都乘馬、攜帶刀弓等雜物，彼此相見只按普通人家的禮節。太子下達的令、秦王和齊王下達的教令和唐高祖發布的詔敕同時並行，有關官衙不知所從，只根據收到的先後為準。只有李世民不奉侍諸位妃嬪，諸位嬪妃爭相稱讚李建成、李元吉而詆毀李世民。

李世民平定洛陽，唐高祖讓貴妃等幾個人前往洛陽挑選隋朝宮女和收取皇家倉庫裡的珍寶。貴妃等人私下向李世民索要珍寶財貨，又為自己的親屬求官，李世民說：「珍寶財貨都已經登錄在冊並上奏了，官位應當授予有賢才和有功勞的人。」對於她們的要求都沒有答應，因此妃嬪們更加怨恨他。李世民因為淮安王李神通有戰功，給他幾十頃田地。張婕妤的父親通過張婕妤向唐高祖要這些田地，唐高祖手寫敕令把這些田地賜給他。李神通因為秦王的教令先給了他田地，因此不給張婕妤的父親。張婕妤向唐高祖告狀說：「皇上敕書賜給妾的父親的田地，秦王奪去給了李神通。」唐高祖於是很生氣，責備李世民說：「我的親筆敕書不如你的教令嗎！」另一天，唐高祖對左僕射裴寂說：「這個兒子長期掌兵在外，被書生教唆，不再是原來的兒子了。」尹德妃的父親尹阿鼠驕恣橫行，秦王府屬官杜如晦經過他的門前，尹阿鼠的幾名家丁把杜如晦拉下馬，毆打他，打斷了一根手指，說：「你是什麼人，膽敢走過我們門前不下馬！」尹阿鼠害怕李世民告訴皇上，先讓尹德妃上奏說：「秦王的身邊親信欺陵妾家的人。」唐高祖又生氣地責備李世民說：「我的妃嬪家還受你身邊親信欺陵，何況是小老百姓呢！」李世民深加辯解說明，唐高祖始終不相信。

李世民每次在宮中侍奉唐高祖宴飲，面對諸位妃嬪，想到太穆皇后去世早，沒能看到唐高祖擁有天下，有時就歎氣流淚，唐高祖看到後很不高興。各位妃嬪於是暗中一起詆毀李世民說：「天下幸好平安無事，陛下高壽，只應當互相歡娛。可是秦王常常獨自流淚，當是憎恨我們。陛下萬歲之後，我們母子必定不為秦王容納，沒有一個人活下來！」於是一起流淚，並且說：「皇太子仁愛孝順，陛下把我們母子託付給太子，一定能保全性命。」唐高祖為此傷心。從此唐高祖沒有了改立太子的想法，對待李世民逐漸疏遠，而李建成、李元吉被日益親近了。

太子中允[1]王珪[2]、洗馬[3]魏徵說太子曰：「秦王功蓋天下，中外歸心。殿下[4]但以年長位居東宮，無大功以鎮服海內。今劉黑闥散亡之餘，眾不滿萬，資糧匱乏[5]，以大軍臨之，勢如拉朽，殿下宜自擊之，以取功名，因結納山東豪傑，庶可自安。」太子乃請行於上，上許之。珪，頍[6]之兄子也。甲申[7]，詔太子建成將兵討黑闥，其陝東道大行臺及山東道行軍元帥、河南河北諸州並受建成處分[8]，得以便宜從事。

乙酉[9]，封宗室略陽公道宗等十八人為郡王。道宗，道玄從父弟也，為靈州總管，梁師都遣弟洛兒引突厥數萬圍之，道宗乘間出擊，大破之。突厥與師都相結，遣其郁射設入居故五原[10]。道宗逐出之，斥地[11]千餘里。上以道宗武幹如魏任城王彰[12]，乃立為任城郡王。

丙申[13]，上幸宜州[14]。○己亥[15]，齊王元吉遣兵擊劉十善於魏州，破之。○癸卯[16]，上校獵於富平[17]。

劉黑闥擁兵而南，自相州以北州縣皆附之，唯魏州總管田留安勒兵拒守。黑闥攻之，不下，引兵南拔元城⑱，復還攻之。

十二月庚戌⑲，立宗室孝友等八人為郡王。孝友，神通之子也。○丙辰⑳，上校獵於華池㉑。○戊午㉒，劉黑闥陷恆州，殺刺史王公政。○庚申㉓，車駕至長安。○癸亥㉔，幽州大總管李藝復廉、定二州。

甲子㉕，田留安擊劉黑闥，破之，獲其莘州㉖刺史孟柱，降將卒六千人。是時山東豪傑多殺長吏㉗以應黑闥，上下相猜，人益離怨。留安待吏民獨坦然無疑，白㉘事者無問親疏，皆聽直入臥內㉙，每謂吏民曰：「吾與爾曹㉚俱為國禦賊，固宜同心協力，必欲棄順從逆者㉛，但自斬吾首去。」吏民皆相戒曰：「田公推至誠以待人，當共竭死力報之，必不可負㉜。」有苑竹林者，本黑闥之黨，潛有異志。留安知之，不發其事，引置左右，委以管鑰㉝。竹林感激，遂更歸心㉞，卒收其用㉟。以功進封道國公。

乙丑㊱，并州刺史成仁重擊范願，破之。

劉黑闥攻魏州未下。太子建成、齊王元吉大軍至昌樂㊲，黑闥引兵拒之，再陳，皆不戰而罷。魏徵言於太子曰：「前破黑闥，其將帥皆懸名處死㊳，妻子係虜㊴。故齊王之來，雖有詔書赦其黨與㊵之罪，皆莫之信。今宜悉解其囚俘，慰諭遣之，則可坐視離散矣。」太子從之。黑闥食盡，眾多亡，或縛其渠帥以降。黑闥恐城中兵出，與大軍表裏擊之，遂夜遁。至館陶㊶，永濟橋㊷未成，不得度。壬申㊸，太子、齊王以大軍至，黑闥使王小胡背水而陳，自視㊹作橋成，即過橋西，眾遂大潰，捨仗㊺來降。大軍度橋追黑闥，度者纔千餘騎，橋壞，由是黑闥得與數百騎亡去。

上以隋末戰士多沒於高麗，是歲，賜高麗王建武書，使悉遣還，亦使州縣索高麗人在中土者，遣歸其國。建武奉詔，遣還中國民前後以萬數。

【章　旨】以上為第八段，寫太子李建成與齊王李元吉征討劉黑闥以建功固位。

【注　釋】❶中允　官名，太子屬官，左右春坊各置一人，掌侍從禮儀，駁正啟奏，並監藥及通判坊局事。❷王珪　（西元五七〇—六三九年）字叔玠，郿（今陝西眉縣）人，初事建成。太宗詔為諫議大夫，推誠納善，每存規益。遷侍中，與房玄齡、李靖、溫彥博、戴胄、魏徵同輔政。官終禮部尚書。傳見《舊唐書》卷七十、《新唐書》卷九十八。❸洗馬　官名，專掌太子宮圖書。❹殿下　君主時代對太子或親王的尊稱。❺匱乏　缺乏；不足。❻頍　王頍（西元五五〇—六〇四年），隋經學家，字景文，文帝時為國子博士。坐事發配嶺南，死於隋文帝被弒，漢王諒發兵反時。傳見《隋書》卷七十六。❼甲申　十一月初七日。❽處分　處置；指揮。❾乙酉　十一月初八。❿五原　地名，在甘肅鹽池縣境內。⓫斥地　開拓土地。⓬魏任城王彰　三國魏曹操之子曹彰，字子文，少善射御，從戰征伐，所向有功。⓭丙申　十一月十九日。⓮宜州　州名，治所在今陝西耀州。⓯己亥　十一月二十二日。⓰癸卯　十一月二十六日。⓱富平　縣名，縣治在今陝西富平。⓲元城　縣名，縣治在今山東莘縣西南。⓳庚戌　十二月初三日。⓴丙辰　十二月初九日。㉑華池　縣名，縣治在今陝西三原。㉒戊午　十二月十一日。㉓庚申　十二月十三日。㉔癸亥　十二月十六日。㉕甲子　十二月十七日。㉖莘州　州名，治所在今山東莘縣。

㉗長吏　古代指地位較高的官員，一般指朝廷命官。㉘白　告；陳。㉙聽直入臥內　聽任直接進入臥室。㉚爾曹　爾輩。㉛棄順從逆者　放棄正道跟從叛逆的人。㉜負　違背；背棄。㉝委以管鑰　委派他掌管鑰匙。㉞遂更歸心　謂苑竹林改變心意歸順田留安。㉟卒收其用　最終獲得了報效。卒，副詞。終於。收，獲。㊱乙丑　十二月十八日。㊲昌樂　縣名，縣治在今河南南樂。㊳懸名處死　張榜公布其姓名，並處以死刑。㊴係虜　綁縛、囚禁。㊵黨與　黨徒；同黨。㊶館陶　縣名，縣治在今河北館陶。㊷永濟橋　隋煬帝鑿永濟渠，約在今河南北部和河北南部。永濟渠流經河北館陶縣，於水上築永濟橋。㊸壬申　十二月二十五日。㊹自視　親自監視。㊺捨仗　捨棄兵器。

【語譯】太子中允王珪、太子洗馬魏徵勸太子說：「秦王功蓋天下，朝廷內外心願所歸。殿下只是因為年長才處於太子之位，沒有重大功勞來鎮服天下。現在劉黑闥的部下是殘餘的散亡之人，部眾不滿一萬，糧食物資匱乏，如果用大軍向他進逼，就會勢如摧枯拉朽，殿下應當親自率軍攻打劉黑闥，以取功名，趁機結交山東的豪傑，略可使自己的地位穩定。」太子李建成於是向唐高祖請求帶兵出征，唐高祖答應了他的請求。王珪，是王頍哥哥的兒子。十一月初七日甲申，唐高祖下詔命太子李建成率軍討伐劉黑闥，陝東道大行臺及山東道行軍元帥、河南河北各州都受李建成指揮，可以根據情況自行做出決定。

十一月初八日乙酉，唐冊封宗室略陽公李道宗等十八人為郡王。李道宗，是李道玄的堂弟，為靈州總管，梁師都派弟弟梁洛兒招引幾萬突厥軍包圍他，李道宗乘機出擊，大敗敵軍。突厥與梁師都結合在一起，派他的郁射設進入唐地，住在原來的五原城。李道宗把郁射設趕出五原，開拓領土一千多里。唐高祖因為李道宗的勇武和才幹如同曹魏的任城王曹彰，於是立他為任城郡王。

十一月十九日丙申，唐高祖臨幸宜州。○二十二日己亥，齊王李元吉派兵在魏州攻打劉十善，打敗了他。○二十六日癸卯，唐高祖在富平狩獵。

劉黑闥率軍南下，從相州以北的州縣都歸附劉黑闥，只有魏州總管田留安率軍守城防禦。劉黑闥攻打魏州，沒有攻克，率軍南下攻取元城，又回軍攻打魏州。

十二月初三日庚戌，唐冊封宗室李孝友等八人為郡王。李孝友，是淮安王李神通的兒子。○初九日丙辰，唐高祖在華池縣圍獵。〇十一日戊午，劉黑闥攻陷恆州，殺死唐恆州刺史王公政。〇十三日庚申，唐高祖的車駕到了長安。〇十六日癸亥，唐幽州大總管李藝收復廉州、定州。

十二月十七日甲子，田留安攻打劉黑闥，打敗了他，抓獲劉黑闥的莘州刺史孟柱，降服劉黑闥的將領和士卒六千人。當時，山東的豪傑大都殺死唐朝高官響應劉黑闥，官民上下互相猜疑，人心日益分離而相互怨恨。獨有田留安對待吏民坦然無疑，來報告事情的人，不管親疏，都允許直接進入自己的臥室。他常常對官吏和百姓說：「我和你們都是為國家抵禦敵人，本來就應該同心協力，一定要背棄朝廷而跟隨敵人的人，只管砍了我的頭拿去。」屬吏和百姓都相互告誡說：「田公以至誠之心待人，我們應當共同竭盡死力來報答他，一定不要辜負他。」有苑竹林這個人，本來是劉黑闥的黨羽，暗中懷有背叛的想法。田留安知道了，不去揭發他的事情，把他請來安置在身邊，委派他掌管鑰匙。苑竹林非常感動，於是改變心意歸順田留安，最終得到了他的報效之力。田留安因功進封為道國公。

十二月十八日乙丑，唐并州刺史成仁重攻打范願，打敗了他。

劉黑闥攻打魏州，沒有攻下。唐太子李建成、齊王李元吉的大軍到達昌樂，劉黑闥率軍抵抗，兩次布陣，都沒有開戰就撤回軍隊。魏徵對太子李建成說：「以前打敗劉黑闥，他的將帥都被張榜公布名單處死，捆綁囚禁他們的妻子兒女。所以齊王前來，雖然有詔書赦免劉黑闥黨羽的罪過，但他們都不相信。如今應當全部釋放那些被囚禁和俘虜的人，加以安慰勸導，遣返他們，這樣我們可以坐著不動，看著劉黑闥的軍隊離散了。」太子李建成聽從了他的意見。劉黑闥糧食光了，部眾大多逃亡，有人捆綁著自己的首領投降唐軍。劉黑闥害怕魏州城裡的守軍攻出來，與唐大軍內外夾擊他，就在夜裡遁逃了。到了館陶，永濟橋沒有建成，不能過河。十二月二十五日壬申，太子李建成、齊王李元吉率大軍到達館陶，劉黑闥讓王小胡背靠河水布陣，自己監視修建橋樑完成，立即過橋到達河西岸，於是部眾大潰，放下兵器前來降唐。唐大軍過橋追趕劉黑闥，渡河的才一千多名騎兵，橋樑毀壞，因此劉黑闥得以和幾百名騎兵逃走。

唐高祖因為隋朝末年很多戰士陷沒高麗，這一年，賜予高麗王高建武一封書信，讓他把陷沒高麗的隋朝戰士全部遣返，也讓各州縣搜尋在中原的高麗人，遣送他們回國。高建武遵奉詔令，前後遣返了數以萬計的中國人。

六年（癸未 西元六二三年）

春，正月己卯❶，劉黑闥所署饒州刺史諸葛德威執黑闥，舉城降。時太子遣騎將劉弘基追黑闥，黑闥為官軍所迫，奔走不得休息，至饒陽❷，從者纔百餘人，餒甚。德威出迎，延黑闥入城，黑闥不可。德威涕泣固請，黑闥乃從之，至城旁市中憩❸止。德威饋之食，食未畢，德威勒兵執之，送詣太子，并其弟十善斬於洺州。黑闥臨刑歎曰：「我幸在家鉏菜❹，為高雅賢輩所誤至此！」

壬午❺，嶲州❻人王摩沙舉兵，自稱元帥，改元進通。遣驃騎將軍衛彥❼討之。

○庚子❽，以吳王杜伏威為太保❾。

二月庚戌❿，上幸驪山⓫溫湯⓬。甲寅⓭，還宮。

平陽昭公主⓮薨。戊午⓯，葬公主，詔加前後部⓰鼓吹、班劍⓱四十人，武賁甲卒⓲。太常奏：「禮，婦人無鼓吹。」上曰：「鼓吹，軍樂也。公主親執金鼓⓳，興義兵以輔成⓴大業，豈與常婦人比乎！」

丙寅㉑，徐圓朗窮蹙，與數騎棄城走，為野人㉒所殺，其地悉平。

林邑王梵志遣使入貢。初，隋人破林邑㉓，分其地為三郡㉔。及中原喪亂，林邑復國，至是始入貢。

幽州總管李藝請入朝。庚午㉕，以藝為左翊衛大將軍。○廢參旗等十二軍㉖。

三月癸未㉗，高開道掠文安㉘、魯城㉙，驃騎將軍平善政邀擊，破之。

【章旨】以上為第九段，寫劉黑闥、徐圓朗覆滅，高開道勾連突厥，仍在河北對抗唐朝。

【注釋】❶己卯　正月初三。❷饒陽　縣名，縣治在今河北饒陽東北。❸憩　休息。❹我幸在家鉏菜　我有幸在家種菜。鉏，同「鋤」。❺壬午　正月初六。❻巂州　州名，治所在今四川西昌。❼衛彥　唐初將領，高祖時為驃騎將軍。事跡見《新唐書》卷一〈高祖紀〉。❽庚子　正月二十四日。❾太保　官名。唐制，以太師、太傅、太保為三師，正一品。任此官者僅有其名，並無實際職事。❿庚戌　二月初四。⓫驪山　在今陝西臨潼東南二里。有溫泉，唐玄宗在此建華清宮。⓬溫湯　溫泉。古稱熱水為湯。⓭甲寅　二月初八。⓮平陽昭公主　高祖第三女，太穆皇后所生。⓯戊午　二月十二日。⓰前後部　前部、後部，共為二部。⓱班劍　持劍成列，夾道而行。班，列也。⓲武賁甲卒　武賁，即虎賁。唐諱「虎」字，改為「武」。謂勇猛之士。甲卒，著重裝穿鎧甲的精銳士卒。⓳金鼓　古時金屬製的打擊樂器。⓴輔成　輔佐而成。㉑丙寅　二月二十日。㉒野人　即鄙人，田野之人。古時稱四郊以外地區為「野」或「鄙」。㉓隋人破林邑　指隋煬帝大業元年（西元六〇五年）派劉方經略林邑。林邑王梵志棄城走入海，隋大勝而還。㉔三郡　即比景、海陰、林邑。比景，在今越南廣平宋河下游。海陰，在今越南承天省廣田縣東香江與浦江合流處。林邑，在今越南廣南維川。㉕庚午　二月二十四日。㉖十二軍　唐武德初，分關中為十二道，皆置府。武德三年，更以萬年道為參旗軍，長安道為鼓旗軍，富平道為玄戈軍，醴泉道為井鉞軍，同州道為羽林軍，華州道為騎官軍，寧州道為折威軍，岐州道為平道軍，豳州道為招搖軍，西麟州道為苑游軍，涇州道為天紀軍，宜州道為天節軍。武德六年，因天下已定，遂廢參旗等十二軍。㉗癸未　三月初七。㉘文安　縣名，縣治在今河北文安。㉙魯城縣名，縣治在今河北滄縣東北。

【語 譯】六年（癸未 西元六二三年）

春季，正月初三日己卯，劉黑闥任命的饒州刺史諸葛德威捉住劉黑闥，率全城降唐。當時太子李建成派騎兵將領劉弘基追擊劉黑闥，劉黑闥被官軍所迫，奔逃不得休息，到達饒陽，隨行的只有一百多人，十分飢餓。諸葛德威出城迎接，請劉黑闥進城，劉黑闥不同意。諸葛德威流淚一再請求，於是劉黑闥聽從了他的請求，來到城旁的市場中休息。諸葛德威送給他們食物，還沒吃完，諸葛德威就率兵抓住劉黑闥，送往太子李建成，劉黑闥和他弟弟劉十善一起在洺州斬首。劉黑闥臨刑歎息說：「我有幸在家種菜，被高雅賢這夥人所誤，到了這個地步！」

正月初六日壬午，巂州人王摩沙起兵，自稱元帥，改年號為進通。唐派遣驃騎將軍衛彥討伐他。〇二十四日庚子，唐任命吳王杜伏威為太保。

二月初四日庚戌，唐高祖臨幸驪山溫泉。初八日甲寅，返回宮中。

唐平陽昭公主去世。二月十二日戊午，為公主下葬，唐高祖下詔送葬時增加前後部鼓吹樂、持劍排列的儀仗隊四十人，用武裝勇士衛護。太常寺上奏：「根據禮制，婦人葬禮沒有鼓吹樂。」唐高祖說：「鼓吹樂是軍樂，公主親持金鼓，興起義軍輔成帝王大業，豈能與普通婦人相比呢！」

二月二十日丙寅，徐圓朗走投無路，與幾名騎兵棄城逃走，被鄉下人殺死，他佔據的地域全部平定。

林邑王梵志派遣使者進京獻上貢品。當初，隋朝打敗林邑，把林邑分為三個郡，等到中原喪落戰亂，林邑恢復了原來的王國，到這時開始向唐朝進貢。

唐幽州總管李藝請求入京朝見。二月二十四日庚午，任命李藝為左翊衛大將軍。〇唐廢除參旗等十二軍。

三月初七日癸未，高開道搶掠文安、魯城，唐驃騎將軍平善政進行截擊，打敗了他。

庚子❶，梁師都❷將賀遂、索同以所部❸十二州來降。○乙巳❹，前洪州總管張善安反，遣舒州❺總管張鎮周等擊之。

夏，四月，吐谷渾寇芳州❻，刺史房當樹奔松州❼。○張善安陷孫州❽，執總管王戎而去。○乙丑❾，鄜州道行軍總管段德操擊梁師都，至夏州，俘其民畜而還。○丙寅❿，吐谷渾寇洮、岷二州。○丁卯⓫，南州⓬刺史龐孝恭、南越州⓭民甯道明、高州首領馮暄俱反，陷南越州，進攻姜州⓮，合州⓯刺史甯純引兵救之。○壬申⓰，立皇子元軌為蜀王、鳳為豳王、元慶為漢王。○癸酉⓱，以裴寂為左僕射，蕭瑀為右僕射，楊恭仁為吏部尚書兼中書令，封德彝為中書令。

五月庚辰⓲，遣岐州刺史柴紹救岷州。○庚寅⓳，吐谷渾及党項寇河州⓴，刺史盧士良擊破之。○丙申㉑，梁師都將辛獠兒引突厥寇林州。○戊戌㉒，苑君璋將高滿政寇代州，驃騎將軍李寶言[1]擊走之。

癸卯㉓，高開道引奚騎寇幽州，長史王詵擊破之。劉黑闥之叛也，突地稽㉔引兵助唐，徙其部落於幽州之昌平城，高開道引突厥寇幽州，突地稽將兵邀擊，破之。

六月戊午㉕，高滿政以馬邑來降。先是，前并州總管劉世讓㉖除廣州總管，將之官㉗，上問以備邊之策。世讓對曰：「突厥比數㉘為寇，良以馬邑為之中頓㉙故也。請以勇將戍崞城㉚，多貯金帛，募有降者厚賞之，數出騎兵掠其城下，蹂其禾稼，敗其生業㉛，不出歲餘，彼無所食，必降矣。」上然其計，曰：「非公，誰為勇將！」即命世讓戍崞城，馬邑病之㉜。是時馬邑人多不願屬突厥，上復遣人招諭苑君璋。高滿政說苑君璋盡殺突厥戍兵降唐，君璋不從。滿政因眾心所欲，夜襲君璋。君璋覺之，亡奔突厥，滿政殺君璋之子及突厥戍兵二百人而降。

壬戌㉝，梁師都以突厥寇匡州㉞。○丁卯㉟，苑君璋與突厥吐屯設寇馬邑，高滿政與戰，破之。以滿政為朔州總管，封榮國公。

瓜州總管賀若懷廣㊱按部㊲至沙州，值州人張護、李通反，懷廣以數百人保子城㊳。涼州總管楊恭仁遣兵救之，為護等所敗。

癸酉㊴，柴紹與吐谷渾戰，為其所圍。虜乘高射之，矢下如雨。紹遣人彈胡琵琶，二女子對舞。虜怪之，駐弓矢相與聚觀。紹察其無備，潛遣精騎出虜陳後，擊之，虜眾大潰。

秋，七月丙子㊵，苑君璋以突厥寇馬邑，右武候大將軍李高遷及高滿政禦之，戰于臘河谷㊶，破之。○張護、李通殺賀若懷廣[2]，立沙州[3]別駕竇伏明為主，進逼瓜州，長史趙孝倫擊卻之。○高開道掠赤岸鎮㊷及靈壽㊸、九門㊹、行唐㊺三縣而去。○丁丑㊻，岡州㊼刺史馮士翽據新會㊽反，廣州總管[4]劉感討降之，使復其位。○辛巳㊾，高開道所部㊿弘陽、統漢二鎮來降。

癸未(51)，突厥寇原州。乙酉(52)，寇朔州。李高遷為虜所敗，行軍總管尉遲敬德將兵救之。己亥(53)，遣太子將兵屯北邊，秦王世民屯并州，以備突厥。八月甲辰(54)[5]，突厥寇真州(55)，又寇馬邑。

【章旨】以上為第十段，寫西疆吐谷渾、北方突厥侵擾，邊境不寧。

【注釋】❶庚子　三月二十四日。❷梁師都　（？—西元六二八年）隋末割據者，夏州朔方（今陝西橫山縣）人，大業十三年（西元六一七年）起兵反隋，自稱皇帝，國號梁，年號永隆。傳見《舊唐書》卷五十六、《新唐書》卷八十七。❸所部　所轄；所管理的領屬區。❹乙巳　三月二十九日。❺舒州　州名，治所在今安徽潛山縣。❻芳州　州名，唐武德元年（西元六一八年）置，治所在今甘肅迭部東南。❼松州　州名，唐武德元年（西元六一八年）置，治所在今四川松潘。❽孫州　州名，唐武德五年（西元六二二年）置，治所在今江西南昌西南。❾乙丑　四月二十日。❿丙寅　四月二十一日。⓫丁卯　四月二十二日。⓬南州　州名，治所在今廣西博白。⓭南越州　州名，即越州，治所在今廣西合浦東北。加南字，以別會稽之越州。⓮姜州　州名，治所在今廣西靈山縣南安金。⓯合州　州名，治所在今廣東雷州。⓰壬申　四月二十七日。⓱癸酉　四月二十八日。⓲庚辰　五月初五。⓳庚寅　五月十五日。⓴河州　州名，治所在今甘肅臨夏。㉑丙申　五月二十一日。㉒戊戌　五月二十三日。㉓癸卯　五月二十八日。㉔突地稽　靺鞨酋帥。煬帝時授金紫光祿大夫、遼西太守。貞觀初，拜右衛將軍，賜姓李氏。傳見《北史》卷九十四、《舊唐書》卷一百九十九下、《新唐書》卷二百十。㉕戊午　六月十四日。㉖劉世讓　（？—西元六二三年）字元欽，醴泉（今陝西禮泉）人，仕隋為徵仕郎。高祖入長安，授安定道行軍總管，後授廣州總管。

傳見《舊唐書》卷六十九、《新唐書》卷九十四。㉗將之官　將要上任。㉘比數　近來屢次。㉙中頓　中途有城有糧，可以頓食。唐人多言供頓或置頓。㉚崞城　地名，在今山西原平。㉛生業　賴以為生之業。㉜病之　以他為患。㉝王戎　六月十八日。㉞匡州　州名，治所在今陝西吳堡西北。㉟丁卯　六月二十三日。㊱賀若懷廣　人名。賀若，複姓。《新唐書》卷一〈高祖紀〉武德六年云：「七月丙子，沙州別駕竇伏明反，殺其總管賀若懷廓。」懷廣、懷廓係一人，「廣」、「廓」二字未知孰是。㊲按部　巡行所統轄的地區。㊳子城　內城。㊴癸酉　六月二十九日。㊵丙子　七月初二。㊶臘河谷　地名，在今山西朔州北。㊷赤岸鎮　地名，在今河北曲陽西北。㊸靈壽　縣名，縣治在今河北靈壽。㊹九門　縣名，縣治在今河北藁城西北。㊺行唐　縣名，縣治在今河北行唐。㊻丁丑　七月初三。㊼岡州　州名，治所在今廣東新會北。㊽新會　縣名，縣治在今廣東新會北。㊾辛巳　七月初七。㊿所部　統轄；統率。(51)癸未　七月初九。(52)乙酉　七月十一日。(53)己亥　七月二十五日。(54)甲辰　八月初一日。(55)真州　胡三省注：「《舊志》：武德二年，置綏州總管府，管雲、銀、真等十一州。真州蓋置於銀州真鄉縣也。」真鄉縣，故城在今陝西佳縣西。

**【校　記】** ①李寶言　原作「林寶言」。據章鈺校，十二行本、乙十一行本、孔天胤本皆作「李寶言」，張敦仁《通鑑刊本識誤》、張瑛《通鑑校勘記》同，今從改。②賀若懷廣　原誤作「賀拔懷廣」。據章鈺校，十二行本、乙十一行本、孔天胤本皆作「賀若懷廣」，與上文同，今據校正。③沙州　原誤作「汝州」。胡三省注云：「『汝』，當作『沙』。」上文云懷廣「至沙州」，尚不誤，《新唐書》卷一亦作「沙州」，今據校正。④總管　原作「刺史」。據章鈺校，十二行本、乙十一行本、孔天胤本皆作「總管」，今從改。按，唐當時在廣州置總管，上文「先是，前并州總管劉世讓除廣州總管」可證，此處當以十二行本為是。⑤甲辰　原作「丙辰」。據章鈺校，十二行本、乙十一行本皆作「甲辰」，今據改。按，下文記事日期為壬子，即八月初九，此處記事時日當在初九之前。甲辰為八月初一，丙辰為八月十三，顯然作「甲辰」是正確的。

**【語　譯】** 三月二十四日庚子，梁師都的將領賀遂、索同率所轄的十二個州前來降唐。〇二十九日乙巳，前洪州總管張善安反叛，唐派遣舒州總管張鎮周等人攻打張善安。

夏，四月，吐谷渾侵犯芳州，唐芳州刺史房當樹逃往松州。〇張善安攻陷孫州，抓獲孫州總管王戎後離去。〇二十日乙丑，唐鄜州道行軍總管段德操攻打梁師都，到了夏州，擄獲梁師都的民眾和牲畜後返回。〇二十一日丙寅，吐谷渾侵犯洮、岷二州。〇二十二日丁卯，唐南州刺史龐孝恭、南越州百姓甯道明、高州首領馮暄一起反叛，攻陷南越州，進軍攻打姜州，唐合州刺史甯純帶兵救援姜州。○二十七日壬申，唐冊封皇子李元軌為蜀王、李鳳為豳王、李元慶為漢王。○二十八日癸酉，唐任命裴寂為左僕射，蕭瑀為右僕射，楊恭仁為吏部尚書兼中書令，封德彝為中書令。

五月初五日庚辰，唐派遣岐州刺史柴紹援救岷州。○十五日庚寅，吐谷渾及党項侵犯河州，唐河州刺史盧士良打敗了他們。○二十一日丙申，梁師都的將領辛獠兒引導突厥侵犯林州。○二十三日戊戌，苑君璋的將領高滿政侵犯代州，唐驃騎將軍李寶言打跑了高滿政。

五月二十八日癸卯，高開道引導奚族騎兵侵犯幽州，唐幽州長史王詵打敗了來敵。劉黑闥反叛時，突地稽帶兵協助唐朝，把他的部落遷徙到幽州的昌平城，高開道引導突厥侵犯幽州，突地稽帶兵截擊，打敗了高開道等。

六月十四日戊午，高滿政率馬邑前來降唐。在此之前，前幷州總管劉世讓任廣州總管，即將赴任，唐高祖就邊境防備的策略詢問他。劉世讓回答說：「突厥近來多次入侵，實在是由於馬邑成為他們中途休整補充糧食的基地的緣故。請用勇將戍守崞城，多貯藏錢財布帛，招募願意投降的人，給予優厚的獎賞，頻繁出動騎兵到馬邑城下掠奪，踏毀他們的莊稼，破壞他們的謀生之業，不出一年多時間，他們沒有可吃的，一定會投降。」唐高祖贊同他的計策，說：「不是你的話，誰是勇將呢！」當即命令劉世讓戍守崞城，馬邑人把劉世讓當作心頭大患。當時馬邑人大多不願意歸屬突厥，唐高祖又派人招降苑君璋。高滿政勸苑君璋把突厥守軍全部殺死，投降唐朝，苑君璋不聽。高滿政利用人心所向，夜裡襲擊苑君璋。苑君璋察覺了情況，逃往突厥，高滿政殺死苑君璋的兒子以及突厥的戍守士兵二百人，投降了唐朝。

六月十八日壬戌，梁師都利用突厥軍隊侵犯匡州。○二十三日丁卯，苑君璋與突厥吐屯設侵犯馬邑，高滿政和他們交戰，打敗了他們。唐任命高滿政為朔州總管，封為榮國公。

唐瓜州總管賀若懷廣巡行到沙州，恰好遇上沙州人張護、李通反叛，賀若懷廣率領幾百人保衛子城。唐涼州總管楊恭仁派兵救援，被張護等人打敗。

六月二十九日癸酉，柴紹與吐谷渾交戰，被吐谷渾包圍。敵軍登上高處射擊柴紹的軍隊，矢如雨下。柴紹派人彈奏胡人的琵琶，兩名女子相對起舞。敵軍覺得很奇怪，放下弓箭一起圍觀。柴紹觀察敵軍沒有防備，暗中派精銳騎兵繞到敵軍背後，攻打敵軍，吐谷渾軍隊大敗。

秋，七月初二日丙子，苑君璋率突厥軍隊侵犯馬邑，唐右武候大將軍李高遷和高滿政抵禦來敵，戰於臘河谷，打敗了苑君璋。○張護、李通殺死賀若懷廣，立沙州別駕竇伏明為首領，進逼瓜州，瓜州長史趙孝倫擊退了來敵。○高開道搶掠赤岸鎮以及靈壽、九門、行唐三縣後離去。○初三日丁丑，岡州刺史馮士翽佔據新會反叛，唐廣州總管劉感討伐並降服了馮士翽，讓他恢復原來的職位。○初七日辛巳，高開道所轄弘陽、統漢二鎮前來降唐。

七月初九日癸未，突厥侵犯原州。十一日乙酉，侵犯朔州。李高遷被突厥打敗，行軍總管尉遲敬德帶兵救援他。二十五日己亥，唐派遣太子李建成統率軍隊屯駐北部邊境，秦王李世民屯駐并州，防備突厥。八月初一日甲辰，突厥侵犯真州，又侵犯馬邑。

壬子❶，淮南道行臺僕射輔公祏反。初，杜伏威與公祏相友善，公祏年長，伏威兄事之❷，軍中謂之伯父，畏敬與伏威等。伏威浸❸忌之，乃署其養子闞稜為左將軍，王雄誕為右將軍，潛奪其兵權。公祏知之，怏怏不平，與其故人左遊仙陽為學道、辟穀❹以自晦❺。及伏威入朝，留公祏守丹楊❻，令雄誕典兵為之副，陰謂雄誕曰：「吾至長安，苟不失職❼，勿令公祏為變。」伏威既行，左遊仙說公祏謀反，而雄誕握兵，公祏不得發。乃詐稱得伏威書，疑雄誕有貳心。雄誕聞之不悅，稱疾不視事❽。公祏因奪其兵，使其黨西門君儀諭以反計。雄誕始寤❾而悔之，曰：「今天下方平，吳王❿又在京師，大唐兵威，所向無敵，柰何無故自求族滅乎！雄誕有死而已，不敢聞命。今從公為逆，不過延百日之命⓫耳，大丈夫安能愛斯須⓬之死而自陷於不義乎！」公祏知不可屈，縊殺之。雄誕善撫士卒，得其死力；又約束⓭嚴整，每破城邑，秋毫無犯。死之日，江南軍中及民間皆為之流涕。公祏又詐稱伏威不得還江南，貽書⓮令其起兵，大修鎧仗⓯，運糧儲⓰。尋⓱稱帝於丹楊，國號宋，修陳故宮室而居之，署置百官，以左遊仙為兵部尚書、東南道大使、越州總管，與張善安⓲連兵，以善安為西南道大行臺。

己未⓳，突厥寇原州。

乙丑⓴，詔襄州道行臺僕射趙郡王孝恭以舟師趣江州㉑，嶺南道大使李靖以交、廣、泉、桂之眾趣宣州㉒，懷州總管黃君漢出譙、亳，齊州總管李世勣出淮、泗以討輔公祏。孝恭將發，與諸將宴集，命取水，忽變為血，在坐者皆失色。孝恭舉止自若，曰：「此乃公祏授首㉓之徵也！」飲而盡之，眾皆悅服。

丙寅㉔，吐谷渾內附。○辛未㉕，突厥陷原州之善和鎮。癸酉㉖，又寇渭州。

○高開道以奚侵幽州，州兵擊卻之。

九月丙子㉗[1]，太子㉘班師。○戊子㉙，輔公祏遣其將徐紹宗寇海州㉚，陳政通寇壽陽。○邛州㉛獠反，遣沛公鄭元璹討之。○庚寅㉜，突厥寇幽州。○壬辰㉝，詔以秦王世民為江州道行軍元帥。○乙未㉞，竇伏明以沙州降。○高昌王麴伯雅卒，子文泰立。

【章旨】以上為第十一段，寫輔公祏不滿杜伏威降唐，復反於淮南。

【注釋】❶壬子　八月初九。❷兄事之　以兄禮相待。❸浸　漸。❹辟穀　不食穀粒。❺自晦　自我隱藏。❻丹楊　即丹陽。縣名，縣治在今江蘇江寧。❼苟不失職　如果不丟掉職位。❽視事　理事，猶今言辦公。❾寤　覺悟。❿吳王　杜伏威封吳王。⓫延百日之命　延緩百日的生命。形容壽命很短。⓬斯須　須臾；短暫。⓭約束　管理。⓮貽書　與書札。⓯鎧仗　鎧甲器仗。⓰糧儲　糧粟及軍用儲積之物。⓱尋　不久。⓲張善安　方與（今山東魚臺）人，蕭銑取豫章，善安奪其地，據以歸唐，授洪州總管。傳見《舊唐書》卷五十六、《新唐書》卷八十七。⓳己未　八月十六日。⓴乙丑　八月二十二日。㉑江州　州名，治所在今江西九江市。㉒宣州　州名，治所在今安徽宣城。㉓授首　獻出首級，亦即被殺。㉔丙寅　八月二十三日。㉕辛未　八月二十八日。㉖癸酉　八月三十日。㉗丙子　九月初三。㉘太子　李建成。㉙戊子　九月十五日。㉚海州　州名，治所在今江蘇連雲港市。㉛邛州　州名，治所在今四川邛崍東南。㉜庚寅　九月十七日。㉝壬辰　九月十九日。㉞乙未　九月二十二日。

【校記】[1]丙子　原無此二字。據章鈺校，十二行本、乙十一行本、孔天胤本皆有此二字，張敦仁《通鑑刊本識誤》同，今據補。

【語譯】八月初九日壬子，唐淮南道行臺僕射輔公祏反叛。當初，杜伏威與輔公祏相互友善，輔公祏年齡大，杜伏威把他以兄相待，軍中稱輔公祏為伯父，敬畏他與敬畏杜伏威一樣。杜伏威逐漸忌恨他，於是委任自己的養子闞稜為左將軍，王雄誕為右將軍，暗中奪取了輔公祏的兵權。輔公祏知道這一情況後，心中怏怏很不痛快，跟著他的舊友左遊仙假裝學習道術、辟穀來自我隱晦。等到杜伏威入京朝見皇帝時，留下輔公祏守衛丹楊，命王雄誕掌管軍隊，做輔公祏的副手，私下對王雄誕說：「我到了長安，如果沒有失去職位，不要讓輔公祏生變。」杜伏威成行後，左遊仙勸說輔公祏反叛，但是王雄誕握有兵權，輔公祏不能發動叛亂。於是他假稱得到杜伏威的書信，懷疑王雄誕有二心。王雄誕聽說此事，心裡不高興，聲稱有病不來衙門辦公。輔公祏趁機奪了王雄誕的兵權，讓自己的黨羽西門君儀用反叛的計畫勸說王雄誕。王雄誕這才醒悟並後悔，說：「如今天下剛剛平定，吳王又在京師，大唐的軍威，所向無敵，為什麼無緣無故自求滅族呢！雄誕我只有一死而已，不敢聽從命令。現今隨從您叛逆，不過延長百天性命罷了，大丈夫怎能痛惜片刻之死而讓自己陷於不義呢！」輔公祏知道不能讓他屈服，便勒死了王雄誕。王雄誕善於體恤士卒，得士卒死力；又對部隊管理得紀律嚴明，每次攻下城鎮，秋毫無犯。王雄誕死去那天，江南軍中將士和民間百姓都為他流下眼淚。輔公祏又假稱杜伏威不能返回江南，送來書信命他起兵，於是他大規模修整鎧甲器仗，運糧米和軍用儲積之物。不久在丹楊稱帝，國號為宋，修復了陳朝的舊宮殿居住，設置百官，任命左遊仙為兵部尚書、東南道大使、越州總管，和張善安聯合兵力，任命張善安為西南道大行臺。

八月十六日己未，突厥侵犯原州。

八月二十二日乙丑，唐高祖下詔命襄州道行臺僕射趙郡王李孝恭率領水軍赴江州，嶺南道大使李靖率領交州、廣州、泉州、桂州兵力赴宣州，懷州總管黃君漢取道譙州、亳州，齊州總管李世勣取道淮水、泗水，討伐輔公祏。李孝恭即將出發，和各位將領聚會宴飲，命人取水，忽然變成了血，在座的人都變了臉色。李孝恭舉止自然，說：「這是輔公祏被殺的徵兆！」大家喝光了血水，都心悅誠服。

八月二十三日丙寅，吐谷渾歸附唐朝。○二十八日辛未，突厥攻陷原州善和鎮。三十日癸酉，突厥又侵犯渭州。○高開道率奚族軍隊侵犯幽州，唐幽州軍隊擊退了高開道。

九月初三日丙子，太子李建成班師回朝。○十五日戊子，輔公祏派遣他的將領徐紹宗侵擾海州，陳政道侵擾壽陽。○邛州的獠民反叛，唐派遣沛公鄭元璹討伐他們。○十七日庚寅，突厥侵犯幽州。○十九日壬辰，唐高祖下詔任命秦王李世民為江州道行軍元帥。○二十二日乙未，竇伏明率沙州降唐。○高昌王麴伯雅去世，他的兒子麴文泰繼立為王。

丙申❶，渝州❷人張大智反，刺史薛敬仁棄城走。○壬寅❸，高開道引突厥二萬騎寇幽州。

突厥惡弘農公劉世讓為己患，遣其臣曹般陁來，言世讓與可汗通謀，欲為亂，上信之。冬，十月丙午❹，殺世讓，籍其家。

秦王世民猶在并州，己未❺，詔世民引兵還。○上幸華陰。○張大智侵涪州❻，刺史田世康等討之，大智以眾降。

初，上遣右武候大將軍李高遷助朔州總管高滿政守馬邑，苑君璋引突厥萬餘騎至城下，滿政擊破之。頡利可汗怒，大發兵攻馬邑。高遷懼，帥所部二千人斬關宵遁❼，虜邀❽之，失亡者半。頡利自帥眾攻城，滿政出兵禦之，或一日戰十餘合。上命行軍總管劉世讓救之，至松子嶺❾，不敢進，還保崞城。會頡利遣使求婚，上曰：「釋馬邑之圍，乃可議婚。」頡利欲解兵，義成公主固請攻之。頡利以高開道善為攻具❿，召開道，與之攻馬邑甚急。頡利誘滿政使降，滿政罵之。

糧且盡，救兵未至，滿政欲潰圍走朔州。右虞候⑪杜士遠以虜兵盛，恐不免，王戌⑫，殺滿政，降於突厥，苑君璋復殺城中豪傑與滿政同謀者三十餘人。上以滿政子玄積為上柱國，襲爵。丁卯⑬，突厥復請和親，以馬邑歸唐。上以將軍秦武通為朔州總管。

突厥數為邊患，并州大總管府長史竇靜⑭表請於太原置屯田⑮，以省餽運⑯。議者以為煩擾，不許。靜切論⑰不已，敕徵靜入朝，使與裴寂、蕭瑀、封德彝相論難⑱於上前。寂等不能屈⑲，乃從靜議，歲收穀數千斛。上善之，命檢校并州大總管。靜，抗之子也。十一月辛巳⑳，秦王世民復請增置屯田於并州之境，從之。

黃州㉑總管周法明將兵擊輔公祏，張善安據夏口㉒拒之。法明屯荊口鎮㉓，王午㉔，法明登戰艦飲酒，善安遣刺客數人詐乘魚艓㉕而至，見者不以為虞，遂殺法明而去。

甲申㉖，舒州總管張鎮周等擊輔公祏將陳當世於猷州㉗之黃沙㉘，大破之。○丁亥㉙，上校獵於華陰。己丑㉚，迎勞秦王世民於忠武頓㉛。

十二月癸卯㉜，安撫使李大亮誘張善安，執之。大亮擊善安於洪州，與善安隔水而陳，遙相與語，大亮諭以禍福。善安曰：「善安初無反心，正為將士所誤，欲降又恐不免。」大亮曰：「張總管有降心，則與我一家㉝耳。」因單騎度水入其陳，與善安執手共語，示無猜間。善安大悅，遂許之降。既而善安將數十騎詣大亮營，大亮止其騎於門外，引善安入，與語。久之，善安辭去，大亮命武士執之，從騎皆走。善安營中聞之大怒，悉眾而來，將攻大亮。大亮使人諭之曰：「吾不留總管。總管赤心歸國，謂我曰：『若還營，恐將士或有異同㉞，為其所制㉟。』故自留不去耳，卿輩何怒於我！」其黨復大罵曰：「張總管賣我以自媚於人！」遂皆潰去。大亮追擊，多所虜獲。送善安於長安，善安自稱不與輔公祏交通，上赦其罪，善遇之。及公祏敗，得所與往還書㊱，乃殺之。

甲寅㊲，車駕至長安。○己巳㊳，突厥寇定州，州兵擊走之。○庚申㊴，白簡、白狗羌㊵並遣使入貢。

【章旨】以上為第十二段，寫突厥百約百叛，再度擾邊。安撫使李大亮智擒輔公祏大將張善安。

【注釋】❶丙申　九月二十三日。❷渝州　州名，治所在今重慶市。❸壬寅　九月二十九日。❹丙午　十月初四。❺己未　十月十七日。❻涪州　州名，治所在今重慶市涪陵。❼斬關宵遁　斬開城門趁夜逃走。❽邀　截擊。❾松子嶺　在今山西朔州東南。❿善為攻具　擅長製作攻城武器。⓫虞候　官名，隋文帝於東宮置左右虞候府，掌偵察巡邏。此後州鎮各置虞候，以為衙前之職。此官名取備候不虞之義。⓬壬戌　十月二十日。⓭丁卯　十月二十五日。⓮竇靜　（？—西元六三五年）字元休，高祖時擢并州大總管府長史，太宗時遷夏州都督，再遷民部尚書。傳見《舊唐書》卷六十一、《新唐書》卷九十五。⑮屯田　軍隊屯駐而從事墾殖。⑯以省餽運　以便減省糧食和物資的運輸。⑰切論　深切地論說。⑱論難　辯論詰難。⑲寂等不能屈　裴寂等人不能折服竇靜。⑳辛巳　十一月初九。㉑黃州　州名，治所在今湖北黃岡南。㉒夏口　在今湖北武漢黃鵠山上，為歷代兵家爭奪之地。㉓荊口鎮　在荊江之口置鎮，其地在今湖南岳陽北，為洞庭湖水入長江之處。㉔壬午　十一月初十。㉕魚艭　打魚的小船。㉖甲申　十一月十二日。㉗猷州　州名，治所在今安徽涇縣西。㉘黃沙　城名，在今安徽涇縣東南。㉙丁亥　十一月十五日。㉚己丑　十一月十七日。㉛忠武頓　地名，在今陝西華陰東。㉜癸卯　十二月初二。㉝一家　一家人。㉞或有異同　或有不同之見。㉟制　牽制。㊱得所與往還書　獲得他與輔公祏往來的書信。㊲甲寅　十二月十三日。㊳己巳　十二月二十八日。㊴庚申　是月無「庚申」，應作「庚午」。庚午，十二月二十九日。㊵白簡白狗羌　胡三省注：「恐當作『白蘭』。」白蘭、白狗羌，均為中國古代部落名，屬於羌人的支系。分布在今青海南部及四川西部地區，從事游牧，風俗略同党項，與党項羌關係較密。白蘭羌，吐蕃謂之丁零，有兵萬人。白狗羌有兵千人。唐武德六年（西元六二三年）白蘭、白狗羌同遣使入貢。

【語譯】九月二十三日丙申，渝州人張大智反叛，唐渝州刺史薛敬仁放棄城池逃走。○二十九日壬寅，高開道引來突厥二萬騎兵侵犯幽州。

突厥人憤恨弘農公劉世讓成為他們的威脅，派他們的大臣曹般陁來到唐朝，說劉世讓和突厥可汗通謀，打算叛亂，唐高祖相信了。冬，十月初四日丙午，唐高祖殺了劉世讓，抄沒了他的家產。

秦王李世民還在并州，十月十七日己未，下詔讓李世民帶兵返回長安。○唐高祖駕臨華陰。○張大智侵犯涪州，唐涪州刺史田世康等人討伐他，張大智率領部眾投降。

當初，唐高祖派遣右武候大將軍李高遷協助朔州總管高滿政守衛馬邑，苑君璋引導一萬多突厥騎兵到達馬邑城下，高滿政打敗了突厥兵。頡利可汗很生氣，大舉發兵攻打馬邑。李高遷害怕了，帶領部下二千人斬開城門趁夜逃跑，突厥截擊他，損失了一半兵力。頡利可汗親自率軍攻打馬邑，高滿政出兵抵抗，有時一天交戰十多回合。唐高祖命令行軍總管劉世讓救援馬邑，劉世讓到達松子嶺，不敢進軍，退守崞城。適逢頡利派遣使者向唐求婚，唐高祖說：「解除馬邑的包圍，才可以商議婚姻。」頡利想撤軍，義成公主堅持要求攻打馬邑。頡利因為高開道擅長製作攻城器具，便召來高開道，和他一起緊急攻打馬邑。頡利引誘高滿政，讓他投降，高滿政大罵頡利。馬邑城中糧食即將耗盡，救兵未到，高滿政打算突圍奔往朔州。右虞候杜士遠因為突厥兵力強盛，害怕不免一死，十月二十日壬戌，他殺死高滿政，投降了突厥，苑君璋又殺死城中三十多名與高滿政同謀的豪傑。唐高祖任命高滿政的兒子高玄積為上柱國，承襲高滿政的爵位。二十五日丁卯，突厥又向唐請求和親，把馬邑歸還唐朝。唐高祖任命將軍秦武通為朔州總管。

突厥一再為患邊境，唐并州大總管府長史竇靜上表請求在太原設置屯田，借以節省糧食和物資的運輸，朝中議政大臣認為煩擾，不同意。竇靜不停地深切論說此事，唐高祖下敕令徵召竇靜入朝，讓他與裴寂、蕭瑀、封德彝在皇上面前相互辯論。裴寂等人不能折服竇靜，於是聽從了竇靜的建議，每年收穫數千斛糧食。唐高祖很讚賞他，任命竇靜為檢校并州大總管。竇靜，是竇抗的兒子。十一月初九日辛巳，秦王李世民又請求在并州境內增設屯田，唐高祖聽從了他的請求。

唐黃州總管周法明率軍攻打輔公祏，張善安據守夏口，抵抗周法明。周法明屯駐荊口鎮，十一月初十日壬午，周法明登上戰船飲酒，張善安派遣幾名刺客假裝成漁民坐著小漁船到達荊口，見到的人沒有戒備，於是殺死了周法明後離去。

十一月十二日甲申，唐舒州總管張鎮周等人在猷州的黃沙攻打輔公祏的將領陳當世，大敗陳軍。〇十五日丁亥，唐高祖在華陰圍獵。十七日己丑，在忠武頓迎接慰勞秦王李世民。

十二月初二日癸卯，唐安撫使李大亮誘騙張善安，捉住了他。李大亮在洪州攻打張善安，與張善安隔水布陣，遙相對話，李大亮以禍福相曉諭。張善安說：「善安最初沒有反叛之心，只是被部下將士所誤導，想投降又怕不能免罪。」李大亮說：「張總管有投降的心意，就和我們是一家人了。」於是一個人騎馬渡河進入張善安的軍陣，和張善安拉著手一起交談，表示沒有猜疑和隔閡。張善安大為喜悅，於是答應投降。隨後張善安帶領幾十名騎兵前往李大亮的營地，李大亮讓隨行的騎兵停在營門外，帶著張善安進入營內，和他交談。過了很長時間，張善安告辭準備離去，李大亮命令武士逮捕了他，張善安隨行的騎兵全部逃走。張善安的營中聽說了此事，大怒，全部出動前來，將要攻打李大亮。李大亮派人告訴他們說：「我不留下張總管。張總管赤心歸附朝廷，對我說：『如果返回營地，恐怕將士們或許有不同意見，被他們牽制。』所以自己留下來不走罷了，你們為何遷怒於我！」張善安的部下又大罵說：「張總管出賣我們去討好別人！」於是全部潰散而去。李大亮追擊，多所俘獲。李大亮把張善安押送到長安，張善安自稱沒有與輔公祏交結，唐高祖赦免了他的罪過，很好地對待他。等到輔公祏失敗後，得到了他與輔公祏往來的信件，這才殺了張善安。

十二月十三日甲寅，唐高祖到了長安。〇二十八日己巳，突厥入侵定州，定州軍隊擊退了突厥。〇庚申日，白簡羌、白狗羌都派遣使者進京進獻貢品。

七年（甲申　西元六二四年）

春，正月，依周、齊舊制，每州置大中正❶一人，掌知❷州內人物，品量❸望第❹，以本州門望❺高者領之，無品秩❻。

壬午❼，趙郡王孝恭擊輔公祏別將於樅陽❽，破之。〇庚寅❾，鄒州❿人鄧同穎殺刺史李士衡反。〇丙申⓫，以白狗等羌地置維、恭⓬二州。

二月辛丑⓭[1]，輔公祏遣兵圍猷州⓮，刺史左難當嬰城自守⓯。安撫使李大亮引兵擊公祏，破之。趙郡王孝恭攻公祏鵲頭鎮⓰，拔之。

丁未⓱，高麗王建武遣使來請班曆⓲。遣使冊⓳建武為遼東郡王⓴、高麗王，以百濟㉑王扶餘璋為帶方郡王，新羅㉒王金真平為樂浪郡王。○始州獠㉓反，遣行臺僕射竇軌討之。

己酉㉔，詔「諸州有明一經以上未仕者㉕，咸以名聞㉖，州縣及鄉皆置學㉗。」

壬子㉘，行軍副總管權文誕破輔公祏之黨於猷州，拔其枚洄㉙等四鎮。○丁巳㉚，上幸國子監㉛，釋奠㉜，詔諸王公子弟各就學。○戊午㉝，改大總管為大都督府㉞。

己未㉟，高開道將張金樹殺開道來降。開道見天下皆定，欲降，自以數反覆不敢㊱。且恃突厥之眾，遂無降意。其將卒皆山東人，思鄉里，咸有離心。開道選勇敢士數百，謂之假子㊲，常直㊳閤內，使金樹領之。故劉黑闥將張君立亡㊴在開道所，與金樹密謀取開道。金樹遣其黨數人入閤內，與假子遊戲。向夕㊵，潛斷其弓弦，藏刀槊於牀下。合瞑㊶，抱之趨出。金樹帥其黨大譟，攻開道閤。假子將禦之，弓弦皆絕，刀槊已失，爭出降。君立亦舉火於外與相應，內外惶擾㊷。開道知不免，乃擐甲㊸持兵㊹坐堂上，與妻妾奏樂酣飲。眾憚其勇，不敢逼。天且明，開道縊妻妾及諸子，乃自殺。金樹陳兵，悉收假子斬之，并殺君立，死者五百餘人，遣使來降。詔以其地置嬀州㊺，王戌㊻，以金樹為北燕州㊼都督。

【章旨】以上為第十三段，寫張金樹殺高開道降唐，河北平定。

【注釋】❶中正　官名，三國魏在各州郡置中正官，負責考察本州人才品德，分成九等，作為選任官吏的依據。晉、南北朝沿用。❷掌知　掌管。❸品量　品評衡量。❹望第　資望門第。❺門望　門第聲望。❻無品秩　六朝之大中正，皆無品秩及利祿。❼壬午　正月十一日。❽樅陽　縣名，縣治在今安徽樅陽。❾庚寅　正月十九日。❿鄒州　州名，唐初以齊州之鄒平、長山置鄒州，治所在今山東鄒平北孫家鎮。⓫丙申　正月二十五日。⓬維恭　皆為州名。維州，治所在今四川理縣東北。恭州，治所在今四川馬爾康東。⓭辛丑　二月初一日。⓮猷州　州名，治所在今安徽涇縣西。⓯嬰城自守　環城據守。⓰鵲頭鎮　在宣州南陵縣（今安徽貴池縣西南）境內。⓱丁未　二月初七。⓲請班曆　請求頒賜曆法，以便奉正朔。⓳冊　冊封。⓴郡王　爵位名，次於親王一個等級。除皇室外，臣下也得封郡王。㉑百濟　朝鮮古國。傳說朱蒙子溫祚創立，約西元一世紀興起於漢江流域，都於今漢江南岸慰禮城。後成為半島西南部的強國，繼而與新羅、高句麗鼎足而立。西元七世紀中葉統一於新羅。㉒新羅　朝鮮古國。相傳西元前五七年朴赫居世建國，後至西元四世紀中葉成為半島南部的強國，首都慶州。西元七世紀中葉統一半島大部，為最盛時期。㉓始州獠　始州地區的少數民族。始州，州名，治所在今四川劍閣。㉔己酉　二月初九。㉕明一經以上未仕者　通曉一經以上而未出仕做官的人。一經，指《五經》之一。㉖咸以名聞　皆以其姓名上奏。㉗置學　設置學校。㉘壬子　二月十二日。㉙枚洄　鎮名，在今安徽涇縣。㉚丁巳　二月十七日。㉛國子監　古代的中央教育管理機構，簡稱「國學」。唐代國子監總轄國子、太學、四門、律學、書學、算學等學。㉜釋奠　古代學校的一種典禮，陳設酒食以祭奠先聖先師。㉝戊午　二月十八日。㉞改大總管為大都督府　《舊唐書・職官志三》：「大都督府，魏黃初二年，始置都督諸州軍事之名，後代因之，至隋改為總管府，武德四年又改為都督。督一員，從二品。」㉟己未　二月十九日。㊱自以數反覆不敢　高開道既降而復叛，自知有反覆之罪，故不敢來降。㊲假子　義子。㊳直　通「值」。值班宿衛。㊴亡　逃亡。㊵向夕　傍晚；臨近黃昏。㊶合眼　夜色深黑時。又指深夜入睡之後。㊷惶擾　惶恐擾攘。㊸擐甲　穿鎧甲。㊹持兵　執兵器。㊺嬀州　州名，治所在今河北涿鹿西南桑乾河南岸。㊻壬戌　二月二十二日。㊼北燕州　州名，治所在今河北涿鹿西南桑乾河南岸。

【校記】①辛丑　原脫。據章鈺校，十二行本、乙十一行本、孔天胤本皆有此二字，今據補。

【語譯】七年（甲申　西元六二四年）

春，正月，唐根據北周、北齊的舊制，每州設置大中正一人，掌管州內人才、品評衡量家族的資望門第，由本州門第聲望高的人擔任，沒有品級俸祿。

正月十一日壬午，趙郡王李孝恭在樅陽攻打輔公祏的別將，打敗了他們。〇十九日庚寅，鄒州人鄧同穎殺死唐鄒州刺史李士衡後反叛。〇二十五日丙申，唐在白狗等羌族地區設置維、恭二州。

二月初一日辛丑，輔公祏派兵包圍猷州，唐猷州刺史左難當環城自守。安撫使李大亮帶兵攻打輔公祏，打敗了他。趙郡王李孝恭攻打輔公祏的鵲頭鎮，攻取了此鎮。

二月初七日丁未，高麗王高建武派遣使者前來請求頒賜曆法。唐派遣使者冊封高建武為遼東郡王、高麗王，冊封百濟王扶餘璋為帶方郡王，冊封新羅王金真平為樂浪郡王。〇始州的獠民反叛，唐派行臺僕射竇軌討伐獠民。

二月初九日己酉，詔令「各州有通曉一經以上而沒有出仕為官的，都把姓名上奏讓朝廷知曉，州縣及鄉都要設置學校。」

二月十二日壬子，唐行軍副總管權文誕在猷州打敗輔公祏的黨羽，攻取枚洄等四鎮。〇十七日丁巳，唐高祖親臨國子監，舉行釋奠禮，下詔命諸王公的子弟分別入學。〇十八日戊午，唐改大總管為大都督府。

二月十九日己未，高開道的將領張金樹殺死高開道前來投降。高開道看見天下全都安定了，打算投降，但因為自己幾次反覆，所以不敢投降。而且依恃突厥的軍力，就打消了投降的念頭。他的將士都是山東人，思念故鄉，全有背離之意。高開道挑選了幾百名勇士，稱為義子，經常在閤內值班，由張金樹統領他們。原來劉黑闥的將領張君立逃到高開道處，和張金樹密謀殺死高開道。張金樹派他的幾名同黨進入閤內，和高開道的義子們玩耍。臨近黃昏，暗中搞斷了義子們的弓弦，把刀槍藏到床下。夜色深黑時，抱著刀槍迅速離去。張金樹帶領同黨大聲呼喊，攻打高開道的閤房。義子們準備抵抗，但弓弦都斷了，刀槍已失，於是爭著出來投降。張君立也在外面舉火呼應，內外惶恐擾攘。高開道知道不能免於禍，於是穿上鎧甲，手持兵器，坐在堂上，和妻妾們奏樂暢飲。大家害怕他的勇氣，不敢逼近。天快亮時，高開道勒死妻妾和兒子們，就自殺了。

張金樹列開陣勢，全部收斬高開道的義子，並殺死了張君立，死了五百多人，並派使者前來降唐。唐下詔在原地設置嬀州，二十二日壬戌，任命張金樹為北燕州都督。

戊辰❶，洋、集❷二州獠反，陷隆州晉城❸。

是月，太保吳王杜伏威薨。輔公祏之反也，詐稱伏威之命以紿❹其眾。及公祏平，趙郡王孝恭不知其詐，以狀聞。詔追除伏威名，籍沒其妻子❺。及太宗即位，知其冤，赦之，復其官爵。

三月，初定令❻，以太尉、司徒、司空為三公❼，次尚書、門下、中書、祕書、殿中、內侍為六省❽，次御史臺❾，次太常至太府為九寺❿，次將作監⓫，次國子學⓬，次天策上將府⓭，次左、右衛至左、右領衛為十四衛⓮。東宮置三師⓯、三少⓰、詹事⓱及兩坊⓲、三寺⓳、十率府⓴。王、公置府佐、國官㉑，公主置邑司㉒。並為京職事官㉓。州、縣、鎮、戍為外職事官㉔。自開府儀同三司至將仕郎，二十八階，為文散官㉕。驃騎大將軍至陪戎副尉三十一階，為武散官㉖。上柱國至武騎尉十二等，為勳官㉗。

丙戌㉘，趙郡王孝恭破輔公祏於蕪湖㉙，拔梁山㉚等三鎮。○辛卯㉛，安撫使任瓌拔楊子城[32]，廣陵城[33]主龍龕降。〇丁酉[34]，突厥寇原州。〇戊戌[35]，趙郡王孝恭克丹楊。

先是，輔公祏遣其將馮慧亮、陳當世將舟師三萬屯博望山[36]，陳正通、徐紹宗將步騎三萬屯青林山[37]，仍於梁山連鐵鎖以斷江路，築卻月城[38]，延袤[39]十餘里，又結壘江西以拒官軍。

孝恭與李靖帥舟師[40]次舒州[41]，李世勣帥步卒一萬度淮，拔壽陽[42]，次硤石[43]。慧亮等堅壁不戰。孝恭遣奇兵絕其糧道，慧亮等軍乏食，夜，遣兵薄[44]孝恭營，孝恭堅臥不動。孝恭集諸將議軍事，皆曰：「慧亮等擁彊兵，據水陸之險，攻之不可猝拔，不如直指[45]丹楊，掩[46]其巢穴，丹楊既潰，慧亮等自降矣。」

孝恭將從其議，李靖曰：「公祏精兵雖在此水陸二軍，然所自將亦不為少。今博望諸柵[47]尚不能拔，公祏保據石頭[48]，豈易取哉！進攻丹楊，旬月不下，慧亮躡[49]吾後，腹背受敵，此危道也。慧亮、正通皆百戰餘賊[50]，其心非不欲戰，正以公祏立計使之持重[51]，欲以老我師[52]耳。我今攻其城以挑[53]之，一舉可破也。」孝恭然之，使羸兵先攻賊營而勒精兵結陳以待之。攻壘者不勝而走，賊出兵追之，行數里，遇大軍，與戰，大破之。闞稜免冑[54]謂賊眾曰：「汝曹不識我邪？何敢來與我戰！」賊多稜故部曲(55)，皆無鬬志，或有拜者，由是遂敗。孝恭、靖乘勝逐北，轉戰百餘里。博山、青林兩戍(56)皆潰，慧亮、正通等遁歸，殺傷及溺死者萬餘人。李靖兵先至丹楊，公祏大懼，擁兵數萬，棄城東走，欲就(57)左遊仙於會稽。李世勣追之。公祏至句容(58)，從兵能屬者纔五百人，夜宿常州(59)，其將吳騷等謀執之。公祏覺之，棄妻子，獨將腹心數十人斬關走。至武康(60)，為野人所攻，西門君儀戰死，執公祏，送丹楊梟首，分捕餘黨，悉誅之，江南皆平。

己亥(61)，以孝恭為東南道行臺右僕射，李靖為兵部尚書。頃之，廢行臺，以孝恭為揚州大都督，靖為府長史。上深美(62)靖功，曰：「靖，蕭、輔之膏肓也(63)。」闞稜功多，頗自矜伐(64)。公祏誣稜與己通謀。會趙郡王孝恭籍沒賊黨田宅，稜及杜伏威、王雄誕田宅在賊境者，孝恭并籍沒之。稜自訴理(65)，忤(66)孝恭，孝恭怒，以謀反誅之。

【章旨】以上為第十四段，寫輔公祏覆滅，淮南平定，杜伏威被冤殺。

【注釋】❶戊辰　二月二十八日。❷洋集　皆為州名。洋州，治所在今陝西西鄉。集州，治所在今四川南江縣。❸隆州晉城　隆州，州名，治所在今四川閬中。晉城，縣名，縣治在今四川南部縣西北。❹紿　欺哄。❺籍沒其妻子　把他的妻兒登記在冊後沒入官府為奴。❻初定令　唐初官制沿隋制，自此，始頒行唐朝新定的官制。❼三公　以太尉、司徒、司空為三公，又稱三司，正一品。唐代三公無實職，僅為大臣的最高榮銜。❽六省　唐代指尚書、門下、中書、祕書、殿中、內侍六省。

❾御史臺　官署名，國家的監察機關，長官為御史大夫。❿九寺　九卿的官署。北齊以太常、光祿、衛尉、宗正、太僕、大理、鴻臚、司農、太府為九寺，各寺長官稱寺卿。以後各代沿用。⓫將作監　官署名，掌土木工匠之政。⓬國子學　古代的中央教育管理機關和最高學府。唐代國子監下轄國子、太學、四門等學，國子學招收三品以上官僚的子弟。⓭天策上將府　唐初李淵以秦王世民平王世充、竇建德，功殊今古，以往的位號不足以為稱，乃特拜為天策上將，位在王公上，並開府。及世民為太子，乃廢。⓮十四衛　十二衛及左、右監門衛為十四衛。⓯三師　北魏以後稱太師、太傅、太保為三師，正一品，僅為虛銜，無實職。⓰三少　官名，亦稱「三孤」，即少保、少傅、少師。⓱詹事　官名。唐置詹事府，掌東宮（太子宮）眾務，猶朝廷之尚書省，有太子詹事一人，正三品，少詹事一人，正四品上。⓲兩坊　官署名，隋有門下、典書二坊，唐改為左、右春坊，屬東宮。春坊官有庶子、中允、贊善等。⓳三寺　家令寺、率更寺、僕寺。⓴十率府　左、右衛率，左、右宗衛率，左、右虞候率，左、右監門率，左、右內率。㉑王公置府佐國官　親王府置府佐官與國官。據《舊唐書・職官志》載，親王府佐有：傅、諮議參軍、友、文學、東西閣祭酒、長史、司馬、掾、屬、主簿、史、記室、錄事參軍、錄事、參軍有功、倉、戶、兵、騎、法、士等七曹參軍、參軍事、行參軍、典籤。親王國官有：國令、大農尉及丞、錄事、典衛、舍人、學官長、食官長、廄牧長、典府長。㉒公主置邑司　公主邑司官有：令、丞、主簿、謁者、舍人、家吏，掌管家財出入、田園、徵封之事。㉓職事官　表示官員所任實際職務的稱號，與散官表示官員等級的稱號相對而言。㉔外職事官　外指京外，乃對京城而言。㉕自開府儀同三司至將仕郎三句　文散官，開府儀同三司從一品，特進正二品，光祿大夫從二品，金紫光祿大夫正三品，銀青光祿大夫從三品，正議大夫正四品上，通議大夫正四品下，太中大夫從四品上，中大夫從四品下，中散大夫正五品上，朝議大夫正五品下，朝請大夫從五品上，朝散大夫從五品下，朝議郎正六品上，承議郎正六品下，奉議郎從六品上，通直郎從六品下，朝請郎正七品上，宣德郎正七品下，朝散郎從七品上，宣議郎從七品下，給事郎正八品上，徵事郎正八品下，承奉郎從八品上，承務郎從八品下，儒林郎正九品上，登仕郎正九品下，文林郎從九品上，將仕郎從九品下。㉖驃騎大將軍至陪戎副尉三十一階二句　驃騎大將軍，從一品；輔國大將軍，正二品；鎮軍大將軍，從二品；寇軍大將軍、懷化大將軍，正三品上；懷化將軍，正三品下；雲麾將軍、歸德大將軍，從三品上；歸德將軍，從三品下；忠武將軍，正四品上；壯武將軍、懷化中郎將，正四品下；宣威將軍，從四品上；明威將軍、歸德中郎將，從四品下；定遠將軍，正五品上；寧遠將軍、懷化郎將，正五品下；游騎將軍，從五品上；游擊將軍、歸德郎將，從五品下；昭武校尉，正六品上；昭武副尉、懷化司階，正六品下；振威校尉，從六品上；振威副尉、歸德司階，從六品下；致果校尉，正七品上；致果副尉、懷化中候，正

七品下；翊麾校尉，從七品上；翊麾副尉、歸德中候，從七品下；宣節校尉，正八品上；宣節副尉、懷化司戈，正八品下；禦侮校尉，從八品上；禦侮副尉、歸德司戈，從八品下；仁勇校尉，正九品上；仁勇副尉、懷化執戟長上，正九品下；陪戎校尉，從九品上；陪戎副尉、歸德執戟長上，從九品下。㉗上柱國至武騎尉十二等二句　勳級：十有二轉為上柱國，視正二品；十有一轉為柱國，視從二品；十轉為上護軍，視正三品；九轉為護軍，視從三品；八轉為上輕車都尉，視正四品；七轉為輕車都尉，視從四品；六轉為上騎都尉，視正五品；五轉為騎都尉，視從五品；四轉為驍騎尉，視正六品；三轉為飛騎尉，視從六品；二轉為雲騎尉，視正七品；一轉為武騎尉，視從七品。㉘丙戌　三月十六日。㉙蕪湖　縣名，縣治在今安徽蕪湖市。㉚梁山　山名，即今安徽和縣南長江西岸西梁山。㉛辛卯　三月二十一日。㉜揚子城　在今江蘇揚州。㉝廣陵城　在今江蘇揚州界。㉞丁酉　三月二十七日。㉟戊戌　三月二十八日。㊱博望山　又名天門山、東梁山。在今安徽當塗西南。㊲青林山　即今安徽當塗東南青山。㊳卻月城　即鉤月城。㊴延袤　綿延。㊵舟師　水軍。㊶舒州　州名，治所在今安徽潛山縣。㊷壽陽　縣名，縣治在今安徽壽縣。㊸硤石　山名，在今安徽鳳臺與壽縣之間。㊹薄　迫近。㊺直指　直向。㊻掩　掩襲。㊼柵　豎木為柵，以為營壘。㊽石頭　山名，在今江蘇南京西。㊾躡　追隨。㊿百戰餘賊　身經百戰後殘留的敵人。(51)正以公祏立計使之持重　只是因為輔公祏確定的計策使他們持重，不輕舉妄動。持重，不輕舉妄動。(52)老我師　疲勞我們的軍隊。(53)挑　挑戰。(54)免冑　脫下頭盔。(55)故部曲　舊部下。(56)兩戍　兩地的防守。(57)就　去往。(58)句容　縣名，縣治在今江蘇句容。(59)常州　州名，治所在今江蘇常州。(60)武康　縣名，縣治在今浙江德清西千秋鎮。(61)己亥　三月二十九日。(62)深美　非常讚美。(63)靖二句　謂蕭銑、輔公祏皆為李靖所殺。膏肓，為致死之疾。(64)矜伐　矜誇和居功，即誇耀自己的才能、功績或恩惠。(65)訴理　申訴。(66)忤　違逆。

**【語　譯】**二月二十八日戊辰，洋、集二州的獠民反叛，攻陷了隆州晉城。

這個月，太保吳王杜伏威去世。輔公祏反叛時，詐稱杜伏威的命令來欺騙他的部眾。等到輔公祏被平定，趙郡王李孝恭不知道輔公祏欺詐，把情況上報朝廷。唐高祖下詔追除杜伏威的官籍，把他的妻兒登記在冊後沒入官府為奴。等到唐太宗即位，知道杜伏威冤枉，赦免了他，恢復了他的官爵。

三月，唐初次規定：以太尉、司徒、司空為三公，其次尚書、門下、中書、祕書、殿中、內侍為六省，再其次為御史臺，再其次太常至太府為九寺，再其次為將作監，再其次為國子學，再其次為天策上將府，再其次左衛、右衛至左領衛、右領衛為十四衛。東宮設置三師、三少、詹事以及兩坊、三寺、十率府。諸王、三公設置府佐、國官，公主設置邑司。以上部門官員都屬於京師職事官。在州、縣、鎮、戍任職的官員都屬於地方職事官。從開府儀同三司至將仕郎，共二十八個階級，是文散官。從驃騎大將軍至陪戎副尉，共三十一個階級，為武散官。從上柱國到武騎尉，共十二等，為勳官。

三月十六日丙戌，趙郡王李孝恭在蕪湖打敗輔公祏，攻取梁山等三鎮。〇二十一日辛卯，唐安撫使任瓌攻取揚子城，廣陵城主龍龕投降。〇二十七日丁酉，突厥侵犯原州。〇二十八日戊戌，趙郡王李孝恭攻下丹楊。

此前，輔公祏派遣他的將領馮慧亮、陳當世率領三萬水軍屯駐博望山，陳正通、徐紹宗率領三萬步兵、騎兵屯駐青林山，還在梁山用鎖鏈斷絕江中航道，修築了卻月城，延綿十多里，又在長江之西構築了工事抵抗唐軍。

李孝恭與李靖率領水軍停泊在舒州，李世勣率領一萬步兵渡過淮河，攻取壽陽，屯駐硤石。馮慧亮等人堅守壁壘不應戰。李孝恭派出奇兵切斷了敵軍的糧食運輸線，馮慧亮等軍缺少軍糧，夜裡，派兵逼近李孝恭的軍營，李孝恭堅持按兵不動。李孝恭召集諸位將領商議軍事行動，各位將領都說：「馮慧亮等人擁有強大的兵力，佔據水陸的險要之處，進攻他們，不能很快攻克，不如直向丹楊，偷襲他們的老巢，丹楊潰敗之後，馮慧亮等人就會自然投降了。」

李孝恭將要採納眾將領的建議，李靖說：「輔公祏的精銳部隊雖然就是這裡的水陸兩支軍隊，但他自己統率的軍隊也不算少。如今博望的各個柵寨尚且不能攻取，輔公祏據守石頭城，哪裡容易攻取呢！進軍攻打丹楊，十天半個月攻不下，馮慧亮跟隨在我軍背後，我軍腹背受敵，這是危險的策略。馮慧亮、陳正通都是身經百戰後殘留的敵人，他們心裡不是不想出戰，只是因為輔公祏確定的計策讓他們持重而按兵不動，想以此拖垮我軍罷了。我們現在攻打他們的城池，來挑戰他們，可以一舉打敗敵人。」李孝恭表示贊同，派老弱士兵先去進攻敵人的營壘，而自己統領精兵列陣等待敵軍。攻打敵人營壘的部隊沒有取勝而逃走，敵軍出兵追擊，走出幾里地，遇到李孝恭的大軍，唐軍與他們交戰，大敗敵軍。闞稜摘下頭盔對敵軍說：「你們不認識我嗎？怎麼膽敢來與我交戰！」敵軍中有很多闞稜的老部下，全都沒有了鬥志，有的人向闞稜下拜，敵軍因此潰敗。李孝恭、李靖乘勝追趕逃敵，轉戰一百多里。輔公祏的博山、青林兩地的戍守全都潰敗，馮慧亮、陳正通等人逃回丹楊，被殺傷及淹死的有一萬多人。李靖的部隊先到達丹楊，輔公祏大為恐懼，帶著幾萬兵馬，棄城東逃，想前往會稽與左遊仙會合。李世勣追趕他。輔公祏到達句容，隨從的軍隊能跟上的才五百人，夜晚，在常州宿營，他的將領吳騷等人謀劃抓捕他。輔公祏覺察了，丟下妻子兒女，獨身帶領心腹幾十人，衝破關卡逃走。輔公祏到了武康，受到村民的攻擊，西門君儀戰死，抓住了輔公祏，送到丹楊斬首示眾。唐軍分頭搜捕輔公祏的餘黨，全部處死，江南地區全部平定。

三月二十九日己亥，唐任命李孝恭為東南道行臺右僕射，李靖為兵部尚書。不久，又廢除東南道行臺，任命李孝恭為揚州大都督，李靖為大都督府長史。唐高祖非常讚美李靖的功勞，說：「李靖是蕭銑、輔公祏的致死之人。」闞稜的戰功多，頗為自我誇耀。輔公祏誣陷闞稜與自己合謀。正好趙郡王李孝恭查封抄沒輔公祏黨羽的田地房產，闞稜以及杜伏威、王雄誕在輔公祏境內的田地房產，李孝恭一併沒收。闞稜自己申訴，違逆了李孝恭，李孝恭很生氣，以謀反的罪名殺了闞稜。

夏，四月庚子朔❶，赦天下。是日，頒新律令❷，比開皇舊制增新格五十三條。

初定均田租、庸、調法：丁、中之民❸，給田一頃，篤疾❹減什之六，寡妻妾減七，皆以什之二為世業❺，八為口分❻。每丁歲入租，粟二石❼。調隨土地所宜，綾、絹、絁、布❽。歲役二旬❾。不役則收其傭❿，日三尺⓫。有事而加役者，旬有五日免其調，三旬租、調俱免。水旱蟲霜為災，什損四以上免租，損六以上免調，損七已上課役⑫俱免。凡民貲⑬業分九等⑭。百戶為里，五里為鄉，四家為鄰，四鄰為保。在城邑者為坊，田野者為村。食祿之家⑮，無得與民爭利⑯。工商雜類，無預士伍⑰。男女始生為黃⑱，四歲為小，十六為中，二十為丁，六十為老。歲造計帳⑲，三年造戶籍⑳。

丁未㉑，党項寇松州。○庚申㉒，通事舍人㉓李鳳起擊萬州反獠㉔，平之。五月辛未㉕，突厥寇朔州。○甲戌㉖，羌與吐谷渾同寇松州，遣益州行臺左僕射竇軌自翼州㉗道、扶州㉘刺史蔣善合自芳州道擊之。○丙戌㉙，作仁智宮於宜君㉚。○丁亥㉛，竇軌破反獠於方山㉜，俘二萬餘口。

【章旨】以上為第十五段，寫唐頒律令，制租庸調法。

【注釋】❶庚子朔　四月初一。❷頒新律令　頒布施行新的刑律。隋律嚴苛，唐高祖武德元年廢除隋《大業律令》，頒新格五十三條，約法緩刑，至此修訂頒行。此後還有修訂，貞觀十一年（西元六三七年），由房玄齡等最後修成《唐律》五百條。高宗時由長孫無忌等撰《唐律義疏》三十卷，行於世。❸丁中之民　即丁男、中男。二十歲為丁，十六歲為中。❹篤疾　重病。❺世業　即永業田，為世代保有的田產，不需交還公家。❻八為口分　謂十分之八為口分之田。❼歲入租二句　每歲納入官家的田租為粟米二石。❽調隨土地所宜二句　調則隨土地的物產，交納綾、絹、絁、布。根據當時規定，歲輸絹二匹，綾絁二丈，布加五分之一，綿三兩，麻三斤。❾歲役二句　凡丁男每年要服役二十天。❿收其傭　收取相應的傭值。⓫日三尺　每日絹三尺。⓬課役　租調勞役。⓭貲　同「資」。⓮九等　上、中、下各有三等，共九等。⓯食祿之家　食俸祿者，即官吏。⑯無得與民爭利　不能與民爭利。其含意為不得兼營工商一業。⑰無預士伍　不得置身士人階層。⑱黃　黃口。原指雛鳥，此指幼兒。⑲歲造計帳　每年編造關於人口田賦數口狀況的簿冊。⑳戶籍　戶口的簿籍。㉑丁未　四月初八。㉒庚申　四月二十一日。㉓通事舍人　官名，唐代中書省有通事舍人，掌朝見引納之事。㉔萬州反獠　萬州（今重慶市萬州）地區造反的少數民族獠民。㉕辛未　五月初二。㉖甲戌　五月初五。㉗翼州　州名，治所在今四川阿壩羌族自治州茂縣北。㉘扶州　州名，治所在今四川九寨溝東北。㉙丙戌　五月十七日。㉚宜君　縣名，縣治在今陝西宜君西南。㉛丁亥　五月十八日。㉜方山　地名，在今四川蒼溪縣東北。

**【語　譯】**夏，四月初一日庚子，大赦天下。這天，頒布新律令，比隋朝開皇的舊律令增加了五十三條新規定。

唐初次確定均田制與租、庸、調法：二十歲的丁男和十六歲的中男，國家授予一頃田，有嚴重疾病的男子減去十分之六，寡妻寡妾減去十分之七，所有的授田都以十分之二作為世代保有的田產，十分之八為口分田。每個成年男子每年向國家交租二石粟。調是隨土地的物產，交納綾、絹、絁、布。每個成年男子每年為國家服勞役二十日。不服勞役就收取相應的傭錢，標準是每天絹三尺。國家有事而增加成年男子勞役時，如果增加十五日勞役，就免除此人應向國家交納的調，如果增加三十日勞役，則他應向國家交納的租、調都予免除。水、旱、蟲、霜成災，收成損失十分之四以上的免除田租，損失十分之六以上的再免除調，損失十分之七以上的租庸調全都免除。百姓的資產分為九等。一百戶為一里，五里為一鄉，四家為一鄰，四鄰為一保。在城鎮中居住的，劃分為坊，在鄉村居住的，劃分為村。享受國家的俸祿的官吏，不能與民爭利。工商以及雜色人等，不得置身士人階層。男女剛出生稱為黃，四歲稱為小，十六歲稱為中，二十歲稱為丁，六十歲稱為老。每年編製統計帳簿，每三年編造一次戶籍。

四月初八日丁未，党項侵犯松州。〇二十一日庚申，唐通事舍人李鳳起攻打萬州反叛的獠民，平定了叛亂。

五月初二日辛未，突厥侵犯朔州。〇初五日甲戌，羌族與吐谷渾一起侵犯松州，唐派遣益州行臺左僕射竇軌從翼州道、扶州道刺史蔣善合從芳州道攻擊羌與吐谷渾。〇十七日丙戌，唐在宜君縣修建仁智宮。〇十八日丁亥，竇軌在方山打敗反叛的獠民，俘虜二萬多人。

【研 析】本卷研析，評析劉黑闥與杜伏威。兩位皆為隋末農民起義領袖。

劉黑闥，貝州漳南（今山東武城東北）人，出身貧苦農民。劉黑闥年輕時不務正業，喜歡飲酒賭博，頗有豪氣，與竇建德友善。隋末，劉黑闥為群盜，後投瓦崗李密為裨將，李密失敗，劉黑闥投降王世充，因不滿王世充的為人，不久脫離王世充，轉投竇建德，竇建德立授以將軍頭銜，封為漢東郡公，委以心腹重任。劉黑闥驍勇善戰，詭計多端，常能出其不意，打敗強敵，軍中服其神勇。竇建德失敗，劉黑闥潛伏漳南種菜，閉門不出，靜觀時變。

此時，唐高祖徵召竇建德故將范願、董康買、曹湛、高雅賢等人赴長安。范願等人商議說：「王世充以洛陽投降李淵，他的部下楊公卿、單雄信等都被害，我們去長安，肯定性命難保，夏王從前捉住唐將宗室淮安王李神通，優禮送還，可李淵抓住夏王卻加以殺害。我們不替夏王報仇，沒有臉面見天下人。」於是竇建德舊將找到劉黑闥，決定重新起事。劉黑闥一夥只有一百多人，但個個死戰，一舉拿下漳南縣。貝州刺史、魏州刺史，合兵來攻，也被劉黑闥打敗，一時聲威大振，竇建德舊境河北、山東全境叛唐，徐圓朗也在山東起兵響應。武德五年（西元六二二年）正月，劉黑闥正式稱漢東王，以洺州為都城，建年號為天造。任命范願為左僕射，董康買為兵部尚書，高雅賢為右領軍，竇建德舊時文武官員，一律復職。唐王朝發大軍討伐，秦王李世民、太子李建成、齊王李元吉相繼統兵，費了九牛二虎之力，才把劉黑闥撲滅。

劉黑闥反隋，是被迫起義，農民軍的行為是推翻暴政，深得民眾擁護，追隨竇建德成了大氣候。劉黑闥再起反唐，已經不是反暴政，以河北、山東一隅之力對抗欣欣向榮的新王朝，失敗是肯定的。不過劉黑闥第二次起事是為了逃死，所以贏得了竇建德夏政權的全境響應。李唐王朝平定天下，應當寬大為懷，不應暴虐降人，一招不慎，帶來大亂，給新王朝的建立者提供了深刻的教訓，給後來李世民的寬懷政治提供借鑑。劉黑闥以悲劇結局，無所稱道。但他反隋的義舉，以及英勇善戰的業績，仍不失為是一位英雄。

杜伏威，齊州章丘（屬今山東章丘）人，家貧，少年為盜，與同鄉好友輔公祏遭官府追捕，被迫起義。隋大業九年（西元六一三年），杜伏威率眾進入章丘長白山，投靠在長白山起義的左才相。同年，杜伏威又脫離左才相，率眾南下轉戰淮南。兩三年間，杜伏威的勢力大增，在江淮間成為南方最大的起義勢力。大業十三年，隋煬帝到江南，派出官軍征討，被杜伏威打敗，江淮義軍聲威大振。杜伏威乘勝破高郵，佔歷陽，據丹陽，成為南方最大的反隋勢力。杜伏威自稱總管，任命輔公祏為長史。這時江淮杜伏威、山東瓦崗軍、河北竇建德，是反隋的三大支農民起義軍。因此，杜伏威是隋王朝的主要掘墓人之一。

杜伏威不僅軍事才能傑出，而且很有治政才能。他佔領南京丹陽後，便下令「薄賦斂」，減輕貧民百姓的負擔。治軍嚴厲，軍士對百姓秋毫無犯。杜伏威嚴懲貪官汙吏，凡貪贓枉法的官吏，無論罪行輕重，一律處斬。他所到之處，當地百姓，無不交口稱譽。

但杜伏威政治上仍然極不成熟，他壯大後並無稱雄天下之志，而在西元六一八年，隋煬帝被弒後，上表隋皇泰主楊侗稱臣，接受招安，被拜為東道大總管，封為楚王。第二年，唐高祖遣使招撫杜伏威，他又接受了唐朝的封賜，為唐東南道行臺尚書令、淮南安撫大使、吳王等官爵。杜伏威還接受了唐朝的賜姓為李氏。西元六二二年，杜伏威親自入朝長安，向唐投降，可謂識其大體。西元六二三年，輔公祏乘杜伏威遠離義軍，在南京舉兵反唐稱帝，不久被唐軍討平。輔公祏起兵，假借杜伏威之名以號令部眾，因之杜伏威遭到株連。西元六二四年，杜伏威在長安被毒殺，禍害殃及全家，妻子被籍沒。唐太宗即位，貞觀元年為杜伏威平反，復其官爵，葬以公禮。

翟讓瓦崗軍、竇建德河北軍、杜伏威江淮軍是推翻隋王朝的三大農民起義軍主力，他們推動了歷史的前進，功績不可磨滅。但農民固有的局限性，導致他們政治上的不成熟，翟讓、竇建德、杜伏威三位領袖全部以悲劇終。瓦崗的繼承者李密仍以悲劇結局。農民起義，成為改朝換代的清道夫，隋末農民大起義，也沒有逃脫這一命運。

# 卷第一百九十一

## 唐紀七

起閼逢涒灘（甲申　西元六二四年）六月，盡柔兆閹茂（丙戌　西元六二六年）八月，凡二年有奇。

**【題解】**本卷記事起西元六二四年六月，迄西元六二六年八月，凡兩年又兩個月，當唐高祖武德七年至九年。此時期，唐王朝已統一全國，唯有北疆突厥不斷犯邊，連續兩次大規模入侵，均被李世民以大勇大智，兵不血刃屈服突厥，與頡利可汗盟誓，使突厥退兵。群雄已滅，唐統治集團高層爭權矛盾日益激化，太子李建成與齊王李元吉合謀陷害秦王李世民，由於李世民功高震主，唐高祖倒向太子一邊，形勢逼使李世民於唐高祖武德九年（西元六二六年）六月四日發動玄武門之變，誅殺太子李建成和齊王李元吉，武力奪權。六月初七日，李世民進位為太子，六月十六日唐高祖退位為太上皇，八月初九日，李世民正式即皇帝位，完成了政變奪權，是為唐太宗。

### 高祖神堯大聖光孝皇帝下之上

### 武德七年（甲申　西元六二四年）

六月辛丑❶，上幸仁智宮❷避暑。○辛亥❸，瀧州、扶州❹獠❺作亂，遣南尹州都督李光度❻等擊平之。○丙辰❼，吐谷渾寇扶州❽，刺史蔣善合❾擊走之。○壬戌❿，慶州都督楊文幹⓫反。

初，齊王元吉勸太子建成除秦王世民，曰：「當為兄手刃之！」世民從上幸元吉第，元吉伏護軍宇文寶⓬於寢內，欲刺世民。建成性頗仁厚，遽止之。元吉慍曰：「為兄計耳，於我何有！」

建成擅募長安及四方驍勇二千餘人為東宮衛士，分屯左、右長林⓭，號長林兵。又密使右虞候率⓮可達志⓯從燕王李藝⓰發幽州突騎⓱三百，置宮東諸坊，欲以補東宮長上⓲。為人所告，上召建成責之，流可達志於嶲州。

楊文幹嘗宿衛東宮，建成與之親厚，私使募壯士送長安。上將幸仁智宮，命建成居守，世民、元吉皆從。建成使元吉就圖世民，曰：「安危之計，決在今歲。」又使郎將爾朱煥⓳、校尉橋公山以甲遺文幹。二人至豳州，上變⓴，告太子使文幹舉兵，欲[1]表裏相應。又有寧州人杜鳳舉㉑亦詣宮言狀。上怒，託他事手詔召建成，令詣行在。建成懼，不敢赴。太子舍人徐師謩㉒勸之據城舉兵，詹事主簿㉓趙弘智㉔勸之貶損車服，屏從者，詣上謝罪。建成乃詣仁智宮，未至六十里，悉留其官屬於毛鴻賓堡㉕，以十餘騎往見上，叩頭謝罪，奮身自擲，幾至於絕㉖。上怒不解，是夜，置之幕下㉗，飼以麥飯㉘，使殿中監陳福防守，遣司農卿宇文穎㉙馳召文幹。穎至慶州㉚，以情告之，文幹遂舉兵反。上遣左武衛將軍錢九隴㉛與靈州都督楊師道擊之。

甲子㉜，上召秦王世民謀之。世民曰：「文幹豎子㉝，敢為狂逆，計府僚已應擒戮。若不爾，正應遣一將討之耳。」上曰：「不然。文幹事連建成，恐應之者眾。汝宜自行，還，立汝為太子。吾不能效隋文帝自誅其子，當封建成為蜀王。蜀兵脆弱，他日苟能事汝，汝宜全之。不能事汝，汝取之易耳。」

上以仁智宮在山中，恐盜兵猝㉞發，夜帥宿衛㉟南出山外。行數十里，東宮官屬將卒[2]繼至，皆令三十人為隊，分兵圍守之。明日，復還仁智宮。

世民既行，元吉與妃嬪更迭為建成請，封德彝復為之營解於外。上意遂變，復遣建成還京師居守。惟責以兄弟不睦，歸罪於太子中允㊱王珪、左衛率㊲韋挺㊳、天策兵曹㊴參軍杜淹，並流於嶲州。挺，沖之子也。

初，洛陽既平，杜淹久不得調，欲求事建成。房玄齡以淹多狡數㊵，恐其教導建成，益為世民不利，乃言於世民，引入天策府。

突厥寇代州之武周城㊶，州兵擊破之。

秋，七月己巳㊷，苑君璋以突厥寇朔州，總管秦武通㊸擊卻之。

楊文幹襲陷寧州，驅掠吏民出據百家堡㊹。秦王世民軍至寧州，其黨皆潰。

癸酉㊺，文幹為其麾下所殺，傳首京師。獲宇文穎，誅之。

【章　旨】以上為第一段，寫唐室李建成、李世民爭太子之位，已從暗鬥轉為明爭，兄弟已成水火不容之勢。第一回合李建成敗陣。

【注　釋】❶辛丑　六月三日。❷仁智宮　李淵所建行宮。在今陝西銅川市玉華村北玉華山。❸辛亥　六月十三日。❹瀧州　扶州　州名。瀧州，治所在今廣東羅定南。扶州，此指南扶州，治所在今廣東信宜西南鎮隆。❺獠　魏晉以後對川、陝、黔、滇、桂、湘、粵等省少數民族的泛稱。這裡指瀧州、扶州一帶的少數民族。❻李光度　隋永平郡（治今廣西藤縣）太守，蠻酋出身，降唐授南尹州（治今廣西貴港）刺史。事跡見《舊唐書》卷五十九〈李襲志傳〉、卷六十七〈李靖傳〉等。❼丙辰　六月十八日。❽扶州　州名，此指北扶州。治所在今四川阿壩州東北。❾蔣善合　隋末割據於鄆州（治今山東鄆城東），武德四年（西元六二一年）降唐。事跡見《舊唐書》卷六十一、《新唐書》卷九十五〈竇威附竇軌傳〉等。❿壬戌　六月二十四日。⓫楊文幹　（？—西元六二四年）李建成親信，反叛後的第二個月即為慶州人所殺。事跡見《舊唐書》卷七十六、《新唐書》卷八十〈李建成傳〉。⓬宇文寶　李元吉親信。事跡見《舊唐書》卷六十四、《新唐書》卷七十九〈李元吉傳〉。⓭長林　宮門名，東宮有左右長林門。⓮虞候率　東宮左右虞候率府長官，掌偵察、巡邏等禁衛事。⓯可達志　李建成親信。《新唐書·李建成傳》謂可達志為左虞候率。可達，複姓。⓰李藝　即羅藝。⓱突騎　謂能衝突軍陣的騎士。⓲長上　唐制，凡衛官都要輪番宿衛，長上者，謂番代週期較長的衛士。又，唐官職中有武散階九品懷化執戟長上和歸德執戟長上等。⓳爾朱煥　李建成親信。事跡見《舊唐書》卷六十四、《新唐書》卷七十九〈李建成傳〉。爾朱，複姓，源出羯族。⓴上變　向朝廷密告謀反之類的緊急事變。㉑杜鳳舉　《新唐書》卷七十九作「杜鳳」。寧州（治今甘肅寧縣）人，疑貞觀中助吐谷渾討內亂的鄯州刺史杜風舉即其人。㉒徐師謨　李建成親信。事跡見《新唐書》卷七十九、二百一。謩，「謨」的異體字。㉓詹事主簿　官名，東宮詹事府掌印和考核文書簿籍的官員。㉔趙弘智　洛州新安（今河南新安）人，官至國子祭酒，崇賢學士。《藝文類聚》的修撰人之一，並有文集二十卷。傳見《舊唐書》卷一百八十八、《新唐書》卷一百六。㉕毛鴻賓堡　北魏將毛鴻賓築，在今陝西耀州西南。㉖絕　氣絕；死亡。㉗幕下　帳幕之下。㉘麥飯　以麥為飯，謂飯粗糲。㉙宇文穎　（？—西元六二四年）代（今山西大同北）人，曾參加瓦崗軍。從李密處降唐，封化政郡公，同李元吉友善。傳見《新唐書》卷七十九。㉚慶州　州名，治所在今甘肅慶陽。㉛錢九隴　唐初功臣，字永業，湖州長城（今江蘇長興）人，官至右監門大將軍，封巢國公。傳見《舊唐書》卷五十七、《新唐書》卷八十八。㉜甲子　六月二十六日。㉝豎子　小子。蔑視的稱謂。㉞猝　突然；出其不意。㉟宿衛　於宮禁值宿警衛。此謂禁軍衛士。㊱太子中允　官名，東宮左右春坊長官左右庶子之副，協助左右庶子掌侍從禮儀、駁正啟奏，並監藥及通判坊局事。㊲左衛率　東宮左衛率府長官。㊳韋挺　（西元五九一—六四八年）唐初大臣，雍州萬年（今陝西西安東部）人，父沖，隋文帝時大臣，官至民部尚書，封義豐縣侯。挺為沖少子，貞觀中，拜御史大夫，封扶陽縣男。傳見《舊唐書》卷七十七、《新唐書》卷九十八。㊴天策兵曹　官名，即秦王李世民天策上將府掌管軍事的官員。㊵狡數　詭詐有心計。㊶武周城　古城塞名，即今山西左雲城。㊷己巳　七月一日。㊸秦武通　唐初大將，曾從李世民討劉武周、劉黑闥和東突厥。事跡見《舊唐書》卷五十五〈劉武周傳〉、卷一百九十四上〈突厥傳〉等。㊹百家堡　在今甘肅慶陽馬嶺鎮西北。㊺癸酉　七月五日。

【校　記】[1]欲　原作「使」。據章鈺校，十二行本、乙十一行本、孔天胤本皆作「欲」，張敦仁《通鑑刊本識誤》同，今從改。[2]將卒　原無此二字。據章鈺校，十二行本、乙十一行本、孔天胤本皆有此二字，今據補。

【語　譯】高祖神堯大聖光孝皇帝下之上

武德七年（甲申　西元六二四年）

六月初三日辛丑，唐高祖幸臨仁智宮避暑。〇十三日辛亥，瀧州、扶州的獠人作亂，唐高祖派遣南尹州都督李光度等人出擊並平定了叛亂。〇十八日丙辰，吐谷渾侵犯扶州，扶州刺史蔣善合擊退了吐谷渾。〇二十四日壬戌，慶州都督楊文幹反叛。

當初，齊王李元吉勸太子李建成除掉秦王李世民，說：「我當為哥哥親手殺了他！」李世民隨從唐高祖幸臨李元吉的宅第，李元吉讓護軍宇文寶埋伏在寢室內，打算刺殺李世民。李建成生性頗為仁厚，馬上制止了他。李元吉惱怒地說：「這是為哥哥著想罷了，對我有什麼關係！」

李建成擅自招募長安及各地的驍勇之士兩千多人作為東宮衛士，分別屯駐在東宮的左、右長林門，號稱長林兵。又祕密讓右虞候率可達志從燕王李藝那裡徵調幽州突擊騎兵三百人，安置在東宮東面的各個坊市中，打算用來補充東宮警衛隊裡的低級軍官。此事被人告發，唐高祖召見李建成斥責他，把可達志流放到嶲州。

楊文幹曾經宿衛東宮，太子李建成和他親近，關係深厚，私自讓他募集勇士送往長安。唐高祖將要臨幸仁智宮，命令太子李建成留守京城，李世民與李元吉一起隨行。李建成讓李元吉乘機殺害李世民，說：「安危之計，今年決出結果。」李建成又派郎將爾朱煥、校尉橋公山把鎧甲送給楊文幹。兩人到達豳州，向上報告發生變故，告發太子讓楊文幹起兵，想內外呼應。又有寧州人杜鳳舉也前往仁智宮報告這個情況。唐高祖很生氣，假借別的事情，以親筆詔書傳召李建成，讓他前往高祖住處。李建成害怕了，不敢前去。太子舍人徐師謨勸他據守京城起兵，詹事主簿趙弘智勸他把太子的車駕服飾降低規格，摒除隨從人員，前往唐高祖那裡謝罪。於是，李建成前往仁智宮，還有六十里未到仁智宮，李建成把他的屬官全部留在毛鴻賓堡，帶領十多個人騎馬前去進見唐高祖，磕頭謝罪，自己猛挺身子摔在地上，幾乎死去。唐高祖的怒氣沒有消除，這天夜裡，把李建成安置在唐高祖的帳篷中，用麥飯餵他，讓殿中監陳福看守著他，派遣司農卿宇文穎驅馬傳召楊文幹。宇文穎到了慶州，把情況告訴了楊文幹，楊文幹於是起兵反叛。唐高祖派遣左武衛將軍錢九隴和靈州都督楊師道攻打楊文幹。

六月二十六日甲子，唐高祖召見秦王李世民謀議此事。李世民說：「楊文幹這小子，敢於發狂叛逆，估計他的僚屬應當已經擒獲殺掉了他。如果不是這樣，只應派遣一員將領討伐他罷了。」唐高祖說：「不是這樣。楊文幹的事情與李建成相關，恐怕響應他的人多。你應該親自前往，回來以後，立你為太子。我不能效法隋文帝自己誅殺自己的兒子，應當封李建成為蜀王。蜀兵薄弱，以後如能侍奉你，你應該保全他的性命。如果不能侍奉你，你捉拿他很容易。」

唐高祖認為仁智宮在山中，擔心盜賊突然發難，夜裡率領警衛隊向南出發，來到山外。走了數十里，太子東宮的官屬將卒相繼到達，唐高祖都命他們三十人為一隊，分派軍隊包圍看守他們。第二天，唐高祖又返回仁智宮。

李世民出發以後，李元吉與嬪妃輪流替李建成求情，封德彝又在外圍營救李建成。唐高祖於是改變了主意，又派李建成返回京城留守。唐高祖只責怪他兄弟關係不睦，把罪責推給太子中允王珪、左衛率韋挺和天策兵曹參軍杜淹，把他們一併流放到嶲州。韋挺，是韋沖的兒子。

當初，洛陽平定後，杜淹長久沒有得到升遷，想尋機侍奉李建成。房玄齡認為杜淹頗多狡詐，害怕他教導李建成，越發對李世民不利，便把情況向李世民說了，安排杜淹到天策府任職。

突厥侵犯代州的武周城，代州士卒打敗了突厥。

秋，七月初一日己巳，苑君璋率領突厥兵侵犯朔州，總管秦武通擊退了他們。

楊文幹偷襲，攻陷了寧州，驅趕劫掠吏民，出城佔據了百家堡。秦王李世民的軍隊到達寧州，楊文幹的黨羽全部潰散。七月初五日癸酉，楊文幹被他的部下殺死，頭顱傳送到京城。李世民擒獲了宇文穎，殺死了他。

丁丑❶，梁師都行臺白伏願來降。○戊寅❷，突厥寇原州，遣寧州刺史鹿大師救之，又遣楊師道趣大木根山❸，邀其歸路[1]。○庚辰❹，突厥寇隴州，遣護軍尉遲敬德擊之。○吐谷渾寇岷州。辛巳❺，吐谷渾、党項寇松州❻。○癸未❼，突厥寇陰盤❽。○甲申❾，扶州刺史蔣善合擊吐谷渾於松州赤磨鎮❿，破之。○己丑⓫，突厥吐利設⑫與苑君璋寇并州。○甲午⑬，車駕還京師。

或說上曰：「突厥所以屢寇關中者，以子女玉帛皆在長安故也。若焚長安而不都，則胡寇自息矣。」上以為然，遣中書侍郎宇文士及踰南山⑭至樊、鄧⑮，行⑯可居之地，將徙都之。太子建成、齊王元吉、裴寂皆贊成其策，蕭瑀等雖知其不可而不敢諫。秦王世民諫曰：「戎狄為患，自古有之。陛下以聖武龍興⑰，光宅中夏⑱，精兵百萬，所征無敵，柰何以胡寇擾邊，遽遷都以避之，貽四海之羞，為百世之笑乎！彼霍去病⑲漢廷一將，猶志滅匈奴，況臣忝⑳備藩維，願假數年之期，請係頡利之頸，致之闕下。若其不效，遷都未晚。」上曰：「善。」建成曰：「昔樊噲㉑欲以十萬眾橫行匈奴中，秦王之言得無似之！」世民曰：「形勢各異，用兵不同，樊噲小豎㉒，何足道乎！不出十年，必定漠北㉓，非敢[2]虛言也。」上乃止。建成與妃嬪因共譖㉔世民曰：「突厥雖屢為邊患，得賂㉕即退。秦王外託禦寇之名，內欲總兵權，成其篡奪之謀耳。」

上校獵城南，太子、秦、齊王皆從，上命三子馳射角勝㉖。建成有胡馬，肥壯而喜蹶㉗，以授世民，曰：「此馬甚駿，能超數丈澗。弟善騎，試乘之。」世民乘以逐鹿，馬蹶，世民躍立於數步之外，馬起，復乘之，如是者三，顧謂宇文士及曰：「彼欲以此見殺，死生有命，庸何㉘傷乎！」建成聞之，因令妃嬪譖之於上曰：「秦王自言：『我有天命，方為天下主，豈有浪死㉙！』」上大怒，先召建成、元吉，然後召世民入，責之曰：「天子自有天命，非智力可求，汝求之一何㉚急邪！」世民免冠頓首，請下法司㉛案驗。上怒不解，會有司奏突厥入寇，上乃改容勞勉世民，命之冠帶，與謀突厥。閏月己未㉜，詔世民、元吉將兵出豳州以禦突厥，上餞之於蘭池㉝。上每有寇盜，輒命世民討之，事平之後，猜嫌益甚。

初，隋末京兆韋仁壽㉞為蜀郡司法書佐㉟，所論囚至市㊱，猶西向為仁壽禮佛然後死。唐興，爨弘達㊲帥西南夷㊳內附，朝廷遣使撫之，類皆貪縱，遠民患之，有叛者。仁壽時為嶲州都督長史，上聞其名，命檢校南寧州㊴都督，寄治越嶲，使之歲一至其地慰撫之。仁壽性寬厚，有識度。既受命，將兵五百人至西洱河㊵，周歷數千里，蠻夷豪帥皆望風歸附，來見仁壽。仁壽承制置七州㊶、十五縣，各以其豪帥為刺史、縣令。法令清肅，蠻夷悅服。將還，豪帥皆曰：「天子遣公都督南寧，何為遽去？」仁壽以城池未立為辭。蠻夷即相帥為仁壽築城，立廨舍㊷，旬日㊸而就。仁壽乃曰：「吾受詔但令巡撫，不敢擅留。」蠻夷號泣送之，因各遣子弟入貢。壬戌[44]，仁壽還朝，上大悅，命仁壽徙鎮南寧，以兵戍[45]之。

苑君璋引突厥寇朔州。

八月戊辰[46]，突厥寇原州。○己巳[47]，吐谷渾寇鄯州。

壬申[48]，突厥寇忻州[49]。丙子[50]，寇并州，京師戒嚴。戊寅[51]，寇綏州[52]，刺史劉大俱[53]擊卻之。

是時，頡利、突利二可汗舉國入寇，連營南上，秦王世民引兵拒之。會關中久雨，糧運阻絕，士卒疲於征役，器械頓弊[54]，朝廷及軍中咸以為憂。世民與虜遇於豳州，勒兵將戰。己卯[55]，可汗帥萬餘騎奄至[56]城西，陳於五隴阪[57]，將士震恐。世民謂元吉曰：「今虜騎憑陵[58]，不可示之以怯，當與之一戰，汝能與我俱[59]乎？」元吉懼曰：「虜形勢如此，柰何輕出？萬一失利，悔可及乎！」世民曰：「汝不敢出，吾當獨往，汝留此觀之。」世民乃帥騎馳詣虜陳[60]，告之曰：「國家與可汗和親，何為負約，深入我地？我秦王也，可汗能鬬，獨出與我鬬，若以眾來，我直以此百騎相當耳。」頡利不之測[61]，笑而不應。世民又前，遣騎告突利曰：「爾往與我盟，有急相救。今乃引兵相攻，何無香火之情[62]也！」突利亦不應。世民又前，將渡溝水。頡利見世民輕出，又聞香火之言，疑突利與世民有謀，乃遣止世民，曰：「王不須度，我無它意，更欲與王申固盟約耳。」乃引兵稍卻63。

是後霖雨64益甚，世民謂諸將曰：「虜所恃者弓矢耳，今積雨彌時65，筋膠俱解，弓不可用，彼如飛鳥之折翼。吾屋居火食，刀槊66犀利，以逸制勞，此而不乘67，將復何待！」乃潛師夜出，冒雨而進，突厥大驚。世民又遣說突利以利害，突利悅，聽命68。頡利欲戰，突利不可，乃遣突利與其夾畢特勒69阿史那思摩70來見世民，請和親，世民許之。思摩，頡利之從叔也。突利因自託於世民，請結為兄弟。世民亦以恩意撫之，與盟而去。

【章旨】以上為第二段，寫突厥入寇，秦王李世民以大勇精神不戰而屈突厥之兵，與頡利可汗定盟，化解了一場大戰。

【注釋】❶丁丑　七月初九日。❷戊寅　七月初十日。❸大木根山　山名，又名東木根山，在今內蒙古興和西北。鮮卑拓拔氏先人曾居此。❹庚辰　七月十二日。❺辛巳　七月十三日。❻松州　州名，治所在今四川松潘。❼癸未　七月十五日。❽陰盤　縣名，縣治在今甘肅平涼南四十里鋪。❾甲申　七月十六日。❿赤磨鎮　在今四川松潘東北。⓫己丑　七月二十一日。⓬吐利設　東突厥典兵大將，姓阿史那。設，突厥別部典兵者謂「設」，亦作「殺」、「箭」等。⓭甲午　七月二十六日。⓮南山　山名，即今陝西西安南終南山。⓯樊鄧　地區名，即樊城（今湖北襄樊）、鄧州（治今河南鄧州）一帶。⓰行　巡視。⓱聖武龍興　聖明英武，如龍一樣興起帝業。⓲光宅中夏　謂安定天下。光，廣。宅，安。中夏，中原，引申為天下。⓳霍去病　（西元前一四〇—前一一七年）漢武帝時名將，曾六次出擊匈奴，解除匈奴對漢王朝的威脅。傳見《史記》卷一百十一、《漢書》卷五十五。⑳忝　辱；有愧於。常作謙詞用。㉑樊噲　（？—西元前一八九年）漢初大將，沛縣（今江蘇沛縣）人，官至左丞相，封舞陽侯。傳見《史記》卷九十五、《漢書》卷四十一。㉒小豎　小子；豎子。侮稱。㉓漠北　指蒙古高原大沙漠以北地區。㉔譖　進讒言；說人壞話。㉕賂　贈送或賄賂財物。㉖角勝　決勝；較量；比輸贏。㉗蹶　尥蹶子，用後腿踢人。㉘庸何　豈可；哪能。㉙浪死　白白死去；無意義地喪命。㉚一何　怎麼；為什麼。㉛法司　執法機構。㉜閏月己未　閏七月二十一日。㉝蘭池　在今陝西咸陽東。秦始皇引渭水為池，並築蘭池宮，由是得名。㉞韋仁壽　唐初良吏，雍州萬年人，官至南寧州都督，以善撫雲南諸蠻著稱。傳見《舊唐書》卷一百八十五上、《新唐書》卷一百九十七。㉟司法書佐　州郡執法官吏，即法曹司法參軍。㊱市　鬧市；買賣場所。此謂處決死囚的地方。㊲爨弘達　西爨蠻首領，拜昆州（今雲南昆明）刺史。事跡見《新唐書》卷二百二十二下。㊳西南夷　指川南、雲、貴一帶的少數民族。㊴南寧州　州名，初寄治成都、越巂（今四川西昌），後移治所於今雲南曲靖西。㊵西洱河　一名葉榆澤。即今雲南西部洱海。㊶承制置七州　承制，順承天子旨意。七州，據《舊唐書》卷四十一等為西寧、豫、西平、利、南雲、磨、南籠州，這些州散布於今雲南、川南及貴州部分地區。㊷廨舍　官員辦公所在的屋宇。㊸旬日　十天。㊹壬戌　閏七月二十四日。㊺戍　駐守邊疆。㊻戊辰　八月一日。㊼己巳　八月二日。㊽壬申　八月五日。㊾忻州　州名，治所在今山西忻州。㊿丙子　八月九日。(51)戊寅　八月十一日。(52)綏州　州名，治所在今陝西綏德。(53)劉大俱　大俱抗突厥事見《新唐書》卷一〈高祖紀〉。(54)頓弊　頓，同「鈍」。弊，破敗。(55)己卯　八月十二日。(56)奄至　鋪天蓋地而來；突然到來。(57)五隴阪　山坡名，在今陝西彬縣南。(58)憑陵　進迫；侵陵。(59)俱　一併；共同。(60)陳　「陣」的本字。(61)不之測　對方不可猜度。之，謂秦王。(62)香火之情　結拜兄弟的情誼。(63)稍卻　小撤；漸退。(64)霖雨　連陰久雨不止。(65)彌時　長久。(66)槊　長矛。(67)乘　趁；因。(68)聽命　聽從指示命令。(69)夾畢特勒　東突厥可汗子弟官號。特勒，應作「特勤」。(70)阿史那思摩　東突厥貴族。貞觀四年（西元六三〇年）降唐，拜右武候大將軍、化州都督。貞觀十三年被太宗冊立為可汗，後因失眾，入朝宿衛。卒，陪葬昭陵。

【校　記】[1]邀其歸路　原無此句。據章鈺校，十二行本、乙十一行本、孔天胤本皆有此句，張敦仁《通鑑刊本識誤》、張瑛《通鑑校勘記》同，今據補。[2]敢　原無此字。據章鈺校，十二行本、乙十一行本、孔天胤本皆有此字，今據補。

【語　譯】七月初九日丁丑，梁師都的行臺白伏願前來投降。〇初十日戊寅，突厥侵犯原州，唐高祖派遣寧州刺史鹿大師救援，又派遣楊師道奔赴大木根山，攔截敵人的歸路。〇十二日庚辰，突厥侵犯隴州，唐高祖派遣護軍尉遲敬德攻打突厥。〇吐谷渾侵犯岷州。十三日辛巳，吐谷渾、党項侵犯松州。〇十五日癸未，突厥侵犯陰盤。〇十六日甲申，扶州刺史蔣善合在松州赤磨鎮攻打吐谷渾，打敗了他們。〇二十一日己丑，突厥吐利設與苑君璋侵犯并州。〇二十六日甲午，唐高祖返回京城。

有人勸說唐高祖：「突厥之所以屢次侵犯關中地區，是由於我們的人口與財富都集中在長安的緣故。如果燒毀長安而不立為都城，那麼胡人的侵犯就會自然平息。」唐高祖認為說得對，就派遣中書侍郎宇文士及越過終南山來到樊州、鄧州，巡察可以居住的地方，準備遷都。太子李建成、齊王李元吉和裴寂都贊成這一計畫，蕭瑀等人雖然知道不可行，但不敢勸諫阻攔。秦王李世民勸諫說：「戎狄為患，自古以來就有的。陛下憑著聖明英武，如龍一樣興起大業，安定了天下，擁有百萬精銳士卒，所向無敵，為何因為胡人盜寇擾亂邊境，就急忙遷都來躲避他們，在天下留下羞辱，讓後世譏笑呢！那霍去病是漢朝的一員將領，尚且立志消滅匈奴，何況臣忝列藩王之位，希望陛下給我幾年時間，讓我用繩索套住頡利的脖子，把他押送到宮闕之下。如果沒有成功，遷都也不晚。」唐高祖說：「講得好。」李建成說：「從前樊噲想率領十萬兵馬橫行匈奴，秦王的話是不是像樊噲呢！」李世民說：「形勢各自不同，用兵的方法也就不同，樊噲那小子，何足稱道呢！不出十年，一定平定沙漠以北地區，我不敢說空話。」唐高祖於是停止遷都。李建成與嬪妃於是共同誣陷李世民說：「突厥雖然屢次成為邊患，但是得到財物就撤退。秦王對外藉口抵禦突厥的名義，實際上是想總攬兵權，成就他篡奪帝位的陰謀罷了。」

唐高祖在京城南面圍獵，太子李建成、秦王李世民和齊王李元吉都相隨，唐高祖讓三個兒子騎馬射獵來角逐勝負。李建成有匹胡地駿馬，膘肥體壯，而且喜歡撩蹶子，李建成把這匹馬交給李世民，說道：「這馬是匹很好的駿馬，能夠跳過幾丈寬的山澗。弟弟善於騎馬，試著騎一騎牠。」李世民騎上這匹胡馬追逐野鹿，胡馬蹶身撩蹄，李世民躍起後落到數步之外站定，胡馬站起來，李世民又騎上去，這樣反覆了三次，李世民回頭對宇文士及說：「他想用這匹馬害死我，死生有命，哪能傷害我呢！」李建成聽到後，於是讓嬪妃向唐高祖誣陷李世民說：「秦王自己說：『我有天命，正要做天下之主，怎會白白死去！』」唐高祖大怒，先召見李建成和李元吉，然後召見李世民，責備他說：「天子自有天命，不是人的智力可以求得的，你求當天子怎麼這樣急呢！」李世民摘去王冠伏地磕頭，請求交付執法部門查訊證實，唐高祖怒氣不消，正好有關部門奏稱突厥入侵，唐高祖才改變了臉色來勉勵李世民，讓他戴上王冠、繫好佩帶，與他商議討伐突厥。閏七月二十一日己未，唐高祖下詔命令李世民、李元吉率軍從豳州出發抵禦突厥，唐高祖在蘭池為他們餞行。唐高祖每次遇有敵寇盜賊，總是命令李世民討伐敵人，戰事平息以後，對李世民的猜疑更加厲害。

當初，隋朝末年京兆人韋仁壽擔任蜀郡的司法書佐，他定罪處死的囚犯到了行刑鬧市時，還要面向西方替韋仁壽拜佛求福，然後處死。唐朝建立之後，爨弘達率領西南地區的夷人歸附朝廷，朝廷派出使節安撫他們，這些使節大都貪婪無度，邊地的百姓把他們視為禍患，於是有人反叛。韋仁壽當時擔任嶲州都督長史，唐高祖聽說他的名聲，任命他為檢校南寧州都督，把官署所在地暫設在越嶲，派他每年一次前往南寧州撫慰當地的夷人。韋仁壽性情寬厚，有見識，有度量。他接受任命以後，率領士兵五百人到了西洱河，走遍境內數千里，蠻夷豪強首領望風歸附，前來會見韋仁壽。韋仁壽順承皇帝的旨意設置了七個州、十五個縣，分別任命當地的豪強首領為州刺史和縣令。他執行法令清廉嚴肅，蠻夷心悅誠服。韋仁壽準備返回越嶲，豪強首領們都說：「天子派您前來總督南寧州，為什麼急忙離去？」韋仁壽藉口說是因為南寧州的城池還未修建。蠻夷當即聚合起來，為韋仁壽修築南寧州城，建造官署與住處，十天就全部竣工。韋仁壽這才說：「我接受的皇帝詔命，只讓我來巡視撫慰，我不敢擅自留下。」蠻夷哭號流淚為他送行，於是各自派遣子弟入京朝見並且進貢。閏七月二十四日壬戌，韋仁壽返回朝廷，唐高祖大為高興，命令韋仁壽把鎮所遷移到南寧州，用兵戍守。

苑君璋帶領突厥侵犯朔州。

八月初一日戊辰，突厥侵犯原州。○初二日己巳，吐谷渾侵犯鄯州。

八月初五日壬申，突厥侵犯忻州。初九日丙子，侵犯并州，京城戒嚴。十一日戊寅，突厥侵犯綏州，綏州刺史劉大俱擊退了突厥軍隊。

這時候，頡利、突利兩位可汗傾盡全國兵力前來侵犯，兵營連接，向南推進，秦王李世民率軍抵禦。正好此時關中地區長久降雨，糧食運輸斷絕，士卒因行軍跋涉而疲憊不堪，軍用器械鈍毀破敗，朝廷與軍中都為此擔憂。李世民在豳州與突厥遭遇，率軍準備接戰。十二日己卯，突厥可汗率領騎兵一萬多人突然來到豳州城西，在五隴阪布陣，唐軍將士震驚恐慌。李世民對李元吉說：「現在突厥進逼我軍，我軍不能夠向他們示怯，應當與他們大戰一場，你能夠與我一同去作戰嗎？」李元吉害怕地說：「突厥軍隊的陣勢這樣強盛，怎能輕率出擊？萬一失利，後悔還來得及嗎！」李世民說：「你不敢出兵，我當獨自前往，你留在這裡觀看。」李世民於是率領騎兵疾馳衝向突厥軍陣，告訴他們說：「國家已與可汗和親，為什麼違背盟約，深入到我們的地域中來？我是秦王，可汗能來比鬥，就一個人出來與我比鬥，如果率領眾人一起來，我只用這一百名騎兵來抵擋。」頡利猜測不出秦王的底細，笑而不答。李世民又向前推進，派遣騎兵告訴突利說：「你以前與我盟誓，約定在危急時互相援救。現在你帶兵來攻打我，怎麼沒有結拜兄弟的情誼呢！」突利也沒有回答。李世民又向前推進，將要渡過一條水溝。頡利看到李世民輕易出戰，又聽到焚香盟誓的話，懷疑突利與李世民有謀劃，便派人阻止李世民，說道：「秦王不用渡過水溝，我沒有別的意思，只是想與秦王重申並加強原有的盟約罷了。」於是頡利率軍稍微後退。

此後大雨連綿不停，李世民對各位將領說：「突厥所利用的是弓箭而已，現在雨水下了很長時間，弓箭上的皮筋和粘膠都已鬆弛，弓已不可用，他們就像飛鳥折斷了翅膀。我們住在房屋裡，吃熟食，刀矛銳利，以逸制勞，這樣的時機不加利用，還要等待什麼！」李世民於是在夜間暗中出兵，冒雨前進，突厥大為震驚。李世民又派人向突利講明利害關係，突利很高興，表示願意聽從命令。頡利想要出戰，突利不同意，就派遣突利和他的夾畢特勒阿史那思摩前來會見李世民，請求和親，李世民答應了。阿史那思摩，是頡利的堂叔。突利於是依托李世民，請求與李世民結為兄弟。李世民也用恩情安撫他，與他立下盟約後離去。

庚寅❶，岐州刺史柴紹破突厥於杜陽谷❷。

壬申❸，突厥阿史那思摩入見❹，上引升御榻，慰勞之。思摩貌類胡❺，不類突厥，故處羅疑其非阿史那種，歷處羅、頡利世，常為夾畢特勒❻，終不得典兵為設。既入朝，賜爵和順王。○丁酉❼，遣左僕射裴寂使於突厥。

九月癸卯❽，日南❾人姜子路反，交州都督王志遠擊破之。○癸卯❿，突厥寇綏州，都督劉大俱擊破之，獲特勒三人。

冬，十月己巳⓫，突厥寇甘州。○辛未⓬，上校獵於鄠之南山⓭。癸酉⓮，幸終南⓯。○吐谷渾及羌人寇疊州，陷合川⓰。

丙子⓱，上幸樓觀⓲，謁老子祠⓳。癸未⓴，以太牢㉑祭隋文帝陵㉒。十一月丁卯㉓，上幸龍躍宮㉔。庚午㉕，還宮。○太子詹事裴矩權檢校侍中㉖。

【章旨】以上為第三段，寫突厥、吐谷渾時時擾邊。

【注釋】❶庚寅　八月二十三日。❷杜陽谷　杜陽山北之谷地，在今陝西麟遊西北。❸壬申　八月五日。疑為「壬辰」（八月二十五日）之誤。❹入見　入朝覲見天子。❺胡　此指西域民族，如昭武九姓胡。❻特勒　「特勤」之誤。特勤，為突厥官號。❼丁酉　八月三十日。❽癸卯　九月六日。❾日南　郡名，治所在今越南義安榮市。❿癸卯　九月初六日。重出癸卯日，是特指這一天，唐朝南北同時發生了重大事件。⓫己巳　十月三日。⓬辛未　十月五日。⓭鄠之南山　鄠，縣名，縣治在今陝西戶縣。南山，終南山。⓮癸酉　十月七日。⓯終南　縣名，縣治在今陝西周至東終南鎮。⓰合川　縣名，縣治在今甘肅迭部。⑰丙子　十月十日。⑱樓觀　即樓觀臺，道教勝地。在今陝西周至南。⑲老子祠　在樓觀臺內。⑳癸未　十月十七日。㉑太牢　亦作「大牢」，帝王、諸侯祭祀社稷以牛、羊、豕三牲全備為太牢。㉒隋文帝陵　在今陝西咸陽楊陵區北。㉓十一月丁卯　十一月無「丁卯」，疑為十二月丁卯（二日）之誤。㉔龍躍宮　武德六年（西元六二三年）改故墅置，在今陝西高陵西。㉕庚午　十二月五日。㉖權檢校侍中　權，謂暫代官職。檢校為加官之名。侍中，門下省長官，掌出納帝命，與中書令同司宰相之職。

【語　譯】八月二十三日庚寅，岐州刺史柴紹在杜陽谷打敗突厥。

八月初五日壬申，突厥阿史那思摩入京朝見，唐高祖帶領他坐到御榻上，加以安慰。阿史那思摩的相貌很像胡人，不像突厥人，所以處羅可汗懷疑他不是阿史那種族，阿史那思摩歷經處羅可汗和頡利可汗兩代，經常擔任夾畢特勒，始終沒有能夠掌管軍權，設立牙帳。阿史那思摩入京朝見以後，唐高祖賜爵和順王。○三十日丁酉，唐高祖派遣左僕射裴寂出使突厥。

九月初六日癸卯，日南人姜子路反叛，交州都督王志遠打敗了他。○初六日癸卯，突厥入侵綏州，綏州都督劉大俱打敗了突厥，抓獲了三名特勒。

冬，十月初三日己巳，突厥入侵甘州。○初五日辛未，唐高祖在鄠縣的終南山進行圍獵。初七日癸酉，唐高祖到了終南山。○吐谷渾與羌人侵犯疊州，攻陷合川。

十月初十日丙子，唐高祖到了樓觀臺，拜謁老子祠。十七日癸未，用牛、羊、豕三牲祭祀隋文帝的陵墓。

十一月丁卯日，臨幸龍躍宮。十二月初五日庚午，返回皇宮。○太子詹事裴矩代理檢校侍中。

八年（乙酉　西元六二五年）

春，正月丙辰❶，以壽州❷都督張鎮周為舒州❸都督。鎮周以舒州本其鄉里，到州，就故宅，多市酒肴，召親戚故人，與之酣宴，散髮箕踞❹，如為布衣❺時，凡十日。既而分贈金帛，泣與之別，曰：「今日張鎮周猶得與故人歡飲，明日之後，則舒州都督治百姓耳，君民禮隔，不得復為交遊。」自是親戚故人犯法，一無所縱，境內肅然。

丁巳❻，遣右武衛將軍段德操❼徇夏州地。○吐谷渾寇疊州。

是月，突厥、吐谷渾各請互市❽，詔皆許之。先是，中國喪亂，民乏耕牛。至是資於戎狄，雜畜被野。

夏，四月乙亥❾，党項寇渭州。○甲申❿，上幸鄠縣，校獵于甘谷⓫，營太和宮⓬於終南山。丙戌⓭，還宮。

西突厥統葉護可汗⓮遣使請昏。上謂裴矩曰：「西突厥道遠，緩急不能相助，今求昏，何如？」對曰：「今北寇[1]方彊，為國家今日計，且當遠交而近攻，臣謂宜許其昏，以威頡利。俟數年之後，中國完實，足抗北夷，然後徐思其宜。」上從之，遣高平王道立⓯至其國，統葉護大喜。道立，上之從子也。

初，上以天下大定，罷十二軍⓰。既而突厥為寇不已，辛亥⓱，復置十二軍，以太常卿竇誕等為將軍，簡練⓲士馬，議大舉擊突厥。

甲寅⑲，涼州胡睦伽陀引突厥襲都督府，入子城⑳，長史劉君傑擊破之。

六月甲子㉑，上幸太和宮。○丙子㉒，遣燕郡王李藝屯華亭縣㉓及彈箏峽㉔，水部郎中㉕姜行本㉖斷石嶺道㉗，以備突厥。

丙戌㉘，頡利可汗寇靈州。丁亥㉙，以右衛大將軍張瑾㉚為行軍總管以禦之，以中書侍郎溫彥博為長史。先是，上與突厥書用敵國禮㉛，秋，七月甲辰㉜，上謂侍臣曰：「突厥貪婪無厭，朕將征之，自今勿復為書㉝，皆用詔敕。」

丙午㉞，車駕還宮。○己酉㉟，突厥頡利可汗寇相州㊱。○睦伽陀攻武興㊲。

丙辰㊳，代州都督藺謩㊴與突厥戰於新城㊵，不利。復命行軍總管張瑾屯石嶺，李高遷㊶趨大谷㊷以禦之。丁巳㊸，命秦王出屯蒲州以備突厥。

八月壬戌㊹，突厥踰石嶺，寇并州。癸亥㊺，寇靈州。丁卯㊻，寇潞、沁、韓三州㊼。○左武候大將軍安修仁擊睦伽陀於且渠川㊽，破之。

詔安州大都督李靖出潞州道，行軍總管任瓌㊾屯太行㊿，以禦突厥。頡利可汗將兵十餘萬大掠朔州。壬申(51)，并州道行軍總管張瑾與突厥戰于太谷，全軍皆沒，瑾脫身奔李靖。行軍長史溫彥博為虜所執，虜以彥博職在機近(52)，問以國家兵糧虛實。彥博不對，虜遷之陰山。庚辰(53)，突厥寇靈武(54)。甲申(55)，靈州都督任城王道宗[56]擊破之。丙戌[57]，突厥寇綏州。丁亥[58]，頡利可汗遣使請和而退。

九月癸巳[59]，突厥沒賀咄設[60]陷并州一縣。丙申[61]，代州都督藺謩擊破之。○癸卯[62]，初令太府檢校諸州權量[63]。○丙午[64]，右領軍將軍王君廓破突厥於幽州，俘斬二千餘人。○突厥寇蘭州[65]。

冬，十月壬申[66]，吐谷渾寇疊州，遣扶州刺史蔣善合救之。○戊寅[67]，突厥寇鄯州，遣霍公柴紹救之。

十一月辛卯朔[68]，上幸宜州。○權檢校侍中裴矩罷判黃門侍郎。○戊戌[69]，突厥寇彭州[70]。○庚子[71]，以天策司馬[72]宇文士及權檢校侍中。○辛丑[73]，徙蜀王元軌[74]為吳王，漢王元慶[75]為陳王。○癸卯[76]，加秦王世民中書令，齊王元吉侍中。○丙午[77]，吐谷渾寇岷州[78]。○戊申[79]，眉州山獠[80]反。

十二月辛酉[81]，上還至京師。○庚辰[82]，上校獵於鳴犢泉[83]。○辛巳[84]，還宮。○以襄邑王神符檢校揚州大都督。始自丹楊[85]徙州府及居民於江北。

【章　旨】以上為第四段，寫北疆不寧，突厥成為唐王朝的主要威脅。

【注　釋】❶丙辰　一月二十一日。❷壽州　州名，治所在今安徽壽縣。❸舒州　州名，治所在今安徽潛山縣。❹箕踞　坐時兩腳伸直岔開，如簸箕狀。一說屈膝張足而坐，表示出一種隨便、輕慢的態度。❺布衣　平民。❻丁巳　一月二十二日。

❼段德操　唐初將領，曾任延州總管，並屢敗割據夏州的梁師都。事跡見《舊唐書》卷五十六、《新唐書》卷八十七〈梁師都傳〉等。❽互市　邊境上國家或民族間的貿易。❾乙亥　四月十二日。❿甲申　四月二十一日。⓫甘谷　在今陝西戶縣西南。⓬太和宮　宮名，在今陝西西安南終南山上，後改名翠微宮。⓭丙戌　四月二十三日。⓮統葉護可汗　（？—西元六二八年）西突厥射匱可汗弟。有勝兵數十萬，徙庭千泉，統有西域諸國。西元六一九—六二八年在位。⓯道立　唐宗室李道立。初封高平郡王，後降為縣公。永徽初，卒於陳州刺史。傳見《舊唐書》卷六十、《新唐書》卷七十八。⓰十二軍　指武德初年於關中道所置以參旗、鼓旗、玄戈、井鉞、羽林、騎官、折威、平道、招搖、苑游、天紀、天節為名號的十二支軍隊。⓱辛亥　五月十八日。⓲簡練　擇選訓練。⓳甲寅　五月二十一日。⓴子城　大城內的小城。㉑甲子　六月一日。㉒丙子　六月十四日。㉓華亭縣　縣名，縣治在今甘肅華亭。㉔彈箏峽　在今甘肅平涼西北。㉕水部郎中　官名，工部中主管水利的長官。㉖姜行本　（？—西元六四五年）名確，字行本，秦州上邽（今甘肅天水市）人，傑出的工程營造家。卒贈左衛大將軍、郕國公，陪葬昭陵。傳見《舊唐書》卷五十九、《新唐書》卷九十一。㉗石嶺道　在今山西陽曲東北關城一帶。㉘丙戌　六月二十四日。㉙丁亥　六月二十五日。㉚張瑾　唐高祖時大將。事跡見《舊唐書》卷六十七〈李靖傳〉、卷一百九十四上〈突厥傳〉、《新唐書》卷一〈高祖紀〉等。㉛敵國禮　平等國家間交往中的禮儀。㉜甲辰　七月十二日。㉝書　指書啟，即下級給上級的信件。按，李淵一度稱臣於突厥可汗，故寫給突厥的文字稱「書」。㉞丙午　七月十四日。㉟己酉　七月十七日。㊱相州　疑為檀州（治今北京市密雲）之誤。此時突厥兵尚不能至相州（治今河南安陽）。㊲武興　廢郡名，十六國前涼置。治所在今甘肅武威西北。㊳丙辰　七月二十四日。㊴藺暮　唐初將領。事跡見《新唐書》卷一百十〈馮盎傳〉、卷二百十五上〈突厥傳〉。暮，「謨」的異體字。㊵新城　在今山西朔州西南。㊶李高遷　（？—西元六五四年）唐開國功臣，岐州岐山（今陝西岐山縣東南）人，官至左武衛大將軍，封江夏郡公。傳見《舊唐書》卷五十七、《新唐書》卷八十八。㊷大谷　即太谷縣，縣治在今山西太谷縣。㊸丁巳　七月二十五日。㊹壬戌　八月一日。㊺癸亥　八月二日。㊻丁卯　八月六日。㊼潞沁韓三州　潞州，治所在今山西長治。沁州，治所在今山西沁源。韓州，治所在今山西襄垣。㊽且渠川　在涼州（治所在今甘肅武威）境內，因沮渠蒙遜曾據此而得名。㊾任瓌　（？—西元六二九年）唐開國功臣，字瑋，廬州合肥（今安徽合肥）人，封管國公，終通州都督。傳見《舊唐書》卷五十九、《新唐書》卷九十。㊿太行　即今太行山，或太行關，在今山西晉城南。(51)壬申　八月十一日。(52)機近　參與朝廷機要的大臣。(53)庚辰　八月十九日。(54)靈武　縣名，縣治在今寧夏永寧西南。(55)甲申　八月二十三日。(56)道宗　唐宗室李道宗（西元六〇〇—六五三年），字承範，數有戰功，封任城王，太宗時改封江夏王。高宗初年，為長

孫無忌所誣，於流放途中病卒。傳見《舊唐書》卷六十、《新唐書》卷七十八。(57)丙戌　八月二十五日。(58)丁亥　八月二十六日。(59)癸巳　九月二日。(60)沒賀咄設　即莫賀咄設。(61)丙申　九月五日。(62)癸卯　九月十二日。(63)檢校諸州權量　檢查各州度量衡的輕重大小。(64)丙午　九月十五日。(65)藺州　西漢曾於今山西離石西置藺縣，疑藺州即在藺縣地。(66)壬申　十月十一日。(67)戊寅　十月十七日。(68)辛卯朔　十一月一日。(69)戊戌　十一月八日。(70)彭州　州名，治所在今甘肅鎮原東。(71)庚子　十一月十日。(72)天策司馬　官名，秦王李世民天策上將府高級官員，其職任為綜理天策府事，並參與軍機。(73)辛丑　十一月十一日。(74)元軌　唐高祖第十四子李元軌（?—西元六八八年）。傳見《舊唐書》卷六十四、《新唐書》卷七十九。(75)元慶　唐高祖第十六子李元慶。(76)癸卯　十一月十三日。(77)丙午　十一月十六日。(78)岷州　州名，治所在今甘肅岷縣。(79)戊申　十一月十八日。(80)眉州山獠　分布於眉州（治今四川眉山縣）山地的獠族。(81)辛酉　十二月一日。(82)庚辰　十二月二十日。(83)鳴犢泉　泉水名，在今陝西臨潼西北。(84)辛巳　十二月二十一日。(85)丹楊　郡名，即丹陽。隋煬帝改蔣州（治今江蘇南京清涼山）置，唐高祖徙州府和居民於長江北的揚州。

【校記】[1]北寇　原作「北狄」。據章鈺校，十二行本、乙十一行本、孔天胤本皆作「北寇」，今從改。

【語譯】八年（乙酉　西元六二五年）

春季，正月二十一日丙辰，唐高祖任命壽州都督張鎮周為舒州都督。張鎮周因為舒州本是自己的家鄉，到了舒州後，回到舊宅中，買來許多酒菜，叫來親戚故舊，和他們盡情宴飲。張鎮周散髮箕踞，就像原來當平民的時候一樣，一共過了十天。之後張鎮周把金銀布帛分別贈送給親戚故舊，哭著向他們告別，說道：「今天張鎮周還能與舊友歡樂飲酒，明天以後，就是舒州都督治理百姓了，官府與百姓之間的禮法是隔開的，不能夠再與大家交往了。」從這以後，親戚舊友觸犯法令，一無所縱，轄境內風氣肅然。

正月二十二日丁巳，唐高祖派遣右武衛將軍段德操攻略夏州地區。○吐谷渾侵犯疊州。

這個月，突厥和吐谷渾分別請求與唐互通貿易，唐高祖下詔同意了。在此之前，中原地區喪亂，百姓缺少耕牛。到這時，借助於突厥和吐谷渾，中原的各種牲畜遍布原野。

夏，四月十二日乙亥，党項侵犯渭州。○二十一日甲申，唐高祖到了鄠縣，在甘谷圍獵，在終南山營建太和宮。二十三日丙戌，唐高祖回宮。

西突厥的統葉護可汗派遣使者請求通婚。唐高祖對裴矩說：「西突厥道路遙遠，事有緩急不能相助，現在他來請求通婚，應當怎樣辦？」裴矩回答說：「現在北方敵人正強盛，為國家當前的利益著想，應當遠交而近攻，臣認為應當答應與西突厥通婚，以便威懾頡利。等到數年以後，中原地區得到統一而財富殷實了，足以抵抗北方夷人，然後再慢慢考慮更適宜的辦法。」唐高祖聽從了裴矩的建議，派遣高平王李道立前往西突厥國，統葉護大為高興。李道立，是唐高祖的姪子。

當初，唐高祖認為天下完全平定了，撤銷了十二軍。後來突厥不停侵犯內地，五月十八日辛亥，又重新設置十二軍，任命太常卿竇誕等人為將軍，挑選和操練人馬，商議大舉進擊突厥。

五月二十一日甲寅，涼州胡人睦伽陀引領突厥襲擊涼州都督府，進入子城，涼州長史劉君傑擊敗了他們。

六月初二日甲子，唐高祖來到太和宮。〇十四日丙子，唐高祖派遣燕郡王李藝屯駐華亭縣及彈箏峽，水部郎中姜行本切斷石嶺道，以此來防備突厥。

六月二十四日丙戌，頡利可汗侵犯靈州。二十五日丁亥，唐高祖任命右衛大將軍張瑾為行軍總管來抵禦突厥，任命中書侍郎溫彥博為行軍長史。在此之前，唐高祖寫信給突厥採用地位相當的兩個國家間的規格，秋，七月十二日甲辰，唐高祖對侍從官員說：「突厥貪婪無厭，朕將要征討他們，從現在起對他們不再用書啟，都用詔敕。」

七月十四日丙午，唐高祖的車駕返回宮中。〇十七日己酉，突厥頡利可汗侵犯相州。〇涼州胡人睦伽陀進攻武興。

七月二十四日丙辰，代州都督藺暮在新城與突厥交戰，失利。唐高祖又命令行軍總管張瑾屯紮在石嶺，李高遷奔赴大谷，以此來抵禦突厥。二十五日丁巳，唐高祖命令秦王李世民出兵屯駐蒲州，藉以防備突厥。

八月初一日壬戌，突厥越過石嶺，侵犯并州。初二日癸亥，侵犯靈州。初六日丁卯，侵犯潞州、沁州、韓州。〇唐左武候大將軍安修仁在且渠川攻打睦伽陀，打敗了他。

唐高祖頒詔命令大都督李靖從潞州道出兵，行軍總管任瓌屯駐太行山，以此來防禦突厥。突厥頡利可汗率軍十多萬大肆搶掠朔州。八月十一日壬申，并州道行軍總管張瑾在太谷與突厥交戰，全軍覆沒，張瑾逃脫出來奔赴李靖。行軍長史溫彥博被突厥抓獲，突厥認為溫彥博是唐朝廷中接近皇帝的機要官員，問他關於國家兵力與糧儲情況。溫彥博不回答，突厥把他遷徙到陰山。十九日庚辰，突厥侵犯靈武，二十三日甲申，靈州都督任城王李道宗擊敗突厥。二十五日丙戌，突厥侵犯綏州。二十六日丁亥，突厥頡利可汗派遣使者請求講和，撤退了軍隊。

九月初二日癸巳，突厥的沒賀咄設攻陷并州的一個縣。初五日丙申，代州都督藺暮擊敗了突厥。○十二日癸卯，唐高祖初次命令太府檢查核實各州度量衡器的大小輕重。○十五日丙午，右領軍將軍王君廓在幽州打敗突厥，俘獲斬首兩千多人。○突厥侵犯藺州。

冬，十月十一日壬申，吐谷渾侵犯疊州，唐高祖派遣扶州刺史蔣善合援救疊州。○十七日戊寅，突厥侵犯鄯州，唐高祖派遣霍公柴紹援救鄯州。

十一月初一日辛卯，唐高祖到了宜州。○代理檢校侍中裴矩被罷免，改任判黃門侍郎。○初八日戊戌，突厥侵犯彭州。○初十日庚子，唐高祖任命天策司馬宇文士及為代理檢校侍中。○十一日辛丑，唐高祖徙任蜀王李元軌為吳王，漢王李元慶為陳王。○十三日癸卯，唐高祖加官秦王李世民為中書令，齊王李元吉為侍中。○十六日丙午，吐谷渾侵犯岷州。○十八日戊申，眉州獠人反叛。

十二月初一日辛酉，唐高祖回到京城。○二十日庚辰，唐高祖在鳴犢泉進行圍獵。二十一日辛巳，返回皇宮。○唐高祖任命襄邑王李神符為檢校揚州大都督。開始從丹楊遷徙州府衙門及居民到長江北岸。

## 九年（丙戌　西元六二六年）

春，正月己亥❶，詔太常少卿祖孝孫等更定雅樂❷。○甲寅❸，以左僕射裴寂為司空，日遣員外郎一人更直[4]其第。

二月庚申[5]，以齊王元吉為司徒。○丙子[6]，初令州縣祀社稷[7]，又令士民里閈[8]相從立社[9]，各申祈報[10]，用洽鄉黨[11]之歡。戊寅[12]，上祀社稷。○丁亥[13]，突厥寇原州，遣折威將軍[14]楊毛〔1〕擊之。

三月庚寅[15]，上幸昆明池。壬辰[16]，還宮。○癸巳[17]，吐谷渾、党項寇岷州。○戊戌，益州道行臺尚書[18]郭行方[19]擊眉州叛獠，破之。○壬寅[20]，梁師都寇邊，陷靜難鎮[21]。○丙午[22]，上幸周氏陂[23]。○辛亥[24]，突厥寇靈州。○乙卯[25]，車駕還宮。○癸丑[26]，南海公歐陽胤[27]奉使在突厥，帥其徒五十人謀掩襲可汗牙帳，事泄，突厥囚之。○丁巳[28]，突厥寇涼州，都督長樂王幼良[29]擊走之。○戊午[30]，郭行方擊叛獠於洪、雅二州[31]，大破之，俘男女五千口。

夏，四月丁卯[32]，突厥寇朔州。庚午[33]，寇原州。癸酉[34]，寇涇州。戊寅[35]，安州大都督李靖與突厥頡利可汗戰於靈州之硤石[36]，自旦至申[37]，突厥乃退。

太史令傅奕上疏請除佛法，曰：「佛在西域，言妖[38]路遠，漢譯胡書，恣其假託。使不忠不孝削髮而揖君親[39]，遊手遊食[40]易服以逃租賦。偽啟三塗[41]，謬張六道[42]，恐愒愚夫[43]，詐欺庸品[44]。乃追懺[45]既往之罪，虛規將來之福，布施萬錢，希萬倍之報，持齋一日，冀百日之糧。遂使愚迷妄求功德[46]，不憚科禁[47]，輕犯憲章[48]。有造為惡逆，身墜刑網，方乃獄中禮佛，規[49]免其罪。且生死壽夭[50]，由於自然，刑德威福，關之人主[51]，貧富貴賤，功業所招。而愚僧矯詐，皆云由佛。竊人主之權，擅造化[52]之力，其為害政，良可悲矣！降自羲、農[53]，至于有漢，皆無佛法，君明臣忠，祚[54]長年久。漢明帝[55]始立胡神，西域桑門[56]自傳其法。西晉以上，國有嚴科，不許中國之人輒行髡髮[57]之事。洎于苻、石，羌、胡亂華[58]，主庸臣佞，政虐祚短，梁武、齊襄[59]，足為明鏡。今天下僧尼，數盈[60]十萬，翦刻繒綵，裝束泥人，競為厭魅[61]，迷惑萬姓。請令匹配[62]，即成十萬餘戶，產育男女，十年長養，一紀[63]教訓，可以足兵。四海免蠶食[64]之殃，百姓知威福所在，則妖惑之風自革，淳朴之化還興。竊見齊朝章仇子佗[65]表言：『僧尼徒眾，糜損國家，寺塔奢侈，虛費金帛。』為諸僧附會[66]宰相，對朝讒毀[67]，諸尼依託妃、主[68]，潛行謗讟[69]，子佗竟被囚縶，刑[70]於都市。及[2]周武[71]平齊，制封[72]其墓。臣雖不敏[73]，竊慕其蹤。」

上詔百官議其事，唯太僕卿張道源[74]稱奕言合理。蕭瑀曰：「佛，聖人也，而奕非之，非聖人者無法[75]，當治其罪。」奕曰：「人之大倫[76]，莫如君父。佛以世嫡而叛其父77，以匹夫78而抗天子。蕭瑀不生於空桑79，乃遵無父之教。非孝者無親，瑀之謂矣。」瑀不能對，但合手曰：「地獄之設，正為是人。」

上亦惡沙門、道士苟避征傜，不守戒律80，皆如奕言。又寺觀鄰接廛邸81，溷雜屠沽82，辛巳83，下詔命有司沙汰天下僧、尼、道士、女冠84，其精勤練行者85，遷居大寺觀，給其衣食，毋令闕乏。庸猥粗穢者86，悉令罷遣[3]，勒87還鄉里。京師留寺三所，觀二所，諸州各留一所，餘皆罷之。

傅奕性謹密，既職在占候88，杜絕交遊，所奏災異，悉焚其藁89，人無知者。

【章旨】以上為第五段，寫唐高祖抑佛。

【注釋】❶己亥　一月初十日。❷雅樂　樂舞名，帝王於祭祀、朝會、宴享等重大典禮時所使用的樂舞，因有別俗樂而得名。❸甲寅　一月二十五日。❹更直　輪換當值。直，通「值」。❺庚申　二月一日。❻丙子　二月十七日。❼社稷　帝王、諸侯奉祀的土神和穀神，並用作國家的代稱。❽里閈　鄉里。❾社　祭社神（即土地神）的場所。❿祈報　向神靈祈福報功。⓫鄉黨　同鄉；鄉里。⓬戊寅　二月十九日。⓭丁亥　二月二十八日。下文記事，《通鑑》繫於武德九年二月丁亥，而《新唐書》卷二百十五上〈突厥傳〉繫於武德八年。⓮折威將軍　關中十二道中的寧州道（治今甘肅寧縣）置有折威軍，其長官為折威將軍，為關中十二軍將軍之一。⓯庚寅　三月初二日。⓰壬辰　三月初四日。⓱癸巳　三月初五日。⓲行臺尚書　官名，唐初，中央尚書省於諸道設置派出機關——行臺尚書省，並仿尚書省制度，設行臺尚書令、僕射、丞、尚書等官職，貞觀以後廢。⓳郭行方　唐初將領。事跡見《舊唐書》卷六十一〈竇軌傳〉、《新唐書》卷二百二十二下〈南平僚傳〉。⓴壬寅　三月十四日。㉑靜難鎮　城鎮名，故址在今陝西綏德西。㉒丙午　三月十八日。㉓周氏陂　池塘名，在今陝西咸陽東北。西漢大臣周勃葬此，故名。㉔辛亥　三月二十三日。㉕乙卯　三月二十七日。㉖癸丑　三月二十五日。按，「癸丑」條應置於

「辛亥」、「乙卯」兩條之間。㉗歐陽胤　潭州（治今湖南長沙）人，官至光州刺史，封南海郡公。事跡見《新唐書》卷七十四下〈宰相世系表四下〉。㉘丁巳　三月二十九日。㉙幼良　唐宗室李幼良（？—西元六二七年），官至涼州都督。朝廷疑其謀反，賜死。傳見《舊唐書》卷六十、《新唐書》卷七十八。㉚戊午　三月三十日。㉛洪雅二州　劍南道有雅州，無洪州，疑為眉州洪雅縣（縣治在今四川洪雅西）之誤。㉜丁卯　四月初九日。㉝庚午　四月十二日。㉞癸酉　四月十五日。㉟戊寅　四月二十日。㊱硤石　山峽名，即今寧夏青銅峽市西南黃河岸青銅峽。㊲自旦至申　一整天。旦，天亮。申，十二時辰之一，下午三至五時。㊳言妖　言論妖妄怪誕。㊴君親　君王和父母。㊵遊手遊食　遊手好閒，四處乞食。㊶三塗　佛教以地獄、餓鬼、畜生為三塗，為惡者必墮入此三塗。㊷六道　佛教以阿修羅（惡神）、天神、地祇、三塗為六道，不信佛者始終在「六道」中升沉，不得解脫。㊸恐愒愚夫　恐嚇平民愚人。愒，通「喝」。㊹庸品　見識淺陋的人。㊺懺　懺悔，佛教以自陳悔過為懺。㊻功德　指誦經、念佛、施捨等善事。㊼科禁　法律。㊽憲章　法律制度。㊾規　打算，或貪求。㊿壽夭　生命的長短。(51)人主　君王。(52)造化　指天地創造化育萬物。(53)羲農　羲即伏羲氏，神話中的人類始祖，傳說他發明漁獵、畜牧和製作八卦。農即神農氏，傳說中的農業、醫藥的發明者。(54)祚　皇運；國統。(55)漢明帝　東漢第二代君主劉莊，西元五七—七五年在位。傳見《後漢書》卷二。史稱明帝永明八年（西元六五年）佛教傳入中原。(56)桑門　又作「沙門」，意為依照戒律出家修道的僧人。(57)髡髮　削髮為僧尼。(58)苻石二句　指十六國時期五胡入主中原事。苻，謂前秦（西元三五〇—三九四年）氐族苻氏諸君王。石，指後趙（西元三一九—三五二年）羯人石氏諸君王。羌，指後秦姚氏諸君王。胡，指匈奴族劉淵建漢、劉曜建趙諸君王。五胡中還有鮮卑族慕容氏建立前燕、後燕、南燕等諸君王。(59)梁武齊襄　梁武，即南朝梁武帝蕭衍，西元五〇二—五四九年在位。傳見《梁史》卷一、二、三。齊襄，即北朝齊文襄帝王澄。傳見《北齊史》卷四。(60)盈　溢出；超過。(61)厭魅　通「魘魅」。運用邪術，假借鬼神以惑眾。(62)匹配　謂使僧尼還俗婚配。(63)一紀　十二年為一紀。(64)蠶食　如蠶食桑，比喻逐漸侵佔。(65)章仇子佗　北齊時人，因批評統治者佞佛被誅。章仇，複姓。(66)附會　攀附。(67)對朝譏毀　於朝廷中肆意毀謗章仇子佗。(68)妃主　妃嬪、公主。(69)誹讟　誹謗；說人壞話。(70)刑　殺害；執行死刑。(71)周武　即北周武帝宇文邕，西元五六〇—五七八年在位。傳見《周書》卷五、《北史》卷十。(72)制封　天子進行大封賞則下制書，布告州郡，謂制封。(73)不敏　不聰明，一般用於自謙。(74)張道源　唐初大臣，并州祁（今山西祁縣）人，以孝行、忠義著稱，封苑陽郡公。傳見《舊唐書》卷一百八十七上、《新唐書》卷一百九十一。(75)無法　無視法度，觸犯刑律。(76)大倫　封建宗法社會以君臣、父子、夫婦、兄弟、朋友為五倫，五倫之中以君、父為大。(77)佛以世嫡而叛其父　釋迦牟尼俗名悉達多·喬達摩，為古印度迦羅毗羅王國（在今尼泊爾境）淨飯王的嫡子，捨棄王位繼承，離家背父修行。78匹夫　本指平民中的男子，又泛指尋常個人。79空桑　古地名，在今河南開封陳留鎮南，傳說商初賢相伊尹生於此。80戒律　佛教戒規。81廛邸　廛，即城市民居住宅。邸，商人邸店。82溷雜屠沽　與屠戶酒店混雜在一起。溷，「混」的異體字。屠沽，屠夫和賣酒人。83辛巳　四月二十四日。84女冠　女道士。85精勤練行者　指按戒規修煉的出家人。86庸猥粗穢者　指平庸猥瑣粗陋汙穢的僧侶。87勒　勒令；強制。88占候　根據天象變化來預測吉凶。89藁　同「稿」。

【校　記】①楊毛　嚴衍《通鑑補》改作「楊屯」。按，《新唐書》卷二百十五上〈突厥傳〉云：突厥「俄寇原州，折威將軍楊屯擊之。」「毛」、「屯」二字形近易誤。因為缺少更多佐證，難定二字正誤。②及　原無此字。據章鈺校，十二行本、乙十一行本、孔天胤本皆有此字，今據補。③遣　原誤作「道」。張敦仁《通鑑刊本識誤》作「遣」，今據校正。

【語　譯】九年（丙戌　西元六二六年）

春，正月初十日己亥，唐高祖頒詔，命令太常少卿祖孝孫等人重新制定宮廷雅樂。〇二十五日甲寅，唐高祖任命左僕射裴寂為司空，每天派遣一名員外郎輪番到他的府中值班。

二月初一日庚申，唐高祖任命齊王李元吉為司徒。〇十七日丙子，唐高祖初次命令州縣祭祀社稷神，又命令各地士人民眾按所居住的里閭設立社神廟，在社神廟裡各自祈禱和報告每年的農業生產情況，用來融洽鄉里鄰居的歡愉情感。十九日戊寅，唐高祖祭祀社稷神。〇二十八日丁亥，突厥侵犯原州，唐高祖派遣折威將軍楊毛攻打突厥。

三月初二日庚寅，唐高祖到了昆明池。初四日壬辰，唐高祖返回皇宮。〇初五日癸巳，吐谷渾、党項侵犯岷州。〇初十日戊戌，益州道行臺尚書郭行方攻打眉州的反叛獠人，打敗了他們。〇十四日壬寅，梁師都侵犯邊境，攻陷靜難鎮。〇十八日丙午，唐高祖到了周氏陂。〇二十三日辛亥，突厥侵犯靈州。〇二十七日乙卯，唐高祖的車駕返回皇宮。〇二十五日癸丑，唐南海公歐陽胤奉命出使，正在突厥，率領屬下五十人謀劃偷襲可汗的牙帳，事情洩露，突厥囚禁了他們。〇二十九日丁巳，突厥侵犯涼州，涼州都督長樂王李幼良打跑了他們。〇三十日戊午，郭行方在洪州、雅州攻打反叛的獠人，大敗獠人，俘獲男女五千口。

夏，四月初九日丁卯，突厥侵犯朔州。十二日庚午，侵犯原州。十五日癸酉，侵犯涇州。二十日戊寅，安州大都督李靖與突厥頡利可汗在靈州的硤石交戰，從早晨打到下午五時，突厥才撤退。

太史令傅奕上疏請求廢除佛法，說道：「佛在西域，言詞怪誕，遠離中國，漢代翻譯胡人的佛經，隨意假託。使不忠不孝的人削髮為僧後，只對君主和父母拱手行禮，遊手好閒四處乞食的人換了僧人服裝，以求逃脫租賦。佛教欺騙人們說有地獄、餓鬼、畜牲三惡道，又謬稱另有阿修羅、天神、地祇等六道，用來恐嚇愚昧的民眾，詐騙平庸的人們。佛教讓人們追悔已往的罪過，憑空描述未來的福緣，讓人們布施上萬的錢財，希望得到萬倍的回報，讓人們持守齋戒一天，希望得到百天的糧食。於是使愚蠢迷惘的人們虛妄地追求功德，不再懼怕國家的科條禁令，輕率地觸犯國家的法律制度。有的人幹了兇惡叛逆之事，身墜法網，這才在獄中禮拜佛陀，打算免除自己的罪孽。況且人的生死、壽命長短，都是出於自然，而施行刑罰、施加恩德、讓人得到威權或讓人得到福祿，這都是由君主所決定的，人的貧賤富有、高貴卑賤，是由人們所做的功勞業績所招致的。可是愚蠢的僧人假託佛陀的名義詐騙愚民，都說是由佛陀造成。這是竊取君主的權威，把自然造化的偉力擅自據為己功，這對於政治的危害，實在是可悲的！自伏羲、神農以來，以至於漢代，全無佛法，君主賢明，臣下忠誠，國運長遠，歷時長久。漢明帝始立胡人之神，西域的僧人自己傳播他們的佛法。西晉以前，國家有嚴厲的法令，不許中國人擅自去做剃髮為僧的事。等到了前秦苻氏、後趙石氏的時候，羌人、胡人擾亂中華，君主昏庸，臣下奸佞，為政殘暴，國運短促，梁武帝、北齊文襄帝的所作所為，足夠成為後人的借鑑。現今天下的僧人尼姑，數量超過十萬，他們剪裁文繒彩帛，裝扮泥像，爭相裝神弄鬼，迷惑百姓。請求讓僧尼婚配，立即成為十萬多戶人家，讓他們生男育女，經過十年的生長養育，十二年的教育訓導，可以使國家兵源充足。四海之內免除了財富逐漸受到蠶食的禍殃，百姓懂得了權威禍福的根源所在，而妖言惑眾的風氣自然革除，淳厚質樸的習俗重新興起。臣私下裡看到北齊章仇子佗的表章中說：『僧尼徒眾，浪費損耗國家的財富，寺塔奢侈，白白地耗費金銀布帛。』由於很多僧人都來攀附宰相，對著朝廷惡言詆毀子佗，每個尼姑依托王妃、公主，暗中誹謗詬罵子佗，章仇子佗最終被囚禁，在都城鬧市刑殺。等到北周武帝平定北齊，頒布詔書封高他的墳墓。臣雖然沒有多大才能，私下裡仰慕他的行為。」

唐高祖詔令百官商議這件事情，只有太僕卿張道源說傅奕講得很合理。蕭瑀說：「佛是聖人，而傅奕非難他，非難聖人的人是目無法紀，應當治他的罪。」傅奕說：「人們的重大倫理，沒有比得上君主和父親的。佛作為嫡長子卻背叛了自己的父親，作為一個平民而抗拒天子。蕭瑀不是從空桑中出生而無父親的人，卻尊崇不認父親的宗教。《孝經》裡說『非難孝道的人，是沒有親人的』，就是說的蕭瑀。」蕭瑀不能回答，只能兩手合十說：「地獄的設置，正是為了此人。」

唐高祖也憎惡僧人、道士逃避賦稅徭役，不遵守戒律，都像傅奕所說的那樣。另外寺院道觀與民居商鋪相鄰，與屠戶酒店混雜在一起，四月二十三日辛巳，唐高祖下詔命令有關部門淘汰天下的僧人、尼姑、道士、女道士，其中精心勤奮修行的人，遷居到大的寺院道觀，供給衣服糧食，不讓他們衣食缺少。那些平庸猥瑣粗陋汙穢的人，全部命令他們廢除僧道身分，勒令返還家鄉。京城保留寺院三所，道觀兩所，各州保留寺院道觀一所，其餘的寺院道觀全部撤除。

傅奕生性謹慎細密，在擔任觀測天象的職務以後，斷絕交遊，所奏報的災異現象，全部焚毀奏章的底稿，沒有人知道其中情況。

癸未[1]，突厥寇西會州[2]。

五月戊子[3]，虔州[4]胡成郎等殺長史叛歸梁師都，都督劉旻[5]追斬之。○壬辰[6]，党項寇廓州。○戊戌[7]，突厥寇秦州。○壬寅[8]，越州[9]人盧南反，殺刺史甯道明[10]。○丙午[11]，吐谷渾、党項寇河州[12]。突厥寇蘭州。○丙辰[13]，遣平道將軍⑭柴紹將兵擊胡。

六月丁巳⑮，太白經天⑯。

秦王世民既與太子建成、齊王元吉有隙，以洛陽形勝之地，恐一朝有變，欲出保之，乃以行臺工部尚書溫大雅⑰鎮洛陽，遣秦府車騎將軍滎陽張亮⑱將左右王保等千餘人之洛陽。陰結納山東豪傑以俟變，多出金帛，恣其所用。元吉告亮謀不軌，下吏考驗⑲。亮終無言，乃釋之，使還洛陽。

建成夜召世民，飲酒而酖⑳之。世民暴心痛，吐血數升，淮安王神通扶之還西宮㉑。上幸西宮，問世民疾，敕建成曰：「秦王素不能飲，自今無得復夜飲。」因謂世民曰：「首建大謀，削平海內㉒，皆汝之功。吾欲立汝為嗣㉓，汝固辭，且建成年長，為嗣日久，吾不忍奪也。觀汝兄弟似不相容，同處京邑，必有紛競，當遣汝還行臺，居洛陽，自陝㉔以東皆主之。仍命汝建天子旌旗，如漢梁孝王㉕故事。」世民涕泣，辭以不欲遠離膝下。上曰：「天下一家，東、西兩都，道路甚邇㉖，吾思汝即往，毋煩悲也。」將行，建成、元吉相與謀曰：「秦王若至洛陽，有土地甲兵，不可復制。不如留之長安，則一匹夫耳，取之易矣。」乃密令數人上封事㉗，言「秦王左右聞往洛陽，無不喜躍，觀其志趣，恐不復來。」又遣近幸之臣以利害說上，上意遂移，事復中止。

建成、元吉與後宮㉘日夜譖㉙訴世民於上，上信之，將罪世民。陳叔達諫曰：「秦王有大功於天下，不可黜㉚也。且性剛烈，若加挫抑，恐不勝憂憤，或有不測之疾，陛下悔之何及！」上乃止。元吉密請殺秦王，上曰：「彼有定天下之功，罪狀未著㉛，何以為辭㉜？」元吉曰：「秦王初平東都，顧望不還，散錢帛以樹私恩，又違敕命，非反而何？但應速殺，何患無辭。」上不應。

【章旨】以上為第六段，寫太子李建成、齊王李元吉謀劃誅秦王李世民，唐高祖態度曖昧，實乃姑息養奸。

【注釋】❶癸未　四月二十五日。❷西會州　州名，治所在今甘肅靖遠。❸戊子　五月初一日。❹虔州　州名，治所在今江西贛州西南，後徙今贛州。胡三省注云：「『虔州』當作『慶州』。」慶州，治所在今甘肅慶陽。❺劉旻　原為梁師都的大將，降唐後累擢慶州都督、夏州長史等職。事跡見《舊唐書》卷五十六、《新唐書》卷八十七〈梁師都傳〉。❻壬辰　五月初五日。❼戊戌　五月十一日。❽壬寅　五月十五日。❾越州　州名，即南越州，治所在今廣西合浦東北。❿甯道明　嶺南僚族酋帥，世襲刺史。⓫丙午　五月十九日。⓬河州　州名，治所在今甘肅臨夏。⓭丙辰　五月二十九日。⓮平道將軍　關中十二軍之一平道軍（置於岐州，治今陝西鳳翔）長官。⓯丁巳　六月初一日。⓰太白經天　一種天文現象。太白星（即金星）經天而過，這有違出東伏東、出西伏西的運行常規，星象家認為這是天下變革的徵兆。⓱溫大雅　唐初大臣，字彥弘，祁（今山西祁縣）人，官至禮部尚書，封黎國公。著有《大唐創業起居注》三卷。傳見《舊唐書》卷六十一、《新唐書》卷九十一。⓲張亮　（？—西元六四六年）出身瓦崗軍將領，貞觀中，官至刑部尚書，封鄅國公，參與朝政，後以謀反罪名被誅。傳見《舊唐書》卷六十九、《新唐書》卷九十四。⓳下吏考驗　交司法官吏審問治罪。⓴酖　毒酒。指用毒酒害人。㉑西宮　即弘義宮，在西內苑中。武德五年（西元六二二年）高祖為秦王建，貞觀三年（西元六二九年）改名大安宮。㉒海內　四海之內。古代傳說我國疆土四周有大海環繞，故稱國境以內為海內。㉓嗣　本意為繼承，此謂嗣君、帝位繼承人。㉔陝　即陝州，治所在今河南陝縣。㉕梁孝王　即漢文帝子劉武，被其兄景帝賜天子旌旗，出入「儗於天子」。傳見《漢書》卷四十七。㉖邇　近。㉗封事　臣下上書奏事，為防洩漏，用袋封緘，稱為封事。封事直陳皇帝。㉘後宮　妃嬪所居宮室。此指同李建成等互相勾結的尹德妃、張婕妤等。㉙譖　進讒言；說壞話。㉚黜　廢免；貶斥。㉛著　顯；明。㉜辭　藉口；託詞。

**【語譯】**四月二十五日癸未，突厥侵犯西會州。

五月初一日戊子，虔州胡成郎等人殺死長史，反叛後歸附梁師都，虔州都督劉旻追趕殺死了他們。○初五日壬辰，党項侵犯廓州。○十一日戊戌，突厥侵犯秦州。○十五日壬寅，越州人盧南反叛，殺死了越州刺史甯道明。○十九日丙午，吐谷渾、党項侵犯河州。突厥侵犯蘭州。○二十九日丙辰，唐高祖派遣平道將軍柴紹率軍進擊胡人。

六月初一日丁巳，太白金星運行軌跡反常，出現於東方，越過正南的午位，進入西方。

秦王李世民與太子李建成、齊王李元吉有了矛盾以後，認為洛陽是形勢優越之地，擔心一朝有了變亂，想出京城到洛陽進行防衛，於是就派行臺工部尚書溫大雅鎮守洛陽，派秦王府車騎將軍滎陽人張亮率領親信王保等一千多人前往洛陽。暗中結交山東豪傑，等待時勢的變化，拿出大量的金銀絲帛，任憑他們使用。李元吉告發張亮圖謀不軌，張亮被交付法官審問察驗。張亮最終沒說一句話，就釋放了他，讓他返回洛陽。

李建成夜裡召見李世民，讓李世民飲酒，而用鴆羽浸泡的毒酒毒害李世民。李世民突然心痛，吐血數升，淮安王李神通扶著他返回西宮。唐高祖來到西宮，詢問李世民的病情，命令李建成說：「秦王平素不能飲酒，從今以後不得再夜間飲酒。」於是對李世民說：「首先提出反隋興唐的重大謀略，平定了海內，都是你的功勞。我想把你立為繼承人，你卻堅決推辭，而且建成年齡最大，作為繼承人的時間已經很久，我也不忍心剝奪他的繼承人身分。我看你們兄弟似乎不能相互包容，一起住在京城，定有紛爭，應當派你返回行臺，居住在洛陽，從陝州以東都由你掌管。還讓你設置天子的旌旗，如同漢代梁孝王時的舊例。」李世民流淚哭泣，推辭說不願意遠離唐高祖的膝下。唐高祖說：「天下都是一家，東、西兩處都城，路程很近，我想念你就前往，不用煩惱悲傷。」李世民將要出發，李建成和李元吉一起商議說：「秦王如果到了洛陽，擁有土地和軍隊，不能再加控制。不如把他留在長安，那就只是一個匹夫而已，捉取他很容易。」於是祕密讓幾個人向唐高祖奉上密封奏章，說「秦王的左右親信聽說秦王將要前往洛陽，無不歡喜雀躍，觀察李世民的意思，恐怕他不會再回來了。」又派遣唐高祖身邊親信的大臣用秦王去留的利害關係來勸說唐高祖，唐高祖的想法就改變了，秦王前往洛陽的事情又作罷了。

李建成、李元吉與後宮嬪妃日夜在唐高祖面前詆毀李世民，唐高祖相信他們的話，將要加罪李世民。陳叔達進諫說：「秦王為天下立下了巨大功勞，不能廢黜。況且他性情剛烈，倘若加以壓制，恐怕經受不了憂憤，或許會得難以測知的疾病，陛下後悔還來得及嗎！」唐高祖於是作罷。李元吉祕密請求殺掉秦王李世民，唐高祖說：「他有平定天下的功勞，而犯罪事實沒有顯示出來，用什麼作藉口呢？」李元吉說：「秦王剛剛平定東都洛陽時，觀望形勢，不肯返回，散發錢財絲帛以樹立個人的恩德，又違背陛下的命令，不是造反又是什麼？只應該趕快殺掉他，何必擔心找不到理由。」唐高祖沒有回答。

秦府僚屬皆憂懼不知所出❶，行臺考功郎中❷房玄齡謂比部郎中❸長孫無忌曰：「今嫌隙已成，一旦禍機竊發，豈惟府朝塗地❹，乃實社稷之憂，莫若勸王行周公之事❺，以安家國。存亡之機，間不容髮，正在今日。」無忌曰：「吾懷此久矣，不敢發口。今吾子❻所言，正合吾心，謹當白❼之。」乃入言世民。世民召玄齡謀之，玄齡曰：「大王功蓋天地，當承大業。今日憂危，乃天贊也，願大王勿疑。」乃與府屬杜如晦共勸世民誅建成、元吉。

建成、元吉以秦府多驍將，欲誘之使為己用，密以金銀器一車贈左二副護軍尉遲敬德，并以書招之曰：「願迂[8]長者之眷[9]，以敦[10]布衣之交。」敬德辭曰：「敬德，蓬戶甕牖之人[11]，遭隋末亂離，久淪逆地[12]，罪不容誅。秦王賜以更生之恩，今又策名藩邸[13]，唯當殺身以為報，於殿下無功，不敢謬[14]當重賜。若私交殿下，乃是貳心，徇利忘忠，殿下亦何所用！」建成怒，遂與之絕。敬德以告世民，世民曰：「公心如山嶽，雖積金至斗[15]，知公不移。相遺[16]但受，何所嫌也？且得以知其陰計，豈非良策！不然，禍將及公。」既而元吉使壯士夜刺敬德，敬德知之，洞開重門[17]，安臥不動。刺客屢至其庭，終不敢入。元吉乃譖敬德於上，下詔獄訊治，將殺之。世民固請，得免。又譖左一馬軍總管[18]程知節，出為康州[19]刺史。知節謂世民曰：「大王股肱[20]羽翼盡矣，身何能久！知節以死不去，願早決計。」又以金帛誘右二護軍段志玄，志玄不從。建成謂元吉曰：「秦府智略之士，可憚者獨房玄齡、杜如晦耳。」皆譖之於上而逐之。

世民腹心唯長孫無忌尚在府中，與其舅雍州治中高士廉、右候車騎將軍三水侯君集及尉遲敬德等，日夜勸世民誅建成、元吉。世民猶豫未決，問於靈州大都督李靖，靖辭，問於行軍總管李世勣，世勣辭，世民由是重二人。

會突厥郁射設將數萬騎屯河南[21]，入塞，圍烏城[22]，建成薦元吉代世民督諸軍北征。上從之，命元吉督右武衛大將軍李藝、天紀將軍[23]張瑾等救烏城。元吉請尉遲敬德、程知節、段志玄及秦府右三統軍秦叔寶等與之偕行，簡閱秦王帳下精銳之士以益[24]元吉軍。率更丞[25]王晊[26]密告世民曰：「太子語齊王：『今汝得秦王驍將精兵，擁數萬之眾。吾與秦王餞汝於昆明池，使壯士拉殺之於幕下，奏云暴卒，主上宜無不信。吾當使人進說，令授吾國事。敬德等既入汝手，宜悉坑[27]之，孰敢不服！』」世民以晊言告長孫無忌等，無忌等勸世民先事圖之。世民歎曰：「骨肉相殘，古今大惡。吾誠知禍在朝夕，欲俟其發，然後以義討之，不亦可乎！」敬德曰：「人情誰不愛其死，今眾人以死奉王，乃天授也。禍機垂發[28]，而王猶晏然[29]不以為憂，大王縱自輕，如宗廟社稷何！大王不用敬德之言，敬德將竄身草澤，不能留居大王左右，交手受戮[30]也！」無忌曰：「不從敬德之言，事今敗矣！敬德等必不為王有，無忌亦當相隨而去，不能復事大王矣！」世民曰：「吾所言亦未可全棄，公更圖之。」敬德曰：「王今處事有疑，非智也，臨難不決，非勇也。且大王素所畜養勇士八百餘人，在外者今已入宮，擐甲執兵[31]，事勢已成，大王安得已㉜乎！」

世民訪之府僚，皆曰：「齊王凶戾㉝，終不肯事其兄。比聞護軍㉞薛實嘗謂齊王曰：『大王之名，合之成「唐」字，大王終主唐祀。』齊王喜曰：『但除秦王，取東宮㉟如反掌耳！』彼與太子謀亂未成，已有取太子之心。亂心無厭㊱，何所不為！若使二人得志，恐天下非復唐有。以大王之賢，取二人如拾地芥㊲耳，柰何徇匹夫之節，忘社稷之計乎！」世民猶未決。眾曰：「大王以舜為何如人？」曰：「聖人也。」眾曰：「使舜浚井㊳不出，則為井中之泥，塗廩㊴不下，則為廩上之灰，安能澤被天下，法施後世乎！是以小杖㊵則受，大杖則走，蓋所存者大故㊶也。」世民命卜之。幕僚張公謹自外來，見之[1]，取龜㊷投地，曰：「卜以決疑，今事在不疑，尚何卜乎！卜而不吉，庸得已乎！」於是定計。

【章　旨】以上為第七段，寫秦王李世民被逼上梁山，定計發動兵變，誅除太子奪權。

【注　釋】❶不知所出　不知所措。❷考功郎中　官名，吏部屬官，掌文武官吏的考核。❸比部郎中　刑部屬官，掌管和處理諸司百僚的俸料、經費等事。❹塗地　比喻壞到不可收拾的境地。❺周公之事　周公，即西周初傑出的政治家姬旦。在其攝政期間，管叔、蔡叔挾殷的後代武庚發動叛亂，周公東征，平定了叛亂。事詳《史記・魯周公世家》。❻子　對男子的美稱、敬稱。❼白　稟告。❽迂　廣大。❾眷　眷顧；關照。❿敦　厚。⓫蓬戶甕牖之人　貧困家庭出身的人。蓬戶，以柴草編門。甕牖，以破甕為窗。牖，窗。⓬逆地　逆惡環境。⓭策名藩邸　姓名寫在藩王官邸的名冊上，即委身秦王李世民。藩邸，王府。⑭謬　錯。⑮斗　北斗星。⑯遺　饋贈。⑰重門　數道門。⑱左一馬軍總管　武官名，秦、齊二王府各置有掌統騎兵的左、右馬軍總管。⑲康州　州名，治所在今廣東德慶。此指西康州，治所在今甘肅成縣。⑳股肱　比喻左右輔助的得力臣子。㉑河南　地區名，即黃河以南地區。此指今內蒙古河套地區。㉒烏城　地名，在今陝西定邊境，或謂在今內蒙古烏審旗南。㉓天紀將軍　官名，關中十二軍之一涇州道天紀軍長官。㉔益　增加；擴充。㉕率更丞　太子率更寺長官率更令之副，掌判刑罰之事。㉖王晊　事跡見《舊唐書》卷六十四、《新唐書》卷七十九〈李元吉傳〉。㉗坑　活埋。㉘垂發　即將發生。㉙晏然　閒居逸樂狀。㉚交手受戮　拱手讓人殺害。交手，拱手。㉛擐甲執兵　身披鎧甲手握兵器，意為全副武裝。㉜已　停止；罷休。㉝凶戾　兇殘暴戾。㉞護軍　官名，秦王、齊王府置左右六護軍府，各設長官護軍一人。後演變為勳官。㉟東宮　太子代稱，此謂李建成。㊱無厭　不滿足。㊲地芥　小草。㊳浚井　深治井。㊴塗廩　用泥塗倉廩。舜浚井塗廩傳說載《列女傳・母儀傳》等。㊵杖　杖刑，即用木棍打背、臀、腿等部位的刑罰。㊶大故　大事。㊷龜　占卜吉凶的用具。

【校　記】①見之　原無此二字。據章鈺校，十二行本、乙十一行本、孔天胤本皆有此二字，張敦仁《通鑑刊本識誤》、張瑛《通鑑校勘記》同，今據補。

【語　譯】秦王府內的屬官全都憂慮恐懼不知所措，行臺考功郎中房玄齡對比部郎中長孫無忌說：「現在仇隙已經形成，一旦暗發禍機，哪裡只是秦王府一敗塗地，實際上就是國家的憂患，不如勸說秦王採取周公平定管叔、蔡叔的行動來安定皇室與國家。存亡的樞機，已是間不容髮，就在今天了。」長孫無忌說：「我懷有這一想法很久了，不敢講出口。現在你所說的，正好符合我的心願，謹請你讓我稟告秦王。」於是長孫無忌進內告訴了李世民。李世民召見房玄齡計議此事，房玄齡說：「大王的功勞蓋過天地，應當繼承皇帝的偉大勳業。現在的憂患危險，乃是上天的幫助，希望大王不要疑惑不定。」於是房玄齡與秦王府屬杜如晦一起勸說李世民誅殺李建成和李元吉。

李建成和李元吉因為秦王府有很多驍勇將領，打算引誘他們為己所用，祕密地把一車金銀寶器贈送給左副護軍尉遲敬德，並且寫一封信招引他說：「希望廣蒙長者眷顧，加深布衣一樣的交情。」尉遲敬德推辭說：「敬德是蓬門甕窗之人，遇到隋朝末年戰亂流離，長期淪落在叛逆的地域，罪不容誅。秦王賜給我再生的恩典，現在我的姓名又登記在藩王官邸的名冊上，只應當以死報答秦王，我對殿下沒有立過功勞，不敢荒謬地接受殿下的豐厚賞賜。倘若我私自與殿下交往，就是對秦王懷有二心，貪圖財利，忘掉忠誠，這樣的人對殿下又有什麼用！」李建成很生氣，就與尉遲敬德斷絕了關係。尉遲敬德把此事告訴了李世民，李世民說：「你的心胸如同山嶽，即使黃金堆積到天上的北斗星那樣高，我知道你的忠心是不會動搖的。他贈送的東西，只管接受下來，有什麼嫌疑呢？況且，還可以知道他們的陰謀，難道不是最好的計策嗎！不然的話，災禍將會波及到你。」不久，李元吉指使壯士在夜間刺殺尉遲敬德，尉遲敬德得知此事，將層層門戶全部打開，自己安然躺著不動。刺客屢次來到他的院子，最終不敢進屋。李元吉於是向唐高祖誣陷尉遲敬德，把他關進皇上特設的監獄審訊處治，將要殺死他。李世民再三為他求情，得以免死。李元吉又誣陷秦王府的左一馬軍總管程知節，唐高祖把他調出京城擔任康州刺史。程知節對李世民說：「大王的有力輔佐之臣和幫手都沒有了，大王自身怎能支持長久！知節我誓死不離開京城，希望大王早早決定大計。」李元吉又用金銀絲帛引誘秦王府的右二護軍段志玄，段志玄不肯聽從。李建成對李元吉說：「秦王府有智謀才略的人才，可怕的只有房玄齡和杜如晦而已。」他們都向唐高祖誣陷二人，逐出京城。

李世民的心腹唯獨長孫無忌還在秦王府中，他與他的舅舅雍州治中高士廉、右候車騎將軍三水人侯君集以及尉遲敬德等人，日夜勸說李世民誅殺李建成和李元吉。李世民猶豫不決，於是詢問靈州大都督李靖，李靖推辭，又問行軍總管李世勣，李世勣也推辭，李世民因此器重他們二人。

適逢突厥郁射設率領數萬騎兵屯駐在黃河以南，進入邊塞，包圍烏城，李建成推薦李元吉代替李世民督率各軍北征突厥。唐高祖聽從了他的建議，命令李元吉督率右武衛大將軍李藝、天紀將軍張瑾等人援救烏城。李元吉請求讓尉遲敬德、程知節、段志玄以及秦王府右三統軍秦叔寶等人與自己一同前往，挑選秦王軍中精悍勇銳的將士來增強李元吉的軍隊。率更丞王晊祕密稟告李世民說：「太子對齊王說：『現在你得到了秦王驍勇的將領和精悍的士兵，擁有數萬部眾。我與秦王在昆明池為你餞行，派勇士在帳下殺死秦王，然後上奏說他暴病身亡，皇上應該不會不相信。我會派人進言勸說，讓皇上把國家政事交給我。尉遲敬德等人既然落入你手裡，應該把他們全部活埋，誰敢不服從！』」李世民把王晊的話告訴了長孫無忌等人，長孫無忌等人勸李世民事先殺死他們。李世民歎息說：「骨肉相殘，是古往今來的最大罪惡。我確實知道禍事就在旦夕之間，我想等他們發動起來，然後利用正義討伐他們，不也是可以的嗎！」尉遲敬德說：「就人心而言誰也不捨得死，現在眾人以死來擁戴大王，乃是上天所授。災禍的樞機即將發作，而大王還安然處之，不以為憂愁，大王縱然可以看輕自己，但對宗廟社稷如何交待呢！大王不採納敬德所言，敬德將要逃身草澤，不能留在大王身邊，拱手受戮！」長孫無忌說：「不聽從敬德所言，事情今天就會垮掉了！敬德等人必定不會再是大王的手下了，無忌也當相隨而去，不能再侍奉大王了！」李世民說：「我所說的也不可以完全拋棄，你再考慮一下。」尉遲敬德說：「大王如今處理事情猶豫不定，這不是明智，面臨危難不能決斷，這不是勇敢。況且大王平時蓄養的勇士八百多人，在外面的人現在已經進入宮中，披上盔甲，手執兵器，事情的大勢已經形成，大王怎麼能夠罷手呢！」

李世民就此事徵求秦王府僚屬的意見，大家都說：「齊王兇惡暴戾，終究不願意侍奉自己的兄長。近來聽說護軍薛實曾經對齊王說：『大王的名字，合起來就成「唐」字，大王終究要主持大唐的國家權力。』齊王高興地說：『只要除去秦王，拿下東宮太子易如反掌！』他和太子謀劃變亂還沒有成功，就已經有了取代太子的想法。變亂之心沒有滿足，還有什麼事情幹不出來呢！如果讓這兩個人志得意滿，恐怕天下就不再為大唐所有了。憑著大王的賢明，捉拿這二人就像拾取地上的草芥一樣，為什麼要遵循平常人的節操，忘記了國家大計呢！」李世民還是沒有決定下來。大家說：「大王認為舜是怎樣的人？」李世民說：「舜是聖人。」大家說：「假使舜在井底挖泥時不設法從井中出來而躲過父親與哥哥從上面填土的毒手，他就變為井中的泥土了，假使舜在粉刷糧倉時不設法從倉上逃下來而逃過父親和哥哥放火燒倉的毒手，他就變成糧倉上的灰燼了，還怎能施澤天下，傳法後世呢！所以舜在父親用小棍子抽打的時候就忍受了，在父親用大棍子打擊想要他的命時就要逃走了，這是因為舜要為大事而保存自己的生命。」李世民讓人對這件事進行占卜。秦王的幕僚張公謹從外面進來，看見李世民想要占卜，拿起龜甲扔在地上，說：「占卜是為了決定有疑惑的事情，現在的事情根本沒有疑惑，還要占卜什麼呢！如果占卜的結果不吉，難道就要停止行動嗎！」於是李世民決定了計策。

世民令無忌密召房玄齡等，曰：「敕旨不聽❶復事王。今若私謁，必坐死，不敢奉教！」世民怒，謂敬德曰：「玄齡、如晦豈叛我邪！」取所佩刀授敬德曰：「公往觀之，若無來心，可斷其首以來。」敬德往，與無忌共諭之曰：「王已決計，公宜速入共謀之。吾屬四人，不可羣行道中。」乃令玄齡、如晦著道士服，與無忌俱入，敬德自它道亦至。

己未❷，太白復經天。傅奕密奏：「太白見秦分❸，秦王當有天下。」上以其狀授世民。於是世民密奏建成、元吉淫亂後宮，且曰：「臣於兄弟無絲毫負，今欲殺臣，似為世充、建德報讎。臣今枉死，永違君親，魂歸地下，實恥見諸賊！」上省之，愕然，報曰：「明當鞫問❹，汝宜早參❺。」

庚申❻，世民帥長孫無忌等入，伏兵於玄武門❼。張婕妤❽竊知世民表意，馳語建成。建成召元吉謀之，元吉曰：「宜勒宮府❾兵，託疾不朝，以觀形勢。」建成曰：「兵備已嚴，當與弟入參，自問消息。」乃俱入，趣玄武門。上時已召裴寂、蕭瑀、陳叔達等，欲按[10]其事。

建成、元吉至臨湖殿[11]，覺變，即跋馬[12]東歸宮府。世民從而呼之，元吉張弓射世民，再三不彀[13]。世民射建成，殺之。尉遲敬德將[14]七十騎繼至，左右射元吉墜馬。世民馬逸[15]入林下，為木枝所絓[16]，墜不能起。元吉遽至，奪弓將扼之，敬德躍馬叱[17]之。元吉步欲趣武德殿[18]，敬德追射，殺之。

翊衛車騎將軍馮翊馮立[19]聞建成死，歎曰：「豈有生受其恩，而死逃其難乎！」乃與副護軍薛萬徹、屈咥直[20]府左車騎萬年謝叔方[21]帥東宮、齊府精兵二千馳趣玄武門。張公謹多力，獨閉關以拒之，不得入。雲麾將軍[22]敬君弘[23]掌宿衛兵，屯玄武門，挺身出戰。所親止之曰：「事未可知，且徐觀變，俟兵集，成列而戰，未晚也。」君弘不從，與中郎將呂世衡[24]大呼而進，皆死之。君弘，顯雋之曾孫也。

守門兵與萬徹等力戰良久，萬徹鼓譟欲攻秦府，將士大懼。尉遲敬德持建成、元吉首示之，宮府兵遂潰，萬徹與數十騎亡入終南山。馮立既殺敬君弘，謂其徒曰：「亦足以少報太子矣！」遂解兵，逃於野。

上方泛舟海池[25]，世民使尉遲敬德入宿衛。敬德擐甲持矛，直至上所。上大驚，問曰：「今日亂者誰邪？卿來此何為？」對曰：「秦王以太子、齊王作亂，舉兵誅之，恐驚動陛下，遣臣宿衛。」上謂裴寂等曰：「不圖今日乃見此事，當如之何？」蕭瑀、陳叔達曰：「建成、元吉本不預[26]義謀，又無功於天下，疾秦王功高望重，共為姦謀，今秦王已討而誅之。秦王功蓋宇宙，率土歸心。陛下若處以元良[27]，委之國務[1]，無復事矣！」上曰：「善！此吾之夙心[28]也。」時宿衛及秦府兵與二宮左右戰猶未已，敬德請降手敕，令諸軍並受秦王處分[29]，上從之。天策府司馬宇文士及自東上閤門[30]出宣敕，眾然後定。上又使黃門侍郎裴矩至東宮曉諭諸將卒，皆罷散。上乃召世民，撫之曰：「近日以來，幾有投杼[31]之惑。」世民跪而吮上乳，號慟久之。

建成子安陸王承道[32]、河東王承德、武安王承訓、汝南王承明、鉅鹿王承義，元吉子梁郡王承業、漁陽王承鸞、普安王承獎、江夏王承裕、義陽王承度皆坐誅，仍絕屬籍[33]。

初，建成許元吉以正位之後，立為太弟[34]，故元吉為之盡死。諸將欲盡誅建成、元吉左右百餘人，籍沒其家。尉遲敬德固爭曰：「罪在二凶，既伏其誅，若及支黨，非所以求安也。」乃止。是日，下詔：「赦天下。凶逆之罪，止於建成、元吉，自餘黨與，一無所問。其僧、尼、道士、女冠並宜依舊㉟。國家庶事㊱，皆取秦王處分。」

辛酉㊲，馮立、謝叔方皆自出，薛萬徹亡匿，世民屢使諭之，乃出。世民曰：「此皆忠於所事，義士也。」釋之。

【章旨】以上為第八段，寫玄武門之變，秦王李世民誅殺其兄太子李建成。

【注釋】❶不聽 不允許。❷己未 六月三日。❸太白見秦分 太白星（即金星）出現於秦地（今陝西）中央的上空。❹鞫問 審訊。❺參 彈劾。❻庚申 六月四日。❼玄武門 宮城北門。此指西京宮城（隋稱大興宮）北門。❽婕妤 妃嬪稱號的一種。❾宮府 指東宮和齊王府。❿按 審查。⓫臨湖殿 在太極宮北。⓬跋馬 使馬回轉急走。⓭彀 張滿弓弩。⓮將 率領。⓯逸 奔跑。⓰絓 受阻；絆住。⓱叱 大聲呵斥。⓲武德殿 在太極宮正殿太極殿北。⓳馮立 同州馮翊（今陝西大荔）人，李建成心腹。玄武門之變後，太宗不計舊嫌，拜立廣州都督。在職數年，甚有惠政。傳見《舊唐書》卷一百八十七上。⓴屈咥直 即驅咥直。隸於王府帳內府，以才勇者充任。㉑謝叔方 雍州萬年（今陝西西安東部）人，李元吉親信。兵敗自首，太宗對其籠絡，官至洪、廣二州都督，頗有政績。傳見《舊唐書》卷一百八十七上、《新唐書》卷一百九十一。㉒雲麾將軍 從三品上武散官。㉓敬君弘 （?—西元六二六年）絳州太平（山西襄汾西北古城）人，北齊右僕射敬顯儁曾孫。㉔呂世衡 （?—西元六二六年）世衡事跡與敬君弘傳見《舊唐書》卷一百八十七上、《新唐書》卷一百九十一〈忠義傳上〉。㉕海池 太極宮中有東、北、南三海池。㉖不預 未參與；不曾預謀。㉗處以元良 即立為太子。㉘夙心 一貫的心願。㉙處分 節制；指揮。㉚東上閤門 太極宮正殿太極殿有東上、西上閤門。閤，通「閣」。㉛投杼 曾母因多次聽到有關曾子殺人的謠傳而相信，於是，「投杼（扔下正用作織布的梭子）踰牆而走」。事見《戰國策・秦策》。後以「投杼」比喻因謠言太多而動搖了對最親近者的信心。㉜承道 事跡見《舊唐書》卷六十四、《新唐書》卷七十九〈李建成傳〉、〈李元吉傳〉。㉝屬籍 中宗正寺所管宗室冊籍。㉞太弟 預定繼承君位的皇弟。㉟僧尼道士女冠並宜依舊 本年四月辛巳，曾下詔淘汰天下僧、尼、道士、女冠。至此廢除前詔，意在安定局勢。㊱庶事　眾多的事務。㊲辛酉　六月五日。

【校　記】①務　原作「事」。據章鈺校，十二行本、乙十一行本、孔天胤本皆作「務」，今從改。

【語　譯】李世民命令長孫無忌祕密召來房玄齡等人，房玄齡等人說：「按照皇帝敕書的旨意，不允許我們再為秦王做事。如果現在私下謁見秦王，一定獲罪處死，我們不敢接受秦王的教令！」李世民很生氣，對尉遲敬德說：「房玄齡、杜如晦難道背叛了我嗎！」摘下佩刀交給尉遲敬德說：「你前去察看他們，如果他們沒有來見我的意思，可以砍下他們的首級帶回來。」尉遲敬德前去，與長孫無忌一起勸說房玄齡等人：「秦王已經決定了計策，你們應該盡快進入秦王府一起商議。我們四個人，不能成群在街上走。」就讓房玄齡、杜如晦穿上道士的服裝，與長孫無忌一同進入秦王府，尉遲敬德從另一條路也來到秦王府。

六月初三日己未，太白金星再次出現運行軌跡反常的現象，出現於東方，越過正南的午位，進入西方。傅奕祕密向唐高祖上奏說：「金星出現在秦地的分野，秦王應當擁有天下。」唐高祖把傅奕的密狀交給李世民。於是李世民祕密上奏說李建成與李元吉與後宮嬪妃淫亂，並且說：「臣對兄弟沒有絲毫對不起的地方，現在他們想殺死臣，似乎是為王世充和竇建德報仇。臣現在冤枉而死，永遠離開父皇，魂魄回到地下，實在恥於見到王世充等賊人！」唐高祖看了李世民的密奏，非常驚愕，回覆說：「明天當要審問此事，你應該早來彈劾。」

六月初四日庚申，李世民率領長孫無忌等人進入皇宮，在玄武門埋伏了士兵。張婕妤暗中知道了李世民上書的意思，派快馬告訴了李建成。李建成召來李元吉商議此事，李元吉說：「應當部署東宮與齊王府中的軍隊，藉口有病不去上朝，然後觀察形勢。」李建成說：「軍隊的防備已很嚴密了，我與你應當入朝參見，親自打聽消息。」於是二人一起入宮，奔向玄武門。唐高祖當時已經召來了裴寂、蕭瑀、陳叔達等人，準備審查這件事情。

李建成、李元吉到了臨湖殿，發覺情況有變，立即調轉馬頭向東返回東宮和齊王府。李世民跟上去招呼他們，李元吉拉弓射向李世民，兩三次都沒有把弓完全拉開。李世民箭射李建成，射死了他。尉遲敬德帶領騎兵七十人相繼趕到，左右的將士把李元吉射下馬。李世民的馬跑進樹林，被樹枝絆住，人墜落馬下，不能起來。李元吉很快趕到，奪過弓，將要掐死李世民，尉遲敬德躍馬前來，大聲喝斥李元吉。李元吉步行，想奔向武德殿，尉遲敬德追趕射擊，射殺了李元吉。

翊衛車騎將軍馮翊人馮立聽說李建成死了，歎息說：「哪裡有活著蒙受人家恩惠，而死後就逃避禍難的呢！」於是就與副護軍薛萬徹、屈咥直府左車騎萬年人謝叔方率領東宮、齊王府的精兵兩千人馳奔玄武門。張公謹力氣大，獨自關閉大門來抵禦馮立等人，馮立等人不能進入。雲麾將軍敬君弘掌管皇宮的宿衛軍，駐紮在玄武門，挺身出戰。他的親信阻止他說：「事情結局還不知道，暫且慢慢觀察事態的變化，等到兵力合攏，結成陣列再出戰，也不晚啊。」敬君弘不聽，與中郎將呂世衡大聲呼喊奔向前來，全部戰死。敬君弘，是敬顯儁的曾孫。

守衛玄武門的士兵與薛萬徹等人奮力交戰了很長時間，薛萬徹擂鼓吶喊準備進攻秦王府，將士們大為恐懼。尉遲敬德提著李建成和李元吉的頭顱給薛萬徹等人看，東宮和齊王府的人馬便潰散了，薛萬徹與幾十名騎兵逃入終南山。馮立殺死敬君弘以後，對手下部眾說：「這也足以略微報答太子了！」於是丟掉兵器，逃向荒野。

唐高祖正泛舟海池，李世民讓尉遲敬德入宮擔任警衛。尉遲敬德身披鎧甲手握長矛，逕直來到唐高祖所在的地方。唐高祖大驚，問他說：「今天作亂的人是誰？你來這裡幹什麼？」尉遲敬德回答說：「秦王因為太子和齊王作亂，起兵誅殺了他們，害怕驚動陛下，派遣臣來警衛。」唐高祖對裴寂等人說：「不料今天竟會看見這種事，應當怎麼辦？」蕭瑀、陳叔達說：「李建成、李元吉本來就沒有參與舉義反隋的謀劃，又對天下沒有功勞，他們嫉妒秦王功高望重，一起策劃邪惡的陰謀，現在秦王已經討伐並誅殺了他們。秦王功蓋天下，全國都誠心歸向於他。陛下如果立他為太子，把國家政務委託給他，就不會再有事變了！」唐高祖說：「好！這正是我平素的心願。」當時，宿衛軍和秦王府的兵馬與東宮和齊王府的兵馬交戰還沒有停止，尉遲敬德請求唐高祖下達親筆敕令，命令各軍全都接受秦王的指揮，唐高祖聽從了他的建議。天策府司馬宇文士及從東上閤門出來宣布敕令，士兵才安定下來。唐高祖又讓黃門侍郎裴矩前往東宮向眾將卒宣布旨意，將士們全都停戰散走。唐高祖於是召來李世民，撫慰他說：「近些日子以來，我差點像曾參的母親一樣誤信了曾參殺人的謠傳，而來懷疑你。」李世民跪下來吸著唐高祖乳頭，哀號悲慟了很長時間。

李建成的兒子安陸王李承道、河東王李承德、武安王李承訓、汝南王李承明、鉅鹿王李承義，李元吉的兒子梁郡王李承業、漁陽王李承鸞、普安王李承獎、江夏王李承裕、義陽王李承度等人全都獲罪被殺，並在宗室親屬的名冊上除去了他們的名籍。

當初，李建成答應李元吉自己即位以後，把他立為皇太弟，所以李元吉為李建成盡死效力。各位將領想把李建成和李元吉的左右親信一百多人全部誅殺，抄沒他們的家產。尉遲敬德堅持爭辯說：「罪過都在兩個元兇身上，都已經伏法受誅，如果波及他們的黨羽，就不是謀求安定的做法。」於是停止誅殺。這一天，唐高祖下詔：「大赦天下。反叛之罪，只限於李建成和李元吉，其餘的黨羽，一概不加追究。那些僧人、尼姑和道士、女道士都應當依照原先頒布的詔令辦理。國家的各項政務，全部聽取秦王處置。」

六月初五日辛酉，馮立和謝叔方都自己出來了，薛萬徹逃匿，李世民多次派人勸說他，他才出來。李世民說：「這些人都忠於自己所侍奉的人，是義士。」都放了他們。

癸亥❶，立世民為皇太子。又詔：「自今軍國庶事，無大小悉委太子處決，然後聞奏。」

臣光曰：「立嫡以長，禮之正也。然高祖所以有天下，皆太宗之功，隱太子以庸劣居其右❷，地嫌勢逼，必不相容。曏使高祖有文王❸之明，隱太子有泰伯❹

之賢，太宗有子臧⑤之節，則亂何自而生矣！既不能然，太宗始欲俟其先發，然後應之。如此，則事非獲已，猶為愈⑥也。既而為羣下所迫，遂至蹀血禁門⑦，推刃同氣⑧，貽譏千古，惜哉！夫創業垂統⑨之君，子孫之所儀刑⑩也，彼中、明、肅、代之傳繼⑪，得非有所指擬以為口實乎！」

戊辰⑫，以宇文士及為太子詹事，長孫無忌、杜如晦為左庶子，高士廉、房玄齡為右庶子，尉遲敬德為左衛率，程知節為右衛率，虞世南為中舍人，褚亮為舍人，姚思廉為洗馬⑬。悉以齊王國司⑭金帛什器賜敬德。

初，洗馬魏徵常勸太子建成早除秦王。及建成敗，世民召徵謂曰：「汝何為離間我兄弟？」眾為之危懼。徵舉止自若，對曰：「先太子早從徵言，必無今日之禍。」世民素重其才，改容禮之，引為詹事主簿。亦召王珪、韋挺於巂州，皆以為諫議大夫。

世民命縱禁苑鷹犬，罷四方貢獻，聽百官各陳治道，政令簡肅⑮，中外大悅。

○以屈突通為陝東道大[1]行臺左僕射，鎮洛陽。

益州行臺僕射竇軌與行臺尚書韋雲起⑯、郭行方不協，雲起弟慶儉及宗族多事太子建成，建成死，軌誣雲起與建成同反，收斬之。行方懼，逃奔京師，軌追之不及。

吐谷渾寇岷州。○突厥寇隴州。辛未⑰，寇渭州⑱。遣右衛大將軍柴紹擊之。○廢益州大行臺，置大都督府⑲。○壬申⑳，上以手詔賜裴寂等曰：「朕當加尊號為太上皇。」

辛巳㉑，幽州大都督廬江王瑗反，右領軍將軍王君廓殺之，傳首。○初，上以瑗懦怯，非將帥才，使君廓佐之。君廓故羣盜，勇悍險詐。瑗推心倚仗之，許為婚姻。太子建成謀害秦王，密與瑗相結。建成死，詔遣通事舍人㉒崔敦禮㉓馳驛召瑗。瑗心不自安，謀於君廓。君廓欲取瑗以為功，乃說曰：「大王若入，必無全理。今擁兵數萬，柰何受單使之召，自投罔罟㉔乎！」因相與泣。瑗曰：「我今以命託公，舉事決矣！」乃劫敦禮，問以京師機事。敦禮不屈，瑗囚之。發驛徵兵，且召燕州刺史王詵㉕赴薊，與之計事。兵曹參軍㉖王利涉說瑗曰：「王君廓反覆，不可委以機柄，宜早除去，以王詵代之。」瑗不能決。君廓知之，往見詵。詵方沐㉗，握髮而出，君廓手斬之，持其首告眾曰：「李瑗與王詵同反，囚執敕使，擅自徵兵。今詵已誅，獨有李瑗，無能為也。汝寧隨瑗族滅[2]乎？欲從我以取富貴乎？」眾皆曰：「願從公討賊。」君廓乃帥其麾下千餘人，踰西城而入，瑗不之覺㉘。君廓入獄出敦禮，瑗始知之，遽帥左右數百人被甲而出，遇君廓於門外。君廓謂瑗眾曰：「李瑗為逆，汝何為隨之入湯火乎？」眾皆棄兵而潰，唯瑗獨存，罵君廓曰：「小人賣我，行自及矣！」遂執瑗，縊之。壬午㉙，以王君廓為左領軍大將軍兼幽州都督，以瑗家口賜之。敦禮，仲方㉚之孫也。

乙酉㉛，罷天策府㉜。

秋，七月己丑㉝，柴紹破突厥於秦州，斬特勒㉞一人，士卒首千餘級。○以秦府護軍秦叔寶為左衛大將軍，又以程知節為右武衛大將軍，尉遲敬德為右武侯大將軍。

壬辰㉟，以高士廉為侍中，房玄齡為中書令，蕭瑀為左僕射，長孫無忌為吏部尚書，杜如晦為兵部尚書。○癸巳㊱，以宇文士及為中書令，封德彝為右僕射。又以前天策府兵曹參軍杜淹為御史大夫，中書舍人顏師古、劉林甫為中書侍郎，左衛副率㊲侯君集為左衛將軍，左虞侯㊳段志玄為驍衛將軍，副護軍薛萬徹為右領軍將軍，右內副率張公謹為右武侯將軍，右監門率㊴長孫安業㊵為右監門將軍，右內副率李客師㊶為領左右軍將軍㊷。安業，無忌之兄。客師，靖之弟也。

太子建成、齊王元吉之黨散亡在民間，雖更赦令，猶不自安，徼幸者爭告捕以邀賞。諫議大夫王珪以啓太子。丙子[43]，太子下令：「六月四日已前事連東宮及齊王，十七日前連李瑗者，並不得相告言，違者反坐[44]。」

丁酉[45]，遣諫議大夫魏徵宣慰山東[46]，聽以便宜從事。徵至磁州[47]，遇州縣錮送[48]前太子千牛李志安[49]、齊王護軍李思行[50]詣京師，徵曰：「吾受命之日，前宮、齊府左右皆赦不問。今復送思行等，則誰不自疑！雖遣使者，人誰信之！吾不可以顧身嫌，不為國慮。且既蒙國士之遇，敢不以國士報之乎！」遂皆解縱之。太子聞之，甚喜。

右衛率府鎧曹參軍[51]唐臨[52]出為萬泉[53]丞，縣有繫囚十許人。會春雨，臨縱[54]之，使歸耕種，皆如期而返。臨，令則[55]之弟子也。

八月丙辰[56]，突厥遣使請和。○壬戌[57]，吐谷渾遣使請和。

癸亥[58]，制【3】傳位於太子，太子固辭，不許。○甲子[59]，太宗即皇帝位於東宮顯德殿[60]，赦天下，關內及蒲、芮、虞、泰、陝、鼎六州免二年租調【4】，自餘給復[61]一年。○癸未[62]【5】，詔以「宮女眾多，幽閟[63]可愍。宜簡出之，各歸親戚，任其適人[64]。」

初，稽胡[65]酋長劉仚成[66]帥眾降梁師都，師都信讒，殺之，由是所部猜懼，多來降者。師都浸衰弱，乃朝于突厥，為之畫策，勸令入寇。於是頡利、突利二可汗合兵十餘萬騎⑥寇涇州，進至武功，京師戒嚴。

【章旨】以上為第九段，寫唐高祖退位為太上皇，秦王李世民奪取政權即皇帝位，是為太宗。

【注釋】❶癸亥　六月初七日。❷右　古以右為上。❸文王　即周文王姬昌。文王捨長子伯邑考而立次子發（即周武王）。❹泰伯　或作太伯。周太王長子。太王欲立幼子季歷，泰伯與弟仲雍為促成此事，遂同避江南。❺子臧　春秋時曹國公子。史稱子臧因不是嫡長而「辭曹國而不受」。❻愈　差；過錯。❼蹀血禁門　謂於玄武門殺人流血滂沱，極言李世民兄弟相殘狀。蹀，踏；蹈。蹀血，踏血而行，形容殺人流血之多。❽推刃同氣　兄弟相殘殺。❾垂統　帝王傳基業於子孫後人。❿儀刑　效法。⓫中明肅代之傳繼　明，指唐明皇，廟號玄宗。中宗、肅宗末年，玄宗、代宗均通過宮廷政變之後稱帝。⓬戊辰　六月十二日。⓭洗馬　官名，太子官屬，掌管圖籍。⓮國司　親王國置有國司，設令一人，尉、丞各二人，掌判國司和考核文書簿籍以及監印等事。⓯政令簡肅　政治與法令清明嚴肅。⓰韋雲起　（？—西元六二六年）雍州萬年人，歷事隋文帝、煬帝及唐高祖，官至上開府儀同三司、益州行臺兵部尚書，封陽城縣公。傳見《舊唐書》卷七十五、《新唐書》卷一百三。⓱辛未　六月十五日。⓲渭州　州名，治所在今甘肅隴西縣東南。⓳大都督府　武德七年（西元六二四年）由大總管府改，其長官大都督一般由親王遙領。⓴壬申　六月十六日。㉑辛巳　六月二十五日。㉒通事舍人　官名，中書省屬官，從六品上，由通事謁者改，掌朝見引納、殿廷通奏。㉓崔敦禮　唐初大臣，咸陽（今陝西咸陽）人，高宗時官至宰相。傳見《舊唐書》卷八十一、《新唐書》卷一百六。㉔罔罟　網的總稱。罔，同「網」。㉕王詵　（？—西元六二六年）北燕州（治今河北涿鹿西南）刺史。事跡見《舊唐書》卷六十、《新唐書》卷七十八〈李瑗傳〉。㉖兵曹參軍　王府屬官，從六品上，掌武官簿書、考課、儀衛等事。㉗沐　沐浴。㉘不之覺　沒有覺察。㉙壬午　六月二十六日。㉚仲方　即崔仲方，北周、隋大臣。傳見《周書》卷三十五、《隋書》卷六十、《北史》卷三十二。㉛乙酉　六月二十九日。㉜罷天策府　天策府本為秦王而設，李世民既立為太子，故罷置。㉝己丑　七月三日。㉞特勒　特勒為「特勤」之誤。㉟壬辰　七月六日。㊱癸巳　七月七日。㊲左衛副率　武官名，太子左、右衛率府長官——率的副職，從四品上，掌兵仗、儀衛。㊳左虞候　官名，即東宮禁衛官左虞候率，掌偵察、巡邏等事。又據《新唐書》卷八十九，左虞候段志玄的新擢官職為左驍衛將軍。㊴右監門率　官名，太子右監門率府長官，掌門衛。㊵長孫安業　長孫皇后異母兄。事跡見《舊唐書》卷五十一〈長孫皇后傳〉、卷五十八〈劉弘基傳〉，《新唐書》卷七十二上〈宰相世系二上〉等。㊶李客師　李靖弟。官至右武衛將軍，封丹陽郡公。傳見《舊唐書》卷六十七、《新唐書》卷九十三。㊷領左右軍將軍　此處文有訛誤。胡三省注云：「『領』字當在『左右』之下，『左右』二字亦當去其一，但未知當去何字耳。」又云：「或者李客師為領左、右將軍，『左右』之下亦當去『軍』字。」㊸丙子　為「丙申」(七月十日)誤。㊹反坐　以被告人之罪名處罰原告。㊺丁酉　七月十一日。㊻山東　地區名，崤山或太行山以東地區。這裡指太行山以東。㊼磁州　州名，治所在今河北磁縣。㊽錮送　械鎖押送。㊾李志安　李元吉親信。事跡見《舊唐書》卷七十一、《新唐書》卷九十七。㊿李思行　李建成黨羽，趙州(今河北趙縣)人。傳見《舊唐書》卷五十七、《新唐書》卷八十八。(51)鎧曹參軍　官名，東宮十率府皆置鎧曹參軍，掌器械、公廨營建等事。(52)唐臨　唐初大臣，京兆長安(今陝西西安西部)人。傳見《舊唐書》卷八十五、《新唐書》卷一百十三。(53)萬泉　縣名，縣治在今山西萬榮西南古城南。(54)縱　放。(55)令則　唐令則，隋太子左庶子。太子楊勇廢黜，令則被誅。事跡見《隋書》卷四十五〈楊勇傳〉、卷六十二〈劉行本傳〉。(56)丙辰　八月初一日。(57)壬戌　八月初七日。(58)癸亥　八月初八日。(59)甲子　八月初九日。(60)顯德殿　又名嘉德殿，東宮正殿。後避唐中宗諱，改稱明德殿。(61)復　免除傜役。(62)癸未　八月二十八日。(63)閟　關閉。(64)適人　嫁於人。(65)稽胡　民族名，又稱山胡、步落稽。源出南匈奴，分布於今山西、陝西北部山谷間。(66)劉仚成　事跡見《舊唐書》卷五十六、《新唐書》卷八十七〈梁師都傳〉等。

【校記】[1]大　原無此字。據章鈺校，十二行本、乙十一行本皆有此字，今據補。[2]族滅　據章鈺校，孔天胤本二字互乙。[3]制　據章鈺校，十二行本、乙十一行本皆作「詔」。[4]二年租調　據章鈺校，乙十一行本作「租調二年」。[5]癸未　原無此二字。據章鈺校，十二行本、乙十一行本皆有此二字，今據補。[6]騎　原無此字。據章鈺校，十二行本、乙十一行本、孔天胤本皆有此字，今據補。

【語譯】六月初七日癸亥，唐高祖立李世民為皇太子。又下詔：「從今天起，軍隊和國家的各項事務，無論大小全部交付太子處置決定，然後向我奏報。」

司馬光說：「立嫡長子為太子，是禮制的正常法則。然而唐高祖之所以擁有天下，都是太宗李世民的功勞，隱太子李建成平庸低劣卻位居李世民之上，於是太子這一地位就受到李世民的猜忌和逼迫，兩人必然不能相容。此前假如唐高祖有周文王的明智，隱太子李建成有泰伯的賢達，唐太宗有子臧的節操，那麼變亂又會從哪裡產生出來呢！既然不能這樣，唐太宗這才打算等待李建成首先發難，然後予以回應。這樣做，那麼事件就不是由自己所能決定的，後發制人也還是好的。後來李世民被下屬所逼迫，遂至喋血宮門，殺死兄弟，千秋萬代留下人們的譏刺，可惜啊！那些創立帝業留下正統的君主，是後代子孫學習遵循的典範，唐代後來的中宗、玄宗、肅宗、代宗的帝位傳承，難道不是有所學習模仿而找到了用兵登上帝位的藉口嗎！」

六月十二日戊辰，任命宇文士及為太子詹事，長孫無忌、杜如晦為左庶子，高士廉、房玄齡為右庶子，尉遲敬德為左衛率，程知節為右衛率，虞世南為中舍人，褚亮為舍人，姚思廉為洗馬。把齊王王府的金銀布帛器物全部賞賜給尉遲敬德。

當初，太子洗馬魏徵經常勸說太子李建成早些除去秦王。等到李建成失敗後，李世民召見魏徵說：「你為什麼離間我們兄弟的關係呢？」大家都為他擔心害怕。魏徵舉止自若，回答說：「如果太子早聽從我的話，一定不會有今天的禍事。」李世民一向器重魏徵的才能，改變了臉色，對他以禮相待，請他擔任詹事主簿。李世民還把王珪和韋挺從嶲州召回，都任命為諫議大夫。

李世民命令把宮苑的鷹犬放走，免除四方進獻貢物，允許百官各自陳說治理國家的方法，政治與法令簡明嚴肅，朝廷內外大為高興。○任命屈突通為陝東道大行臺左僕射，鎮守洛陽。

益州行臺僕射竇軌與行臺尚書韋雲起、郭行方不和，韋雲起的弟弟韋慶儉以及同宗族的親屬中有許多人侍奉太子李建成，李建成死去後，竇軌誣蔑韋雲起與李建成一起謀反，把他收捕處死。郭行方很害怕，逃往京城，竇軌追趕他，沒有追上。

吐谷渾侵犯岷州。○突厥侵犯隴州。六月十五日辛未，突厥侵犯渭州。朝廷派遣右衛大將軍柴紹進攻突厥。○唐廢除益州大行臺，設置益州大都督府。○十六日壬申，唐高祖把親筆詔書賜給裴寂等人說：「朕應當加上尊號稱太上皇。」

六月二十五日辛巳，幽州大都督廬江王李瑗反叛，右領軍將軍王君廓殺死了他，把他的首級傳送到京城。○當初，唐高祖因為李瑗怯懦，不是將帥之才，讓王君廓輔佐他。王君廓是舊時的強盜，驍勇強悍而又陰險狡詐。李瑗推心置腹地倚賴他，答應與他通婚。太子李建成謀害秦王的時候，祕密地與李瑗相交結。李建成死去以後，唐高祖下詔派遣通事舍人崔敦禮乘著驛站的車馬前去徵召李瑗。李瑗心裡恐慌不安，便與王君廓計議。王君廓想拿李瑗作為自己的功勞，於是勸李瑗說：「如果大王進京，肯定沒有保全性命的道理。現在大王擁有數萬士兵，怎麼能夠接受一個使者的傳召，自投羅網呢！」說完就與李瑗一起哭泣。李瑗說：「我現在把性命託付給你，決定起事了！」於是劫持了崔敦禮，詢問京城中的機密要事。崔敦禮不肯屈服，李瑗囚禁了他。李瑗通過驛站徵集兵力，並且傳召燕州刺史王詵前往薊州，與他計議起事。兵曹參軍王利涉勸李瑗說：「王君廓反覆無常，不可把大權交託給他，應當及早除掉他，用王詵來代替他。」李瑗不能決斷。王君廓知道了這一情況，前去見王詵。王詵正在沐浴，握著頭髮走出來，王君廓親手斬殺了他，提著他的首級向眾人宣告說：「李瑗與王詵一起反叛，逮捕皇上的使者囚禁起來，擅自徵調兵力。現在王詵已被誅殺，只剩下李瑗，不能幹什麼事了。你們寧願跟隨李瑗而遭到全族滅絕呢？還是想隨從我去獲取富貴呢？」大家都說：「願意隨從你討伐叛賊。」王君廓便率領他的部下一千多人，翻越西城進入城內，李瑗沒有發覺。王君廓進入監獄，放出了崔敦禮，李瑗這才知道情況，急忙率領數百名親信披上鎧甲出來，在門外遇到王君廓。王君廓對李瑗的部下說：「李瑗叛逆，你們為什麼跟隨他走到湯火中去？」大家都丟棄兵器潰散而去，只有李瑗獨自留在那裡，大罵王君廓說：「你這個小人出賣我，很快你也會遭殃了！」王君廓於是抓住李瑗，勒死了他。二十六日壬午，朝廷任命王君廓為左領軍大將軍兼幽州都督，把李瑗家的人口賞賜給他。崔敦禮，是崔仲方的孫子。

六月二十九日乙酉，唐廢除天策府。

秋，七月初三日己丑，柴紹在秦州打敗突厥，殺死特勒一人，斬首士卒一千多人。○唐任命秦王府護軍秦叔寶為左衛大將軍，又任命程知節為右武衛大將軍，尉遲敬德為右武候大將軍。

七月初六日壬辰，唐任命高士廉為侍中，房玄齡為中書令，蕭瑀為左僕射，長孫無忌為吏部尚書，杜如晦為兵部尚書。○初七日癸巳，唐任命宇文士及為中書令，封德彝為右僕射。又任命前任天策府兵曹參軍杜淹為御史大夫，中書舍人顏師古、劉林甫為中書侍郎，左衛副率侯君集為左衛將軍，左虞侯段志玄為驍衛將軍，副護軍薛萬徹為右領軍將軍，右內副率張公謹為右武候將軍，右監門率長孫安業為右監門將軍，右內副率李客師為領左右軍將軍。長孫安業，是長孫無忌的哥哥。李客師，是李靖的弟弟。

太子李建成和齊王李元吉的黨羽逃亡散落民間，雖然朝廷一再頒布赦令，他們還是心裡不安，有些想通過告發這種人來獲取利益的人則爭相告發捕捉他們來向朝廷邀功請賞。諫議大夫王珪把這種情況稟報了太子李世民。丙子日，太子李世民下令：「六月四日以前與東宮和齊王有牽連的人，十七日以前與李瑗有牽連的人，一概不能相互告發，違反這一規定的人反過來承擔被告發者的罪名。」

七月十一日丁酉，朝廷派遣諫議大夫魏徵宣撫山東，允許他根據實際情況自行處理事務。魏徵到達磁州，遇到州縣的官吏用刑具押送以前的太子千牛李志安、齊王護軍李思行前往京城，魏徵說：「我接受命令那天，對原來的東宮與齊王府的屬官全都赦免不再追究。現在又押送李思行等人，那麼誰不會對自己的處境產生疑慮呢！雖然朝廷派遣了使者，可是人們誰又會相信他呢！我不能因為自身會遭到嫌疑，就不為國家考慮。況且我既然受到了國士的待遇，怎敢不以國士的身分來報答國家呢！」於是他把李志安等人全都釋放了。太子李世民聽到此事，非常高興。

右衛率府鎧曹參軍唐臨外任為萬泉縣丞，縣內有在押囚犯十多人。適逢春雨降臨，唐臨把他們放走，讓他們回鄉耕田種地，他們全都按期返回。唐臨，是唐令則弟弟的兒子。

八月初一日丙辰，突厥派遣使者請求和好。○初七日壬戌，吐谷渾派遣使者請求和好。

八月初八日癸亥，唐高祖頒布制書，把皇位傳給太子李世民，太子李世民堅決推辭，唐高祖沒有答應。○初九日甲子，唐太宗在東宮顯德殿即皇帝位，大赦天下，關內地區以及蒲州、芮州、虞州、泰州、陝州、鼎州六個州免除租調兩年，其餘各地免除徭役一年。○二十八日癸未，唐太宗下詔說「宮女眾多，被幽閉在深宮之中非常可憐。應當經過挑選之後讓她們出宮，各自回到自己的親屬身邊，聽憑她們嫁人。」

當初，稽胡酋長劉佡成率領部眾向梁師都投降，梁師都聽信讒言，殺死了劉佡成，從此，他的部下都很猜疑恐懼，有許多人前來投降唐朝。梁師都逐漸衰弱，就去朝見突厥，替突厥出謀劃策，勸說突厥入侵唐地。於是，突厥的頡利可汗與突利可汗二人匯合十餘萬騎兵侵犯涇州，進兵到武功，京城戒嚴。

丙子❶，立妃長孫氏為皇后❷。后少好讀書，造次必循禮法。上為秦王，與太子建成、齊王元吉有隙，后奉事高祖，承順妃嬪，彌縫其闕，甚有內助。及正位中宮❸，務存節儉，服御取給❹而已。上深重之，嘗與之議賞罰，后辭曰：『牝雞之晨，唯家之索❺。』妾婦人，安敢豫聞政事！」固問之，終不對。

己卯❻，突厥進寇高陵❼。辛巳❽，涇州道行軍總管尉遲敬德與突厥戰於涇陽，大破之，獲其俟斤❾阿史德烏沒啜❿，斬首千餘級。

癸未⓫，頡利可汗進至渭水便橋⓬之北，遣其腹心執失思力⓭入見，以觀虛實。思力盛稱頡利與[1]突利二可汗將兵百萬，今至矣。上讓⓮之曰：「吾與汝可汗面結和親，贈遺金帛，前後無筭⓯。汝可汗自負盟約，引兵深入，於我無愧！汝雖戎狄，亦有人心，何得全忘大恩，自誇彊盛，我今先斬汝矣！」思力懼而請命⓰。蕭瑀、封德彝請禮遣⓱之。上曰：「我今遣還，虜謂我畏之，愈肆憑陵。」乃囚思力於門下省。

上自出玄武門，與高士廉、房玄齡等六騎徑詣渭水上，與頡利隔水而語，責以負約。突厥大驚，皆下馬羅拜⑱。俄而諸軍繼至，旌甲⑲蔽野。頡利見執失思力不返，而上挺身輕出，軍容甚盛，有懼色。上麾諸軍使卻而布陳，獨留與頡利語。蕭瑀以上輕敵，叩馬固諫。上曰：「吾籌之已熟，非卿所知。突厥所以敢傾國而來，直抵郊甸⑳者，以我國內有難，朕新即位，謂我不能抗禦故也。我若示之以弱，閉門拒守，虜必放兵大掠，不可復制。故朕輕騎獨出，示若輕之，又震曜軍容，使之[2]必戰，出虜不意，使之失圖㉑。虜入我地既深，必有懼心，故與戰則克，與和則固矣。制服突厥，在此一舉。卿第㉒觀之。」是日，頡利來請和，詔許之。上即日還宮。乙酉㉓，又幸城西，斬白馬㉔，與頡利盟于便橋之上。突厥引兵退。

蕭瑀請於上曰：「突厥未和之時，諸將爭請戰，陛下不許，臣等亦以為疑，既而虜自退，其策安在？」上曰：「吾觀突厥之眾，雖多而不整，君臣之志唯賄是求㉕。當其請和之時，可汗獨在水西㉖，達官㉗皆來謁我。我若醉而縛之，因襲擊其眾，勢如拉朽㉘。又命長孫無忌、李靖伏兵於幽州㉙以待之，虜若奔歸，伏兵邀㉚其前，大軍躡其後，覆之如反掌耳。所以不戰者，吾即位日淺，國家未安，百姓未富，且當靜以撫之。一與虜戰，所損甚多。虜結怨既深，懼而脩備，則吾未可以得志矣。故卷甲韜戈㉛，啗㉜以金帛。彼既得所欲，理當自退，志意驕惰，不復設備，然後養威伺釁㉝，一舉可滅也。將欲取之，必固與之㉞，此之謂矣。卿知之乎？」瑀再拜曰：「非所及㉟也。」

【章　旨】以上為第十段，寫唐太宗智退突厥兵。

【注　釋】❶丙子　八月二十一日。❷立妃長孫氏為皇后　長孫皇后（西元六〇一—六三六年），即太宗文德順聖皇后。河南洛陽人，其先出自鮮卑拓拔氏。傳見《舊唐書》卷五十一、《新唐書》卷七十六。❸中宮　又稱正宮，皇后的居處。亦用作皇后代稱。❹取給　拿取的夠用即可。❺牝雞之晨二句　謂母雞在早晨啼鳴，只會使家族破敗。牝雞，母雞。之晨，司晨，叫鳴。索，蕭索破敗。出處見《尚書·牧誓》。❻己卯　八月二十四日。❼高陵　縣名，縣治在今陝西高陵。❽辛巳　八月二十六日。❾俟斤　突厥高級官稱之一。❿阿史德烏沒啜　東突厥貴族。阿史德，突厥姓氏。事跡見《舊唐書》卷一百九十四上、《新唐書》卷二百十五上〈突厥傳上〉。⓫癸未　八月二十八日。⓬便橋　又名便門橋、西渭橋、咸陽橋，在今咸陽東南渭河上。⓭執失思力　東突厥部酋，貞觀四年（西元六三〇年）降唐。先後擢將軍、大將軍，尚九江公主，拜駙馬都尉，封安國公，終歸州刺史，卒於龍朔中（西元六六一—六六三年）。傳見《新唐書》卷一百十。⓮讓　責備。⓯無筭　數目巨大，難以算計。筭，同「算」。⓰請命　求告免死。⓱禮遣　以禮遣送。⓲羅拜　四面圍繞著下拜。⓳旌甲　旗幟和盔甲。⓴郊　城廓外稱郊，郊外為甸。㉑失圖　失計；失算。㉒第　但；只。㉓乙酉　八月三十日。㉔斬白馬　即「刑馬」、「刑白馬」。古代大盟會，往往斬白馬以為盟誓之禮儀。㉕唯賄是求　一味追求賄賂。㉖水西　渭水西邊。㉗達官　大官；顯官。㉘拉朽　形容極容易摧毀。拉，摧毀。朽，朽木。㉙幽州　胡三省注云：「當作『豳州』。自渭北北歸，歸路正經豳州，此史書傳寫誤耳。」豳州，治所在今陝西彬縣。㉚邀　邀擊；攔擊。㉛卷甲韜戈　謂收起甲冑軍械以息戰求和。卷，收藏。韜，掩藏。㉜啗

「啖」的異體字。引誘；利誘。㉝伺釁 等待間隙。釁，事端；破綻。㉞將欲取之二句 想要得到他，一定得先給對方一些滿足。語見《老子》：「將欲奪之，必固與之。」㉟非所及 不是自己所能達到。

【校記】①與 乙十一行本無此字。②之 嚴衍《通鑑補》作「知」。

【語譯】八月二十一日丙子，唐太宗冊立皇妃長孫氏為皇后。長孫皇后年少時愛好讀書，言行舉動一定遵守禮法。唐太宗為秦王時，與太子李建成和齊王李元吉有矛盾，長孫皇后侍奉唐高祖，順承唐高祖的妃嬪，彌補秦王與這些人之間的缺失，從家內給秦王帶來很大幫助。等到長孫氏冊立為正宮皇后，務求保持節儉的風氣，車馬衣服等物品只求夠用即可。唐太宗深為器重她，曾經與她議論賞罰之事，長孫皇后推辭說：「『如果母雞在早晨啼鳴，就只會使這個家族傾家蕩產。』我是婦女，怎麼敢參與過問朝中的政事！」唐太宗堅持詢問她，她最終也沒有回答。

八月二十四日己卯，突厥進兵入侵高陵縣。二十六日辛巳，涇州道行軍總管尉遲敬德與突厥在涇陽交戰，大敗突厥，擒獲了突厥的俟斤阿史德烏沒啜，斬首一千多級。

八月二十八日癸未，突厥頡利可汗進軍到長安附近的渭水便橋的北岸，派遣他的心腹執失思力入京晉見唐太宗，以便觀察唐朝廷的真實情況。執失思力大言吹噓頡利可汗與突利可汗兩人率領百萬大軍，現在已經來到長安了。唐太宗斥責他說：「我與你們的可汗當面約定講和通婚，贈送金銀布帛，前後多得無法計算。你們的可汗自己背棄盟約，帶兵深入唐境，在我來說無愧於你們！你們雖是戎狄，也有人心，怎能完全忘記唐朝廷的大恩，自誇兵力強盛，我現在先斬了你！」執失思力害怕了，請求饒命。蕭瑀和封德彝請求按照禮節送他回去。唐太宗說：「我現在送他回去，這些虜人認為我害怕他們，會更加放肆地侵陵我們。」於是把執失思力囚禁在門下省。

唐太宗親自從玄武門出宮，與高士廉、房玄齡等六人騎馬逕直來到渭水河邊，與頡利可汗隔著渭水對話，責備他背棄盟約。突厥人大驚，全都下馬來對著唐太宗羅列下拜。不久唐朝各軍相繼趕到，旗幟與盔甲遮蔽住整個原野。頡利可汗看到執失思力沒有回來，而唐太宗輕裝挺身而來，陣容非常強盛，他臉上出現恐懼的神色。唐太宗指揮各軍，讓他們後退布成戰陣，自己單獨一個留下來與頡利可汗交談。蕭瑀認為唐太宗輕敵，拉住太宗的坐騎堅持勸阻。唐太宗說：「朕籌劃得十分周密，不是你所能知道的。突厥之所以敢於傾盡全國兵力前來，逕直抵達京城的郊野，是因為我們國家內部出現了禍難，朕剛剛即位，認為我們不能抗禦強敵。如果我們向他們示弱，關閉城門防守，突厥必然要放縱兵馬大肆搶掠，這樣的話就不能遏制他們了。所以朕輕裝騎馬獨自前來，好像表示輕視他們，又向他們顯耀我軍的強大陣容，讓他們知道我軍有決心敢於作戰，朕的行動出乎突厥的意料之外，讓他們失去主意。突厥深入我國疆域已經很深，一定心懷恐懼，所以與他們作戰就能取勝，與他們講和就會牢固。制服突厥，在此一舉。你只管觀看。」這一天，頡汗可汗前來請求講和，唐太宗下詔表示同意。唐太宗當天返回宮中。八月三十日乙酉，唐太宗又到了城西，宰殺白馬，與頡利可汗在便橋上訂立盟約，突厥率領兵馬撤退。

蕭瑀向唐太宗請教說：「突厥沒有與我們講和時，各位將領爭相請求出戰，陛下不允許，臣等也很疑惑，不久突厥自動撤退，皇上的用計在什麼地方？」唐太宗說：「我觀察突厥的兵馬，雖然人數眾多，但陣容不整齊，他們君臣的心思只是貪求財物。當突厥請求講和時，可汗獨自留在渭水西岸，他們的高級官員都來謁見我。如果我把他們灌醉後捆綁起來，趁機襲擊突厥的軍隊，就會勢如摧枯拉朽。我又已命令長孫無忌、李靖在豳州埋伏下軍隊等著他們，如果突厥逃跑回國，伏兵攔截在前面，大軍跟蹤在後面，消滅他們易如反掌。之所以不與他們交戰，是由於我即位的時間不長，國家沒有安定，百姓沒有富足，暫且應當休息生養，安撫民眾。一旦與突厥開戰，所要損失的人力物力必然很多。突厥和我們深結怨仇，因為恐懼而整飭戰備，我們就不能實現自己的意圖了。所以才決定收兵停戰，用金銀絲帛誘惑他們。他們既然滿足了欲望，理應自動撤退，心中驕傲，意志怠惰，不再設置防備，然後我們蓄養軍威來窺伺他們的破綻，可以一舉消滅他們了。將要奪取它，一定要先給與它，說的就是這個道理。你知道嗎？」蕭瑀拜了又拜，說道：「不是我所能想到的。」

【研析】本卷研析玄武門之變。

玄武門，是長安宮城北門，為朝臣入朝所經之門。唐武德九年（西元六二六年）六月四日晨，秦王李世民伏兵於玄武門，等待太子李建成、齊王李元吉入朝到此門時擒而殺之，發動兵變，用武力奪權。事變進展極其順利，李世民親手射殺了李建成和李元吉。唐高祖李淵無奈，六月七日即宣布冊立李世民為太子，六月十六日退位為太上皇，八月初九日，李世民正式登基即皇帝位，這就是唐太宗。李世民發動兵變奪權，喋血玄武門，史稱玄武門之變。

唐高祖李淵昏庸好色，他之所以得天下，全靠李世民的經營。李淵出身隋朝貴族而得到晉陽留守之職，晉陽有隋煬帝行宮，晉陽宮副監裴寂是一個佞人，他結交李淵，想在亂世中找一個保護傘，投李淵之好，私自進獻宮女，這屬於大逆無道的行為。李世民和晉陽令劉文靜謀劃起兵反隋，通過裴寂勸說李淵，於是裴寂也算起事功臣之一。李淵起兵，裴寂又送宮女五百名給李淵，作為行軍統帥的李淵，也居然收受，可見這一對君臣的昏庸與荒唐。李淵登上帝位以後，視裴寂為心腹，而真正的功臣劉文靜卻被猜疑，並在裴寂的讒言下，藉口劉文靜謀反，誅殺了劉文靜。李淵治國荒唐，是非顛倒，治家一樣黑白不分。太子李建成，愛好酒色畋獵，有乃父之風。第四子李元吉更是一個陰險的兇狡人。李建成因是長子被立為太子，嫉妒李世民的功業，擔心太子地位不穩，就拉攏李元吉，許諾自己當了皇帝不傳子而傳弟，冊立李元吉為皇太弟，於是兩人合謀，結納宮中妃嬪，一起讒毀李世民，天天說秦王的壞話。李淵也是非不明，實則李世民功高震主，李淵也猜忌李世民，從而縱容李建成兄弟的行為。以致李建成、李元吉公開用毒酒謀害李世民，李淵也不做追究。由於平亂戰爭需要李世民，每有寇警，李淵命李世民征討，事半之後，猜嫌益甚。到了武德九年，全國戰爭基本平定，李氏兄弟奪權鬥爭也達到了最高潮，雙方都決定用武力奪權，只是看誰先下手罷了。

李世民文武雙全，身經百戰，手下文臣如雲，武將如雨，佔有絕對勢力，本意等待後發制人，讓李建成、李元吉動手，這樣名正言順誅逆。可是李建成有太子之位，又有唐高祖支持，真正動起手來是李建成為順，李世民為逆，君臣名分，沒有李世民後發制人的機會，李世民要成功，只能先發制人，在部屬的催促之下，李世民先發制人，發動玄武門之變，奪位成功。但是在名義上卻是不順，在事實上是親手殺害同胞兄弟，難免給李世民的心理投下陰影。

在專制政體下，宗法制度是護國根本，輕易不可動搖。宗法制度，立嫡不立庶，立長不立賢，它的弊端也十分明顯，打天下的李世民因為不是嫡長子，就不能坐天下，在繼體之君的守成時代，誰也不敢超越宗法制度，為了維護平穩，滿朝文武只好奉立嫡長子。可是開國時代，打天下的不是繼位者個人的事。劉文靜的下場給秦王府的功臣宿將們敲了警鐘，再說滿朝文武，大半是追隨李世民打天下的人，他們容不了李建成、李元吉得勢。所以玄武門之變是不可避免的。司馬光假設用太伯讓季歷的方法來解決，它的前提是第一，太子讓位；第二，老子是非分明。如果李建成讓賢，或者本人也十分賢明，深得大臣擁護，那就不會有玄武門之變。要麼李建成退讓，要麼李世民退讓，如果雙方只有一方退讓也是不可能的，何況兩方都不退讓，一場火併，是不可避免的。

再說，周朝的先公太伯避季歷是逃讓到他國，吳太伯到了句吳，自立為君，脫離了中原。唐朝時已是一統天下，避位的人逃到哪裡去呢？既然無可逃遁藏身，只能是用一場決鬥來解決了。這就是專制政體的悲哀。也就是說玄武門事件的悲劇是不可避免的。

開創大業，建立政權的君王，是子孫的偶像。唐太宗晚年發生了兒子們的爭位，唐王朝中宗李顯、玄宗李隆基、肅宗李亨、代宗李豫，他們繼承帝位，也都用玄武門事變的方式，發動兵變奪位，可以說這是李世民給後世子孫帶來的負面影響。玄武門之變對於個人無論是失敗者李建成、李元吉，還是勝利者李世民都是一場悲劇；但玄武門之變對於唐王朝，對於中華民族的發展歷史，卻是一個天大的福音，這場兵變，帶來了貞觀之治，創造了一個聖明天子唐太宗，是應該稱道的。

## ◎新譯水經注

陳橋驛、葉光庭／注譯

《水經注》是一部以記載河道水系為主的綜合性地理巨作。全書以《水經》為綱，不僅逐一細述各河流、湖泊等水系的源頭、流程與歸宿，並於相關流域內的地貌氣候、水利土壤、名勝古蹟、地理沿革等，都有詳盡的記載，在中國地理學、考古學、水利學的研究上，具有重要地位。其華美的文字和高明的寫作技巧更被譽為中國山水寫景的太上之作。本書各篇題解提綱挈領，注譯通俗易曉，篇後並有研析重點解說，不僅有助於一般讀者閱讀，也便於學術界研究參考。

## ◎新譯東京夢華錄

嚴文儒／注譯　侯迺慧／校閱

《東京夢華錄》可說是一本「文字版的清明上河圖」，所記為宋徽宗時期北宋都城東京開封的方方面面，描繪其間上至王公貴族、下及庶民百姓的日常生活情景，是研究北宋都市社會生活、經濟文化的重要歷史文獻。本書正文以黃丕烈舊藏元刊明印本為底本，參校其他善本，改正部分訛誤，注釋、語譯則吸取了近年相關研究的最新成果，並在「研析」中對於內文的重要章節，從歷史、文化等方面作了評說。

## ◎新譯徐霞客遊記

黃珅／注譯　黃志民／校閱

人間第一奇境，必待第一奇才來領略，徐霞客正是「天留名壞待名人」的最佳寫照。他將一生遊覽觀察的經歷，化為文字走筆成書，規模宏大、博辨詳考，可說是劃時代的地理巨著。本書是現代學者首次將徐霞客的遊記作較全面的呈現，注釋及語譯皆力求詳贍精實，評析部分則以徐霞客及其自然觀、藝術觀為中心，深入剖析遊記中所顯示的人與自然的關係。

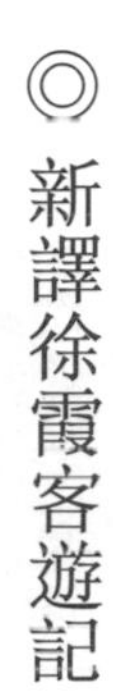

## ◎新譯水經注

陳橋驛、葉光庭／注譯

《水經注》是一部以記載河道水系為主的綜合性地理巨作。全書以《水經》為綱，不僅逐一細述各河流、湖泊等水系的源頭、流程與歸宿，並於相關流域內的地貌氣候、水利土壤、名勝古蹟、地理沿革等，都有詳盡的記載，在中國地理學、考古學、水利學的研究上，具有重要地位。其華美的文字和高明的寫作技巧，更被譽為中國山水寫景的太上之作。本書各篇題解提綱挈領，注譯通俗易曉，篇後並有研析重點解說，不僅有助於一般讀者閱讀，也便於學術界研究參考。

## ◎新譯東京夢華錄

嚴文儒／注譯　侯迺慧／校閱

《東京夢華錄》可說是一本「文字版的清明上河圖」，所記為宋徽宗時期北宋都城東京開封的方方面面，描繪其間上至王公貴族、下及庶民百姓的日常生活情景，是研究北宋都市社會生活、經濟文化的重要歷史文獻。本書正文以黃丕烈舊藏元刊明印本為底本，參校其他善本，改正部分訛誤，注釋、語譯則吸取了近年相關研究的最新成果，並在「研析」中對於內文的重要章節，從歷史、文化等方面作了評說。

## ◎新譯徐霞客遊記

黃珅／注譯　黃志民／校閱

人間第一奇境，必待第一奇才來領略，徐霞客正是「天留名壤待名人」的最佳寫照。他將一生遊覽觀察的經歷，化為文字走筆成書，規模宏大、博辨詳考，可說是劃時代的地理巨著。本書是現代學者首次將徐霞客的遊記作較全面的呈現，注釋及語譯皆力求詳贍精實，評析部分則以徐霞客及其自然觀、藝術觀為中心，深入剖析遊記中所顯示的人與自然的關係。

## ◎新譯洛陽伽藍記

劉九洲／注譯　侯迺慧／校閱

《洛陽伽藍記》不僅是一本地理著作，同時也是歷史著作和文學著作。它以北魏京城洛陽之佛寺、園林為記敘主線，繫以當時的政治、經濟、人文、風俗、地理、掌故傳聞等等，其目的在對北魏王公貴族建寺造塔、勞民傷財的惡行加以貶斥，表明佞佛誤國的觀點。作者以「實錄」的歷史觀點和態度寫作，全書內容豐富，行文結構巧妙，手法多樣，語言穠麗秀逸，優美生動，記敘傳說掌故，趣味盎然，相當值得一讀。